本著作系海南大学“中西部高校提升综合实力工程”之
“海南文化软实力科研创新团队”系列成果之一

『中国文化软实力与海南文化软实力』之历史文献卷

海南文献总目

刘　显◎著

社会科学文献出版社
SSAP
SOCIAL SCIENCES ACADEMIC PRESS (CHINA)

海南省哲学社会科学2012年规划课题“海南艺文志”HNSK（Z）12－68

凡　例

一、《海南文献总目》为学术性工具书，力求全面客观地著录海南地方文献。全书共收录海南地方文献 8434 种，其中古代文献 462 种，民国文献 952 种、现代文献 7020 种。

二、为全面反映海南文献之全貌，本书所收文献以书籍为主，兼及照片、舆图等诸载体。

三、本书所收古代文献时间范围从上古至辛亥革命，民国文献从辛亥革命至中华人民共和国成立，现代文献从中华人民共和国成立至 2013 年 4 月。

四、本书所论海南地方文献包括海南人士著述、与海南相关之著述两部分。海南人士著述凡不涉及海南者，暂只收录古代部分。

五、古代文献按传统四部分类法编排，民国文献和现代文献按《中国图书馆图书分类法》（第五版）编排，部分类目结合海南地方文献特点略作调整。

六、《海南文献总目》由各馆藏书目汇编而成，古代文献目录著录项目依次为：书名序列号、书名卷数、著者时代、著者姓名、著作方式、出版年代、出版者、出版地、版本类别及批校题跋、各版本主要收藏机构等。民国文献、现代文献目录著录项目依次为：书名、著者姓名、出版者、出版年代等。每条目录著录项目力求完整，但原著录不全且无从查考者，本书亦作空缺。

七、古代文献和民国文献、现代文献中未正式出版者，皆注明收藏情况，馆藏不明者，暂付阙如，正式出版物不注。

前　言

海南岛，位于中国最南端，是仅次于台湾岛的全国第二大岛，其行政区域包括海南岛、三沙群岛（西沙、中沙、南沙）的岛礁及其海域。海南岛是中国唯一的热带岛屿，有着丰富的旅游资源，明媚的阳光、湛蓝的海水、绵白的沙滩、清新的空气，无不吸引着游人的眼球。但或许很少有人知道，海南岛不仅是著名的旅游胜地，同样也拥有悠久灿烂的历史文化。

在距今约 40 万年前，海南岛与大陆本是一体，由于地壳运动，形成波涛汹涌的琼州海峡，才与大陆渐渐分离。1992 年，中国科学院古脊椎动物和古人类研究所对三亚市东北郊落笔洞洞穴遗址进行了挖掘，共发现 13 枚古人类牙齿化石、石制品、骨制品和角制品等大批文化遗物。经鉴定，牙齿化石来自 1 万年前的古人类。由此证明，在距今 1 万年前的新石器时代早期，海南岛上已有人类居住。

唐虞时代，海南岛为南交之地，夏商周三代，为扬越之南裔。秦始皇三十三年（前 214）统一岭南，设桂林郡、南海郡、象郡，并从中原大举移民数十万人。其时，海南岛隶属象郡。秦汉之际，中原战乱，赵佗自立为南越王，海南岛亦在其统治之列。西汉元鼎六年（前 111），伏波将军平定南越之乱。元封元年（前 110），汉武帝在海南岛设珠崖郡、儋耳郡，这是海南岛最早的行政地名，是中央政权对海南岛直接统治的开端。梁武帝时期设崖州，俚僚首领冼夫人率众来归。《北史》和《隋书》皆载“海南儋耳归附者千余峒”，此为“海南”一词见于典籍的最早记载。自南北朝以降千余年间，海南历朝建制皆有调整，但都在中央政权直接管辖之内。新中国成立后，海南岛建置为行政区，隶属广东省。1988 年，中央决定海南独立建省，同年建立海南经济特区。自汉初设立珠崖郡、儋耳郡至海南建省，已度过 2098 年的漫长时光。

在悠悠数千载漫长的历史岁月里，海南岛先民们创造了辉煌的历史文化，涌现出一大批杰出人才。如道教南宗五祖白玉蟾，明代著名学者海瑞、丘浚、王桐乡、邢宥、唐胄、钟芳、王弘海、薛远、廖纪，清代名臣张岳崧、王映斗，中华人民共和国副主席宋庆龄，著名军事家张云逸、冯平、周士第、冯白驹、符绍儒、庄田、马白山、蒲公才、吴克之，等等。此外，由于特殊的地理位置，还有大量因为贬谪或其他原因来海南的人，他们和当地人民共同创造了海南文化的辉煌。这些人士中著名的如隋代皇室杨纶，高僧鉴真，唐户部侍郎吴贤秀，唐顺宗时丞相韦执谊，唐武宗时丞相李德裕，宋太祖时丞相卢多逊，宋真宗时丞相丁谓，大文豪苏东坡，南宋抗金名臣李纲、李光、赵鼎、胡诠，纺织家黄道婆，元文帝亲王图帖睦尔等。

立功、立德、立言，在古代被称为“三不朽”的盛事。海南先贤在建功立业或惆怅天涯的同时，往往钟情于笔墨，留下了众多的不朽著作。这些著作内容广泛，涉及政治、军事、经济、文学、艺术、宗教、科技等各个领域，具有极高的学术价值。为了保存这些珍贵的文化遗产，海南的文献学家们付出了极大努力，编纂了众多的地方文献丛书，如陈铭枢先生的《海南岛志》，王国宪先生的“海南丛书”，周伟民、唐玲玲先生的“海南地方志丛刊”“海南先贤诗文丛刊”。他们还刊刻出版了大量的单篇著作，如《琼台会稿》《备忘集》《鸡肋集》《湄丘集》《天池草》《溟南诗选》《琼州府志》《琼山县志》《儋县志》《琼台书院志》《王氏经籍志》《琼台耆宿集》等。此外，新中国成立以来，有关海南的研究著作亦层出不穷，如时任海南省委常委、宣传部部长周文彰主编的《海南历史文化大系》。

综上所述，海南虽有灿烂的文化和丰富的著述，然而无专书著录，致使文化史、著述史、学术史、出版史、藏书史不成系统，学者苦于查阅，青年难以阅读，实为憾事。为了全面反映海南历史上的著作盛况，弘扬海南优秀地方文化，推进国际旅游岛建设，就有必要编纂一部收罗齐备的地方文献著作目录。在我们之前，海南各府县历代旧方志多有艺文志，如万历《儋州志》、光绪《定安县志》、道光《万州志》、嘉庆《会同县志》、民国《文昌县志》、宣统《乐会县志》、光绪《澄迈县志》、民国《儋县志》、乾隆《陵水县志》、民国《崖州志》、民国《感恩县志》、光绪《昌化县志》、光绪《临高县志》、康熙《琼山县志》、民国《琼山县志》等。近人何卜吉先生也曾编著《海南地方文献书目提要》。这些书目记录了海南籍作家的著述和有关海南的文献资料。但这些书目或限于时代，或拘泥于体例，遗漏与重复颇多，都有待完善，再加上分散各处，查找不易，今天的研究者使用起来也有一些不便之处。鉴于此，笔者决定编纂《海南文献总目》。得悉笔者的想法，海南省社科联高度支持，将笔者申报的项目列为海南省 2012 年哲学社会科学规划课题。

立项之后，经过两年艰辛工作，《海南文献总目》的编纂工作现已全部完工，即将付梓。在本书的编纂过程中，南京师范大学教授江庆柏先生提供了很多宝贵的指导意见，帮助解决了编撰过程中的一些棘手问题。钟少林小姐、苏宝珠同学承担了很多资料搜集、整理工作，为本书的编撰付出了大量劳动，在此一并谨致谢忱！

最后，由于我们学术水平和时间、资料等方面的客观限制，本书一定还有不尽如人意之处，希望社会各界人士给予批评指正！

刘显于海大桥西

2014 年 6 月

目　录

第一章
古代文献

一　经部

（一）总类

1. 胡忠简公经解三十六卷附六卷，宋胡铨撰，清乾隆五十二年余杭官署刻本，北大图、清华图、天津图、南京图、湖北图藏。

春秋解十六卷、周礼解六卷、礼记解十四卷、附文集补遗三卷文集附录三卷。

（二）易类

2. 周易浅释四卷，清潘思矩撰，清乾隆十八年刻本，国图、上海图、南京图藏。

另有：

四库全书本[①]（乾隆写）。

3. 读易详说十卷、宋李光撰，四库全书本（乾隆写）。

另有：

清乾隆三十七年后抄本，国图、北大图藏（又一部）。

清传抄四库全书本，天津图藏。

清抄本，国图、南京图藏（清丁丙跋）。

（三）书类

4. 书经述六卷，清许祖京撰，清嘉庆十七年陔华堂刻本，上海图、浙

① 本书所著述“四库全书本”，均指今藏台北“故宫博物院”之《文渊阁四库全书》及其影印本。

江图、南京图藏。

另有：

清同治十三年刻本，中科院图、上海图藏。

（四）礼类

5. 周礼解六卷，宋胡铨撰，胡忠简公经解本（乾隆刻）。

另有：

豫恕堂丛书本（光绪刻）。

6. 礼记解十四卷，宋胡铨撰，胡忠简公经解本（乾隆刻）。

7. 丘文庄公家礼仪节八卷，明丘浚辑、杨廷筠订，清咸丰五年刻本，中山图藏。

（五）春秋类

8. 春秋集善十五卷，宋胡铨撰，清抄本（清沈善登校，王欣夫跋），复旦图藏。

9. 春秋解十六卷，宋胡铨撰，胡忠简公经解本（乾隆刻）。

（六）孝经类

10. 孝经贯注二十卷存馀三卷考异一卷对问三卷，明瞿罕撰，明崇祯七年刻本，华东师大图藏。

（七）四书类

11. 大学管窥一卷中庸管窥一卷，明廖纪撰，明刻本，南昌大学图藏。

二　史部

（一）总类

12. 二十五史补编，二十五史刊行委员会辑，民国二十五年至二十六年上海图开明书店铅印本，国图、中科院图、北大图、上海图、复旦图、天津图、辽宁图、山东图、南京图、浙江图、湖北图藏。

三国纪年表一卷，清周嘉猷撰。

南北史年表一卷，清周嘉猷撰。

南北史帝王世系表一卷，清周嘉猷撰。

南北世系表五卷，清周嘉猷撰。

五代纪年表一卷，清周嘉猷撰。

（二）编年类

13. 世史正纲三十二卷，明丘浚撰，明嘉靖四十二年刻本，中山图藏。

（三）杂史类

14. 平定交南录一卷，明丘浚撰，清道光二十五年伍氏粤雅堂文字欢娱室刻本，中山图藏。

15. 黎岐列传，明顾炎武编，皇明修文备史抄本，国图藏。

16. 治黎辑要六卷，清陈坤辑，清光绪十五年广州萃经堂刻本，中山图藏。

17. 洗海近事二卷，明俞大猷撰，清抄本，福建图藏。

另有：

清道光二十三年味古书室刻本，南京图藏。

民国二十三年江苏省立国学图书馆影印明隆庆三年刻本，上海图、南京图藏。

18. 立斋闲录四卷，明宋端仪撰、明邓士龙编，明水筠山房抄本（存卷三至四），国图藏。

另有：

明抄本，辽宁图藏。

国朝典故六十二种本、国朝典故六十种本，清光绪三十一年罗振玉抄本（罗振玉跋，蒋黻校并跋），辽宁图藏。

19. 辩诬笔录一卷，宋赵鼎撰，函海本。

20. 宋胡忠简公经筵玉音问答一卷，宋胡铨撰，清初商丘宋氏抄本（邓邦述题记），台图藏。

另有：

知不足斋丛书本（经筵玉音问答）、笔记小说大观本（经筵玉音问答）。

（四）史表类

21. 南北史表，清周嘉猷撰，清乾隆四十八年钱塘周氏家刻本，国图、北大图、中科院图、上海图、南京图藏。

南北史年表一卷，南北史世系表五卷，南北史帝王世系表一卷。

另有：

丛书集成初编本。

22. 南北史年表一卷，清周嘉猷撰，南北史表本。

另有：

广雅书局丛书本、二十五史补编本。

23. 南北史世系表五卷，清周嘉猷撰，南北史表本。

另有：

广雅书局丛书本、二十五史补编本。

24. 南北史帝王世系表一卷，清周嘉猷撰，南北史表本。

另有：

广雅书局丛书本、二十五史补编本。

25. 五代纪年表一卷，清周嘉猷撰，广雅书局丛书本。

另有：

正觉楼丛刻本、二十五史补编本。

（五）史钞类

26. 采菽堂评选战国策十二卷，清陈祚明辑，清翁嵩年、沈文菁注，清康熙四十八年刻本，上海图藏。

27. 南北史捃华八卷，清周嘉猷辑，清乾隆五十年刻本，吉林图藏。

另有：

清同治四年鉴止水斋刻本，上海图藏。

清同治十一年南园寄社木活字印本，北大图、吉林图藏。

清光绪二年退补斋刻本，国图、上海图、南京图藏。

清光绪六年广州翰墨园刻本，南京图藏。

清光绪十年蕉心室刻本，国图藏。

清浙省聚文堂刻本，上海图藏。

（六）传记类

28. 元祐党籍碑考一卷附庆元伪学逆党籍一卷，明海瑞撰，清道光二十五年伍氏粤雅堂文字欢娱室刻本，中山图藏。

29. 海忠介公年谱，清王国宪辑、周伯舫校，清光绪三十二年研经书院刻本，中山图藏。

30. 丘文庄公年谱，清王国宪辑，清光绪二十四年研经书院刻本，中山图，国图藏。

31. 临江筹防笔记，清赵成炳撰，清光绪二十四年稿本，中山图藏。

32. 昌江学治笔记，清赵成炳撰，清光绪二十二年稿本，中山图藏。

33. 琼郡从公笔记，清赵成炳撰，清光绪二十四年稿本，中山图藏。

34. 临高办匪禀稿，清赵成炳撰，清光绪二十四年稿本，中山图藏。

35. 琼海重游笔记，清赵成炳撰，清光绪二十七年稿本，中山图藏。

36. 九龙承乏笔记，清赵成炳撰，清光绪二十七至二十八年稿本，中山图藏。

37. 九龙办黎笔记，清赵成炳撰，清光绪二十八年至二十九年稿本，中山图藏。

38. 定安林氏族谱，清咸丰六年稿本。

39. 会同孔氏家谱六卷，清末刻本。

40. 海南唐氏族谱二卷，清末特奏堂刻本，中山图藏。

41. 定安龙塘吴氏族谱五卷，清光绪二十三年刻本。

42. 皇明后军都督府署同知高策行状一卷谕祭本揭一卷，明高维岳等撰，明万历四十八年刻蓝印本，国图、辽宁图藏。

43. 直道编三卷，明倪涷撰、明郑德泳等辑，明刻本，南京图藏。

44. 宋丞相崔清献公（与之）全录十卷，宋崔与之撰、明崔子璲辑、明崔晓增辑，明嘉靖十三年唐胄、邵炼刻本，国图、北大图、上海图、复旦图、南京图（清丁丙跋）、湖北图藏。

另有：

明嘉靖三十二年刻本，上海图、辽宁图、浙江图、中山图藏。

45. 诸暨贤达传八卷，清郭世勋撰，清乾隆三年刻本，国图藏。

另有：

清抄本（存卷五至八），国图藏。

46. 姓源珠玑六卷，明杨信民撰，明宣德七年徐景南刻本，上海图藏。

另有：

明万历间刻本，台图藏。

47. 明水陈先生（九川）年谱二卷，明江治等编，明抄本（清郭麐跋)，重庆图藏。

48. 明南京工部尚书进阶荣禄大夫简菴陈公（雍）年谱一卷，明陈垲等编，明万历间刻本，国图、南京图藏。

49. 考亭渊源录初稿十四卷，明宋端仪撰，清抄本（存三至十四卷)，台图藏。

50. 考亭渊源录二十四卷，明宋端仪撰、明薛应旂重辑，明隆庆三年刻本，清华图、北师大图、浙江图、福建图、华南师大图、广东社科院藏。

51. 锦堂自订年谱一卷，清陈步云撰，清道光二十五年二恩堂刻本，温州图藏。

另有：

抄本（陈步云自订年谱)，上海图藏。

52. 仲（由）志四卷，明刘天和撰、明周鼎重订、明赵时雍编次，明崇祯十三年刻清康熙间增修本，国图、上海图藏。

53. 淮海先生（秦观）年谱一卷，清秦瀛编，清嘉庆二年秦氏世恩堂刻本，国图、上海图藏。

另有：

清木活字印本，上海图藏。

抄本，上海图藏。

54. 重编淮海先生年谱节要一卷，清秦瀛编、清王敬之节要，清道光二十四年刻本，国图藏。

另有：四部备要本。

55. 玉隆集六卷，宋白玉蟾撰，道藏本。

56. 元祐党人碑考一卷，明海瑞撰，杂抄二十种本。

57. 元祐党籍碑考一卷庆元伪学逆党籍一卷，明海瑞撰，学海类编本。

另有：

岭南遗书本、忏花盦丛书本、丛书集成初编本。

58. 辩诬笔录（岳飞）一卷，宋赵鼎撰，清抄本，国图藏。

59. 宋胡忠简公（铨）经筵玉音问答一卷，宋胡铨撰，清初商丘宋氏抄本（邓邦述题记)，台图藏。另有：

清宣统间抄本（张寿镛题识)，国图藏。

60. 乙未词科录十二卷首一卷，清秦瀛辑，清嘉庆十二年刻本，上海图藏。

另有：

清光绪十四年木活字印本，上海图、辽宁图藏。

61. 康熙十八年乙未词科录十二卷首一卷，清秦瀛辑，清嘉庆间刻本，国图、北大图（梁鼎芬跋）、南京图藏。

另有：

清光绪十四年刻本，国图、南京图藏。

清无锡图秦氏活字刻本、国图藏。

（七）政书类

62. 广东赋役全书，清顺治刻本，国图藏。

63. 广东赋役全书，清乾隆刻本，国图藏。

64. 广东清理财政局呈送汇编广东琼州府属各州县宣统二年夏季分四柱总册，广东清理财政局编，清宣统二年档案原件，中山图藏。

65. 广东清理财政局呈送汇编广东崖州属各县宣统二年夏季分四柱总册，广东清理财政局编，清宣统二年档案原件，中山图藏。

66. 广东财政厅造报琼山县民五年清理收支款目总表，广东省财政厅编，民国五年（1916）广东省财政厅抄本，中山图藏。

67. 筹琼纪略一卷，清张彦珩撰，清顺治刻本，国图藏。

68. 盐法考略一卷，明丘浚撰，清道光十一年晁氏活字印本，国图藏。

69. 钱法纂要一卷，明丘浚撰，清道光十一年晁氏活字印本，国图藏。

70. 广东琼州汉黎舆情营伍练兵稿抄四卷，清鲍灿编辑，清光绪二十一年刻本，中山图藏。

71. 冯宫保军牍十二卷，张邱云、庄秉衡编，清光绪二十一年铅印本，中山图、海大藏。

72. 万寿记不分卷，清赵昌等撰，清康熙二十九年内府刻本、故宫图藏。

73. 大明会典一百八十卷，明徐溥等纂修，明正德六年司礼监刻本，国图、北大图、复旦图、天津图、辽宁图、大连图藏。

另有：

明翻刻正德司礼监本，台图藏。

四库全书本（明会典）。

74. 军牍集要十二卷，清冯子材撰，清张卿云、庄秉衡辑，清光绪二十一年铅印本，上海图藏。

75. 河南图管河道事宜一卷，明商大节撰，明刻本，国图、北大图藏。

76. 增城县清田集二卷，清沈澄辑，清康熙间刻本，北大图藏。

77. 奏销乾隆二十八年盈余引目折一卷，清苏昌撰，清乾隆三十年进呈写本，台图藏。

78. 翰林院故事一卷，唐韦执谊撰，翰苑群书本，湖南图藏。

79. 周元理奏疏不分卷，清周元理撰，清抄本，南京图博（存乾隆三十六年六月至八月、十二月至二十七年二月，三十九年六月至七月、九月至十一月，四十二年四月至八月，四十三年二月至六月、九月至十一月，四十四年二月至三月）、南京图藏（存乾隆三十年六月至十二月，三十九年一月至二月，四十年至四十一年，四十二年十月至十二月，四十三年一月至二月，四十一年一月）。

80. 清忠堂抚粤奏疏十四卷，清忠堂署理总督奏疏一卷，清朱弘祚撰，清康熙间刻本，山东师大图藏。

81. 交黎剿平事略五卷，明欧阳必进撰，明嘉靖三十年方民悦刻本，国图藏（存卷一至四）。

另有：

清抄本，国图藏。

玄览堂丛书本（四卷）。

82. 韦庵奏疏一卷，明涂棐撰，明正德间木活字印本，北大图藏。

另有：

民国五年丰城熊罗宿刻本，上海图藏。

83. 杨勤悫公奏稿一卷，清杨廷璋撰，抄本，北大图藏。

84. 雍正咸丰光绪洪宪各朝奏折不分卷，清杨文乾等撰，清抄本，国图藏。

（八）地理类

85. 香泉志一卷，明胡永成撰，明嘉靖十七年刻本，天一阁藏。

86. 白鹿洞志十九卷，明郑廷鹄等撰，明嘉靖间刻本，国图、上海图、华东师大图藏。

87. 蔚文书院全志八卷，清林邦辉纂辑，清嘉庆二十四年刻、清同治二年续刻，中山图藏。

88. 蓬莱阁记一卷，明游琏辑，明嘉靖间刻本，天一阁藏。

89. 琼管山海图说二卷，明顾可久撰，清光绪十六年刻本，国图、上海图、浙大图藏。

90. 今古地理述十八卷首三卷末一卷，清王子音撰、清万承风等补、清颜伯焘等注，清嘉庆十二年刻本，国图、上海图、浙江图、南京图、北师大图藏。

另有：

清光绪三年刻本，国图、浙江图藏。

91. 大东沙岛调查记略一卷，《中外游记汇编》清稿本，无锡图藏。

92. 广东西沙群岛志一卷，《中外游记汇编》清稿本，无锡图藏。

93. 大东沙岛志略一卷，清陈寿彭译，《中外游记汇编》清稿本，无锡图藏。

94. 琼州记，清蓝鼎元著，清光绪十七年著易堂南清河王氏铸板铅印本，中山图藏。

95. 黎岐纪闻，清张庆长著，清宣统三年刻本，中山图、国图藏。

96. 琼台纪事录，清戴肇辰撰、云茂济编，清同治八年刻本，中山图藏。

97. 海槎余录，明顾岕著，明嘉靖顾氏大石山房刻本。

98. 琼管山海图说，明顾可久原著，清光绪十六年钱塘陈坤如不及斋重印本，国图藏。

99. 广东儋州锡矿区图，清何航测绘，清光绪三十四年华商垦荒探矿公司绘本，国图藏。

100. 海南岛南部铁炉港图：牙龙湾，1：45500，俄国测绘，1885，中山图藏。

101. 海南头沿海形势图：木澜头、海南角：其一，1895 年晒印本，中山图藏。

102. 海南头沿海形势图：木澜头、海南角：其六，1897 年晒印本，中山图藏。

103. 海南岛南部沿海图，荷路顿船长测，1794 年影印本，中山图藏。

104. 海南岛全图，东京广印馆印刷所石印本，中山图藏。

105. 海南全图，（日）松邑孙吉制，明治三十七年日本东京大须贺龙潭影印，中山图藏。

106. 黎汉区域图，1902，中山图藏。

107. 榆林港湾：水深线图，Chuentiao 船制，1902 晒印本，中山图藏。

108. 海南岛东部沿海形势图，（意）罗斯制，中山图藏。

（九）方志类

109. 齐乘六卷附释音一卷考证六卷，元于钦纂、元于潜释音、清周嘉猷考证，清乾隆四十六年刻本，国图、中科院图、北大图、上海图、复旦图、山东图、南京图、湖北图藏。

110. ［民国］崖州志二十二卷，钟元棣修，张嶲、邢定纶纂，民国三年铅印本，一档馆、中山图藏。

另有：

抄本，暨南大图学图藏。

111. ［康熙］定安志八卷，清张文豹修、清梁廷佐纂，清康熙间抄本，国图藏。

112. ［乾隆］定安县志四卷，清张文豹修、清梁廷佐纂、清董兴祚增修，清康熙间乾隆增刻本，国图藏。

113. ［康熙］临高县志十二卷，清樊庶纂修，清康熙四十六年刻本。

另有：

日本内阁抄本，国图藏。

114. ［康熙］澄迈县志四卷，清丁斗柄修、清曾典学纂，清康熙十一年刻本。

115. ［咸丰］文昌县志十六卷首一卷，清张霈、陈起礼修，清林燕典纂，清咸丰八年刻本，中科院图、北大图、上海图、南京图藏。

116. ［康熙］琼州府志十卷，清焦映汉修、清贾棠纂，清康熙四十五年刻本，中央党校图藏（存卷一、三至十）。

117. ［正德］琼台志四十四卷，明唐胄纂，明正德十六年刻本，天一阁藏（存卷一至二十一、二十四至四十二）。

另有：

抄本，天津图藏。

118. ［正德］琼台志四十四卷，明唐胄纂，明正德十六年刻本、天一阁藏（存卷一至二十一、二十四至四十二）。

另有：

抄本，天津图藏。

119. ［万历］琼州府志十二卷，明欧阳璨等修、明陈於宸等纂，明万历四十五年刻本，日本国会藏。

120. ［康熙］琼郡志十卷，清牛天宿修、清朱子虚纂，清康熙十五年刻本，国图藏。

121. ［康熙］琼州府志十卷，清焦映汉修、清贾棠纂，清康熙四十五年刻本，中央党校图藏（存卷一、三至十）。

122. ［乾隆］琼州府志十卷，清萧应植修、陈景埙纂，清乾隆三十九年刻本，故宫图、南京地理所图藏。

123. ［道光］琼州府志四十四卷首一卷，清明谊修、清张岳崧纂，清道光二十一年刻本，中科院图、北大图、天津图、辽宁图、浙江图藏。

另有：

道光二十一年刻光绪十六年补刻本、国图、中科院图、上海图、南京图、浙江图、湖北图藏。

民国十二年海口海南书局铅印本，国图、复旦图、上海图、南京图、浙江图、湖北图藏。

124. ［民国］琼州志略五章，许崇灏纂修，民国三十六年上海图正中书院铅印本，国图、北大图、辽宁图、山东图、浙江图藏。

125. ［民国］海南岛志二十二章附录四章，陈铭枢修、曾蹇纂，民国二十二年上海图神州国光社铅印本，国图、中科院图、北大图、上海图、复旦图、南京图、浙江图藏。

126. ［民国］海南岛新志十一章，陈植纂，上海图商务印书馆铅印本，国图、中科院图、复旦图、辽宁图、南京图藏。

127. ［民国］海南诸岛地理志略，郑资约编，民国三十六年铅印本，山东图藏。

128. ［民国］西沙群岛小志不分卷，抄本，中央党校图藏。

129. ［民国］团沙群岛小志不分卷，抄本，中央党校图藏。

130. ［康熙］琼山县志十二卷，清潘廷侯修、清吴南杰纂，清康熙间抄本，国图藏。

131. ［康熙］琼山县志十卷，清王贽纂修，清康熙四十七年刻本，日本内阁藏。

132. ［乾隆］琼山县志十卷，清杨宗秉纂修，清乾隆十二年刻本，故宫图藏。

133. ［咸丰］琼山县志三十卷首一卷，清李文煊修，清郑文彩、蔡藩纂，清咸丰七年刻本，国图、中科院图，北大图，上海图，天津图，辽宁图，南京图，湖北图藏。

134. ［民国］琼山县志二十八卷首一卷，清徐淦等修，清李熙、王国宪等纂，民国六年刻本，国图上海图，南京图、湖北图藏。

135. ［光绪］琼山乡土志三卷，清张廷标纂，抄本，中科院图藏。

136. ［康熙］文昌县志十卷，清马日炳纂修，清康熙五十七年刻本，故宫图、浙江图藏。

另有：

抄本，民族大学图藏。

137. ［咸丰］文昌县志十六卷首一卷，清张霈、陈起礼修，清林燕典纂，清咸丰八年刻本，中科院图、北大图、上海图、南京图藏。

138. ［民国］文昌县志十八卷首一卷，林带英修、李钟岳纂，民国九年刻本，中山图、中大图藏。

139. ［乾隆］会同县志十卷，清于煌纂修，清乾隆三十九年刻本，故宫图、大连图藏。

140. ［嘉庆］会同县志十卷，清陈述芹纂修，清嘉庆二十五年刻本，北大图、浙江图藏。

另有：

清嘉庆二十五年刻本光绪二十七年宋恒芳补刻本，上海图、天津图、南京图藏。

民国十四年王大鹏铅印清嘉庆本，国图、上海图、湖北图藏。

141. ［康熙］乐会县志不分卷，清林子兰修、清陈宗琛纂，清康熙八年刻本，国图、上海图藏。

142. ［康熙］乐会县志四卷，清程秉慥纂修，清康熙二十六年修清抄本，北大图藏。

另有：

抄本，国图、中科院图、北大图、上海图、天津图、湖北图藏。

民国十六年油印本，东北师大图、新疆博、华中师大图藏。

143. ［宣统］乐会县志八卷，清林大华纂修、清宣统三年石印本、上海图、中山图藏。

144.［康熙］万州志四卷，清李琰纂修，清康熙十八年刻本，国图、台北故博藏。

145.［道光］万州志十卷，清胡端书修，清杨士锦、吴鸣清纂，清道光八年刻本，北大图、上海图、天津图、浙江图藏。

另有：

民国三十七年铅印本，中山图藏。

146.［康熙］澄迈县志四卷，清丁斗柄修、曾典学纂，清康熙十一年刻本，国图藏。

147.［康熙］澄迈县志十卷，清高魁标纂修，清康熙四十九年刻本，故宫图、台北故博藏。

148.［嘉庆］澄迈县志十卷，清谢齐韶修、李光先纂，清嘉庆二十五年刻本，北大图、上海图、南京图藏。

149.［光绪］澄迈县志十二卷首一卷，清龙朝翊、清陈所能纂，清光绪三十四年刻本，天津图藏。

另有：

抄本，中山图藏。

150.［民国］感恩县志二十卷首一卷，周文海修、卢宗棠等纂，民国二十年海南书局铅印本，国图、中科院图、北大图、上海图、天津图、辽宁图、南京图、湖北图、中山图藏。

151.［万历］儋州志三卷，明曾邦泰等修纂，明万历四十六年刻本，日本尊经阁藏。

152.［康熙］儋州志三卷，清韩佑纂修，清康熙四十三年刻本，故宫图藏。

另有：

抄本、国图藏。

153.［民国］儋县志初集不分卷，王云清纂，民国十七年石印本，一档馆、保定图、湖南图藏。

154.［民国］儋县志十八卷首一卷，彭元藻、曾友文修，王国宪纂，民国二十五年铅印本，国图，中科院图，北大图，上海图，辽宁图藏。

155.［康熙］临高县志十二卷，清樊庶纂修，清康熙四十六年刻本，日本内阁藏。

另有：

抄本，国图藏。

156. ［光绪］临高县志二十四卷，清聂缉庆、张延修，清桂文炽、汪瑔纂，清光绪十八年刻本，中科院图、北大图、上海图、复旦图、天津图、南京图、浙江图、湖北图藏。

157. ［康熙］定安县志八卷，清张文豹修、清梁廷佐纂，清康熙间抄本，国图藏。

158. ［乾隆］定安县志四卷，清张文豹、清梁廷佐纂，清董兴祚增修，清康熙间刻乾隆增刻本，国图藏。

159. ［光绪］定安县志十卷首一卷，清吴应廉修、清王映斗纂，清光绪四年刻本，国图、中科院图、北大图、上海图、天津图、浙江图藏。

160. ［宣统］定安县志十卷，清宋席珍纂修，清宣统三年刻本，国图藏。

161. ［宣统］定安县乡土地理志，清莫家桐编，清宣统间抄本，中科院图藏。

162. ［康熙］昌化县志五卷，清方岱修、璩之璨纂修，清康熙三十年刻本，广东博藏。

另有：

抄本，国图、上海图藏。

163. ［光绪］昌化县志十一卷首一卷，清李有益纂修，清光绪二十三年刻本，国图、中科院图、北大图、上海图藏。

164. ［乾隆］崖州志十卷，清李如柏修，清黄德厚纂，清乾隆二十年刻本，国图、天津图。

另有：

抄本、国图、中山图藏。

165. ［民国］崖州志二十二卷，钟元棣修，张巂、邢定纶纂，民国三年铅印本，一档馆、中山图藏。

另有：

抄本，暨南大图学图藏。

166. ［民国］崖州直隶乡土志二卷，清汤宝棻纂。

另有：

抄本，华东师大图藏。

167. ［康熙］陵水县志不分卷，清高首标纂修、清潘廷侯订补，清康熙二十七年刻本，故宫图藏。

另有：

抄本，国图、湖北图、中山图藏。

168. ［乾隆］陵水县志十卷，清瞿云魁纂修，清乾隆五十七年刻本，国图、天津图。

另有：

抄本、中山图藏。

169. 古今图书集成：琼州府部，清蒋廷锡等奉敕撰，清光绪十年上海图书集成局排印本，中山图藏。

170. 广东通志：琼州府职官表，清阮元修、陈昌齐、刘彬华纂，清同治三年刻本，中山图藏。

171. 广东通志：琼州地理志，清阮元修、陈昌齐、刘彬华纂，清同治三年刻本，中山图藏。

172. 广东通志：琼州府列传，清阮元修、陈昌齐、刘彬华纂，清同治三年刻本，中山图藏。

173. 琼州撷录，杨光鼐辑录，稿本，上海图藏。

174. 康熙琼州县志十二卷，清潘廷侯、佟世男修、吴南杰纂，清康熙二十六年抄本，国图、中山图藏（缩微胶卷）。

175. 崖州直隶州乡土志二卷，清汤宝棻编，旧抄本，华东师大图藏。

（十）金石类

176. 重修崖州学宫碑记，清张岳崧撰书，清道光三年拓本，中山图藏。

177. 修复新兴学宫墙碑记，清陈嵩庆撰、张岳崧书，清道光六年拓本，中山图藏。

三　子部

（一）儒家类

178. 琴堂谕俗编二卷，宋郑玉道、宋彭仲刚撰，宋应俊辑补，元左祥续增，四库全书本（乾隆写）。

另有：

清抄本，国图、南京图藏。

民国庐江刘氏远碧楼抄本，上海图藏。

179. 诸儒讲义二卷，明章懋、明董遵辑，明嘉靖三十七年汉东书院刻本，国图、上海图、无锡图藏。

另有：

清抄本，南京图藏。

180. 实学考四卷，清云茂琦辑，清光绪二十一年京都文昌云氏刻本，国图藏。

181. 朱子学的二卷，明丘浚撰，清翁方纲校正，陈璋润校补，清嘉庆二十五年石洲草堂重刻本，中山图藏。

182. 大学衍义补赞英华六卷，明丘浚撰、徐栻辑，明隆庆刻本，北大图藏。

183. 丘琼山先生大学衍义补赞英华六卷，明丘浚撰、陈仁锡辑，明末刻本，中科院图、东北师大图藏。

184. 大学衍义补赞英华六卷，明丘浚撰、徐栻辑，明隆庆刻本，北大图藏。

185. 丘琼山先生大学衍义补赞英华六卷，明丘浚撰、陈仁锡辑，明末刻本，中科院图、东北师大图藏。

186. 大学衍义补合刻二百零三卷，宋真德秀、明丘浚撰，清同治十三年夔州郭氏家塾刻本，中山图藏。

187. 大学衍义补纂要六卷，明丘浚撰、徐栻辑，明嘉靖三十七年刻本，中山图藏（缩微胶卷）。

188. 大学衍义补一百六十卷，明丘浚撰，明嘉靖三十八年刻本，吉林图、海大图藏。

189. 纂丘琼山先生大学衍义补英华十八卷，明丘浚撰、凌遇知辑，明万历三年刻本，南京图藏。

190. 大学衍义补摘要四卷，明丘浚撰、孙应奎补，明嘉靖十二年刘氏安正书堂刻本，上海图藏。

191. 大学衍义补摘要五卷，明丘浚撰、顾起辑，明嘉靖三十七年众芳书屋刻本，民族大学图藏。

192. 大学衍义补抄六卷，明丘浚撰，明刻本，北大图藏。

193. 精刻大学衍义摘萃十二卷，明丘浚撰、许国撰集，明隆庆元年刻本，普林斯顿大学图藏。

194. 大学衍义补辑要十二卷，明丘浚撰、清陈弘谋辑，清道光二十二年宝恕堂刻本。

（二）兵家类

195. 续武经总要（重刊续武经总要）八卷，明赵本学、明俞大猷撰，明嘉靖三十六年晋江俞氏刻本，台图藏。

另有：

明抄本，上海图藏。

明万历间刻本（重刊续武经总要），北大图藏。

196. 武经七书四十卷，明郑廷鹄注，明嘉靖三十二年刻本，军科院图藏。

197. 明海忠介大草墨迹一卷，明海瑞书，傲徕山房所藏五朝墨迹本（宣统影印）。

（三）医家类

198. 群书钞方，明丘浚辑，明刻本，国图藏。

（四）术数类

199. 新刻纂集紫微斗数捷览四卷，题宋陈抟撰、宋白玉蟾增辑，明万历九年金陵书坊玉洛川刻本，安徽博藏。

200. 九章详注比类算法大全十卷乘除开方起例一卷，明吴敬撰，明景泰元年王均刻弘治元年吴讷重修本，国图、北大图、上海图藏。

另有：

明弘治间刻本，北大图藏（有缺叶，明嘉靖间人批注）。

201. 玄门易髓图一卷，宋郭汝贤撰，清初抄本，北大图藏。

（五）艺术类

202. 傲徕山房所藏五朝墨迹本，赵尔萃辑，清宣统二年赵氏傲徕山房影印本，国图、北大图、天津图、南京图藏。

另有：

明海忠介大草墨迹一卷，明海瑞书。

203. 道德宝章一卷，宋白玉蟾注、元赵孟頫书，清影刻元赵孟頫写本，国图、北大图、天津图藏。

204. 楷法溯源十四卷目录一卷，清潘存辑、杨守敬编，清光绪四年刻本，国图、北大图、天津图、辽宁图、大连图、吉林图、长春图、哈尔滨图、南京图藏。

（六）杂家类

205. 学范不分卷，明赵谦撰，明永乐二年王惠刻本，国图藏。

206. 造化经纶图一卷，明赵谦撰，闰竹居丛书本（清刻）。

207. 自警编九卷附宋名臣录，宋赵善璙辑，明戴洵批注，明王弘诲等校，明刻本，天津图藏。

208. 探本录二十三卷，清云茂琦撰，清同治六年云曜晦刻本，上海图藏。

另有：

清末刻本，国图藏。

（七）类书类

209. 精选姓源珠玑七卷首一卷，明杨信民辑，明李文祥选，明嘉靖十八年书林郑氏宗文堂刻本，上海图藏。

210. 新刊姓源珠玑六卷，明杨信民辑，明万历二十八年阎伯子刻本，国图、北大图、中科院图、南京图、首都图、北师大图、西安文管藏。

另有：

明万历二十八年金阊世裕堂刻本，社科院文学所藏。

明刻本，南京图藏。

211. 新镌详解丘琼山故事必读成语考二卷，明丘濬辑、清卢元昌补、中岛义方点校，天和二年刻本，国图藏。

212. 幼学故事寻源十卷，明丘濬撰、杨应象汇集注，清宝华阁刻本，中山图藏。

213. 成语考二卷，明丘濬撰，清光绪二十一年佛山文光楼刻本，中山图藏。

214. 明丘琼山故事必读成语考集注二卷，明丘濬撰、（日）三宅德则注，宽政三年日本京都三宅子常刻本，香港中大图藏。

215. 新刻丘琼山故事雕龙二卷，明丘浚撰，享保十年京都开屋孙兵卫刻本，日本内阁藏。

（八）道家类

216. 合刻道德南华经注疏传神集，明程以宁辑，明崇祯九年刻本，上海图藏。

太上道德宝章注疏传神集二卷，宋白玉蟾注、明程以宁疏。

南华经七卷，明潘基庆注。

217. 道德宝章一卷，宋葛长庚（白玉蟾）注，明万历十一年天倪阁刻本，重庆图藏。

另有：

明刻本，国图（清陆时化跋）、四库全书本（乾隆写）。

清光绪八年刻本，南京图藏。

清刻本，北大图藏。

218. 宝颜堂订正道德宝章一卷，宋白玉蟾撰，宝颜堂秘笈本（万历刻、民国石印）。

219. 太上道德宝章注疏二卷，宋葛长庚（白玉蟾）注、明程以宁疏，明崇祯二年程以宁刻本，上海图、新疆、天一阁藏。

220. 太上道德宝章注疏传神集二卷，宋白玉蟾注、明程以宁疏，合刻道德南华二经注疏传神集本（崇祯刻）。

221. 太上道德宝章翼二卷，宋白玉蟾章句、明程以宁阐疏，道藏辑要本（嘉庆刻）、重刊道藏辑要本（光绪刻）。

222. 道德宝章翼二卷，宋白玉蟾章句、明程以宁阐疏、清金道果旁赘，清抄本，南京图藏。

223. 道藏，明张宇初等编，明正统十年内府刻本，国图、故宫图、上海图、南阳、四川藏。

九天应元雷声普化天尊玉枢宝经集注二卷，宋白玉蟾注。

玉隆集六卷，宋白玉蟾撰。

上清集八卷，宋白玉蟾撰。

武夷集八卷，宋白玉蟾撰。

太上老君说常静经注一卷，宋白玉蟾分章正误，元王元晖注。

金华冲碧丹经秘旨二卷传一卷，宋白玉蟾授，宋彭耜受。

224. 道藏辑要，清蒋予蒲辑，清嘉庆间刻本，北大图、上海图、辽宁图、南京图、东北师大图藏。

太上道德宝章翼二卷，宋白玉蟾章句、明程以宁阐疏。

琼琯真人集六卷，宋白玉蟾撰。

海琼白真君语录一卷，宋谢显道等。

225. 重刊道藏辑要，清蒋予蒲辑、清阎永和增辑，清光绪三十二年成都二仙庵刻本，国图、首都图、北大图、上海图、吉林图、黑龙江图藏。

太上道德宝章翼二卷、宋白玉蟾章句、明程以宁阐疏。

琼琯真人集六卷，宋白玉蟾撰。

海琼白真君语录一卷，宋谢显道等辑。

226. 道言内外秘诀全书，明彭好古辑，明万历间刻清文锦堂印本，大连图藏。

指玄篇一卷，宋白玉蟾注。

快活歌二卷，宋白玉蟾撰。

大道歌二卷，宋白玉蟾撰。

地元真诀图一卷，宋白玉蟾撰。

白玉蟾词，宋白玉蟾撰。

白玉蟾五言古词一卷，宋白玉蟾撰。

另有：

清徐甚阳抄本，上海图藏。

227. 一化元宗，明高时明编，明天启四年刻本，辽宁图、吉大图、浙江图、重庆图藏。

另有：

明崇祯十五年刻本，中科院图藏。

清抄本（存九种九卷），南京图藏。

228. 水调歌头一卷酹江月一卷，宋白玉蟾撰，明刻本，日本内阁藏。

229. 五言古词一卷，宋白玉蟾撰，明刻本，日本内阁藏。

230. 道贯真源，清董德宁辑，清乾隆嘉庆间古越集阳楼刻本，南京图、浙江图藏。

紫清指元集二卷，宋白玉蟾撰。

231. 九天应元雷声普化天尊玉枢宝经集注二卷，宋白玉蟾注，道藏本

（正统刻）。

232. 玉枢宝经注释一卷，宋白玉蟾等撰，清道光十四年钱塘许钰刻本，南京图藏。

233. 太上老君说常静经注一卷，宋白玉蟾分章正误，元王元晖注，道藏本（正统刻）。

234. 吕祖指玄篇三卷外篇一卷，题唐吕嵒撰、宋白玉蟾注、清本诚子秘注，民国间益阳应化文社石印本，吉林图藏。

235. 杂著指玄篇八卷，宋白玉蟾撰，道藏本（正统刻）。

236. 白先生杂著指玄篇八卷白先生金丹火候图二卷，宋葛长庚（白玉蟾）撰，明刻本，上海图藏。

237. 金华冲碧丹经秘旨二卷传一卷，宋白玉蟾授、宋彭耜受，道藏本（正统刻）。

另有：

道书三十八种本（明抄），福建图藏。

238. 海琼问道集一卷，宋白玉蟾撰、宋留元长辑，道藏本（正统刻）。

239. 海琼传道集一卷，宋白玉蟾撰、宋洪知常辑，道藏本（正统刻）。

240. 紫清指元集二卷，宋白玉蟾撰，道贯真源本（乾隆嘉庆刻）。

241. 地元真诀一卷，宋白玉蟾撰，一化元宗本（天启刻、崇祯刻）。

242. 大道歌一卷，宋白玉蟾撰，一化元宗本（天启刻、崇祯刻）。

243. 修道真言一卷，宋白玉蟾撰，民国七年上海图敏慎堂石印本，吉林图藏。

244. 金液还丹印证图诗一卷，宋白玉蟾授、宋龙眉子述、明涵蟾子注，道藏辑要本（嘉庆刻）

另有：

重刊道藏辑要本（光绪刻）。

245. 木郎祈雨咒，宋白玉蟾注，清光绪九年刻本，上海图、南京图藏。

246. 琼琯真人集六卷，宋白玉蟾撰，道藏辑要本（嘉庆刻）。

另有：

刊道藏辑要本（光绪刻）。

247. 海琼白真人语录四卷，宋白玉蟾述、宋谢显道等编，道藏本（正统刻）

248. 海琼白真君语录一卷，宋谢显道等辑，道藏辑要本（嘉庆刻）。

另有：

重刊道藏辑要本（光绪刻）。

249. 武夷集八卷，宋白玉蟾撰，道藏本（正统刻）。

250. 祭文昌关帝礼节歌章祝文一卷，清瑞麟辑，清同治间刻本，国图藏。

251. 感应篇赘言，清于觉世撰，清光绪十七年刻本，吉林图藏。

（九）小说类

252. 太上感应篇赘言一卷，清于觉世撰，清康熙间刻本，国图藏。

另有：

清光绪十八年刻本，国图藏。

清光绪二十八年铅印本，上海图藏。

253. 谐噱录一卷，唐刘纳言撰，说郛本（宛委山堂刻）。

另有：

五朝小说本（清汇印）。

（十）释家类

254. 大藏一览十卷，明陈实辑、明姚舜渔重辑，明万历四十二年，秀水姚氏刻。

255. 大藏一览十卷，明陈实辑、明姚舜渔重辑，明万历四十二年姚舜渔刻本，北大图、南京图、日本京都大学藏。

另有：

明吴觉隆等刻本、清光绪十一年刻本，国图藏。

四　集部

（一）别集类·唐五代之属

256. 唐王右丞诗集（唐王右丞诗集注说、王摩诘诗集）六卷，唐王维撰、宋刘成翁评、明顾可久注，明嘉靖三十八年洞易书院刻本，国图藏。

另有：

明万历十八年吴氏漱玉斋刻本（唐王右丞诗集注说），国图、天津图、上海图藏。

明天启间刻宋刘须溪点校书本（王摩诘诗集）。

（二）别集类·宋代之属

257. 潏水集十六卷，宋李复撰，四库全书本（乾隆写）。

258. 岁寒三友除授集一卷无肠公子除授集一卷杂录不分卷，宋吴必大撰（杂录）、宋郑楷等撰，明抄本（清冯知十、清翁同龢跋），国图藏。

259. 宋苏文公居儋录五卷，宋苏轼撰、明陈荣选辑，明万历二十三年陈荣选刻清顺治十八年王昌嗣重修本，国图，浙江图藏。

另有：

清康熙间刻本，国图、南京图藏。

260. 居儋录六卷首一卷，宋苏轼撰、清刘凤辉重辑，清光绪二十一年刻本，北大图藏。

261. 淮海集十七卷后集二卷词一卷补遗一卷续补遗一卷附考证一卷重编淮海先生节要一卷，宋秦观撰（考证）清王敬之、清茆泮林、清金长福撰、（重编淮海先生年谱辑要）清秦瀛编、清王敬之节要。

另有：

道光十七年王敬之等刻二十一年增刻本，国图（傅增湘校跋并录严绳孙题识），北大图、天津图、上海图、南京图、浙江图、辽宁图、湖北图藏。

清道光二十四年刻本，国图藏。

262. 菊坡集（崔清献公菊坡集）一卷，宋崔与之撰，广东文献本（嘉庆科、同治印，崔清献公菊坡集）。

另有：

两宋名贤小集本（抄本）。

263. 崔清献公集五卷，宋崔与之撰，道光三十年芹桂堂刻本，香港大学藏。

另有：

岭南遗书本（道光刻）。

264. 崔清献公集五卷附录一卷言行录三卷，宋崔与之撰、（言行录）宋李肖龙撰，清道光三十五年伍崇曜粤雅堂刻本，国图藏（傅增湘校）。

265. 葆真居士集一卷，宋折彦质撰，两宋明贤小集本（抄本）。

266. 澹庵胡先生文集三十卷，宋胡铨撰，清初抄本，上海图藏。

267. 胡澹庵先生文集三十二卷，宋胡铨撰，清乾隆二十二年练月楼刻本，国图（傅增湘校补并跋），北大图、南京图藏。

268. 胡澹庵先生文集三十二卷补遗一卷，宋胡铨撰，清道光十三年历原胡氏读书堂刻本，国图、北大图、天津图、南京图、辽宁图、湖北图藏。

269. 澹庵文集二十五卷，宋胡铨撰，清抄本，山西文物局藏。

270. 胡澹庵先生文集六卷，宋胡铨撰，清初抄本，浙大图藏。

另有：

清抄本（清鲍廷博校，清丁丙跋）、南京图藏。

271. 澹庵文集六卷附一卷，宋胡铨撰、清鲍廷博补辑，清乾隆间鲍氏知不足斋抄本（四库全书底本，清鲍廷博校并题识）、上海图藏。

另有：

四库全书本（乾隆写）。

宋元人诗集本（清存素堂抄）。

272. 澹庵文集一卷，宋胡铨撰，两宋名贤小集本（抄本）。

273. 胡忠简公文集补遗三卷附录三卷，宋胡铨撰、清朱文藻辑，清乾隆间余杭胡氏刻胡忠简公经解附，国图藏。

274. 庄简集（李庄简公集）十八卷，宋李光撰，清乾隆间翰林院红格抄本，国图藏。

另有：

四库全书本（乾隆写）。

清抄本（李庄简公集，清李慈铭校），上海图藏。

清南海孔氏岳雪楼抄本，中科院图藏。

275. 庄简集十六卷附录一卷，宋李光撰、（附录）清李宗莲辑，清李宗莲立本堂。

另有：

抄本，上海图藏。

276. 庄简集十六卷，宋李光撰。

另有：

抄本，山东图藏。

277. 庄简集十七卷，宋李光撰，清抄本，南京图藏。

278. 椒亭小集一卷，宋李光撰，两宋名贤小集本（抄本）。

279. 苏文忠公海外集二十二卷，宋苏轼撰、清樊庶编，清康熙四十五年樊氏得树轩刻本，中山图藏。

280. 苏文忠公海外集四卷，宋苏轼撰、清王时宇重校，清刻本，中山图藏。

281. 海琼玉蟾先生文集六卷续集二卷，宋白玉蟾撰、明朱权重编，明正统刻本，中山图藏。

282. 海琼白真人文集六卷，宋白玉蟾撰、明朱权编，明抄本，北大图藏。

283. 白玉蟾海琼摘稿十卷，宋白玉蟾撰，明嘉靖十二年刻本，国图、吉林图藏。

284. 琼管白先生集十卷，宋白玉蟾撰，明刻本。

285. 新刻琼管白先生集十四卷，宋白玉蟾撰、明林有声校，元录十年日本京都柳田六左卫门梅村右卫门刻本，日本东京大学东洋文化研究所藏。

286. 白真人集十卷，宋白玉蟾撰、清王时宇重订，清同治七年刻本，中山图藏。

287. 白玉蟾诗集九卷，宋白玉蟾撰，明万历四十三年新安潘氏刻本，国图藏。

288. 白玉蟾诗集八卷，宋白玉蟾撰，明范氏也趣轩抄本，台图藏。

289. 海琼白先生诗集三十九卷，宋白玉蟾撰，日本室町抄本（摘录本），日本内阁藏。

290. 琼山道人集三卷，宋白玉蟾撰，旧抄本，南大图藏。

（三）别集类·金元之属

291. 仁父集一卷，元王懋德撰、清顾嗣立选，元诗选本（康熙刻、嘉庆光绪增修）。

292. 本斋集一卷，元王都中撰、清顾嗣立选，元诗选本（康熙刻、嘉庆光绪增修）。

293. 仲实集一卷，元吕思诚撰、清顾嗣立选，元诗选本（康熙刻、嘉庆光绪增修）。

（四）别集类·明代之属

294. 海忠介公全集十二卷，明海瑞撰、明梁子璠汇订，明天启五年梁子璠刻本，上海图藏。

295. 海忠介公集六卷，明海瑞撰，清乾隆十八年重刻本，中山图藏。

296. 海忠介公文集九卷，明海瑞撰、邹元标校、温可贞汇编，明万历四十六年刻本，中山图藏。

297. 海刚峰集十卷（备忘集三卷附录一卷备忘续集二卷淳安稿一卷淳安政事三卷），明海瑞撰，明刻本，陕西图藏。

298. 海刚峰先生集六卷政事四卷，明海瑞撰，明万历二十二年阮尚宾刻本，国图藏。

299. 备忘录十卷，明海瑞撰，明万历三十年海迈重刻本，台图藏。

另有：

四库全书本（乾隆写）

300. 备忘集十二卷，明海瑞撰，明万历三十年海迈刻清康熙五年海廷芳补修本，河南图、台湾大学图、日本静嘉堂藏。

301. 备忘集六卷，明海瑞撰，清康熙间海廷芳刻本，南京图藏。

302. 海刚峰先生集二卷，明海瑞撰、清张伯行编订，清康熙四十九年张伯行正谊堂刻本，上海图藏。

另有：

正谊堂全书本（同治刻）。

清光绪十三年福州正谊书院刻本，国图、南京图藏。

303. 海忠介公备忘集一卷，明海瑞撰、清罗学鹏编辑，广东文献本（嘉庆刻、同治印）。

304. 备忘集（备忘录）八卷附录二卷，明海瑞撰，清抄本，国图、南京图藏。

305. 海刚峰集，明海瑞撰，重修广理学备考本（康熙刻，与于景素集等合卷）。

306. 海忠介公文集七卷附海忠介公传二卷，明海瑞撰、明黄秉石评（海忠介公传）、明黄秉石撰，明崇祯四年高淳黄氏刻本，上海图藏。

307. 海忠介公集六卷，明海瑞撰、清焦映汉辑，清初贾棠刻同治间印本，复旦图、湖北图藏。

另有：

丘海二公文集合编本（康熙刻、乾隆刻、嘉庆修补、同治刻）。

清抄本，南京图藏。

抄本、北大图藏。

308. 海忠介公集六卷，明海瑞撰、清吴缵姬等编，清刻本、国图藏。

309. 海忠介公文集六卷首一卷，明海瑞撰，清刻本，日本内阁藏。

310. 海忠介公文集十卷，明海瑞撰、明温可贞编，明万历四十六年同安蔡钟刻本，北大图藏。

311. 海忠介公文集十卷，明海瑞撰，明刻本，北大图、中科院图藏。

另有：

明末曾樱刻本，复旦图、民族大学图、陕西图、浙大图藏。

312. 海刚峰稿一卷，明海瑞撰、清俞长城选评，可仪堂一百二十名家制义本（康熙刻、乾隆刻）。

313. 海刚峰稿一卷，明海瑞撰，名家制义六十一家本（清抄），国图藏。

314. 太子少保王忠铭先生文集天池草重编二十六卷，明王弘诲撰，清康熙二十二年沈彫刻本，上海图藏。

另有：

清康熙间刻本，青岛博藏。

315. 太子少保王忠铭先生文集天池草重编二十卷，明王弘诲撰，清康熙间刻本，湖北图藏。

316. 天池草不分卷，明王弘诲撰，海南丛书本（民国铅印）。

317. 碧麓堂集一卷，明林如楚撰，旗阳林氏三先生诗集本（崇祯刻），国图藏。

另有：

明崇祯九年刻三公诗集合刻本，福建图藏。

318. 陈中秘稿一卷，明陈是集撰，海南丛书本（民国铅印）。

319. 土苴集二卷集外诗一卷续集六卷附录一卷，明周鼎撰，清抄本，浙江图藏。

320. 土苴集二卷附录一卷，明周鼎撰，明正德十二年张倬等刻本，国图藏。

另有：

清初抄本，浙江图藏。

321. 土苴集一卷，明周鼎撰，清抄本，天一阁藏。

322. 传芳集不分卷，明唐胄撰，海南丛书本（民国铅印）。

323. 欧阳恭简公文集二十二卷，明欧阳铎撰，明嘉靖间刻本，天津图藏。

324. 石湖遗稿不分卷，明郑廷鹄撰，海南丛书本（民国铅印）。

325. 顾宪副集一卷，明顾可久撰、明俞辑，盛明百家诗本（嘉靖隆庆刻）。

326. 清溪庄遗集四卷，明顾可久撰，民国八年无锡图顾氏斯勤堂铅印本，国图、天津图、复旦图、南京图藏（题二卷）。

327. 徐文靖公谦斋集八卷，明徐溥撰，明嘉靖八年宜兴徐文炯刻本，中科院图藏。

328. 徐文靖公谦斋文录（谦斋文录）四卷，明徐溥撰，明嘉靖三十年徐遵道刻本。

另有：

上海图（清曹培享跋）明嘉靖间宜兴徐垚刻本，北大图、天津图藏（四库全书底本）。

明嘉靖间宜兴徐垚刻徐启钊、徐绍淹重修本，北大图、南京图藏。

明刻本，日本内阁藏。

四库全书本（乾隆写，谦斋文录）。

清嘉庆间木活字印本，北大图藏。

清光绪二年世德堂木活字印本，国图藏。

329. 谦斋文录八卷，明徐溥撰，清道光十一年宜兴徐氏梅花所刻本，国图，北大图，天津图，南京图藏。

330. 正气堂全集八卷首一卷，明俞大猷撰，清抄本（佚名校补并跋），北大图藏。

331. 正气堂集十六卷余集四卷续集七卷末二卷，明俞大猷撰，明嘉靖间刻本，日本蓬左藏。

332. 正气堂集十六卷余集四卷又一卷续集七卷，明俞大猷撰，明刻本、中科院图、南大图藏。

333. 正气堂集十六卷征剿古田事略一卷镇闽议稿一卷余集五卷续集七卷，明俞大猷撰，明刻本、日本内阁藏。

334. 正气堂集十六卷近稿一卷镇闽议稿一卷洗海近事二卷余集四卷续集七卷，明俞大猷撰，清道光十六年龙溪孙云鸿刻本，日本东洋藏。

另有：

清道光二十一年刻本，国图藏。

335. 正气堂集十七卷近稿一卷余集五卷续集七卷洗海近事二卷（或题二十九卷），明俞大猷撰，清道光二十一至二十四年孙氏味古书屋刻本，北大图、南京图藏。

336. 镇闽议稿一卷，明俞大猷撰，三余书屋丛书本（光绪刻）。

337. 奚囊琐言四卷艺苑钩玄一卷，明陈表撰，明隆庆元年陈表刻本，中大图藏。

338. 北泉草堂遗稿不分卷，明林士元撰，海南丛书本（民国铅印）。

339. 筠溪文集三十卷，明钟芳撰，明嘉靖二十七年钟允谦刻本，北大图藏。

340. 钟筠谿集一卷，明钟芳撰，海南丛书本（民国铅印）。

341. 陶庄敏公文集八卷附录一卷兰渚先生遗稿一卷，明陶谐撰（兰渚先生遗稿）、明陶允淳撰，明天启四年陶崇道刻本，国图（题天启刻）、上海图、南京图藏。

342. 南川漫游稿十卷，明陶谐撰，明嘉靖十二年岭表书院刻本，华东师大图藏。

343. 学古斋集二卷附一卷，明瞿俊撰，清嘉庆七年刻本，北大图藏。

344. 学古斋集三附杂文一卷，明瞿俊撰，清宣统二年瞿氏铁琴铜剑楼刻本，国图藏。

345. 琼台诗文会稿重编（琼台会稿、琼台会稿诗文集）二十四卷，明丘浚撰，明丘敦、明丘尔谷等编，明天启间丘尔谷等刻本，复旦图藏。

另有：

明天启间丘尔谷等刻清康熙二十二年佟湘年重修本，南京图、山东图藏。

明天启间丘尔谷等刻清印本，国图藏。

四库全书本（乾隆写，琼台会稿）。

清竹书堂抄本，南京图藏。

清光绪五年琼山雁峰书院刻本（琼台会稿诗文集），国图、北大图、天津图、南京图、湖北图藏。

346. 湄丘集二卷，明邢宥撰，海南丛书本（民国铅印）。

347. 重编王文端公文集四十卷，明王直撰，明嘉靖四十二年王有霖刻本，上海图藏。

348. 抑菴集四十卷首一卷，明王直撰、明刘教编，明隆庆二年王有霖刻本，日本静嘉堂、日本尊经阁藏。

349. 王抑庵集四十卷，明王直撰，清同治六年王启鑅刻本，北大图，湖北图藏。

另有：

清刻本，南京图藏。

350. 抑庵文集十三卷，明王直撰，明天顺二年王稹刻本，上海图藏。

351. 抑庵集十三卷后集三十七卷，明王直撰，四库全书本（乾隆写）。

352. 闻一斋诗稿不分卷，明郑赐撰，明崇祯六年闽县徐氏抄本，中科院图藏。

353. 陈检讨集不分卷，明陈繗撰，海南丛书本（民国铅印）。

354. 凤池吟稿十卷，明汪广洋撰，明洪武间刻本，北大图藏。

另有：

明万历四十五年高邮王百祥校刻本，国图、北大图、天津图、上海图、南京图、山东图藏。

明刻本，国图、北大图藏。

四库全书本（乾隆写）。

清抄本，南京图藏。

355. 汪右丞诗集五卷，明汪广洋撰，明嘉靖三十六年刻本，中科院图藏。

356. 汪右丞集一卷，明汪广洋撰、明俞宪辑，盛明百家诗本（嘉靖隆庆刻）。

357. 淮南汪广洋朝宗先生凤池吟稿八卷，明汪广洋撰，明刻本，国图藏（存卷一至三）。

358. 凤池吟稿四卷，明汪广洋撰，清王应元校，刻本，傅斯年图藏。

359. 梁中丞集一卷，明梁云龙撰，海南丛书本（民国铅印）。

360. 许忠直公遗集不分，明许子伟撰，海南丛书本（民国铅印）。

361. 声园诗集三卷，明黄道充撰，明崇祯六年刻本，南开图藏。

362. 楚游稿二卷，明李多见撰，明刻本，国图藏。

363. 海刚峰集，明海瑞撰，清道光五年五经堂刻本，中山图藏。

364. 海刚峰稿一卷，清乾隆三年可仪堂一百二十名家制义刻本，国图藏。

365. 海刚峰集二卷，明海瑞撰，清光绪十三年刻本，中山图藏。

366. 海忠介先生备忘集十卷，明海瑞撰、清王元士补遗，清康熙十九年刻本，中山图藏。

367. 海忠介公备忘集十卷首一卷附荣衰录一卷，明海瑞撰、清冯骥声重编、曾对颜、王国栋校，清光绪三十年刻本，中山图藏。

368. 备忘集十二卷，明海瑞撰，明万历三十年刻本、清康熙五年补修刻本，河南图藏。

369. 琼台吟稿十卷，明丘浚撰，明弘治五年刻本，上海图、国图藏。

370. 琼台类稿七十卷，明丘浚撰，明弘治五年刻本，国图藏。

371. 琼台会稿十二卷，明丘浚撰，明嘉靖三十二年刻本，国图、台图藏。

372. 重编琼台会稿二十四卷，首一卷，明丘浚撰、丘尔懿、丘尔谷重编，明天启元年刻本，中山图藏。

373. 丘文庄公集十卷，明丘浚撰、清焦映汉、贾棠编，康熙四十七年刻本，中山图藏。

374. 丘仲深集一卷，明丘浚撰，五经堂刻本清道光五年补刊，国图、上海图藏。

375. 湄邱集二卷，明邢宥撰，清道光二十一年重刻本，中山图藏。

376. 钟筠溪家藏集三十卷，明钟芳撰，明嘉靖二十七年刻本，北大图藏。

（五）别集类·清代之属·清前期

377. 南斋诗集不分卷附录一卷，清丘象升撰，清康熙三十五年丘迥刻本，国图、社科院文学所藏。

378. 两塍集二卷，清周嘉猷撰，清乾隆四十七年刻本，北大图、南京图藏。

379. 余集一卷，清杨廷璋撰，稿本，国图藏。

380. 勤悫公余集二卷诗余一卷，清杨廷璋撰，清乾隆三十三年刻本，日本东京大学藏。

另有：

清道光二十五年刻本，中科院图藏。

381. 柘涧山房诗草二卷附词稿一卷，清王惠撰，清同治三年刻本，安庆图藏。

382. 楝亭诗抄别集四卷，清曹寅撰、清唐继祖编，清康熙五十二年刻本，国图藏。

383. 怀清堂诗稿不分卷，清汤右曾撰，稿本，国图藏。

384. 使黔集二卷，清汤右曾撰，清康熙间刻本，中科院图藏。

385. 怀清堂集二十卷，清汤右曾撰，清乾隆七年王氏刻本，首都图、复旦图、民族大学图藏。

另有：

清乾隆十一年汤氏刻本（增卷首一卷），国图、中科院图、日本爱知大学藏。

四库全书本（乾隆写）。

386. 怀古堂初集不分卷，清刘国英撰、清陶元淳等评，清康熙四十二年怀古堂刻三色套印本，国图藏。

387. 南崖集四卷，清陶元淳撰，清康熙间诒清堂刻本，中科院图、常熟图藏（清翁同龢、清杨沂孙跋）。

另有：

海虞三陶集本（光绪刻）。

388. 子师先生文集（陶子师先生文集）不分卷，清陶元淳撰，稿本，上海图藏。

另有：

民国间抄本（陶子师先生文集），常熟图藏。

389. 陶子师集四卷，清陶元淳撰，海虞三陶集本（光绪刻）。

390. 志学集二卷，清陶元淳撰，清抄本，上海图藏。

391. 志学集一卷，清陶元淳撰，抄本，常熟图藏。

392. 昌化集四卷，清陶元淳撰，海虞三陶集本（光绪刻）。

393. 张处士集一卷，清张奇撰，清康熙二十年刻本，江西图藏。

（六）别集类·清代之属·清中期

394. 阐道堂遗稿十二卷，清云茂琦撰，清同治七年刻本，社科院历史所藏。

395. 阐道堂遗稿不分卷，清云茂琦撰，海南丛书本（民国铅印）。

396. 云卧山房集不分卷，清周嘉猷撰，稿本，山东图藏。

397. 周慕护枢部遗稿不分卷，清周嘉猷撰，抄本，上海图藏。

398. 云卧山房诗集二卷，清周嘉猷撰，清道光十三年留耕堂刻本，中科院图藏。

另有：

清咸丰二年周乐清留耕堂刻本，国图、中科院图藏。

399. 秋鹗遗稿二卷，清徐濬撰，清嘉庆二十二年朱蔚刻本，国图藏。

400. 志亲堂集不分卷，清林典燕撰，海南丛书本（明国铅印）。

401. 秋稼小稿一卷，清王耕撰，清抄本，桂林图藏。

402. 万树松斋诗抄一卷，清廖纪撰，民国间铅印本，国图藏。

403. 白鹤轩集不分卷，清韩锦云撰，海南丛书本（民国铅印）。

404. 儿竹斋集八卷，清张井撰，清道光十五年赐礼堂刻本，中科院图藏。

405. 朱文定公集十卷，清朱士彦撰，清道光间刻本，国图、中科院图藏。

406. 松溪小草不分卷，清王懋曾撰，海南丛书本（民国铅印）。

407. 王兰上诗文稿不分卷，清王惠撰，清抄本，贵州图藏。

408. 竹里诗存六卷，清王惠撰，清同治间贵州图刻本，浙江图藏。

（七）别集类·清代之属·清后期

409. 抱经阁集一卷，冯骥声撰，海南丛书本（民国铅印）。

410. 桐花书屋初稿三卷，清张峻撰，稿本，常熟图藏。

411. 浣雪山房诗钞，清陈之修撰，稿本，中山图藏。

412. 琼州杂事诗，清程秉钊著，清光绪十三年刻本，中山图藏。

413. 游琼草，清吴家树撰，清道光二十八年刻本，中山图藏。

414. 砚秋馆吟草二卷，清陈瑄孚撰，清光绪十五年刻本，中山图藏。

415. 海沤集，清刘庆崧撰，清宣统三年石印本，中山图藏。

（八）总集类

416. 丘海二公合集十六卷，明丘浚、海瑞撰，清焦映汉、贾棠编，清康熙四十七年刻本，中山图藏。

417. 二白诗选二卷，宋白玉蟾撰、释晦岩辑，元禄六年洛阳林五郎兵卫梅村弥右卫门刻本，日本国会藏。

418. 宋元人诗集，清法式善编，清法氏存素堂抄本，国图藏。

忠正德文集二卷，宋赵鼎撰。

419. 乾坤正气集清姚莹、清顾沅、清潘锡恩辑，清道光二十八年泾县潘氏袁江节署刻同治五年新建吴坤修皖江重印本，国图藏。

忠正德文集八卷，宋赵鼎撰。

另有：

清道光二十八年泾县潘氏袁江节署刻光绪元年重印本，国图藏。

清道光二十八年泾县潘氏袁江节署刻光绪七年长白恭鍏重印本，国图藏。

清道光二十八年泾县潘氏袁江节署刻光绪十八年泾县潘骏文重印本，国图藏。

420. 丘海二公文集合编，清焦映汉辑、清贾棠编，清康熙四十七年刻本，中科院图、上海图、湖北图藏。

另有：

清乾隆十八年刻本，北师大图藏。

421. 可仪堂一百二十名家制义，清俞长城辑，清康熙三十八年可仪堂刻本，上海图藏。

海刚峰稿一卷，明海瑞撰。

另有：

清康熙间步月楼、令德堂刻本，国图藏。

清康熙间刻本，国图、北大图藏。

清乾隆三年文盛堂、怀德堂刻本、国图藏。

422. 名家制义六十一种六十一卷，清抄本，国图藏。

海刚峰稿一卷，明海瑞撰。

423. 旗阳林氏三先生诗集五卷，明孙昌裔编，明崇祯九年林慎刻本，国图藏。

人瑞翁集二卷，明林春泽撰。

少峰草堂集二卷，明林应亮撰。

碧麓堂集一卷，明林如楚撰。

424. 律赋衡裁六卷，清周嘉猷、清周珍辑，清汤聘评，清篇经堂刻本，国图藏。

425. 滕王阁集十卷，明董遵辑，明刻本、国图藏。

另有：

明崇祯间刻本、上海图藏。

426. 滕王阁集十六卷续集十九卷，明董遵辑（滕王阁续集）、明李嗣京、明谢学龙辑、明崇祯七年谢学龙刻本，国图、上海图藏（存续集）。

427. 马东田孙沙溪两公遗集合编，清贾棠编，清康熙四十六年甘陵贾氏刻本，国图、上海图藏。

东田集十五卷，明马中锡撰。

沙溪集二十三卷，明孙绪撰。

428. 丘海二公文集合编，清焦映汉辑、清贾棠编，清康熙四十七年刻本，中科院图、上海图、湖北图藏。

丘文庄公集十卷，明丘浚撰。

海忠介公集六卷，明海瑞撰。

另有：

清乾隆十八年刻本，北师大图藏。

429. 盛明百家诗，明俞宪编，明嘉靖隆庆间刻本，国图、北大图、上海图、南京图（清丁丙跋）、浙江图藏。

顾宪副集一卷，明顾可久撰。

430. 两宋名贤小集，宋陈思编、元陈世隆补，清抄本（清孔继涵抄补目录，永乐大典补诗不分卷），重庆图藏。

菊坡集一卷，宋崔与之撰。

431. 名家表选八卷，明陈垲辑，明嘉靖二十六年崇正书院刻本，国图、山东图藏。

432. 东浯家乘二十六卷，明王汝为、明王统等撰，明王廷垣辑，明崇祯十七年王廷垣风月轩刻本，国图藏。

433. 清风祠录六卷，明王琥辑，明正德九年刻本，广东社科院藏。

434. 盛明百家诗，明俞宪编，明嘉靖隆庆间刻本，国图、北大图、上海图、南京图（清丁丙跋）、浙江图藏。

汪右丞集一卷，明汪广洋撰。

435. 广中五先生诗集二卷附刻五卷，明谈恺编，明嘉靖三十六年王国桢刻本，辽宁图藏。

汪右丞诗集五卷，明汪广洋撰。

436. 两宋明贤小集，宋陈思编，元陈世隆部，清抄本（清孔继涵抄补目录，永乐大典补诗不分卷）、重庆图藏。

葆真居士集一卷，宋折彦质撰。

437. 宋元人诗集，清法式善编，清法氏存素堂抄本，国图藏。

胡澹庵先生文集六卷附录一卷，宋胡铨撰。

438. 两宋名贤小集，宋陈思编、元陈世隆补，清抄本（清孔继涵抄补目录，永乐大典补诗不分卷），重庆图藏。

澹庵诗集一卷，宋胡铨撰。

439. 两宋名贤小集，宋陈思编，元陈世隆补，清抄本，福建图藏。

澹庵诗集一卷，宋胡铨撰。

440. 两宋名贤小集，宋陈思编、元陈世隆补，清抄本（清孔继涵抄补目录，永乐大典补诗不分卷）、重庆图藏。

椒亭小集一卷，宋李光撰。

（九）诗文评类

441. 琼台先生诗话二卷，明蒋冕撰，明崇祯十一年爱吾庐刻本，辽宁图藏。

（十）词类

442. 唾绒余草一卷，清吴小姑撰、罗伯琼编，清同治元年羊城富文斋刻本，中山图藏。

443. 海琼子词一卷，宋白玉蟾撰，明抄本，国图藏。

444. 宋元名家词七十种九十七卷，明抄本（清毛扆校，唐晏跋），北大图藏。

得全居士词一卷，宋赵鼎撰。

445. 又次斋词编十种，清汪曰桢编，稿本（清汪曰桢校并跋），国图藏。

得全居士词一卷，宋赵鼎撰。

446. 得全居士词一卷，宋赵鼎撰，宋元名家词本（明抄）。

另有：

别下斋丛书本（道光刻、商务印书馆影印、竹简斋影印）。

又次斋词编本（稿本）。

四印斋所刻词本（光绪刻）。

447. 汲古阁未刻词二十六种二十七卷，清彭元瑞编，清光绪间抄本（清江标跋），上海图藏。

澹庵长短句一卷，宋胡铨撰。

448. 又次斋词编十种，清汪曰桢编，稿本（清汪曰桢校并跋），国图藏。

澹庵长短句一卷，宋胡铨撰。

449. 典雅词十四种，清抄本，南京图、台图藏。

澹庵长短句一卷，宋胡铨撰。

450. 宋五家词，明抄本，国图藏。

另有：

清初毛氏汲古阁抄本（清丁丙跋），南京图藏。

澹庵词一卷，宋胡铨撰。

451. 澹庵词一卷，宋胡铨撰，宋五家词本（清初毛氏汲古阁抄），南京图藏。

另有：

清抄本，北大图藏。

452. 澹庵长短句（胡忠简公澹庵长短句）一卷，宋胡铨撰，别下斋丛书本（道光刻、商务印书馆影印、竹简斋影印）。

另有：

汲古阁未刻词本（光绪抄）、四印斋所刻词本（光绪刻，胡忠简澹庵长短句）、又次斋词编本（稿本）、雅典词十四种本（清抄）。

453. 李庄简词一卷，宋李光撰，四印斋所刻词本（光绪刻）。

（十一）曲类

454. 新刊重订附释标注出相伍伦全备忠孝记四卷，明丘浚撰，清唐氏世德堂刻本，台图藏。

455. 新刻魏仲雪先生批评投笔记二卷，明丘浚撰、魏浣初评、李裔蕃注，明书林存诚堂刻本，国图藏。

456. 重校投笔记四卷，明丘浚撰，明陈氏继志斋刊本，国图藏。

（十二）小说类

457. 海公奇案玉夔龙传弹词七卷，清光绪十八年上海图紫云轩刻本，中山图藏。

458. 龙图刚峰公案合编十二卷，题云崖主人编，清嘉庆十四年刻本，复旦图藏。

459. 全像海刚峰居官公案传四卷，明李春芳著，明万历三十四年金陵万卷楼刻本，国图藏。

460. 原本海公大红袍传六十卷六十回，明李春芳著，清光绪四年金陵万卷楼刻本。

461. 新刊海公小红袍全传十卷四十二回，清道光十二年文德堂刻本。

462. 清光绪二十七年石印本、清光绪三十三年读未见书斋石印本、1947 年广州大成书局铅印本。

第二章
民国文献

第一节　哲学、宗教

1. 九天应元雷声普化天等玉枢宝经集注二卷，（宋）白玉蟾注，商务印书馆影印本，1923。

2. 紫清指玄集一卷，（宋）白玉蟾述，（清）董德宁辑，民国无锡丁氏排印本。

3. 蟾仙解老一卷，（宋）白玉蟾注，商务印书馆，1939。

4. 陈叶氏徐陈氏节孝事实清册，陈其庚等撰，1921，中山图藏。

5. 太上老君说常清静经注一卷，（宋）白玉蟾分章正误，王元晖注，商务印书馆影印本，1923，国图藏。

6. 海南岛寺庙神に关する考察，〔日〕宫本延人撰，台湾总督府外事部，1944。

7. 南海群岛の神话と传说，〔日〕齐藤正雄著，宝云舍，1942。

第二节　社会科学总论

一　地区统计资料

8. 临高县各区乡调查表，广东省调查统计局编，广东省调查统计局，1936，中山图藏。

9. 临高县第三区兰奇乡调查表，临高县第三区兰奇乡填报，广东省调查统计局，1936，中山图藏。

10. 临高县各区灾情调查表，手抄本，1934，《海南文献资料简介》。

11. 崖县第一区梅西乡调查表，崖县第一区梅西乡填报，广东省统计局，1936，中山图藏。

12. 儋县第二区大山乡调查表，儋县第二区大山乡填报，广东省调查统计局，1936，中山图藏。

13. 儋县第二区顿沙乡调查表，儋县第二区顿沙乡填报，广东省调查统计局，1936，中山图藏。

二　人口调查

14. 海南岛历代人口统计表，原稿。

15. 海口市永安团第十一、十七甲户口调查表，海口市永安团十一甲编，中山图藏。

第三节　政治、法律

一　中国共产党

16. 高级列宁学校教科书第一册，琼崖高级列宁学校编，琼崖高级列宁学校油印本，1931，中山图藏。

17. 支部入门学习，中共陵水县委翻印油印本，1931，中山图藏。

18. 庆祝工农红军冲破帝国主义国民党第三次围剿大胜利的宣传工作大纲、反帝宣传工作大纲、反攻组派宣传大纲，中共琼崖特委宣传部编，中共琼崖特委宣传部油印本，1931，广东省立中山图藏（复制）中山图书馆 1958 年复制。

19. 增强党性的锻炼，中共琼崖区党委宣传部编，中共琼崖区党委宣传部油印本，1948，中山图藏。

20. 中国共产党与黎族社会发展，程昭星等著，中央文献出版社，2010。

21. 中国共产党的政策学习提纲，中共琼崖区党委宣传部编，中共海南东区地委油印本，1949，中山图藏。

22. 琼崖孤岛上的斗争，林盈著，新民主出版社，1947。

23. 政治大纲：其二，琼崖红军军事政治学校编，琼崖红军军事政治学校油印本，1929，中山图藏。

24. 训练材料，琼崖苏维埃政府文化委员会编，琼崖苏维埃政府文化委员会油印本，1931，中山图藏。

25. 党校训练材料，中共琼崖特委编，中共琼崖特委油印本，1931，中山图藏。

二　工人、农民、青年、妇女运动与组织

26. 海口市各业工会组织章程名录，海口市各业工会编，广东省农工厅，1927，中山图藏。

27. 海南岛派遣台北帝国大学学生勤劳报国团报告书，台北帝国大学编，台北帝国大学，1931。

29. 当前群众运动的基本方针，中共琼崖区党委宣传部编，中共琼崖区党委宣传部油印本，1949，中山图藏。

30. 琼崖内河船业工会会员名册，琼崖内河船业工会编，琼崖内河船业工会手抄本，1926，中山图藏。

31. 新民主主义青年团的组织和工作，中国新民主主义青年团琼崖区团筹备委员会编，中国新民主主义青年团琼崖区团筹备委员会油印本，1949，中山图藏。

32. 目前形势与任务：任弼时同志在新民主主义青年团第一次全国代表大会上的政治报告第一部分，任弼时报告，中共琼崖区党委宣传部油印本，1949，中山图藏。

三　中国政治

（一）中国革命和建设问题

33. 海南协会公报，海南协会，1934，中山图藏。

34. 海南岛建设展望，〔日〕菊川逸雄撰，手抄本，《海南文献资料简介》。

（二）国家行政管理

35. 广东省政府考核县市长成绩表（琼崖区），广东琼崖绥靖专员公署

编制，广东琼崖绥靖专员公署手抄本，1933。

（三）阶级结构和社会结构

36. 怎样分析阶级，中华苏维埃人民委员会批准，《群众报》社油印本，1941，中山图藏。

（四）地方政治

37. 琼崖建设，琼崖建设研究会宣传部编，琼崖建设研究会宣传部，1929，海大图藏。

38. 广东南区善后委员公署民国十七年五至十月份报告摘要，广东南区善后委员公署编，稿本，1928，中山图藏。

39. 海南岛现势大观，〔日〕胜间田善作著，1912。

40. 海南岛事件面面观，蒋中正撰，半月文摘社，1939。

41. 两个声明，《琼文导报》社编，《琼文导报》社油印本，1946，中山图藏。

42. 视察琼崖报告书，李伯颜等编，手抄本，1933，中山图藏。

43. 琼山第二届省议会议员初选举投票分区图，手绘本，中山图藏。

44. 香港、海南岛の建设，〔日〕秀岛达雄著，东京松山房油印本，1942。

45. 支那事变ニ伴フ对南支那施策状况（海南岛），台湾总督府外事部编，台湾总督府外事部，1940。

46. 广东省府令发琼崖绥靖委员在海口开善后会议临高等县提议各案卷，琼崖绥靖委员编，抄本，1934，海大图藏。

47. 秋季攻势政治工作总结，中国人民解放军琼崖纵队政治部编，中国人民解放军琼崖纵队政治部油印本，1948，中山图藏。

48. 自卫战争的新形势和新任务，冯白驹著，《新民主报》社油印本，1946，中山图藏。

49. 蒋军必败，《新民主报》社编，《新民主报》社油印本，1946，中山图藏。

50. 文昌县详陈地方困难情形，文昌县县政府编，广东省长公署，1916，中山图藏。

51. 宰万观过录，龙椿编，1918，中山图藏。

52. 省府令发琼崖绥靖委员在海口开善后会议临高等县提议各案，广东省民政厅编，广东省民政厅，中山图藏，1934。

53. 琼崖各界为蔡主任被诬申函电原文，林涪等著，1946 油印本，中山图藏。

54. 琼崖共首之自述，广东绥靖委员会公署编，广东绥靖委员会公署，1933，中山图藏。

55. 海南岛管领计划，〔日〕大谷光瑞编，1939，中山图藏复制。

56. 大东亚共荣圈の确立と日本民族の热带适应生活・海南岛に于ける日本，台湾总督府外事部编，台湾总督府外事部，1941，中山图藏复制。

57. 文昌县参议会第一届第八次大会会议录，文昌县参议会编，文昌县参议会油印本，1949，中山图藏。

58. 奋勇前进解放全中国，《新民主报》社编，《新民主报》社油印本，1949，中山图藏。

59. 国庆特刊，海南特区警备总司令部政工处编，海南特区警备总司令部政工处，1949，中山图藏。

60. 香港和海南岛的危机，陈玉祥著，中山文化教育馆，1938，中山图藏。

61. 新琼崖建设言论集第一集，琼崖行政干部训练班教育人员暑期集训营编纂处编，琼崖行政干部训练班教育人员暑期集训营编纂处，1946，中山图藏。

62. 琼崖镇守使黄志桓被控纵兵焚掠，广东省长公署辑，广东省长公署，1919，中山图藏。

63. 万宁县选举投票区域图，手绘本，中山图藏。

64. 崖县划定五区投票图，手绘本，中山图藏。

65. 崖县选举区图，手绘本，中山图藏。

66. 昌江县投票图，手绘本，中山图藏。

67. 感恩县省议会投票区域图，手绘本，中山图藏。

68. 万陵县选举投票区域图，手绘本，中山图藏。

69. 海南心影，廖逊著，广东文化事业公司，1947，中山图藏。

70. 广东琼崖镇守府条例及本使权限，琼崖镇守府编，琼崖镇守府油印本，1913，中山图藏。

71. 文昌县行政革新计划大纲，邢森洲著，1927，中山图藏。

72. 海口市政公报特刊，海口市政府编，海口市政府抄本，1929，中山图藏。

73. 海口市政府行政月报表，海口市政局编，海口市政局油印本，1930，中山图藏。

74. 海口市政局十九年二月份办事报告表，广东省民政厅编，广东省民政厅抄本，1930，中山图藏。

75. 县政纪要，翁鼎新编，海南书局，1930，中山图藏。

76. 琼崖绥靖公署召集各县长谈话会会议录，琼崖绥靖公署记录，稿本，中山图藏。

77. 澄迈县三年施政计划进度表，澄迈县县政府编，广东省民政厅，1933，中山图藏。

78. 琼崖十三县自治状况一览表，郑里铎编，1934年抄本，中山图藏。

79. 琼崖区善后会议议决案录，琼崖区善后会议记录，稿本，中山图藏。

80. 儋县行政纪要，儋县县政府编，儋县县政府，1934，中山图藏。

81. 儋县县政府施政计划书，曾友文编，儋县县政府油印本，1933，中山图藏。

82. 儋县县政概要，儋县县政府编，儋县县政府，1935，中山图藏。

83. 儋县县政府职员履历表，崖县县政府编，1937年抄本，中山图藏。

84. 广东临高县反正后捕匪办团始末记，任心尹编，1912，中山图藏。

85. 广东海口商埠警察编订现行规章册，广东海口商埠警察局编，广东海口商埠警察局，1916，中山图藏。

86. 海口市所属警察第一、二、三区署员警名额调查表，海口市市政厅编，海口市市政厅油印本，1928，中山图藏。

87. 儋县治安情形月报表民国十八年十二月至二十四年九月份，儋县县政府编，儋县县政府，1935，中山图藏。

88. 定安县政府各员役三人连环到保法，定安县县政府编，定安县政府，1937，中山图藏。

89. 文昌县政府寄押未决人犯月报民国二十六年五月份，陆桂芳造报，文昌县政府，1937，中山图藏。

90. 文昌县政府在押未决被告月报表，文昌县县政府编，文昌县县政府油印本，1937，中山图藏。

91. 文昌县政府已判决在监人犯月报表民国三十六年五月份，陆桂芳造报，文昌县政府，1937，中山图藏。

92. 海口市永安团户口调查表——东门外、大兴街，中山图藏。

93. 海口市福安团第一甲户口调查表——居仁坊，中山图藏。

94. 海口市镇安团第一甲海口调查表——新埠村，中山图藏。

95. 琼崖抚黎专员公署组织暂行章程，琼崖抚黎专员公署编，民国琼崖抚黎专员公署油印本，中山图藏。

96. 琼崖抚黎专员公署改订暂行章程，琼崖抚黎专员公署编，琼崖抚黎专员公署油印本，1934，中山图藏。

97. 乐安黎人户口及武器调查表摘目清册，琼崖崖县乐安黎峒指导员办事处编，1934 年稿本，中山图藏。

98. 新加坡琼侨概况，云愉民著，海南书局，1931，中山图藏。

99. 琼崖旅京同乡会特刊，琼崖旅京同乡会编，琼崖旅京同乡会油印本，1932，中山图藏。

100. 海南岛华侨出入国表（1935～1939），中山图藏（复制）。

101. 县政纪要：乐会，翁鼎新编，海南书局，1930，中山图藏。

102. 琼崖绥靖公署呈裁撤各县警卫中队部以独立小队为单位直属于县编练处事卷，琼崖绥靖公署编，1933 年手抄本，中山图藏。

103. 琼崖绥靖会议录，琼崖绥靖委员公署编，琼崖绥靖委员公署，1932，中山图藏。

104. 琼崖绥靖委员陈汉光电儋县执委郑候升反对县治迁移卷，陈漠光编，1934 年手抄本，中山图藏。

105. 琼崖绥靖专员事卷，琼崖绥靖专员编，1932 年手抄本，中山图藏。

106. 琼崖特别区政府组织条例，琼崖特别区政府编，油印本，中山图藏。

107. 琼崖孤儿院概况，琼崖孤儿院编，琼崖孤儿院，1948，中山图藏。

108. 广东省澄迈县第一区东潮、文头山、仁家、黄家、高山、军山坡、美大、仁里、山口、下坡、堂口乡农会组织章程、立案机关、会员资格表册，澄迈县县政府编，澄迈县县政府，1931，中山图藏。

109. 广东省澄迈县第一区洋头坡、封阙、禄山、溪边、嘉谭、塘内、钟寨、富朗、钟鼎、白田、官田、兴家朗乡农会组织章程、立案机关、会员资格表册，澄迈县县政府编，澄迈县县政府，1931，中山图藏。

110. 广东省澄迈县第一区黄龙、飞树墩、大催、山腰、大茂尾、豪南、博潭、云路头、长发坡、上大潭、大富乡农会组织章程、立案机关、会员资格表册，澄迈县县政府编，澄迈县县政府，1931，中山图藏。

111. 广东省澄迈县第二区群吴、大美、黄竹、美亭、美玉、才存、龙腰、谭诚、那利、北排山乡农会组织章程、立案机关、会员资格表册，澄迈县县政府编，澄迈县县政府，1931，中山图藏。

112. 广东省澄迈县第四区三多、南墩、加仑岭、后丰、南轩、下坡、永发、卜桥、卜雁、后岭、新村仔、老家乡农会组织章程、立案机关、会员资格表册，澄迈县县政府编，澄迈县县政府，1931，中山图藏。

113. 广东省澄迈县第四区丘南、仙儒、北河、江湾、里嘉、道汶、东头、南浙、山田、罗浮、村内、昌里乡农会组织章程、立案机关、会员资格表册，澄迈县县政府编，澄迈县县政府，1931，中山图藏。

114. 广东省澄迈县第四区长福、北畔仔、上琼、黄家、仁格、许居岭、寨内、蕃丁、瑞溪乡农会组织章程、立案机关、会员资格表册，澄迈县县政府编，澄迈县县政府，1931，中山图藏。

115. 广东省澄迈县第四区茂丰、坡尾、口坡、君口、吉尾、下村、岑后、秀灵、蒙岸、儒定、龙寨乡农会组织章程、立案机关、会员资格表册，澄迈县县政府编，澄迈县县政府，1931，中山图藏。

116. 广东省澄迈县第五区加夏、加产、昌润乡农会组织章程、立案机关、会员资格表册，澄迈县县政府编，澄迈县县政府，1931，中山图藏。

117. 广东省澄迈县第六区乡农会组织章程、立案机关、会员资格表册，澄迈县县政府编，澄迈县县政府，1931，中山图藏。

118. 广东省澄迈县第七区参军、南洋乡农会组织章程、立案机关、会员资格表册，澄迈县县政府编，澄迈县县政府，1931，中山图藏。

119. 广东省澄迈县第八区后岭、兹可、善井、文户、林峨、博德洋、肥美乡农会组织章程、立案机关、会员资格表册，澄迈县县政府编，澄迈县县政府，1931，中山图藏。

120. 琼东县大义乡农会章程草案，王亦勃拟，1949 年稿本，中山图藏。

121. 文昌县各乡农会组织章程，文昌县县政府编订，文昌县县政府，1931，中山图藏。

122. 广东海口市商会章程名册，广东海口市市政局造，广东省民政厅，1930，中山图藏。

123. 广东省赈务会海口华侨招待所计算书，广东省赈务会海口华侨招待所编，广东省民政厅，1931，中山图藏。

124. 琼崖区绥委公署函送议拨各县办理救济事业开办费分配表，广东省民政厅编，广东省民政厅，1936，中山图藏。

125. 行政院善后救济总署广东分署琼崖办事处征信录，行政院善后救济总署广东分署琼崖办事处编，行政院善后救济总署广东分署琼崖办事处，1946，中山图藏。

四　外交和社会关系

126. 崖县呈报日本渔轮在海棠头港捕鱼情形，广东省民政厅编，广东省民政厅抄本，1935，中山图藏。

127. 法国与日本侵犯西沙群岛案，海军总部，1947.1～1947.12。

128. 法国军舰侵犯西沙群岛案，海军总部，1947.1～1947.12。

129. 海南岛关系书类缀，台湾总督府，台湾总督府油印本，1942。

130. 广东省政府有关海南诸岛档案（1926～1937），广东省省政府编订，广东省省政府，1938，中山图藏。

五　法律

131. 西沙岛东沙岛成案汇编，陈天锡编著，广东省实业厅，1928，中山图藏。

132. 文昌县翁田市地址古吉坡文楼亮争执事案卷各地车路公路事案卷，广东省建设厅公路处编，广东省建设厅公路处手抄本，1931，中山图藏。

133. 琼州南兴牛皮公司轇轕案，抄本，1914，国图藏。

134. 广东高等审判厅琼州登记局组织章程、试办琼州不动产登记章程、琼州登记局收费章程、琼州登记局不动产登记章程施行细则，广东省高等审判厅编，广东省高等审判厅，1922，中山图藏。

135. 文昌县政府受理案件月报表，文昌县县政府编，文昌县县政府，1932～1937，中山图藏。

136. 我国在东沙西沙等群岛的主权上之历史证据，郑师许著，1946 年手稿本，中山图藏。

第四节　军事

一　中国军事

137. 海南岛，张维汉著，周自在译，〔日〕中支建设资料整备委员会，1940，中山图藏。

138. 支那事变写真全辑第五辑：海南岛、南昌作战，〔日〕朝日新闻社编，朝日新闻社，1939。

139. 海南岛与太平洋，陈清晨著，亚东图书馆，1940，中山图藏。

140. 海南岛之形势，1940，华南农业大学图书馆藏。

141. 崖县呈报日舰停泊榆林港日兵登陆游行，广东省民政厅编，广东省民政厅，中山图藏。

142. 海南岛要塞司令部编成报告案，台湾“国防部”史政编译局，1946～1947，《海南文献资料简介》。

143. 排长的职责，中国人民解放军琼崖纵队独立团参谋室编，中国人民解放军琼崖纵队独立团参谋室，1949，中山图藏。

144. 进驻西南沙群岛案，海军总部，1946.8～1956.8，《海南文献资料简介》。

145. 西南沙群岛撤退案，海军总部，1949.4～1949.11，《海南文献资料简介》。

146. 海南岛，张维汉著，1937，中山图藏。

147. 国民革命军第一集团军警卫旅琼崖剿匪记，陈浏棠编，国民革命军第一集团军警卫旅司令部，1933，海师图藏。

148. 妇女与抗战，宋庆龄著，战时出版社，1938。

149. 中国不亡论，宋庆龄著，生活书店，1938。

二　战略学、战役学、战术学

150. 海南空军指挥部战备计划，空军总部，1949.5～1950.1，《海南文献资料简介》。

151. 海南岛戡乱战役案，国防部史政编译局编，国防部史政编译局，1947.10～1950.9，《海南文献资料简介》。

152. 会办琼山县团练保甲章程，刻本，中山图藏。

三　军事技术

153. 琼山县及秀英炮台间地形图，陆军测绘局绘制，陆军测绘局，1913，中山图藏。

154. 榆林港第一、二、三期建计划区域图，国民革命军总司令部海军处，1927。

155. 广东琼州榆林港图，国民革命军总司令部海军处制，国民革命军总司令部海军处石印本，1927，中山图藏。

156. 东西沙群岛开发案，海军总部，1923.6～1937.9，《海南文献资料简介》。

157. 东西沙群岛开发案，海军总部，1946.2～1948.10，《海南文献资料简介》。

158. 东南西沙群岛建设案，海军总部，1946.2～1948.9，《海南文献资料简介》。

159. 南海群岛兵要地志初稿，广州行辕，1947年油印本。

第五节　经济

一　中国经济

地方经济

160. 海南岛一周产业经济视察记，〔日〕山崎光夫著，台湾总督府外事部打印本，1942。

161. 如何开发海南岛，曾浩琼著，报纸剪贴，1934。

162. 海南岛开发计划，〔日〕大谷光瑞著，昭和十四年（1939）东京有光社，中山图藏。

163. 海南岛开发方针要领，日本拓务省拓务局南洋课编，报纸剪贴，1939。

164. 海南岛开发方针，日本拓务省拓务局调查课编，1941。

165. 海南岛とその开发，〔日〕马场秀次著，东京武藏书房油印本，1941。

166. 日本开发海南岛五年计划，中国银行经济研究室编，中国银行经济研究室油印本，中山图藏。

167. 海南岛资源之开发，陈植编著，正中书局，1948，中山图藏。

168. 海南岛在日本占领期内之建设概况表，1945 年抄本。

169. 日人占领海南岛时之建设概要，1945 年稿本。

170. 厦门、广东、海南岛，〔日〕南方文化经济研究会编，台北南方文化经济研究会，1939。

171. 海南岛之研究，〔日〕千叶耀胤著，财团法人贸易奖励会，1939。

172. 海南岛调查记，〔日〕松尾弘著，东京商科大学打印本，1939。

173. 海南岛の资源及列国投资，〔日〕东亚研究所编，东亚研究所油印本，1938。

174. 海南岛资源要览，〔日〕东亚研究所编，东亚研究所，1938。

175. 海南岛事情，台湾总督府专卖局编，台湾总督府专卖局，1919。

176. 海南岛事情，台湾银行调查课编，台湾银行调查课打印本，1939。

177. 海南岛事情：其二，台湾总督官房调查课编，台湾总督官房调查课，1921。

178. 海南岛事情：其三，台湾总督官房调查课编，台湾总督官房调查课，1922。

179. 最近の海南岛事情，台湾总督府热带产业调查会，1937。

180. 最近の海南岛事情（日文），日本广东总领事馆编，日本广东总领事馆，1937。

181. 海南岛的一般情况及建设计划，1945 年油印本。

182. 海南岛建设论，〔日〕吉川兼光著，昭和十七年（1942）大阪屋号书店，中山图藏。

183. 海南岛に于ける实状，台湾拓殖株式会社调查课编，台湾拓殖株式会社调查课打印本，1941。

184. 海南岛に于けゐタソニソ及油脂资源に关すゐ调查报告，石井稔、冯全裕合撰，台湾总督府外事部，1942。

185. 琼崖实业，李寿如编，粤东编译公司，1915，中山图藏。

186. 调查琼崖实业报告书，彭程万、段汝骊编，海南书局刻本，1920，中山图藏。

187. 琼崖实业调查团工商调查报告，苏鼎新编，1932 年油印本，中山图藏。

188. 琼崖实业调查团报告书，广东省建设厅编，广东省建设厅，1932，中山图藏。

189. 琼崖实业考察指南，广东省建设厅琼崖实业局编，海南书局，1935，中山图藏。

190. 琼崖实业问题，陈元柱著，培英印务局，1937，中山图藏。

191. 琼崖视察团经济组调查调查报告书，琼崖视察团经济组编，油印本，1934，中山图藏。

192. 琼崖建设研究书，海南书局编，海南书局，1935，中山图藏。

193. 视察琼崖建设报告书，1947 年油印本。

194. 最近琼崖经济之趋势，黄振彝著，海南书局，1936。

195. 西沙茂林岛建设计划书，海军总部，1932。

二　农业经济

（一）概况

196. 海南岛の农业，〔日〕中田吉雄著，东亚研究所，1939。

197. 海南岛农业开发参考资料：畜产部，〔日〕莳田德义编，1940 年石印本。

198. 海南农业报告，〔日〕土谷正千代编，日本国际协会，1940。

199. 海南岛农业开发に关する农政的考察，台湾总督府外事部编，台湾总督府外事部，1941。

200. 海南岛农林业开发参考资料第 1 ~ 17 号，台湾总督府外事部，

1941，国立国会图书馆藏。

201. 海南岛に于ケル农业调查：二拓殖事业计划，台湾拓殖会社编，台湾拓殖会社。

202. 海南岛に于ける农业调查，〔日〕平间惣三郎撰，台湾总督官房调查课，1929，《海南文献资料简介》。

203. 广东农业概况调查报告书：海南岛部分，郑振周等调查，中山大学农科学院，1925，中山图藏。

204. 海南岛农业调查报告，〔日〕野口弥吉、藤原新夫、高桥晴贞编，日本国际协会，1940，中山图藏。

205. 琼崖各县农业概况调查报告，国立中山大学农学院推广部编，国立中山大学出版部，1937，中山图藏。

206. 五ク年间に于ける海南岛农业开发概观（日文），〔日〕小野卯一著，日本海南海军特务部经济局，1944，广东省水电厅藏。

207. 海南岛之农业现状及其发展方针，陈昭骅著，海南大学稿本，1949，中山图藏。

208. 新海南岛之建设问题，穆亚魂著，中山大学琼崖农业研究会，1935。

209. 琼崖农村，林缵春著，中山大学琼崖农业研究会，1935，中山图藏。

210. 海南岛农村经济论，〔日〕奥田彧、李添春编译，野田书房，1940，中山图藏。

211. 海南岛陵水县に于ける农村经济站一般惯行调查，台湾拓殖会社编，台湾拓殖会社，1941。

（二）土地资源

212. 屯田改民登记册，琼山县县政府编，琼山县县政府手抄本，1920，中山图藏。

213. 定安县第一区高龙乡田亩调查册，定安县县政府编，定安县县政府稿本，1934，中山图藏。

214. 定安县第一区杨美乡田亩调查册，定安县县政府编，定安县县政府稿本，1934，中山图藏。

215. 定安县第一区罗汉乡田亩调查册，定安县政府编，定安县政府稿本，1934，中山图藏。

216. 定安县第五区乌坡乡田亩复查图，定安县第五区署编，定安县第五区署稿本，1937，中山图藏。

217. 海南岛の土地改良，台湾总督府外事部编，台湾总督府外事部，1941。

218. 海南岛土地利用调查统计表，稿本。

219. 广东澄迈县第一区钟寨、南京乡田亩调查册，澄迈县县政府编，澄迈县县政府稿本，1934，中山图藏。

220. 儋县第三区那麻、光古、头茶乡田亩复查图，儋县第三区政府稿本，1937，中山图藏。

221. 儋县第三区西田、五岭乡田亩复查图，儋县第三区政府稿本，1937，中山图藏。

222. 万宁县屯田改名额登记册，万宁县县政府编，万宁县县政府稿本，中山图藏。

223. 万宁县第二、三区礼纪乡田亩调查册，万宁县县政府编，万宁县县政府稿本，中山图藏。

224. 定安县第五区东鲁乡里田大段田亩复查图，定安县第五区署编，定安县第五区署稿本，1937，中山图藏。

225. 乐会县屯田改民登记册，乐会县县政府编，乐会县县政府稿本，1919，中山图藏。

226. 乐会县第一区大仰乡田亩调查表，乐会县县政府编，乐会县县政府稿本，1935，中山图藏。

227. 乐会县第一区古南乡田亩调查表，乐会县县政府编，乐会县县政府稿本，1935，中山图藏。

228. 乐会县第一区中溪乡田亩调查表，乐会县县政府编，乐会县县政府稿本，1935，中山图藏。

229. 乐会县第一区南盈乡田亩调查表，乐会县县政府编，乐会县县政府稿本，1935，中山图藏。

230. 乐会县第二区南北岸乡田亩调查表，乐会县县政府编，乐会县县政府稿本，1935，中山图藏。

231. 乐会县第二区南河乡田亩调查表，乐会县县政府编，乐会县县政府稿本，1935，中山图藏。

232. 乐会县第二区銮坡乡田亩调查表，乐会县县政府编，乐会县县政府稿本，1935，中山图藏。

233. 乐会县第二区白洋乡田亩调查表，乐会县县政府编，乐会县县政府稿本，1935，中山图藏。

234. 乐会县第二区龙坡乡田亩调查表，乐会县县政府编，乐会县县政府稿本，1935，中山图藏。

235. 文昌县第一区田亩复查图，黎兆平编，稿本，1937，中山图藏。

236. 文昌县第二区田亩复查图，黎兆平编，稿本，1937，中山图藏。

237. 文昌县第三区田亩复查图，黎兆平编，稿本，1937，中山图藏。

238. 文昌县第六区田亩复查图，黎兆平编，稿本，1937，中山图藏。

239. 文昌县第七区田亩复查图，叶卓荣编，稿本，1937，中山图藏。

240. 文昌县第八区田亩复查图，叶卓荣编，稿本，1937，中山图藏。

241. 文昌县第九区头湖乡田亩复查图，黎兆平编，稿本，1937，中山图藏。

242. 文昌县第九区铺东乡田亩复查图，黎兆平编，稿本，1937，中山图藏。

243. 文昌县复查各区乡田亩面积比较表，黎兆平、叶卓荣编，文昌县县政府稿本，中山图藏。

（三）农业各部门经济

244. 海南岛米粮供给情况表，稿本。

245. 海南岛食粮の自给形态确定，〔日〕宫坂梧朗著，日本海南海军特务部政务局第一调查室，1944，中山图藏。

246. 糖业技术者より观んる海南岛，〔日〕营井博爱著，稿本，1939。

247. 海南岛及广东视察调查复命书，〔日〕山田金治著，台湾总督府林业试验所，1940，中山图藏。

248. 琼崖农林渔牧调查报告，广东省建设厅农林局编，广东省建设厅农林局，1937，中山图藏。

249. 海南农林调查，〔日〕葛野浅太郎编，稿本，1940。

250. 海南岛农林业开发暂定方策，台湾总督府外事部编，台湾总督府外事部稿本，1941。

251. 海南岛农林の现况概要，台湾总督府外事部编，台湾总督府外事部抄本，1941。

252. 海南岛畜产奖励计划案，〔日〕高泽寿著，石印本，1939。

253. 海南岛于民国二十四年至二十八年畜产输出表，稿本，附该县民国二十四年度公路调查表。

254. 琼山屠业工会章程，琼山屠业工会编，琼山屠业工会刻本，1926，中山图藏。

255. 海南岛调查书，台湾总督府殖产局农务课编。

256. 琼崖渔盐之调查，鲍应中编，广东省建设厅，1932，中山图藏。

257. 海南岛渔盐调查报告书，广东省建设厅编，广东省建设厅，1932，中山图藏。

258. 海南岛の盐业并水产业，〔日〕东亚研究所编，东亚研究所石印本，1939。

259. 海南岛之渔业，石印本，1946。

三　工业经济

（一）概况

260. 海南岛の工业现状并に工业原料调查报告，〔日〕市川信敏等著，台湾总督府外事部晒蓝，1942。

261. 海南岛全图：产业要图，1937。

262. 海南岛各区日人工业经营报告表，经济部粤桂闽区特派员办公处编，1945。

（二）矿产

263. 海南岛在日本占领期内矿产调查表，稿本。

264. 海南岛田独铁山ニ关スル执务参考资料，日本海军省军务局编，日本海军军务局石印本，1940。

265. 海南岛矿物调查概报，〔日〕奥田武二郎、北三五三著，石印本，1940。

266. 海南岛石禄山其他矿业资源调查概要：海南岛石禄山铁矿床第二回调查报告书及同略报，〔日〕本田敬、竹内谦吉编，日本窒素京城事务所稿本，1940。

267. 海南岛石禄矿山磁力采矿调查中间报告附图第二图：等磁力线等括图，晒印本，1944，中山图藏。

268. 海南岛全图：矿产分布，台湾总督府内务局土木课绘制，1943。

269. 海南岛工矿业及其计划，冯大椿译著，新中国出版社，1947，中山图藏。

270. 资源委员会海南铁矿局员工警须知，海南铁矿局编，1948，中山图藏。

271. 琼崖矿产分布图，广东省建设厅琼崖实业局制，广东省建设厅琼崖实业局石印本，1934，中山图藏。

272. 海南岛ノ地质及矿产，东亚研究所，东亚研究所稿本，1939。

（三）食品工业

273. 海南岛事业地调查报告书，盐水港制糖会社编，稿本，1941。

274. 海南岛の糖业，台湾总督府外事部编，台湾总督府外事部稿本，1941。

275. 海南岛糖业调查报告，〔日〕平尾新三郎著，台湾总督府外事部稿本，1942。

四　交通运输经济

276. 海南岛海陆交通图，中山图藏。

277. 海南岛交通图，中山图藏。

278. 海南岛陆路交通图，中山图藏。

279. 琼州海口华兴和记汽车公司路线图，林冬青绘，晒印本，1923，中山图藏。

280. 海南全岛公路图，石印本，中山图藏。

281. 海南岛交通要图，晒蓝。

282. 琼崖民办车路琼益股份有限公司章程：附营业业收支概算表，琼益股份有限公司编，琼益股份有限公司，1923，中山图藏。

283. 琼崖公路汇报第一期，琼崖公路分处编，海南书局，1929，中山图藏。

284. 海南岛船舶出入统计表，附该县民国24年公路调查表。

285. 琼崖全属公路路线图，琼崖公路工程科编，琼崖公路工程科晒印本，1926，中山图藏。

286. 琼崖黎境路线图，石印本，中山图藏。

287. 黎境公路南段地形图：第一段、第二段，林鸿标制，琼崖交通处晒印本，1934，中山图藏。

288. 琼崖路线图，琼崖公路处制，永光石印局石印本，1932，中山图藏。

289. 琼崖路线图，琼崖抚黎专员公署交通处制，晒印，1933。

290. 广东琼崖公路路线图，琼崖公路分处制，琼崖公路分处石印本，1929，中山图藏。

291. 琼崖公路路线图，琼崖交通处制，琼崖交通处手绘本，1936，中山图藏。

292. 琼崖公路路线图，琼崖交通处制，琼崖交通处石印本，1936，中山图藏。

293. 琼崖交通图，广东公路处工务课制，广东公路处工务课晒印本，1937，中山图藏。

294. 琼崖交通图，晒印本，中山图藏。

295. 琼东县公路全图，琼东县县政府建设科制，琼东县县政府建设科，中山图藏。

296. 澄迈县公路全图，赖树棠制，1936，中山图藏。

297. 琼山县路线全图，林道谦绘，1936 年晒印本，中山图藏。

298. 陵水县公路路线图，陵水县县政府建设科制，陵水县县政府建设科，1936，中山图藏。

299. 万宁县公路路线图，中山图藏。

300. 崖县公路路线图，晒印本，中山图藏。

301. 琼中长途汽车路股份有限公司路线图，1926 年晒印本，中山图藏。

302. 二十四年度儋县公路路线图，儋县县政府建设科绘，儋县县政府建设科，1936，中山图藏。

303. 文昌县公路事卷，广东省建设厅公路处编，广东省建设厅公路处，1931。

304. 海南航线图，石印本，中山图藏。

305. 文昌县自治区计划图，文昌县县政府公路局制，晒印。

306. 定安县公路路线图，1936，中山图藏。

307. 乐会县公路图，中山图藏。

308. 乐会县交通图，中山图藏。

309. 昌江县公路路线图，中山图藏。

310. 琼山县镇安门至各处路线略图，中山图藏。

五 邮电经济

311. 昌江全县长途电话线路略图，中山图藏。

312. 澄迈县长途电话路线略图，中山图藏。

313. 文昌县电话路线图，中山图藏。

314. 琼崖电话加积分局线路，中山图藏。

315. 儋县电话线略图，中山图藏。

316. 定安电话分局线路略图，中山图藏。

317. 万宁县长途电话路线略图，中山图藏。

318. 崖县长途电话线路略图，中山图藏。

319. 乐会县长途电话路线略图，中山图藏。

320. 感恩县电话线路图，中山图藏。

321. 陵水县长途电话线路略图，陵水县县政府制，陵水县县政府，1935，中山图藏。

322. 琼山县现有长途电话线路图，琼山县建设局制，琼山县建设局晒印本，1935，中山图藏。

六 贸易经济

323. 琼海关民国三年贸易册（中英对照），上海通商海关总税务关总税务司署造册处编，上海通商海关总税务司署造册处，1915，中山图藏。

324. 琼海关贸易册：民国十三年，上海通商海关总税务司署造册处编，上海通商海关总税务司署造册处，1925，中山图藏。

325. 琼海关贸易册：民国十三年第一季（中英文对照），上海通商海关总税务司造册处编，上海通商海关总税务司造册处，1924，中山图藏。

326. 琼海关贸易册：民国十三年第三季（中英文对照），上海通商海关总税务司署造册处编，上海通商海关总税务司署造册处，1924，中山图藏。

327. 琼海关贸易册：民国十四年第一季（中英文对照），上海通商海关总税务司署造册处编，上海通商海关总税务司署造册处，1925，中山图藏。

328. 琼海关民国十四年华洋贸易报告统计册（中英对照），上海通商海关总税务司署造册处编，上海通商海关总税务司署造册处，1926，中山图藏。

329. 海口市至定安盐务卡路线图，石印本。

330. 三亚场场产运销缉私图，石印本，中山图藏。

331. 清河盐务卡地址形势图，中山图藏。

332. 海南产业株式会社，〔日〕龙江义信编，海南产业株式会社，1929。

333. 广东省崖县三亚商会公会会员名册，崖县三亚商会公会编，1935年油印本，中山图藏。

334. 海口市贸易联合会特刊，海口市贸易联合会编，海口市贸易联合会，1941，中山图藏。

七 财政、金融

335. 广东儋县公署造报民国十八年一至四月份地方款收入计算书，儋县公署，1929，中山图藏。

336. 广东儋县政府造报民国二十一年五至七月份地方款收入计算书，儋县县政府编，1932，中山图藏。

337. 广东儋县县政府造报民国二十二年四至十二月份地方款收入计算书，儋县县政府编，1933 年，中山图藏。

338. 广东儋县县政府造报民国二十六年一至三月份地方款收入计算书，儋县县政府编，1937 年，中山图藏。

第六节　文化、科学、教育、体育

一　地方科研事业

339. 台北帝国大学第一回海南岛学术调查报告，台北帝国大学理农学部编，台北帝国大学理学部，1942。

340. 台北帝国大学第二回海南岛学术调查报告，台北帝国大学编，台湾总督府外事部，1944，海大图藏。

341. 海南岛学术调查报告（农学班），台湾总督府外事部编，台湾总督府外事部，1942。

342. 海南岛学术调查报告（地质学班），台湾总督府外事部编，台湾总督府外事部，1942。

343. 海南岛学术调查报告（生物学班），台湾总督府外事部编，台湾总督府外事部，1942。

344. 海南岛学术调查报告（农艺化学班），台湾总督府外事部编，台湾总督府外事部，1944。

345. 海南岛学术调查报告（理农学班），台湾总督府外事部编，台湾总督府外事部，1944。

346. 海南岛学术调查报告（经济及民族关系班），台湾总督府外事部编，台湾总督府外事部，1944。

二　教育

（一）概况

347. 海南岛文化教育建设统计表，稿本，1932，中山图藏。

348. 琼海教育，曾景来编，琼海社，1941，中山图藏。

349. 文昌县人民教育程度统计表，稿本，中山图藏。

350. 文昌县教育事项表册，李钟岳编，抄本，1917，中山图藏。

351. 文昌县第一区教育会特刊，文昌县第一区教育会编，文昌县第一区教育会，1932，中山图藏。

（二）学校概况

352. 私立海南大学学则，海南大学制订，海南大学，1948，中山图藏。

353. 私立海南大学各院系课程表，海南大学教务处编，海南大学教务处油印本，1948，中山图藏。

354. 私立海南农业专科学校呈报立案表册，海南农业专科学校编，海南农业专科学校复写及油印，1948，中山图藏。

355. 私立琼崖中正小学校献校三周年校庆特刊，琼崖中正小学编，琼崖中正小学，1949，中山图藏。

356. 文昌县立中学校迁校建筑委员会简章及职员一览表，文昌县立中学编，海南书局，1927，中山图藏。

357. 琼海中学概况，琼海中学编，琼海中学油印本，1929。

358. 澄中特刊，澄迈中学编，澄迈中学，1947，中山图藏。

359. 国立第一侨民中学六周年校庆纪念专号，国立第一侨民中学编，国立第一侨民中学油印本，1947，中山图藏。

360. 侨中校刊，国立第一侨民中学编，国立第一侨民中学油印本，1947，中山图藏。

361. 广东省立第六师范学校概览，广东省立第六师范学校编，广东省立第六师范学校，1934，中山图藏。

362. 广东省立琼崖师范学校高中第六班班会成立特刊，广东省立琼崖师范学校高中六班班会编，广东省立琼崖师范学校高中六班班会，1937，中山图藏。

363. 广东省立琼崖师范学校复校周年纪念特刊，广东省立琼崖师范学校复校周年纪念会编，广东省立琼崖师范学校复校周年纪念会油印本，1947，中山图藏。

364. 琼崖黎境设立学校位置分布图，中山图藏。

三　体育

365. 文昌县第四次运动大会会刊，文昌县第四次运动大会编辑部编，文昌县第四次运动大会编辑部，1928，中山图藏。

第七节　语言、文字

366. 昌感地方开拓卜言语分布由来，〔日〕屋井部员著，日本海南海军特务部政务局第一调查室油印本，1942。

367. 琼语寄源，何劲秋著，海南书局，1947，中山图藏。

368. 海南岛黎族言语调查报告书，〔日〕浅井惠伦编，日本海南海军特务处，1942，中山图藏。

369. 广东省省立琼崖师范学校简易师范一年级乙班学生日记，琼师简一乙班学生会编，琼崖师范学校出版部，1936，中山图藏。

370. 海南语初步，〔日〕林上胜太编，台湾总督官房调查课，1922。

371. 海南语集成，〔日〕胜间田义久编，台北竹腰商店，1939。

372. 海南岛语会话（日汉对照），〔日〕台湾南方协会编，东京三省堂，1942，中山图藏。

373. 实用速成海南语读本，王锦秀、陈绍宗著，台北合资会社日光堂商会，1941，《海南文献资料简介》。

374. 日海会话，台湾总督府文教局学务课编，台湾总督府文教局学务课清刻本，1939。

375. 日海语集成，〔日〕胜间田义久编，竹腰商店，1939，《海南文献资料简介》。

第八节　文学

一　文学作品综合集

376. 苏文忠公海外集，（宋）苏轼等著，海南书局，1934。

377. 传芳集不分卷，（明）唐胄等撰，海南书局，1935，中山图藏。

378. 北泉堂遗稿不分卷，（明）林士元撰，海南书局，1935，中山图藏。

379. 石湖遗稿不分卷，（明）郑廷鹄撰，海南书局铅印本，1935，中山图藏。

380. 陈中秘稿不分卷，（明）陈是集撰，海南书局，1935，中山图藏。

381. 鸡肋集十卷首一卷，（明）王佐撰，海南书局，1935，中山图藏。

382. 陈检讨集不分卷，（明）陈缵撰，海南书局，1935，中山图藏。

383. 天池草不分卷，（明）王弘诲撰，海南书局，1935，中山图藏。

384. 张事轩集不分卷，（明）张子翼撰，海南书局，1935，中山图藏。

385. 梁中丞集不分卷，（明）梁云龙撰，海南书局，1935，中山图藏。

386. 抱经阁集，（清）冯骥声撰，海南书局，1935，中山图藏。

387. 邱文庄公集，（明）丘浚撰，1934。

388. 海南岛歌谣集，陈成玉等撰，1912～1942，《海南文献资料简介》。

389. 海南小记，〔日〕柳田国男著，日本株式会社创元社，1941，《海南文献资料简介》。

390. 许忠直集不分卷，（明）许子伟撰，海南书局，1935，中山图藏。

391. 白鹤轩集不分卷，（清）韩锦云撰，海南书局，1935，中山图藏。

392. 松溪小草不分卷，（清）王懋曾撰，海南书局，1935，中山图藏。

393. 扬斋集不分卷，（清）王承烈撰，海南书局，1935。

二　诗歌

394. 溟南诗选二卷，（明）陈是集编，（清）王国宪校补，海南书局，1931。

395. 玉蟾先生诗余一卷续一卷，（宋）白玉蟾撰，1922 年刻本。

396. 玉蟾集钞一卷，（宋）白玉蟾撰，商务印书馆清抄本，1915，国图藏。

397. 玉章馆诗集二卷，任采芹撰，1936 年刻本，中山图藏。

398. 琼台耆旧诗集三十六卷，（清）王国宪编，1918 年刻本，中山图藏。

399. 琼雅堂骈诗，（清）林荣光著，海大图藏。

400. 海南诗社汇稿第一集二卷，海南诗社编，海南诗社，1948，中山图藏。

三　戏剧

401. 海南戏本合订本，王兴生等编，胡美成号石印本，1928～1939，中山图藏。

402. 大红袍全歌潮州歌册，李万利书店影印本，中山图藏。

四 小说

403. 新式标点海公小红袍，佚名撰，薛恨生标点，新文化书社刻本，1935。

404. 小红袍，嵩山居士校，大成书局，1947，中山图藏。

405. 琼海潮音，曾景来编，琼海潮音社，1941，中山图藏。

406. 海公小红袍四卷，佚名撰。

407. 海公小红袍，佚名撰，胡协寅校勘，广益书局刻本，1933。

五 通讯特写

408. 琼崖纪行，云实诚著，《前锋日报》社，1946，中山图藏。

409. 西沙群岛参考资料译文，谢震寰译，西南沙群岛志编纂委员会，1947，中山图藏。

410. 琼岛血痕，林仁超著，林氏书屋，1949，中山图藏。

411. 海南岛报告记，〔日〕庆云义塾大学海南岛学生医疗奉仕队著，庆云义塾大学海南岛学生医疗奉仕队，1940。

412. 海南岛记，〔日〕火野苇平著，改造社，1939，中山图藏。

第九节 历史、地理

一 地方史志

413. 海南岛志，陈铭枢总纂，曾蹇主编，上海神州国光社，1933，中山图藏。

414. 海南岛新志，陈植编著，商务印书馆，1949，中山图藏。

415. 海南岛地方志抄：《琼州府志》，（清）明谊修，张岳崧纂，〔日〕高桥泰郎等编译，海南书局。

416. 海南岛地志抄，东亚研究所编，东京东亚研究所，1942，中山图藏。

417. 琼崖志略，许崇灏编著，正中书局，1947，中山图藏。

418. 琼山县志二十八卷首十卷，（清）徐淦等修，李熙、王国宪纂，刻本，1917，中山图藏。

419. 文昌县志十八卷首一卷，（清）李钟岳等鉴修，林带英等纂，刻本，1920，中山图藏。

420. 儋县志，（清）王云清纂，民商书局石印本，1928。

421. 儋县志十八卷首一卷，（清）彭元藻、曾友文修，王国宪纂，海南书局，1936，海大图藏。

422. 感恩县志二十卷首一卷，周文海修，卢宗棠、唐之莹纂，海南书局，1931，中山图藏。

423. 海南岛史料集，〔意〕罗斯辑，民国剪贴本，中山图藏。

424. 海南岛史，〔日〕小叶田淳著，海南海军特务部，1943，中山图藏。

425. 海南岛：第三卷，第 5 号，海南岛开发协议会，东京支部，1943，海大图藏。

426. 海南岛之现状，李待深编著，世界书局，1947，海大图藏。

427. 海南岛村落站二呆族组织，海南海军特务部政务局第一调查室编，海南海军特务部政务局第一调查室，1943，海大图藏。

428. 琼崖，陈献荣著，商务印书馆，1934，海大图藏。

429. 汉唐ノ海南岛经营，〔日〕屋井部员编，海南海军特务部政务局第一调查室打印本，1924，中山图藏。

430. 日本人侵入海南岛年代表，稿本，中山图藏。

431. 海南岛太平洋上之“九一八”，蒋中正等撰，独立出版社，1939，中山图藏。

432. 琼崖抗战特刊，琼崖旅省抗敌救乡会编，琼崖旅省抗敌救乡会，1941，中山图藏。

433. 海南岛抗战概观与我的抗战自写，周栽彬著，1949，中山图藏。

434. 海南岛政治经济社会文化辑要，冯河清译辑，南洋英属琼州会馆联合会，1947，中山图藏。

435. 临高采访录，许朝瑞等，稿本，1917。

436. 民国临高采访册十卷，许朝瑞采辑，抄本。

437. 琼崖志略，许崇灏编著，正中书局，1947。

438. 道光琼州府，（清）明谊修，张岳崧纂，旅台海南同乡会重印《台湾藏海南罕见地方志丛刊》。

439. 海南岛，南方产业调查会编，神田南方社，1943，海大图藏。

440. 海南岛产岩杂记，〔日〕市村毅著，1940，海大图藏。

441. 海南岛的研究，〔日〕千叶耀胤著，三井物产株式会社，1939，海大图藏。

442. 海南岛全貌，〔日〕后藤元宏著，正则英语学校，1939，海大图藏。

443. 海南岛，台湾总督官房调查课编，南洋协会台湾支部，1939，海大图藏。

444. 琼崖名迹五公祠案内，海南岛派遣军报道部编，海南岛派遣军报道部，1942，海大图藏。

445. 海南岛建设论，〔日〕吉川兼光著，大阪屋号书店，1942，海大图藏。

446. 海南岛地志抄：琼州府志，东京研究所，海大图藏。

447. 朝鲜、台湾、海南诸港，〔日〕野上丰一郎、野上弥生子著，日本出版配给株式会社，1943，海大图藏。

二　民族史志

448. 海南岛重合盆地黎族，〔日〕金关丈夫撰，抽印本，《海南文献资料简介》。

449. 海南岛黎族ノ经济生活：特二乐东县重合盆地ノ住民に，就テ（日文），〔日〕尾高邦雄著，日本海南海军特务部政务局第一调查室，1943，中山图藏。

450. 海南岛黎人源出越族考，罗香林著，独立出版社，1943，海大图藏。

451. 海南岛黎族の社会组织并に经济组织，〔日〕闪田谦、尾高邦雄著，日本海南海军特务部，1944，中山图藏。

452. 疍民的研究，陈序经著，商务印书馆，1946。

453. 五指山问黎记，黄强著，商务印书馆，1928，海大图藏。

454. 海南岛黎族的社会组织与经济组织，〔日〕冈田谦、尾高邦雄著，海南海军特务局，1945，海大图藏。

455. 海南岛蕃情，拓殖通信社编，1928。

456. 海南岛之苗人，王兴瑞著，珠海大学，1948，中山图藏。

457. 海南岛民族志：南支那民族研究への一寄与，〔德〕史图博著，〔日〕平野义太郎编，〔日〕清水三男译，日本亩傍书房，1943，中山图藏。

458. 海南岛黎族の一部について，〔日〕宫本延人撰，台湾总督府外事部，1942。

459. 海南岛重合盆地黎族ノ社会组织，〔日〕冈田谦著，日本海南海军特务部政务局第一调查室，1943，中山图藏。

三　传记

（一）氏族谱系

460. 邱氏族谱，刻本，1939。

461. 邱氏族谱（澄迈），刻本，1939。

462. 琼崖邢氏家族谱实录四十六卷，奇文斋，1947。

463. 王氏族谱（定安）八卷，（明）王宏诲纂修，（清）王懋曾续修，刻本，1949。

464. 陈氏族谱（定安），抄本。

465. 崖州水南村林氏族谱，林星韶纂修，三亚市崖城镇水南村，1923，海大图藏。

466. 许氏族谱九卷，许国宾、许鸿藻等编纂，刻本，1918。

467. 胡氏族谱（定安）十卷，1920。

468. 琼崖吴氏家族自治会征信录第一期，琼崖吴氏家族自治会编，海南书局，1926。

469. 游氏族谱（定安）十卷，刻本，1932。

470. 冯氏家谱九卷首一卷，冯官尧主修，笃庆堂刻本，1933。

471. 海口东门新建琼崖周氏合族宗祠特刊，琼崖周氏合族宗祠编，琼崖周氏合族宗祠，1934，中山图藏。

472. 吴氏族谱四卷，1984 年续修本，爱莲别墅出版，1934。

（二）分传

473. 海忠介公集事略，〔意〕罗斯辑，刻本（活页剪贴），中山图藏。

474. 中国最高妇女领袖宋美龄，欧阳剑萍著，香港中社，1939，中大图藏。

475. 一个巨人的剪影，李英敏著，1946 年油印本。

476. 丘浚幼年的故事，天尔编，清道光二十四年（1898）琼山研经书院刻本，溟南堂，1948。

477. 琼山县田亩陈报处各仓处主任履历表册，琼山县田亩陈报处编，琼山县田亩陈报处手抄本，1930，中山图藏。

478. 王忠铭公年谱，（清）王国宪辑，刻本，中山图藏。

479. 邢湄邱先生年谱，（清）王国宪辑，刻本，1919，中山图藏。

480. 钟筠溪先生年谱，（清）王国宪辑，海南书局排印本，1930，中山图藏。

481. 玉隆集六卷，（宋）白玉蟾撰，商务印书馆蓝格旧抄本，1923。

482. 海南岛之开发者：胜间田善作（日文），〔日〕长治依山著，东京三省堂油印本，1943。

483. 景贤录，黄珍吾编，1947，中山图藏。

484. 苏轼居儋之友生，冼玉清编，岭南大学中国文化研究室抽印本，1947，中山图藏。

485. 苏轼与海南动物，冼玉清编，岭南大学抽印本，1949，中山图藏。

四　文物考古

486. 丘海里墓记四卷，陈沅辑，1936。

487. 广东省琼东县古物调查表，琼东县县政府填报，琼东县县政府稿本复印，1917，中山图藏。

488. 广东省澄迈县古物调查表，澄迈县县政府填报，澄迈县县政府稿本，1917，中山图藏。

489. 广东省崖县古物调查表，崖县县政府，崖县县政府稿本，1917，中山图藏。

490. 广东省文昌县古物调查表，文昌县县政府填报，文昌县县政府油印本，1917。

491. 广东省临高县古物调查表，临高县县政府填报，临高县县政府稿本复印，1917，中山图藏。

492. 广东省定安县古物调查表，定安县县政府填报，定安县县政府稿本复印，1917，中山图藏。

493. 广东省万宁县古物调查表，万宁县县政府填报，万宁县县政府，1917，中山图藏。

五　风俗习惯

494. 海南黎人刻木为信之研究，刘咸著，中国科学社，1935，中山图藏。

495. 海南黎人文身研究，刘咸著，中山文化教育馆，1936，中山图藏。

496. 琼崖黎岐风俗图说，广东博藏。

497. 海南岛黎族经济生活，海南海军特务部政务局第一调查室编，海南海军特务部政务局第一调查室，1943，中山图藏。

498. 琼黎一览不分卷，稿本，中山图藏。

499. 琼崖黎苗，1935，中山图藏。

500. 南支那民俗志——海南岛篇，台湾总督府外事部编，1944，《海南文献资料简介》。

六　地理

（一）区域地理

501. 海南岛，台湾总督官房调查课编，南洋协会台湾支部，1939，中山图藏、美国哈佛燕京学社汉和图书馆藏。

502. 海南岛，南洋协会台湾支部编，1939。

503. 海南岛，〔日〕中原利一著，南方产业调查会编，东京南进社打印本，1941。

504. 海南岛，〔日〕柴山武德，日本拓殖协会，1942，中山图藏。

505. 海南岛，〔日〕“台湾总督官房调查课”编，许公武摘译，新中国出版社，1948，中山图藏。

506. 海南岛（琼崖）事情，张绍元著，外务省通商局译，外务省通商局，1932。

507. 海南岛事情，〔日〕内藤雄著，东亚实业文化协会，1939，中山图藏。

508. 华侨中心之南洋上、下卷，张相时，海南书局，1927，海师图藏。

509. 海南岛读本，南支调查会编，南支调查会，1935。

510. 海南岛全貌，〔日〕后藤元宏著，正则英语学校出版部，1939，中山图藏。

511. 海南岛之现状，李待琛编译，世界书局，1946，中山图藏。

512. 海南岛面面观，张帆编，华声通讯社照像复制本，1947，中山图藏。

513. 海南岛，〔日〕后藤元宏，日本武道社，1932。

514. 海南岛产业概观，东亚研究所编，东亚研究所打印本，1939。

515. 海南岛之产业，林缵春编，琼崖农业研究会油印本，1946，中山图藏。

516. 海南岛ょう佛印へ，〔日〕井出浅亀撰，东京皇国青年教育协会，1941，《海南文献资料简介》。

517. 崖县事项考察表，崖县县政府编，抄本，1917，中山图藏。

518. 琼崖，陈献荣著，商务印书馆，1934，《海南文献资料简介》。

519. 广东全省地方纪要（琼崖区），广东省民政厅编，广东省民政厅，1934，中山图藏，《海南文献资料简介》。

520. 香港と海南岛，〔日〕大西斋编，东京朝日新闻社，1939。

521. 海南岛写真大观，〔日〕池上清德编，台北海南写真大观社，1939。

522. 海南岛全中国写真帖，海南印刷公司编辑，海南印刷公司，1941，中山图藏。

523. 晓の海南岛，〔日〕伊藤金次郎著，大阪忠文馆书店，1942。

524. 海军进驻后之南海诸岛，包遵彭、杨旁靖编，南京海军总司令部政工处，1948，福建师范大学图书馆藏、厦门大学图书馆藏。

525. 调查西沙群岛报告书，沈鹏飞编，1928，中山图藏。

526. 广东全省地方纪要：西沙群岛，广东省民政厅编，剪贴本，1934。

527. “国立”台湾大学所藏有关西沙群岛文献（日、英、法、德文），“国立”台湾大学辑，“国立”台湾大学晒蓝本，1947。

528. 西沙群岛地方志及航海指导，谢震寰译，西南沙群岛志编纂委员会译稿，1947。

529. 西沙群岛小志不分卷，抄本，中共中央党校图书馆藏。

530. 特辑·新南群岛，广东省立图书馆辑，广东省立图书馆晒蓝本，1947。

531. 南沙群岛考源，韩振华著，稿本，1947，中山图藏。

532. 日报日本经营我南沙群岛之经过，海军总部编，1947，《海南文献资料简介》。

533. 西南沙志资料提要，杜定友、萧光尹摘，南沙群岛志编纂委员会，1947，中山图藏。

534. 西南沙群岛特产展览会特刊，华南时报社编辑，广东省立图书馆剪贴，中山图藏，1947。

535. 西南沙群岛剪报资料，广东省立图书馆剪辑，广东省立图书馆，1947，中山图藏。

536. 西南沙群岛物产展览会特刊，华南日报社编辑，广东省立图书馆剪贴，1947，中山图藏。

537. 广东省政府关于《西沙群岛东沙群岛成案汇编》档案，广东省省政府编订，广东省省政府，1928，中山图藏。

538. 东沙群岛资料，西南沙群岛志编纂委员会辑，西南沙群岛志编纂委员会打印本，1947，中山图藏。

539. 南支那之一大宝库海南岛，〔日〕宏藤元宏著，东京武道社，1932，中山图藏。

540. 宝库海南岛，陈铭枢总纂，〔日〕结诚源心摘译，东京宫越太阳堂书房，1939，中山图藏。

541. 南支那综览：海南岛，台湾总督府外事部编，台湾总督府，1943，《海南文献资料简介》。

542. 感恩县，曹照棠绘，广东陆军量局石印本，1927，中山图藏。

543. 广东省陵水县地理调查，抄本，1915。

544. 广东省感恩县地理调查表，抄本，1915。

545. 广东省定安县地理调查表，沈镕编，抄本，1915。

546. 广东临高县编造地舆各项材料表，临高县采访局编，稿本，中山图藏。

547. 南沙群岛小志不分卷，抄本，中共中央党校图书馆藏。

548. 海南岛・西沙岛とはどん及处か，〔日〕藤田英雄，手抄本，1938。

549. 海南岛の研究，〔日〕千叶耀胤撰，财团法人贸易奖助会，1939，《海南文献资料简介》。

550. 南支那の宝库海南岛，〔日〕结城源心撰，宫越太阳堂，1939，中山图藏，《海南文献资料简介》。

551. 实用海南岛案内，东亚地理调查会编，台北日光堂商会，1941，《海南文献资料简介》。

552. 海南岛地理，陈正祥著，正中书局，1947，中山图藏。

553. 西沙群岛，谢震寰译，西南沙群岛志编纂委员会手稿，1947。

554. 南海诸岛地理志略，郑资约编著，商务印书馆，1947，中山图藏。

（二）专类地理

555. 五公祠志略，琼山县县政府编，琼山县县政府，1940，中山图藏。

556. 五公祠さ中心に，〔日〕青木繁著，日本海南海军特务部，1943，中山图藏。

557. 海南岛旅行记，田曙岚著，中华书局，1936，中山图藏。

558. 海南岛体验实记，〔日〕胜间田义久等著，南洋协会台湾支部复印，1939。

559. 先人の伟业と旅行者：海南岛夜话，〔日〕增田信著，1939 年复印。

560. 琼崖黎洞奇观，林仁超著，民智书局复印，1949。

561. 菲岛琼崖印象记，王少平编，省吾寄庐，1939，中山图藏。

562. 纪行满洲、台湾、海南岛，〔日〕石山贤吉撰，东京日本出版文化协会，1942。

563. 新天地海南岛写真集，〔日〕胜山佑芳摄，〔日〕池上清德编，海南印刷公司，1940，中山图藏。

564. 纪行海南岛，〔日〕水平让著，光画社复印，1941，《海南文献资料简介》。

565. 游历琼州黎峒行程日记，胡传撰，《禹贡》1934 年第 2 卷第 1 期。

566. 海南岛漫游记：五年级社会科，黄衣青编著，商务印书馆，1947，湖北省图书馆藏。

567. 琼游笔记，夏卓春撰，广东活版公司，1914，中山图藏。

568. 琼崖游记，谢彬著，中华书局，1924，中山图藏。

569. 海南岛奥地旅行报告，〔德〕弟尔著，〔日〕稻村隆一译，台湾总督官房调查课复印，1934。

（三）地图

570. 海南岛图，中山图藏。

571. 海南岛图，石印本，中山图藏。

572. 海南岛图，晒印本，中山图藏。

573. 海南岛略图，台湾总督府专卖局制，胶版 1919，中山图藏。

574. 海南岛诸分图，日本水路部制，日本水路部胶版，1936，中山图藏。

575. 海南岛大地图，〔日〕中岛一晴制，昭和十四年（1939）合资会社日光堂胶版，中山图藏。

576. 海南岛详图：附海南岛を语ゐ，昭和十四年（1939）鹏南时报社石印本，中山图藏。

577. 最新详细海南岛大地图，东亚地理调查会绘制，合资会社日光堂商会，1941。

578. 最新海南岛详图，〔日〕卜山吉三绘制，日本名所图绘社彩印。

579. 海南岛全图，晒印本。

580. 海南岛全图，石印本，中山图藏。

581. 海南岛全图，晒印本，中山图藏。

582. 海南岛全图，台湾总督府内务局土木课编制，1941。

583. 海南岛全图，台湾总督务府内务局土木课制，昭和十七年

(1942) 宝文社印刷所石印本，中山图藏。

584. 海南岛全图：行政区划，宝文社印刷所晒蓝，1942。

585. 海南岛全图，台湾总督府内务局土木课绘制，南方资料馆，1943。

586. 海南岛最新明细全图，中国史地图表编纂社编制，金擎宇校订，亚光舆地学社，1949，中山图藏。

587. 海南岛地图：分县，石印本。

588. 海南岛各分县略图，刻本，中山图藏。

589. 海南岛各县地图：附表，石印本，中山图藏。

590. 袖珍海南各县全图（舆图），海南书局编绘，海南书局石印本，1934，国图藏。

591. 琼州全图，石印本，中山图藏。

592. 琼州全图，海南书局印，海南书局胶版，1926，中山图藏。

593. 琼州全图，晒印本，中山图藏。

594. 琼州海黎图，中国历史博物馆藏。

595. 崖州舆图，中山图藏。

596. 琼崖全区地图集，海南书局石印本，《海南文献资料简介》。

597. 琼崖新设乐安、保亭、白沙三县界地图，广东省民政厅第七科复制，广东省民政厅第七科，1935，中山图藏。

598. 海口市区全图，影印本，中山图藏。

599. 长坡市，陈应时绘，广东省陆军测量局石印本，1927，中山图藏。

600. 长坡市，广东省陆地测量局绘，广东省陆地测量局石印本，1931，中山图藏。

601. 雷虎市，罗禧绘，广东省陆军测量局石印本，1927，中山图藏。

602. 雷虎市，广东省陆地测量局绘，广东省陆地测量局石印本，1931，中山图藏。

603. 乐罗市，曹照棠绘，广东省陆军测量局石印本，1927，中山图藏。

604. 乐罗市，广东省陆地测量局绘，广东省陆地测量局石印本，1931，中山图藏。

605. 抱罗市，杨少川绘，广东省陆军测量局石印本，1927，中山图藏。

606. 抱罗市，广东省陆地测量局绘，广东省陆地测量局石印本，1931，中山图藏。

607. 和舍市，张复润绘，广东省陆军测量局石印本，1927，中山图藏。

608. 和舍市，广东省陆地测量局绘，广东省陆地测量局石印本，1931，中山图藏。

609. 佛罗市，叶强毅绘，广东省陆军测量局石印本，1927，中山图藏。

610. 佛罗市，广东省陆地测量局绘，广东省陆地测量局石印本，1931，中山图藏。

611. 佛罗市，广东省陆地测量局第三野战测量队绘，广东省陆地测量局第三野战测量队石印本，1939，中山图藏。

612. 藤桥市，广东省陆地测量局绘，广东省陆地测量局石印本，1931，中山图藏。

613. 那大市，莫柱铭绘，广东省陆军测量局石印本，1927，中山图藏。

614. 那大市，广东省陆地测量局绘，广东省陆地测量局石印本，1931，中山图藏。

615. 大坡市，吴天海绘，广东省陆军测量局石印本，1927，中山图藏。

616. 大坡市，广东省陆地测量局绘，广东省陆地测量局石印本，1931，中山图藏。

617. 北黎市，罗禧绘，广东省陆军测量局石印本，1927，中山图藏。

618. 北黎市，广东省陆地测量局绘，广东省陆地测量局石印本，1931，中山图藏。

619. 多文市，广东省陆地测量局绘，广东省陆地测量局石印本，1938，中山图藏。

620. 多文市，广东省陆地测量局第三野战测量队绘，广东省陆地测量局第三野战测量队石印本，1939，中山图藏。

621. 岭门市，广东省陆地测量局第三野战测量队绘，广东省陆地测量局第三野战测量队石印本，1938，中山图藏。

622. 林梧市，广东省陆地测量局绘，广东省陆地测量局石印本，1939，中山图藏。

623. 大路市，广东省陆地测量局第三野战战测量队绘，广东省陆地测量局第三野战测量队石印本，1939，中山图藏。

624. 文昌县，张复润绘，广东省陆军测量局石印本，1927，中山图藏。

625. 文昌县，广东省陆地测量局绘，广东省陆地测量局石印本，1931，中山图藏。

626. 文昌县全图，石印本，中山图藏。

627. 文昌县图，石印本，中山图藏。

628. 临高县，罗俊光绘，广东省陆军测量局石印本，1927，中山图藏。

629. 临高县，广东省陆地测量局绘，广东省陆地测量局石印本，1931，中山图藏。

630. 临高县图，石印本，中山图藏。

631. 临高县图，石印本，中山图藏。

632. 临高县全图，石印本，中山图藏。

633. 临高县简约地图，中山图藏。

634. 海尾市，广东省陆地测量局第三野战测量队绘，广东省陆地测量局第三野战测量队石印本，1939，中山图藏。

635. 海尾市，广东省陆地测量局绘，南支派遣军写真印刷班石印本，1940，中山图藏。

636. 中兴市，广东省陆地测量局第三野战测量队绘，广东省陆地测量局第三野战测量队石印本，1939，中山图藏。

637. 琼东县，张复润绘，广东省陆军测量局石印本，1927，中山图藏。

638. 琼东县，广东省陆地测量局绘，广东省陆地测量局石印本，1931，中山图藏。

639. 琼东县，广东省陆地测量局第三野战测量队，广东省陆地测量局第三野战测量队石印本，1939，中山图藏。

640. 琼东县全图，林名山制，影印本，中山图藏。

641. 琼东县全图，石印本，中山图藏。

642. 琼东县图，石印本，中山图藏。

643. 万宁县，张复润绘，广东省陆军测量局石印本，1927，中山图藏。

644. 万宁县，广东省陆地测量局绘，广东省陆地测量局石印本，1931，中山图藏。

645. 万宁全图，石印本，中山图藏。

646. 万宁全图，手绘，中山图藏。

647. 万宁县全图，石印本，中山图藏。

648. 万宁县全图，中山图藏。

649. 万宁县图，石印本，中山图藏。

650. 万宁县地图，〔日〕日窒电业公司调查部制，日窒电业公司调查部影印本，中山图藏。

651. 乐会县全图，石印本，中山图藏。

652. 乐会县图，〔日〕日窒电业公司调查部制，日窒电业公司调查部影印本，中山图藏。

653. 乐会县图，石印本，中山图藏。

654. 乐会县，杨少川绘，广东省陆军测量局石印本，1927，中山图藏。

655. 广东乐会县划定自治区域图，陈阜民绘，1930 年，中山图藏。

656. 乐会县，广东省陆地测量局绘，广东省陆地测量局石印本，1931，中山图藏。

657. 乐会县，广东省陆地测量局绘，广东省陆地测量局石印本，1938，中山图藏。

658. 定安县，莫柱铭绘，广东省陆军测量局石印本，1927，中山图藏。

659. 定安县，广东省陆地测量局绘，广东省陆地测量局石印本，1931，中山图藏。

660. 定安县图，石印本，中山图藏。

661. 定安县全图，石印本，中山图藏。

662. 定安县自治区全图，中山图藏。

663. 定安县与各县交界图，郑学衡，中山图藏。

664. 琼山县，戴淑贤绘，广东省陆军测量局石印本，1928，中山图藏。

665. 琼山县，广东省陆地测量局绘，广东省陆地测量局石印本，1931，中山图藏。

666. 琼山县自治区域图，李思辕绘，1931。

667. 琼山县全图，石印本，中山图藏。

668. 琼山县图，石印本，中山图藏。

669. 琼山县美党市附近乡村与安仁市关系图，晒印本，中山图藏。

670. 崖县，曹照棠绘，广东省陆军测量局石印本，1921，中山图藏。

671. 崖县，广东省陆地测量局绘，广东省陆地测量局石印本，1931，中山图藏。

672. 崖县图，中山图藏。

672. 崖县全图，石印本，中山图藏。

673. 崖县全图，晒印本，中山图藏。

674. 崖县县图，石印本，中山图藏。

675. 陵水县，陈应时绘，广东省陆军测量局石印本，1927，中山图藏。

676. 陵水县，广东省陆地测量局绘，广东省陆地测量局石印本，1931，中山图藏。

678. 陵水县图，石印本，中山图藏。

679. 陵水县全图，中山图藏。

680. 陵水县全图，石印本，中山图藏。

681. 陵水县全图，中山图藏。

682. 陵水县划定自治区地图，中山图藏。

683. 陵水县详细全图，中山图藏。

684. 昌江县，陈应时绘，广东省陆军测量局石印本，1927，中山图藏。

685. 昌江县，广东省陆地测量局绘，广东省陆地测量局石印本，1931，中山图藏。

686. 昌江县，广东省陆地测量局第三野战测量队绘，广东省陆地测量局第三野战测量队石印本，1939，中山图藏。

687. 昌江县，〔日〕日窒电业公司调查部，日窒电业公司调查部影印本，中山图藏。

688. 昌江县全图，石印本，中山图藏。

689. 昌江县县图，石印本，中山图藏。

690. 昌江县自治区图，中山图藏。

691. 昌江县县界图，中山图藏。

692. 昌江县分区图，中山图藏。

693. 乐东县，广东省陆地测量局第三野战测量队绘，广东省陆地测量局第三野战测量队石印本，1939，中山图藏。

694. 感恩县，广东省陆地测量局绘，广东省陆地测量局石印本，1931，中山图藏。

695. 感恩县图，石印本，中山图藏。

696. 感恩县全图，石印本，中山图藏。

697. 儋县，吴天海绘，广东省陆军测量局石印本，1927，中山图藏。

698. 儋县，广东省陆地测量局绘，广东省陆地测量局石印本，1931，中山图藏。

699. 儋县分区全图，晒印本，1934，中山图藏。

700. 儋县全图，石印本，中山图藏。

701. 儋县全图，石印本，中山图藏。

702. 儋县县图，石印本，中山图藏。

703. 儋县地图，广东省陆地测量局第三野战测量队绘，广东省陆地测量局第三野战测量队石印本，1939，中山图藏。

704. 儋县旧城，叶强毅绘，广东省陆军测量局石印本，1927，中山图藏。

705. 儋县旧城，广东省陆地测量局绘，广东省陆地测量局石印本，1931，中山图藏。

706. 澄迈县全图，石印本，1930，中山图藏。

707. 澄迈县图，石印本，中山图藏。

708. 澄迈县全图，石印本，中山图藏。

709. 澄迈县全图，中山图藏。

710. 澄迈县第七区安仁镇略图，中山图藏。

711. 琼文两县交界图，中山图藏。

712. 蜈蚑洲，广东省陆地测量局绘，广东省陆军测量局石印本，1938，中山图藏。

713. 乐安城，区文仿绘，广东省陆军测量局石印本，1927，中山图藏。

714. 乐安城，广东省陆地测量局绘，广东省陆地测量局石印本，1931，中山图藏。

715. 定安卡全图，石印本，中山图藏。

716. 琼崖全岛明细地图：附西沙群岛详图，影印本，中山图藏。

717. 潮村，广东省陆地测量局第三野战测量队绘，广东省陆地测量局第三野战测量队石印本，1939，中山图藏。

718. 南殷所辖十峒图，中山图藏。

719. 凡阳地图，中山图藏。

720. 海口商埠略图，中山图藏。

721. 西沙岛在支那海位置图，商务印书馆照相复印本，中山图藏。

722. 东沙岛在支那海位置图，香港商务印书馆印，中山图藏（复印本）。

723. 南丰黎务局所辖黎境区域图，中山图藏。

第十节　天文学、地球科学

一　区域水文地理

724. 海南岛全图：河川调查要图，台湾总督府内务局土木课绘制，南方资料馆，1943。

725. 海南岛全图：河川流域图·年雨量分布，南方资料馆，1943。

726. 海南岛水文资料，稿本。

二　气象学

727. 海南岛气象调查报告，〔日〕森永元一著，台湾总督府外事部抽印本，1942，《海南文献资料简介》。

728. 海南岛气象表：自昭和九年至昭和十一年，台湾总督府殖产局编，盛进商事株式会社，1938，中山图藏。

三　地质学

（一）区域地质学

729. 海南岛全图：地质图，林日友绘，崖县技术协会晒蓝。

730. 海南岛の地质に就いて，〔日〕早坂一郎著，台湾总督府外事部，1942，《海南文献资料简介》。

（二）矿物学

731. 广东海南岛北部地质矿产，李承三编，1929，中山图藏。

732. ハラセル群岛磷矿调查报告，台湾总督官房调查课编，石印本，1922。

733. 西沙群岛鸟粪（中英文对照），朱庭祜著，两广地质调查所，1928，中山图藏。

（三）自然资源学

734. 海南岛木材利用こ关调查报告，〔日〕永山规矩雄著，1944，海大图藏。

735. 海南岛东南部汉人的后头扁平，〔日〕金关丈夫著，人类学杂志，1942，海大图藏。

736. 海南岛产蝶类目录，〔日〕楚南仁博著，台湾博物学会会报，1938。

737. 海南岛淡水鱼类谱，〔日〕原田五十吉著，台湾日日新报社，1943，海大图藏。

738. 海南岛植物志料，海南海军特务部政务局编，台湾日日新报社，1943，海大图藏。

739. 海南三亚地区，〔日〕冈山正著，海南海军特务部经济局产业试验场，1944，海大图藏。

740. 海南岛农产增收方策，海南海军特务部产业试验场编，海南海军特务部产业试验场，海大图藏。

741. 海南岛开发之现状及开发方针，1945，海大图藏。

742. 海南畜产株式会事业概况，〔日〕宗村亮著，海大图藏。

743. 海南岛水产业概要将来计划，〔日〕过田友江著，西大洋渔业统计株式会社，海大图藏。

744. 海南岛淡水鱼调查报告书，海南海军特务部政务局第一调查室，1942，海大图藏。

745. 海南岛，〔日〕石井清彦著，地学杂志，1939，海大图藏。

746. 海南岛盐业调查报告书，海南省军务局编，台湾拓殖株式会社，1939，海大图藏。

747. 海南岛之盐业，1946，海大图藏。

748. 崖县第四区九所土地惯行调查报告书，海南岛土地惯行调查资料，海南海军特务部，1942，海大图藏。

749. 三亚港幅地质调查报告，〔日〕河内正人编，海南海军特务部，1942，海大图藏。

750. 海南岛农业昆虫学的调查结果报告，〔日〕小泉清明著，台北帝国大学理农学部昆虫学教室，1942，海大图藏。

751. 五年间海南岛农业开发概观，〔日〕小野卯一著，海南海军特务部经济局，1944，海大图藏。

752. 海南岛产食品的应用微生物学的研究，〔日〕吉村贞彦著，台湾总督府外事部，1940，海大图藏。

753. 海南岛江关资料：兴亚资料经济篇第 76 号，兴亚院政务部编，兴亚院政务部，1940，海大图藏。

（四）自然地理图

754. 南支那海西部、タィテンド海湾及ピルマ海，日本海南省水路部绘制，日本海南省水路部晒蓝本，1932。

755. 东丛岛：菲律宾诸岛南部附近，日本水路部绘制，昭和四年十月（1929. 10）日本水路部晒蓝本。

756. 广东五指山草图，中山图藏。

757. 海南岛地势图，中山图藏。

758. 海南岛地势图，晒印本，1930，中山图藏。

759. 海南岛山脉草图，中山图藏。

760. 海南岛及西沙群岛在南中国海位置图，石印本，中山图藏。

761. 海南岛东南部沿海形势图：榆林港至细花洲，〔意〕罗斯制，晒印，中山图藏。

762. 琼州沿海图，石印本，中山图藏。

763. 西瑁洲，黄绾年绘，广东省陆军测量局石印本，1927，中山图藏。

764. 西瑁洲，广东省陆地测量局绘，广东省陆地测量局石印本，1931，中山图藏。

765. 博鳌港，戴淑贤绘，广东省陆军测量局石印本，1927，中山图藏。

766. 博鳌港，广东省陆地测量局绘，广东省陆军测量局石印本，1931，中山图藏。

767. 河滥，戴淑贤绘，广东省陆军测量局石印本，1927，中山图藏。

768. 河滥，广东省陆地测量局绘，广东省陆地测量局石印本，1931，中山图藏。

769. 铜鼓角，戴淑贤绘，广东省陆军测量局石印本，1927，中山图藏。

770. 铜鼓角，广东省陆地测量局绘，广东省陆军测量局，1931，中山图藏。

771. 抱龙岗，区文仿绘，广东省陆军测量局石印本，1927，中山图藏。

772. 抱龙岗，广东省陆地测量局绘，广东省陆地测量局石印本，1931，中山图藏。

773. 文昌抱虎浦海岸界，摄影复制，中山图藏。

774. 儋县昌江感恩三县沿海图，中山图藏。

775. 五指岭图，中山图藏。

776. 临高博白海岸界，摄影复制，中山图藏。

777. 海南头沿海形势图木澜头、海南角：其二，晒印本，1925，中山图藏。

778. 海南头沿海形势图木澜头、海南角：其三，晒印本，1926，中山图藏。

778. 海南头沿海形势图木澜头、海南角：其四，晒蓝，中山图藏。

780. 海南头沿海形势图木澜头、海南角：其五沿海礁盘，晒印本，1918，中山图藏。

781. 海南嘴，罗禧绘，广东省陆军测量局石印本，1927，中山图藏。

782. 海南嘴，广东省陆地测量局绘，广东省陆地测量局石印本，1931，中山图藏。

783. 太平崗，吴天海绘，广东省陆军测量局石印本，1927，中山图藏。

784. 太平崗，广东省陆地测量局绘，广东省陆地测量局石印本，1931，中山图藏。

785. 峨鹊岭，区文仿绘，广东省陆军测量局石印本，1927，中山图藏。

786. 峨鹊岭，广东省陆地测量局绘，广东省陆地测量局石印本，1931，中山图藏。

787. 港坡，戴淑贤绘，广东省陆军测量局石印本，1927，中山图藏。

788. 港坡，广东省陆地测量局绘，广东省陆地测量局石印本，1931，中山图藏。

789. 海南岛：海口三角洲图，陶维宣等制，广东省治河委员会影印本，1930，中山图藏。

790. 海南岛形势图，中山图藏。

791. 浅水岛，广东省陆地测量局绘，广东省陆地测量局石印本，1931，中山图藏。

792. 榆林港，戴淑贤绘，广东省陆军测量局石印本，1927，中山图藏。

793. 榆林港，广东省陆地测量局绘，广东省陆地测量局石印本，1931，中山图藏。

794. 七洲洋岛，广东省陆地测量局绘，广东省陆地测量局石印本，1931，中山图藏。

795. 五指山，广东省陆地测量局第三野战测量队绘，广东省陆地测量局第三野战测量队石印本，1938，中山图藏。

796. 吾什崗，广东省陆地测量局第三野战测量队绘，广东省陆地测量局第三野战测量队石印本，1939，中山图藏。

797. 吾什崗，广东省陆地测量局第三野战测量队绘，广东省陆地测量局第三野战测量队石印本，1939，中山图藏。

798. 玉道，广东省陆地测量局第三野战测量队绘，广东省陆地测量局第三野战测量队，1939，中山图藏。

799. 七洲岛，广东省陆地测量局第三野战测量队绘，广东省陆地测量局第三野战测量队石印本，1939，中山图藏。

800. 白打，广东省陆地测量局第三野战测量队绘，广东省陆地测量局第三野战测量队石印本，1939，中山图藏。

801. 南溪岗，广东省陆地测量局第三野战测量队绘，广东省陆地测量局第三野战测量队石印本，1939，中山图藏。

802. 多港岗，广东省陆地测量局第三野战测量队绘，广东省陆地测量局第三野战测量队石印本，1939，中山图藏。

803. 柏苏奇岛（西沙），陈光泗、戴淑贤制，广东省陆军测量局石印本，1927，中山图藏。

804. 柏苏奇岛（西沙），广东陆地测量局制，广东省陆地测量局石印本，中山图藏。

805. 沓卑利父暗礁东部（西沙），陈光泗、戴淑贤制，广东省陆军测量局石印本，1927，中山图藏。

806. 沓卑利父暗礁西部（西沙），陈光泗、戴淑贤制，广东省陆军测量局石印本，1927，中山图藏。

807. 沓卑利父暗礁东部（西沙），广东陆地测量局制，广东省陆地测量局石印本，1931，中山图藏。

808. 三亚港，广东省陆地测量局第三野战测量队绘，广东省陆地测量局第三野战测量队石印本，1939，中山图藏。

809. 元门岗，广东省陆地测量局第三野战测量队绘，广东省陆地测量局第三野战测量队石印本，1939，中山图藏。

810. 抱扛岗，广东省陆地测量局第三野战测量队绘，广东省陆地测量局第三野战测量队石印本，1939，中山图藏。

811. 通天，广东省陆地测量局第三野战测量队绘，广东省陆地测量局第三野战测量队石印本，1939，中山图藏。

812. 中平岗，广东省陆地测量局第三野战测量队绘，广东省陆地测量局第三野战测量队石印本，1939，中山图藏。

813. 尖峰岭，广东省陆地测量局第三野战测量队绘，广东省陆地测量局第三野战测量队石印本，1939，中山图藏。

814. 尖峰岭，广东省陆地测量局第三野战测量队绘，广东省陆地测量局第三野战测量队石印本，1939，中山图藏。

815. 番阳岗，广东省陆地测量局第三野战测量队绘，广东省陆地测量局第三野战测量队，1939，中山图藏。

816. 南暗礁（西沙）陈光泗、戴淑贤制，广东省陆军测量局石印本，1927，中山图藏。

817. 灯擎岛（西沙），陈光泗、戴淑贤制，广东省陆军测量局石印本，1927，中山图藏。

818. 林岛（西沙），陈光泗、戴淑贤制，广东省陆军测量局石印本，1927，中山图藏。

819. 林岛（西沙），广东陆地测量局制，广东省陆地测量局石印本，1931，中山图藏。

820. 南极岛（西沙），陈光泗、戴淑贤制，广东省陆军测量局石印本，1927，中山图藏。

821. 东岛（西沙），戴淑贤绘，广东省陆军测量局石印本，1927，中山图藏。

822. 北暗礁，陈光泗、戴淑贤制，广东省陆军测量局石印本，1927，中山图藏。

823. 偏杜路岛（西沙），陈光泗、戴淑贤制，广东省陆军测量局石印本，1927，中山图藏。

824. 东沙岛，林志超、区克一制，广东省陆军测量局石印本，1927，中山图藏。

825. 西沙群岛：其二，广东省陆军测量局制，广东省陆军测量局石印本，1929，中山图藏。

826. 南沙群岛图表，广东省政府秘书处制，广东省政府秘书处晒蓝本，1647，中山图藏。

827. 西沙群岛，石印本，中山图藏。

828. 西沙群岛图、东沙岛图，石印本，中山图藏。

第十一节　生物科学

一　植物学

829. 海南岛黎界ニ于ケル植物调查报告书，〔日〕山本田松著，海南

海军特务部政务局第一调查室，1942，中山图藏。

830. 海南岛植物志，〔日〕正宗严敬编，台湾总督府外事部，1943。

831. 海南岛植物志料 I，〔日〕山本田松著，海南海军特务部政务局，1943，中山图藏。

832. 海南岛植物总览，〔日〕田中长三郎、小田岛喜次郎著，手绘，1938。

833. 海南岛ノ植物，〔日〕滨井生三编，东亚研究所，1940，中山图藏。

834. 海南岛の植物相，〔日〕日比野信一、吉川凉著，台湾总督府外事部，1942。

二　动物学

835. 海南岛の陆水等三种，〔日〕原田五十吉著，台湾总督府外事部，1942。

836. 海南岛南部の鼠类に就いて，〔日〕田中亮远藤正著，台湾总督府外事部，1942。

837. 海南岛鼠类の研究，〔日〕田中亮著，台湾总督府外事部，1944。

838. 海南岛の动物概说，〔日〕平坂恭介著，台湾总督府外事部，1942，中山图藏。

839. 海南岛淡水鱼类谱，〔日〕原田五十吉著，海南海军特务部政务局，1943，中山图藏。

三　昆虫学

840. 海南岛の蜻蛉类に就いて，〔日〕中条道夫著，台湾总督府外事部，1942，中山图藏。

四　人类学

841. 海南岛住民の人类学的研究（预报），〔日〕金关丈夫著，台湾总督府外事部，1942。

842. 海南岛住民の血液型レニ就て：续报，〔日〕小林喜久男、长谷川正合编，1942。

843. 海南岛黎族ノ人类学的调查——特ニ乐东县重合盆地ノ住民ニ就イテ，〔日〕金关丈夫编，海南海军特务部政务局第一调查室，1942，中山图藏。

844. 海南岛三亚回教徒の人类学的研究，〔日〕忽那将爱著，台湾总督府外事部，1944。

845. 海南岛支那人の生体人类学的研究：其三：琼山地方支那人の计划，〔日〕忽那将爱、酒井坚著，台湾总督府外事部，1944。

846. 海南岛汉族及ぐ黎族ノ体力比较ニ关スル调查报告书，〔日〕金关丈夫编，海南海军特务部政务局第一调查室，1942。

847. 海南岛黎族ノ人类学的调查，海南海军特务部政务局第一调查室编，海南海军特务部政务局第一调查室，1942。

第十二节　医药、卫生

848. 海南岛の民族と卫生の概况，〔日〕滨井生三著，东亚研究所，1939，《海南文献资料简介》。

849. 越南海南医院征信录，越南海南医院编，越南海南医院，1944。

850. 海南特区热带病防治院成立经过及工作计划报告书，林峰编，1949，中山图藏。

851. 崖县属西医及药剂师调查表，张吉鲲编，广东崖县知事公署稿本，1916，中山图藏。

852. 海南卫生建设计划草案，1949，中山图藏。

853. 海南岛住民の食品に就いて，〔日〕吉村贞彦著，台湾总督府外事部，1942，《海南文献资料简介》。

854. 琼州海南医院特刊，海南医院编，海南医院，1932。

855. 琼州海南医院特刊，海南医院编，海南医院，1933，中山图藏。

第十三节　农业科学

一　农学

856. 海南岛に于けるゴム栽培事业，东亚技术联盟编，稿本，1939。

857. 崖县整顿仓谷办法，广东省长公署编，广东省长公署，1915～1918，中山图藏。

二　土壤学

858. 海南岛土壤の应用微生物学的研究，〔日〕立足仁著，台湾总督府外事部，1942。

859. 海南岛土垠分析表，原稿。

860. 海南岛の土壤及农业一般，台湾总督府外事部编，台湾总督府外事部原稿，1941。

861. 琼崖土壤分布，晒印本，中山图藏。

三　农业生物学

862. 海南岛农业昆虫学的调查结果报告：第一回，〔日〕小泉清明著，台湾总督府外事部，1942。

863. 海南岛农业昆虫学的调查结果报告：第二回，〔日〕小泉清明著，台湾总督府外事处，1944。

四　植物保护

864. 海南岛に于けら农作物の病害虫，东亚研究所编，东亚研究所，1942，海大图藏。

865. 海南岛稻作甘薯主要害虫，彭一声编，稿本，1948，中山图藏。

866. 海南岛重要果树之病害，陈泽材编，稿本，1949，中山图藏。

五　农作物

867. 海南岛の农作物，台湾总督府外事部编，台湾总督府外事部稿本，1941。

868. 海南岛の农作物调查报告：第一回，〔日〕寺林清一郎著，台湾总督府外事部，1942，《海南文献资料简介》。

869. 海南岛の农作物调查报告：第二回，〔日〕寺林清一郎著，台湾总督府外事部抽印本，1942，《海南文献资料简介》。

870. 海南岛纤维植物之调查，许慧玲编，海南大学稿本，1948，中山图藏。

871. 海南岛の特用作物，台湾总督府外事部编，台湾总督府外事部原稿，1941。

872. 海南岛之苎麻，王昌元编，稿本，海南大学，1949。

873. 海南岛甘蔗栽培概况，杜香山编，稿本，海南大学，1949，中山图藏。

874. 海南岛经济植物，梁向日编，中山大学农学院，1936，中山图藏。

875. 海南岛の稲作，台湾总督府外事部编，台湾总督府外事部原稿，1941。

876. 海南岛稻作之概论，韩桐光著，稿本，海南大学，1949，中山图藏。

877. 海南水稻之品种，黎桂生编，稿本，海南大学，1949，中山图藏。

878. 海南岛热带作物调查报告，林永昕编，国立中山大学农学院农艺研究室原稿，1937，中山图藏。

879. 海南岛热带作物调查报告，林永昕编，〔日〕大冢令三译，中支建设资料整备事务所原稿，1940，中山图藏。

880. 海南岛の植物性纤维资源の概要に就いて，〔日〕大野一月著，台湾总督府外事部，1943。

六　园艺

881. 海南岛椰子之研究，刘永钦编，稿本，海南大学，1949，中山图藏。

882. 椰子之栽培，郭道忠著，稿本，海南大学，1949，中山图藏。

883. 海南岛の蔬菜，台湾总督府外事部编，稿本，台湾总督府外事部，1941。

884. 海南岛果树增产改良策，海南海军特务部产业试验场编，1943，中山图藏。

885. 海南岛之果子王：椰子，苏农著，稿本，海南书局，1932。

886. 海南岛と椰子，田泽震五撰，台北田泥化学工业研究所，1940，

《海南文献资料简介》。

七　林业

887. 琼崖水源林位置图，石印本，中山图藏。

888. 琼崖水源林调查报告书，广东省建设厅农林局林业系编，广东省建设厅农林局推广课，1932，中山图藏。

889. 琼崖水源林调查报告书，广东省建设厅农林局林业系编，〔日〕南支调查会译，稿本，1940，中山图藏。

890. ユノカリ造林法概要，〔日〕青木繁著，海南岛北部农林业联络会油印本，1941，广东省水电厅藏。

891. 相思树造林法，〔日〕青木繁著，海南海军特务部油印本，1941。

892. 造林学上より见たる海南岛の林业，〔日〕田添元、森邦彦著，台湾总督府外事部稿本，1942，《海南文献资料简介》。

893. デリス栽培の手引，〔日〕小野寺二郎著，海南海军特务部经济局第一课，1942，广东省水电厅藏。

894. せノユナて（栋）の造林，〔日〕青木繁著，海南海军特务部经济局第一课油印本，1942。

895. 造林学上ょり见る海南岛の林业，〔日〕田添元、森邦彦著，台湾总督府外事部，1942，海大图藏。

896. 海南岛の树栽日，海南海军特务部经济局第一课编，海南海军特务部经济局第一课，1942，广东省水电厅藏。

897. 海南岛植物调查报告第二报，〔日〕山本由松编，海南海军特务部政务局第一调查室，1943，中山图藏。

898. 海南岛の林业，台湾总督府外事部编，台湾总督府外事部抄本，1941，《海南文献资料简介》。

899. 海南岛に于しナる森林调查，〔日〕中山二郎、水户野武夫著，台湾总督府外事部稿本，1944，《海南文献资料简介》。

900. 海南岛林木概况及荒地之调查，严安编，稿本，海南大学，1949，中山图藏。

901. 琼崖台湾森林调查记，广东省建设厅编，抄本，中山图藏。

902. 海南岛有用树木分类略志，陈光裕著，海南农业专科学校稿本，

1948，中山图藏。

903. 海南岛の西南地区しこ于サる造林要领，〔日〕青木繁著，日本海南警备府油印本，1943，广东省水电厅藏。

904. 海南岛植树指针，〔日〕青木繁著，台北《台湾山林》杂志社稿本，1942。

905. 海南岛の造林计划：考察，〔日〕青木繁著，海南海军特务部经济局第一课稿本，1942。

906. 海南岛の要地防空林造成しこり，〔日〕青木繁著，海南警备府油印本，1943。

907. 木麻黄苗木养成法，海南海军特务部经济局第一课编，海南海军特务部经济局第一课油印本，1942，广东省水电厅藏。

908. 海南岛树胶种植调查表，叶少杰制，稿本。

909. 万泉河流域之树胶业，黎璧文编，海南农业科学学校抄本，1948。

910. 海南岛之胶树及其将来之经营，林明亮编，海南大学，稿本，1949，中山图藏。

八　畜牧

911. 海南岛の畜产调查报告，〔日〕加藤浩著，台湾总督府外事部，1942，《海南文献资料简介》。

912. 海南岛产草鸭与台湾产菜鸭比较表，稿本。

913. 海南牛普通之疾病，宁伯威著，海南大学，稿本，中山图藏。

914. 海南之乳牛，海南大学，稿本，中山图藏。

915. 海南岛の畜产，台湾总督府外事部编，台湾总督府外事部石印本，1941。

九　海产、渔业

916. 海南岛近海产鱼类调查报告，〔日〕中村广司著，台湾总督府水产试验场稿本，1940。

917. 海南岛の豚に关すゐ研究，〔日〕莳田德义著，台湾总督府农业试验所石印本，1943。

918. 海南岛各盐田图，晒蓝。

919. 东沙岛海产调查初步简明报告，陈子英、曾呈奎著，厦门大学生物系，1933，中山图藏。

920. 海南岛の水产，〔日〕海洋渔业协会调查部编，海洋渔业协会调查部石印本，1929。

第十四节　工业技术

一　轻工业技术

921. 海南岛产食品の应用微生物学的研究，〔日〕吉村贞彦著，台湾总督府外事部，1942。

二　建筑科学

922. 海口市公共坟场平面图，海口市工务局制，海口市工务局晒印本，1929，中山图藏。

923. 西沙群岛无线电观象台筹建案，海军总部编，1930.6～1935.12。

924. 东沙群岛无线电观象台筹建案，海军总部编，1923.8～1935.7。

925. 海口市中山公园平面图，海口市工务局制，海口市工务局晒印本，1928，中山图藏。

三　水利工程

926. 海南岛水利事业施行位置图，台湾总督府内务局土木工程课绘制，台湾总督府外事部彩印，1941。

927. 海南岛水利事业受益数量图，台湾总督府外事部，1941。

928. 水力发电关系参考资料，油印本，1944。

929. 海南岛水利事业计划表，1945，稿本。

930. 海南岛水利建设调查报造，栗宗嵩编著，油印本，1946。

931. 海南岛水利事业实施概况，稿本。

第十五节　交通运输

932. 清澜港附近之图，中山图藏。

933. 清澜港附近图，中山图藏。

934. 改良海口港计划图：和矞治港公司计划，石印本，中山图藏。

935. 海口港形势图，中山图藏。

936. 南海航线图，石印本。

937. 环海路南横桥图，陈德恩设计，琼崖交通处晒印本，1934，中山图藏。

938. 和盛至海头路段桥梁标准图，陈德恩绘，琼崖交通处晒印本，1935，中山图藏。

939. 士敏三合土桥趸木料桥面标准图，刘豫绘，琼崖交通处晒印本，1934，中山图藏。

940. 海口筑港计划书，广东省南区善后公署编，广东省南区善后公署油印本，1928，中山图藏。

第十六节　综合性图书

941. 海南岛に关する文献目录，〔日〕高桥晴贞编，东京国际协会复印本，1940。

942. 海南岛，〔日〕大冢令三撰，中支建设资料整备事务所编译部，1940。

943. 南支那文献目录（海南岛），台湾总督府外事部编，台湾总督府，1943，《海南文献资料简介》。

944. 西南沙群岛资料目录，台湾省立图书馆编，台湾省立图书馆手写及打字，1947，中山图藏。

945. 海南丛书，海南书局编，海南书局，1927～1934，中山图藏。

946. 海南岛参考书目，何多源编，广州大学图书馆，1937。

947. 东西南沙群岛资料目录，杜定友编，西南沙志编纂委员会，1948，中山图藏。

948. 海南岛关系资料展目录，〔日〕山本运一编，第一高等女校地历研究室油印本，1939，《海南文献资料简介》。

949. 海南岛に关する文献目录，满铁上海事务所资料室编，满铁上海事务所资料室复印本，1940。

950. 西沙群岛问题研究资料目录，西南沙群岛志编纂委员会编，西南沙群岛志编纂委员会油印本，1947，中山图藏。

951. 西沙资料杂件目录及西南沙志编纂会资料目录，叶志冲编，广东省立图书馆手写本，1948，中山图藏。

952. 西南沙资料目录，杜定友编，1948，海师图藏。

第三章

现代文献

第一节 哲学宗教

1. 海南朱子学讯，海南省朱熹研究会编，海南省朱熹研究会，1997，海师图藏。

2. 文昌祭孔记，文昌孔庙2005年祭祀大典组委会编，海口卓锐企业管理策划有限公司，2005，海大图藏。

3. 白玉蟾真人评介集，朱逸辉编，香港银河出版社，2005。

4. 白玉蟾与海南道教研究文集，王琼文等编，海南省地方志办公室，2006，海大图藏。

5. 黎族辟邪文化，潘先锷著，海南省民族学会，2006，海大图藏。

6. 祭祀与避邪，高泽强等著，云南民族出版社，2007。

7. 中国各民族原始宗教资料集成。土家族卷、瑶族卷、壮族卷、黎族卷，吕大吉等著，中国社会科学出版社，1998。

8. 重建善会寺纪念册，王明恩等编，迈江书斋，1998，海师图藏。

9. 水尾圣娘纪念特刊，欧阳光主编，瀛海出版社，1968。

10. 南海传说，杜伟编著，广西师范大学出版社，2011。

11. 历史与传说：南海龙王，卢国龙主编，太白文艺出版社，2004。

12. 大学衍义补，（明）丘浚著，蓝田玉等校点，中州古籍出版社，1995。

13. 大学衍义补，（明）丘浚著，吉林出版集团有限责任公司，2005。

14. 陈序经政治哲学研究，张世保著，人民出版社，2007。

第二节　社会科学总论

一　社会科学丛书、文集、连续性出版物

15. 我的海南岛，王业隆著，华晖出版社，2004。

16. “丘海精神与海南国际旅游岛建设”论文汇编，海口市文联编，海口市文联，2012，海大图藏。

17. 读一点海南，海南省文化历史研究会主编，长征出版社，2007。

18. 韩振华选集，海南省文化历史研究会主编，长征出版社，2008。

19. 海外琼属社团，文人光著，南方出版社，2008。

20. 忘老集，陈苏厚著，海南出版社，2007。

21. 赵光炬文集，海南省委机关著，海南省委机关，2003，海大图藏。

22. 读书与做人，刘荣编，海南大学关心下一代工作委员会，2012，海大图藏。

23. 海南泪（合二册），刘福堂著，香港银河出版社，2010。

24. 古典与现代，杨国良主编，漓江出版社，2011。

25. 天涯心旅，孟小林著，海南出版社，1996。

26. 绿岛清香，叶清华编，海南出版社，2005。

27. 读与思：2009年省直工委党员干部学习文集，中共海南省直属机关工作委员会编，中共海南省直属机关工作委员会，2009，海大图藏。

28. 《雨过天晴夕阳红风雨六十年》第三集，冯子平著，香港银河出版社，2008。

29. 杂著集，李泽厚著，三联书店，2008。

30. 宝岛足迹，南金著，广东人民出版社，1997。

31. 不是侨乡也能打侨牌：来自实践的思考，苏庆兴著，南海出版公司，2001。

32. 近思集，李红梅著，南海出版公司，2002。

33. 天涯绿叶，林安彬著，海南出版社，2005。

34. 薄云淡月，王应际著，海南出版社，1999。

35. 方舟集，符国德编，香港天马图书有限公司，1999。

36. 大潮中的探索：拾穗集，何焕强著，海南国际新闻出版中

心，1996。

37. 春满天涯，陈人忠著，海南新闻出版社局，1999，海大图藏。

38. 似水流年，赵中社著，南方出版社，1992。

39. 跨世纪的思考，丘久情著，南海出版公司，2000。

40. 村野集，陈苏厚著，南海出版公司，1998。

41. 热土上的足音：耕耘集，王厚宏著，南风出版社，2004。

42. 先立规矩后办事：海南的改革实践，阮崇武著，中共中央党校出版社，1997。

43. 探索与实践，杨树岷著，海南出版社，2005。

44. 非均衡格局中的地方自主性：对海南经济特区（1998～2002年）发展的实证研究，沈德理著，中国社会科学出版社，2004。

45. 罗天文集，罗天著，广东人民出版社，2003。

46. 海南省邓小平理论研究基地论文集，叶斌等著，南海出版公司，1997。

47. 领导干部论文荟萃，中共万宁市委史志研究室编，中共万宁市委史志研究室，2004，海大图藏。

48. 琼州学堂报告选，张学泮编，南方出版社，2011。

49. 海南社会经济研究参考资料，海南省人民政府社会经济发展研究中心编，海南省人民政府社会经济发展研究中心，1988～1989，海师图藏。

50. 海南省第五次社会科学优秀成果评奖专辑，海南省社会科学界联合会编，海南省第五次社会科学优秀成果评奖委员会，2007，海大图藏。

51. 周文彰宣传文化工作调查报告集：2005年，中共海南省委宣传部办公室编，中共海南省委宣传部办公室，2006，海大图藏。

52. 新世纪领导干部论文集：万宁卷（合三册），中共万宁市委政策研究室编，中共万宁市委政策研究室，2003，海大图藏。

53. 海纳百川：名师演讲录，谭世贵、杨国良主编，高等教育出版社，2005。

54. 海南省获奖优秀学术论文提要汇编（1988～1990），海南省科学技术协会编，海南省科学技术协会，1991，海师图藏。

55. 海口论坛，《海口论坛》编辑部编，《海口论坛》编辑部，1993，海师图藏。

56. 海南社会科学（2004年第1、3、4期），海南省社会科学界联合会编，海南省社会科学界联合会，2004，海大图藏。

57. 海南省民间组织名录，廖玉巩主编，海南省民间组织促进会，2006，海大图藏。

58. 琼海文化与财富·第一辑，卢传福编，琼海市文联，2004，海大图藏。

59. 三沙文丛·第 1 辑：三沙抒怀，南方出版社，2012。

60. 三沙文丛·第 1 辑：三沙纪行，南方出版社，2012。

61. 三沙文丛·第 1 辑：三沙文物，南方出版社，2012。

62. 三沙文丛·第 1 辑：三沙掠影，南方出版社，2012。

二　统计学

63. 自治区 1954 年统计工作总结报告，海南黎族苗族自州区计委编，海南黎族苗族自州区计委，1955，海大图藏。

64. 研究与分析：海南省首届统计论文统计分析——统计调查报告评选获奖文集，陈雪梅编，海南省统计局，2000，海大图藏。

65. 研究与分析：第二届海南省优秀统计论文汇编，海南省统计局、海南省统计学会主编，海南省统计局，2004，海大图藏。

66. 研究与分析：第三届海南省优秀统计论文汇编（2005 ~ 2006），海南省统计局、海南省统计学会主编，海南省统计局，2007，海大图藏。

67. 海南区劳改工业、农业、基本建设统计资料汇编（1951 ~ 1962），海南省公安局劳改工作办公室编，海南省公安局劳改工作办公室，1964，海档藏。

68. 海南统计资料（四）：今年 1 ~ 5 月份汉区工业生产情况，海南行政区公署统计局编，海南行政区公署统计局，1981，海档藏。

69. 海南统计资料（五）：一九八零年全区国民收入、国民生产总值到达水平（初步试算），海南行政区公署统计局编，海南行政区公署统计局，1981，海档藏。

70. 海南统计资料（六）：关于全区早造水稻产量的调查分析，海南行政区公署统计局编，海南行政区公署统计局，1981，海档藏。

71. 海南统计资料（七）：上半年商业、财政、金融情况，海南行政区公署统计局编，海南行政区公署统计局，1981，海档藏。

72. 海南统计资料（十）：第三季度汉区工业生产情况，海南行政区公署统计局编，海南行政区公署统计局，1981，海档藏。

73. 海南统计资料（十一）：海南行政区公署统计局编，海南行政区公署统计局，1981，海档藏。

74. 海南统计资料第四期，海南行政区公署统计局编，海南行政区公署统计局，1983，海档藏。

75. 一九四九—一九五八年海南区国民经济统计资料摘要，海南行政区公署计划委员会编，海南行政区公署计划委员会，1959，海档藏。

76. 一九五二年海南区国民经济基本资料统计手册，海南行政区公署财政经济委员会编，海南行政区公署财政经济委员会，1954，海档藏。

77. 一九五三年海南区国民经济发展资料汇编，海南行政区公署计划委员会编，海南行政区公署计划委员会，1953，海档藏。

78. 一九五三年海南区国民经济基本资料（初稿），广东省人民政府海南行政区公署计划统计处编，海南行政区公署计划统计处，1954，海档藏。

79. 一九五四年海南区统计资料汇编，海南行政区公署计划委员会编，海南行政区公署计划委员会，1955，海档藏。

80. 一九五五年海南区统计资料汇编，海南行政区公署计划委员会编，海南行政区公署计划委员会，1956，海档藏。

81. 一九五六年海南区国民经济统计资料汇编，海南行政区公署计划委员会编，海南行政区公署计划委员会，1957，海档藏。

82. 海南区国民经济统计资料汇编（1961 年），海南行政区公署统计局编，海南行政区公署统计局，1963，海档藏。

83. 海南区国民经济统计资料汇编（1962 年），海南行政区公署统计局编，海南行政区公署统计局，1963，海档藏。

84. 海南区国民经济统计资料汇编（1963 年），海南行政区公署统计局编，海南行政区公署统计局，1964，海档藏。

85. 海南区国民经济统计资料会编（1964 年），海南行政区公署统计局编，海南行政区公署统计局，1965，海档藏。

86. 海南行政区国民经济统计资料（1950 ~ 1980 年），海南行政区公署统计局编，海南行政区统计局，1981，海档藏。

87. 海南区统计资料提要，生产指挥部办公室计统组编，生产指挥部办公室，1970，海档藏。

88. 海南行政区国民经济和社会统计资料（1982～1983 年），海南行政区统计局编，海南行政区统计局，1984，海大图藏。

89. 海南行政区国民经济和社会统计资料（1984 年），海南行政区统计局编，海南行政区统计局，1986，海档藏。

90. 海南行政区国民经济和社会统计资料（1985 年），海南行政区统计局编，海南行政区统计局，1986，海档藏。

91. 海南行政区国民经泾济和社会统计资料（1986 年），海南行政区统计局编，海南行政区统计局，1987，海档藏。

92. 海南行政区国民经济和社会统计提要（1952～1989 年），海南行政区统计局编，海南行政区统计局，1990，海档藏。

93. 海南行政区国民经济和社会统计提要（1982 年），海南行政区统计局编，海南行政区统计局，1982，海档藏。

94. 海南行政区国民经济和社会统计提要（1985 年），海南行政区统计局编，海南行政区统计局，1986，海档藏。

95. 海南行政区国民经济统计资料汇编（1978 年），海南行政区计划委员会编，海南行政区计划委员会，1979，海档藏。

96. 海南行政区国民经济统计资料汇编（1979 年），海南行政区计划委员会编，海南行政区计划委员会，1980，海档藏。

97. 海南行政区国民经济统计资料汇编（1981 年），海南行政区公署统计局编，海南行政区计划委员会，1982，海档藏。

98. 海南行政区国民经济统计资料汇编（1984 年），海南行政区统计局编，海南行政区统计局，1985，海档藏。

99. 海南省农垦总局经济和社会发展统计资料（1989 年），海南省农垦总局计划处编，海南省农垦总局，1990，海档藏。

100. 海南省农垦总局经济和社会发展统计资料（1992 年），海南省农垦总局计划处编，海南省农垦总局计划处，1993，海大图藏。

101. 海南省农垦总局经济和社会发展统计资料（1995 年），海南省农垦总局计划处编，海南省农垦总局计划处，1996，海大图藏。

102. 海南省农垦总局经济和社会发展统计资料（1997 年），海南省农垦总局计划处编，海南省农垦总局计划处，1998，海大图藏。

103. 海南省农垦总局经济和社会发展统计资料（1998 年），海南省农垦总局计划处编，海南省农垦总局计划处，1999，海大图藏。

104. 海南省农垦总局经济和社会发展统计资料（2001 年），海南省农垦总局计划处编，海南省农垦总局计划处，2002，海大图藏。

105. 海南省农垦总局经济和社会发展统计资料（2002 年），海南省农垦总局计划处编，海南省农垦总局计划处，2003，海大图藏。

106. 海南黎族苗族自治州国民经济统计资料（1980 年），广东省海南黎族苗族自治州统计局编，海南黎族苗族自治州统计局，1980，琼图藏。

107. 海南黎族苗族自治州国民经济统计资料（1983 年），广东省海南黎族苗族自治州统计局编，海南黎族苗族自治州统计局，1983，琼图藏。

108. 海南黎族苗族自治州国民经济统计资料（1984 年），广东省海南黎族苗族自治州统计局编，海南黎族苗族自治州统计局，1984，琼图藏。

109. 海南省民族自治地方统计资料（1987～1989），海南省民族宗教事务委员会财经处编，浙江新华印刷二厂，1987～1989，海大图藏。

110. 海南省民族自治地方统计资料（1990），海南省民族宗教事务委员会财经处编，浙江新华印刷二厂，1990，海大图藏。

111. 海南省民族自治地方统计资料（1991），海南省民族宗教事务委员会财经处编，新华印刷二厂，1991，琼图藏。

112. 海南省民族自治地方统计资料（1992），海南省民族宗教事务委员会财经处编，浙江新华印刷二厂，1992，海大图藏。

113. 海南省民族自治地方统计资料（1993），海南省统计局编，湖北印刷厂，1993，琼图藏。

114. 海南省民族自治地方统计资料（1994），海南省统计局编，海南省统计局机关印刷厂，1994，琼图藏。

115. 海南省民族自治地方统计资料（1995），海南省统计局编，海南省统计局机关印刷厂，1995，海档藏。

116. 海南省民族自治地方统计资料（1996），海南省统计局编，海南省统计局，1996，海大图藏。

117. 海南省民族自治地方统计资料（1997），海南省统计局编，海南省统计局，1997，海大图藏。

118. 海南省民族自治地方统计资料（1998），陈运兴编，海南省统计局，1999，海大图藏。

119. 海南省民族自治地方统计资料（1999），陈运兴编，海南省统计局，2000，海大图藏。

120. 海南省“七五”时期统计资料，海南省统计局编，海南省统计局，1991，海师图藏。

121. 海南省第二次基本单位普查资料汇编，海南省统计局第二次海南省基本单位普查办公室编，海南省统计局第二次海南省基本单位普查办公室，2003，海大图藏。

122. 海南行政区国民经济统计资料（1950～1980）（上、下册），海南行政区公署统计局编，海南行政区统计局，1981，海大图藏。

123. 海南农垦局经济和社会发展统计资料（1986），海南省农垦局计划处编，海南省农垦局计划处，1987，海大图藏。

124. 海南农垦局经济和社会发展统计资料（1987），海南省农垦局计划处编，海南省农垦局计划处，1988，海大图藏。

125. 海南省民族自治地方国民经济和社会发展统计资料汇编（1987～1989），海南省民族宗教事务委员会财经处编，海南省民族宗教事务委员会财经处，海师图藏。

126. 海南省统计提要（1952～1989），海南省统计局编，海南省统计局，1990，海大图藏。

127. 海南省统计提要（1994），海南省统计局编，海南省统计局，1995，海师图藏。

128. 海南省统计提要：“八五”时期统计资料特辑，海南省统计局编，海南省统计局，1996，海师图藏。

129. 海南省国民经济主要指标与各省市比较（1989 年），海南省统计局编，海南省统计局，1990，海大图藏。

130. 一九五三年海口市国民经济基本资料汇编，海口市人民政府计划委员会编，海口市人民政府计划委员会，1954，海档藏。

131. 海口市一九五四年国民经济基本资料汇编，海口市计划委员会编，海口市计划委员会，1955，海档藏。

132. 海口市国民经济统计资料汇编（1956 年），海口市计划委员会编，海口市计划委员会，1957，海档藏。

133. 东方黎族自治县国民经济统计资料汇编：产值部分（1949～1987），王云超主编，东方黎族自治县统计局，1988，中山图藏。

134. 东方县统计资料提要（1978～1983），东方县统计局编，东方县统计局，1985，中山图藏。

135. 琼中县国民经济和社会发展统计历史资料汇编（1949～1985），琼中县统计局编，琼中县统计局，1986，中山图藏。

136. 海南岛儋县国民经济及社会发展统计资料（1949～1987），儋县统计局编，儋县统计局，1988，中山图藏。

137. 陵水黎族自治县国民经济统计资料（1988），陵水黎族自治县统计局编，陵水黎族自治县统计局，1989，琼图藏。

138. 乐东县国民经济和社会发展统计历史资料汇编（1949～1984），乐东县统计局编，乐东县统计局，1989，中山图藏。

139. 乐东县国民经济和社会发展统计历史资料汇编（1985～1987），乐东黎族自治县统计局编，乐东黎族自治县统计局，1988，中山图藏。

140. 广东省万宁县国民经济统计资料汇编（1976～1980），万宁县计划委员会编，海南出版社，1980。

141. 海南统计年鉴（1987），海南行政区统计局编，中国统计出版社，1988。

142. 海南统计年鉴（1988），海南省统计局编，中国统计出版社，1988。

143. 海南统计年鉴（1989），海南省统计局编，中国统计出版社，1989。

144. 海南统计年鉴（1990），海南省统计局编，中国统计出版社，1990。

145. 海南统计年鉴（1991），海南省统计局编，中国统计出版社，1991。

146. 海南统计年鉴（1992），海南省统计局编，中国统计出版社，1992。

147. 海南统计年鉴（1993），海南省统计局编，中国统计出版社，1993。

148. 海南统计年鉴（1994），海南省统计局编，中国统计出版社，1994。

149. 海南统计年鉴（1995），海南省统计局编，中国统计出版社，1995。

150. 海南统计年鉴（1996），海南省统计局编，中国统计出版社，1996。

151. 海南统计年鉴（1997），海南省统计局编，中国统计出版社，1997。

152. 海南统计年鉴（1998），海南省统计局编，中国统计出版社，1998。

153. 海南统计年鉴（1999），海南省统计局编，中国统计出版社，1999。

154. 海南统计年鉴（2000），海南省统计局编，中国统计出版社，2000。

155. 海南统计年鉴（2001），海南省统计局编，中国统计出版社，2001。

156. 海南统计年鉴（2002），海南省统计局编，中国统计出版社，2002。

157. 海南统计年鉴（2003），海南省统计局编，中国统计出版社，2003。

158. 海南统计年鉴（2004），海南省统计局编，中国统计出版社，2004。

159. 海南统计年鉴（2005），海南省统计局编，中国统计出版社，2005。

160. 海南统计年鉴（2006），海南省统计局编，中国统计出版社，2006。

161. 海南统计年鉴（2007），海南省统计局编，中国统计出版社，2007。

162. 海南统计年鉴（2008），海南省统计局编，中国统计出版社，2008。

163. 海南统计年鉴（2009），海南省统计局编，中国统计出版社，2009。

164. 海南统计年鉴（2010），海南省统计局编，中国统计出版社，2010。

165. 海南统计年鉴（2011），海南省统计局编，中国统计出版社，2011。

166. 海南统计年鉴（2012），海南省统计局编，中国统计出版社，2012。

167. 白沙统计年鉴（2006），李永铭主编，海南省白沙黎族自治县统计局，2006，海大图藏。

168. 白沙统计年鉴（2007），李永铭主编，海南省白沙黎族自治县统计局，2007，海大图藏。

169. 白沙统计年鉴（2008），徐明光主编，海南省白沙黎族自治县统计局，2008，海大图藏。

170. 白沙统计年鉴（2010），徐明光主编，海南省白沙黎族自治县统计局，2010，海大图藏。

171. 琼山统计年鉴，吴健林、张佳编，琼山市计划统计局，1999，海师图藏。

172. 通什统计年鉴（1992～1997），通什市计划统计局编，通什市计划统计局，1999，海师图藏。

173. 三亚市国民经济统计资料（1987），海南省三亚市统计局编，海南省三亚市统计局，1988，海大图藏。

174. 统计改革与创新纵论，海南省统计局编，海南省统计局，2003，海大图藏。

三　社会学

175. 特区公共关系学，邢植朝、曾宝娟编著，南海出版公司，1994。

176. 海南省劳动就业指导，黄基胜编，东西文化事业公司，2001。

177. 海南省残疾人联合会第二次代表大会文件汇编，海南省残疾人联合会编，海南省残疾人联合会。

178. 海南志愿服务工作手册，王晓华编，2006，海图藏。

179. 中国社会保障制度改革的思路与海南省社会保障制度改革方案，社会保障制度改革课题组编，1992，海大图藏。

四　人口学

180. 跨世纪的中国人口·海南卷，《跨世纪的中国人口》编委会编，中国统计出版社，1994。

181. 海南人口研究，詹长智等编，海南出版社，1993。

182. 中国人口·海南分册，詹长智编，中国财政经济出版社，1993。

183. 海南人口与社会发展研究，海南省统计局、海南省1%人口抽样调查领导小组办公室编，海南省统计局、海南省1%人口抽样调查领导小组办公室，2007，海大图藏。

184. 世纪之交的中国人口·海南卷，朱向东著，中国统计出版社，2004。

185. 海南省人口与计划生育条例，海口市计划生育局编，海口市计划生育局，2003，海大图藏。

186. 人口与计划生育专业法律法规汇编，海南省人口和计划生育局政策法规处编，海图藏。

187. 海南省计划生育法规政策汇编（1980～1990），海南省人口局编，1991，三亚图藏。

188. 海南省计划生育政策法规汇编（1989～1997），海南省计划生育局编，三亚图藏。

189. 海南省人口与计划生育行政执法规范，海南省人口与计划生育局办公室编，海南省人口与计划生育局办公室，2004，海图藏。

190. 海南省人口变动情况抽样调查资料汇编（1991～1994），海南省统计局人口处编，海南省统计局，1996，三亚图藏。

191. 海南区第二次人口普查统计资料汇编，海口市人口普查办公室编，海口市人口普查办公室，1964，海档藏。

192. 广东省海南行政区第三次人口普查手工汇总资料汇编，海南行政区人口普查办公室编，海南行政区人口普查办公室，1982，中山图藏。

193. 广东省海南行政区第三次人口普查资料汇编，广东省人口普查办公室编，广东省人口普查办公室，1984，中山图藏。

194. 海南省一九八九年度人口统计资料，海南省公安厅三处编，海南省公安厅，1990，海档藏。

195. 海南省一九九〇年度人口统计资料，海南省公安厅三处编，海南省公安厅，1991，海档藏。

196. 海南省第四次人口普查手工汇总资料，海南省人口普查办公室编，海南省人口普查办公室，1991，海档藏。

197. 海南省第四次人口普查资料分析选编第一辑，海南省第四次人口普查办公室编，海南省第四次人口普查办公室，1991，海档藏。

198. 海南省第四次人口普查资料分析选编第二辑，海南省第四次人口普查办公室编，海南省第四次人口普查办公室，1991，海档藏。

199. 海南省第四次人口普查资料分析选编第三辑，海南省第四次人口普查办公室编，海南省第四次人口普查办公室，1992，海档藏。

200. 海南人口问题研究：第五次人口普查论文集，海南省第五次人口普查办公室编，海南省第五次人口普查办公室，2002，三亚图藏。

201. 广东省海口市第三次人口普查手工汇总资料汇编，海口市人口普查办公室编，海口市人口普查办公室，1983，中山图藏。

202. 广东省海口市第三次人口普查资料汇编，广东省人口普查办公室编，广东省人口普查办公室，1984，中山图藏。

203. 海口市第四次人口普查手工汇总资料，海口市第四次人口普查领导小组办公室编，海口市第四次人口普查领导小组办公室，1990，中山图藏。

204. 广东省崖县第三次人口普查手工汇总资料汇编，崖县人口普查办公室编，崖县人口普查办公室，1983，中山图藏。

205. 广东省三亚市第三次人口普查资料汇编，广东省人口普查办公室编，广东省人口普查办公室，1984，三亚图藏。

206. 海南省三亚市第四次人口普查手工汇总资料汇编，三亚市人口普查办公室编，三亚市人口普查办公室，1991，海档藏。

207. 海南省三亚市第四次人口普查报告书，三亚市人口普查办公室编，三亚市人口普查办公室，1992，海档藏。

208. 三亚市一九九〇年人口普查资料：电子计算机汇总，三亚市人口普查办公室编，三亚市人口普查办公室，1992，三亚图藏。

209. 海南省三亚市 2000 年人口普查资料，三亚市第五次人口普查办公室编，三亚市第五次人口普查办公室，2002，三亚图藏。

210. 广东省琼山县第三次人口普查手工汇总资料汇编，琼山县人口普查办公室编，琼山县人口普查办公室，1983，中山图藏。

211. 广东省琼山县第三次人口普查资料汇编，广东省人口普查办公室编，广东省人口普查办公室，1984，中山图藏。

212. 海南省琼山县第四次人口普查手工汇总资料，琼山县第四次人口普查办公室编，琼山县第四次人口普查办公室，1991，海档藏。

213. 广东省文昌县第三次人口普查手工汇总资料汇编，文昌县人口普查办公室编，文昌县人口普查办公室，1983，中山图藏。

214. 广东省文昌县第三次人口普查资料汇编，广东省人口普查办公室编，广东省人口普查办公室，1984，中山图藏。

215. 海南省文昌县第四次人口普查手工汇总资料汇编，文昌县第四次人口普查办公室编，文昌县第四次人口普查办公室，1991，海档藏。

216. 广东省琼海县第三次人口普查手工汇总资料汇编，琼海县人口普查办公室编，琼海县人口普查办公室，1983，中山图藏。

217. 广东省琼海县第三次人口普查资料汇编，广东省人口普查办公室编，广东省人口普查办公室，1984，中山图藏。

218. 海南省琼海县第四次人口普查手工汇总资料汇编，琼海县第四次人口普查办公室编，琼海县第四次人口普查办公室，1991，海档藏。

219. 广东省万宁县第三次人口普查手工汇总资料汇编，万宁县人口普查办公室编，万宁县人口普查办公室，1983，中山图藏。

220. 广东省万宁县第三次人口普查资料汇编，广东省人口普查办公室编，广东省人口普查办公室，1984，中山图藏。

221. 海南省万宁县第四次人口普查手工汇总资料，万宁县第四次人口普查领导小组办公室编，万宁县第四次人口普查领导小组办公室，1990，海档藏。

222. 海南省五指山市2000年第五次人口普查资料：电子计算机汇总，五指山市第五次人口普查办公室编，五指山市第五次人口普查办公室，2002，琼图藏。

223. 广东省东方县第三次人口普查手工汇总资料汇编，东方县人口普查办公室编，东方县人口普查办公室，1983，中山图藏。

224. 广东省东方县第三次人口普查资料汇编，广东省人口普查办公室编，广东省人口普查办公室，1984，中山图藏。

225. 广东省儋县第三次人口普查手工汇总资料汇编，儋县人口普查办公室编，儋县人口普查办公室，1983，中山图藏。

226. 广东省儋县第三次人口普查资料汇编，广东省人口普查办公室编，广东省人口普查办公室，1984，中山图藏。

227. 海南省儋县第四次人口普查手工汇总资料汇编，儋县第四次人口普查办公室编，儋县第四次人口普查办公室，1991，海档藏。

228. 广东省临高县第三次人口普查手工汇总资料汇编，临高县人口普查办公室编，临高县人口普查办公室，1983，中山图藏。

229. 广东省临高县第三次人口普查资料汇编，广东省人口普查办公室编，广东省人口普查办公室，1984，中山图藏。

230. 海南省临高县第四次人口普查手工汇总资料汇编，临高县第四次人口普查领导小组办公室编，临高县第四次人口普查领导小组办公室，1991，海档藏。

231. 广东省澄迈县第三次人口普查手工汇总资料汇编，澄迈县人口普查办公室编，澄迈县人口普查办公室，1982，中山图藏。

232. 广东省澄迈县第三次人口普查资料汇编，广东省人口普查办公室编，广东省人口普查办公室，1984，中山图藏。

233. 澄迈县第四次人口普查手工汇总资料，海南省澄迈县第四次人口普查领导小组办公室编，海南省澄迈县第四次人口普查领导小组办公室，1990，海档藏。

234. 广东省定安县第三次人口普查手工汇总资料汇编，定安县人口普查办公室编，定安县人口普查办公室，1982，中山图藏。

235. 广东省定安县第三次人口普查资料汇编，广东省人口普查办公室编，广东省人口普查办公室，1984，中山图藏。

236. 广东省屯昌县第三次人口普查手工汇总资料汇编，屯昌县人口普查办公室编，屯昌县人口普查办公室，1983，中山图藏。

237. 广东省屯昌县第三次人口普查资料汇编，广东省人口普查办公室编，广东省人口普查办公室，1984，中山图藏。

238. 海南省屯昌县第四次人口普查手工汇总资料，屯昌县第四次人口普查领导小组办公室编，屯昌县第四次人口普查领导小组办公室，1991，海档藏。

239. 广东省昌江县第三次人口普查手工汇总资料汇编，昌江县人口普查办公室编，昌江县人口普查办公室，1983，中山图藏。

240. 广东省昌江县第三次人口普查资料汇编，广东省人口普查办公室编，广东省人口普查办公室，1984，中山图藏。

241. 海南省昌江黎族自治县第四次人口普查手工汇总资料，昌江黎族自治县人口普查办公室编，昌江黎族自治县人口普查办公室，

1990，海档藏。

242. 广东省白沙县第三次人口普查手工汇总资料汇编，白沙县人口普查办公室编，白沙县人口普查办公室，1983，中山图藏。

243. 广东省白沙县第三次人口普查资料汇编，广东省人口普查办公室编，广东省人口普查办公室，1984，中山图藏。

244. 广东省琼中县第三次人口普查手工汇总资料汇编，琼中县人口普查办公室编，琼中县人口普查办公室，1983，中山图藏。

245. 广东省琼中县第三次人口普查资料汇编，广东省人口普查办公室编，广东省人口普查办公室，1984，中山图藏。

246. 广东省陵水县第三次人口普查手工汇总资料汇编，陵水县人口普查办公室编，陵水县人口普查办公室，1983，中山图藏。

247. 广东省陵水县第三次人口普查资料汇编，广东省人口普查办公室编，广东省人口普查办公室，1984，中山图藏。

248. 海南省陵水黎族自治县第四次人口普查手工汇总资料，陵水黎族自治县人口普查办公室编，陵水黎族自治县人口普查办公室，1991，海档藏。

249. 海南省琼中黎族苗族自治县第四次人口普查手工汇总资料汇编，琼中黎族苗族自治县第四次人口普查办公室编，琼中黎族苗族自治县第四次人口普查办公室，1991，海档藏。

250. 琼中黎族苗族自治县第四次人口普查报告书，琼中黎族苗族自治县第四次人口普查领导小组办公室编，琼中黎族苗族自治县第四次人口普查领导小组办公室，1991，海档藏。

251. 广东省乐东县第三次人口普查手工汇总资料汇编，乐东县人口普查办公室编，乐东县人口普查办公室，1983，中山图藏。

252. 广东省乐东县第三次人口普查资料汇编，广东省人口普查办公室编，广东省人口普查办公室，1984，中山图藏。

253. 海南省乐东黎族自治县第四次人口普查手工汇总资料汇编，乐东黎族自治县人口普查领导小组办公室编，乐东黎族自治县人口普查领导小组办公室，1991，海档藏。

254. 广东省海南行政区黎族苗族自治州第三次人口普查资料汇编，广东省人口普查办公室编，广东省人口普查办公室，1984，中山图藏。

255. 广东省保亭县第三次人口普查手工汇总资料汇编，保亭县人口普查办公室编，保亭县人口普查办公室，1983，中山图藏。

256. 广东省保亭县第三次人口普查资料汇编，广东省人口普查办公室编，广东省人口普查办公室，1984，中山图藏。

257. 海南省保亭黎族苗族自治县第四次人口普查手工汇总资料，保亭黎族苗族自治县人口普查办公室编，保亭黎族苗族自治县人口普查办公室，1991，海档藏。

258. 海南省通什市第四次人口普查手工汇总资料汇编，通什市第四次人口普查办公室编，通什市第四次人口普查办公室，1990，海档藏。

259. 海南省第四次人口普查乡、镇、街道、农场、企业、乡级代码本（460000），海南省第四次人口普查办公室编，海南省第四次人口普查办公室，1990，海档藏。

260. 海南省海口市第四次人口普查地址代码本（460100），海口市人口普查办公室编，海口市人口普查办公室，1990，海档藏。

261. 海南省三亚市第四次人口普查地址代码本（460200），三亚市第四次人口普查办公室编，三亚市第四次人口普查办公室，1990，海档藏。

262. 海南省琼山县第四次人口普查地址代码本（副本）（469021），琼山县人口普查办公室编，琼山县人口普查办公室，1990，海档藏。

263. 海南省文昌县第四次人口普查地址代码本（469022），文昌县第四次人口普查办公室编，文昌县第四次人口普查办公室，1990，海档藏。

264. 海南省琼海县第四次人口普查地址代码本（469023），琼海县第四次人口普查办公室编，琼海县第四次人口普查办公室，1990，海档藏。

265. 海南省万宁县第四次人口普查地址代码本（469024），万宁县人口普查办公室编，万宁县人口普查办公室，1990，海档藏。

266. 海南省东方黎族自治县第四次全国人口普查地址代码本（469032），东方黎族自治县人口普查办公室编，东方黎族自治县人口普查办公室，1990，海档藏。

267. 海南省儋县第四次人口普查地址代码本（469029），儋县第四次人口普查办公室编，儋县第四次人口普查办公室，1990，海档藏。

268. 海南省临高县第四次人口普查地址代码本（469028），临高县第四次人口普查办公室编，临高县第四次人口普查办公室，1990，海档藏。

269. 海南省澄迈县第四次人口普查地址代码本（469027），澄迈县人口普查办公室编，澄迈县人口普查办公室，1990，海档藏。

270. 海南省定安县第四次人口普查地址代码本（469025），定安县第四次人口普查办公室编，定安县第四次人口普查办公室，1990，海档藏。

271. 海南省屯昌县第四次人口普查地址代码本（469026），屯昌县人口普查办公室编，屯昌县人口普查办公室，1990，海档藏。

272. 海南省昌江黎族自治县第四次人口普查地址代码本（469031），昌江黎族自治县人口普查办公室编，昌黎族自治县人口普查办公室，1990，海档藏。

273. 海南省琼中黎族苗族自治县第四次人口普查地址代码本（469036），琼中黎族苗族自治县第四次人口普查办公室编，琼中黎族苗族自治县第四次人口普查办公室，1990，海档藏。

274. 海南省陵水黎族自治县第四次人口普查地址代码本（469034），陵水黎族自治县人口普查办公室编，陵水黎族自治县人口普查办公室，1990，海档藏。

275. 海南省乐东黎族自治县第四次人口普查地址代码本（469033），乐东黎族自治县人口普查办公室编，乐东黎族自治县人口普查办公室，1990，海档藏。

276. 海南省保亭黎族苗族自治县第四次人口普查地址代码本（469035），保亭黎族苗族自治县人口普查办公室编，保亭黎族苗族自治县人口普查办公室，1990，海档藏。

277. 海南省通什市第四次人口普查地址代码本（469001），通什市第四次人口普查办公室编，通什市第四次人口普查办公室，1990，海档藏。

278. 海南省第四次人口普查手工汇总资料，海南省人口普查办公室编，海南省人口普查办公室，1991，海师图藏。

279. 2005 年海南省 1% 人口抽样调查资料，冯月花编，中国统计出版社，2007。

280. 海南省 1990 年人口普查资料（上、下册），海南省人口普查办公室编，中国统计出版社，1992。

281. 海南省 2000 年人口普查资料（上、下册），张恒编，中国统计出版社，2002。

282. 中国 1987 年 1% 人口抽样调查资料：海南省分册，海南省统计局编，中国统计出版社，1989。

283. 海口市秀英区 1990 年人口普查资料：电子计算机汇总，海口市人口普查办公室编，浙江新华印刷厂，1992，海大图藏。

284. 海口市振东区 1990 年人口普查资料：电子计算机汇总，海口市人口普查办公室编，浙江新华印刷厂，1992，海大图藏。

285. 海口市新华区 1990 年人口普查资料：电子计算机汇总，海口市人口普查办公室编，浙江新华印刷厂，1992，海大图藏。

286. 海南省海口市 2000 年人口普查资料，海南省海口市第五次人口普查领导小组办公室编，海南省海口市第五次人口普查领导小组办公室。

287. 海口市第四次人口普查报告书，海南省海口市第四次人口普查领导小组办公室编，海南省海口市第四次人口普查领导小组办公室，1993，海大图藏。

288. 海口市第五次人口普查报告书，海南省海口市第五次人口普查领导小组办公室编，海南省海口市第五次人口普查领导小组办公室，2002，海师图藏。

289. 海南省琼山市 2000 年第五次人口普查资料，琼山市第五次人口普查办公室编，琼山市第五次人口普查办公室，2002，海大图藏。

290. 海南省文昌市 2000 年第五次人口普查资料：电子计算机汇总，海南省文昌市第五次人口普查办公室编，海南省文昌市第五次人口普查办公室，海师图藏。

291. 广东省万宁县第三次人口普查资料汇编，广东省人口普查办公室编，广东省人口普查办公室，1984，海大图藏。

292. 海南省万宁县第四次人口普查手工汇总资料，万宁县第四次人口普查领导小组办公室编，万宁县第四次人口普查领导小组办公室，1990，海大图藏。

293. 海南省万宁县第四次人口普查报告书，万宁县第四次人口普查领导小组办公室编，万宁县第四次人口普查领导小组办公室，1992，海大图藏。

294. 万宁市 2000 年第五次人口普查资料，万宁市第五次人口普查办公室编，万宁市第五次人口普查办公室，2001，海大图藏。

295. 海南省万宁县 1990 年人口普查资料，万宁县人口普查办公室编，万宁县人口普查办公室，1992，海大图藏。

296. 海南省琼中黎族苗族自治县 2000 年第五次人口普查资料，王林发编，琼中黎族苗族自治县第五次人口普查办公室，海师图藏。

五　管理学

297. 唐苏宁管理，邹再华等著，中国经济出版社，1993。

298. 管理研究，海南航空股份有限公司编，海南航空股份有限公司，2000，海大图藏。

299. 社会主义市场经济条件下海南特区政府管理，郁奇虹、殷志静著，中国物资出版社，1996。

300. 特区人事管理与人事改革，王应际著，海南国际新闻出版中心，1995。

301. 海南行政秘书工作指南，海南省人民政府办公厅编，海南省人民政府办公厅，2006，海大图藏。

302. 行政管理案例选编，吴建勋编，海南省行政学院，2001。

303. 当代正气歌：1998海南省勤政廉政先进事迹巡回报告活动写真，中共海南省纪委宣教室编，1999，海大图藏。

304. 当代正气歌：2001年海南省勤政廉政先进事迹巡回报告活动写真，中共海南省纪委宣教室编，2001，海师图藏。

六　人才学

305. 特区人才理论研究与实践探索，林志向著，中华文化出版社，1997。

306. 人才杂议，王应际著，三环出版社，1991。

307. 海南省高级专业技术人才名录，胡良冠主编，海南出版社，1995。

308. 海南省高级专业技术人才名录续一，林明江著，海南出版社，1999。

309. 海南人才发展报告，刘威著，海南出版社，2008。

310. 亚洲人才战略与海南省南人才高地：海南省人才战略论坛文库，廖逊等著，中央编译出版社，2002。

第三节　政治、法律

一　中国共产党

（一）党的组织、会议及其文献

311. 中国共产党海南省第四次代表大会文件汇编，大会秘书处编印，2002，海大图藏。

312. 认真实践“三个代表”重要思想为加快海南经济与社会发展而团结奋斗：在中国共产党海南省第四次代表大会上的报告（2002 年 4 月 25 日），百克明报告，2002，省图藏。

313. 中国共产党海口历次代表会议文件选编（1956～2007），中共海口市委党史研究室、海口市档案局、琼山区档案局编，中共海口市委党史研究室，2008，海大图藏。

314. 中国共产党海南省历次代表大会和各届委员会历次全体会议文献汇编，中共海南省委政策研究室编，中共海南省委政策研究室，2008，海大图藏。

315. 中国共产党海南省第五次代表大会文件汇编，中共海南省委政策研究室编，中共海南省委政策研究室，2007，海大图藏。

316. 学习宣传党的十二大文件问答，广东省总工会海南行政区办事处编，广东省总工会海南行政区办事处，1982，海大图藏。

（二）党史

317. 中国共产党广东省海南行政区组织史资料上册：新中国成立前部分征求意见稿，中共海南省委组织部编，中共海南省委组织部，1992，省图藏。

318. 中国共产党广东省海南行政区组织史资料中册：新中国成立后部分征求意见稿，中共海南省委组织部编，中共海南省委组织部，1992，省图藏。

319. 中国共产党广东省海南行政区组织史资料下册：政、军、统、群部分征求意见稿，中共海南省委组织部编，中共海南省委组织部，1992，省图藏。

320. 中国共产党广东省海南行政区组织史资料（1926.2～1988.4），

邢诒孔编，海南出版社，1994。

321. 中国共产党海南省组织史资料（1988.4～1998.7），中共海南省委组织部、中共海南省委党史研究室、海南省档案局（馆）编，中共海南省委组织部等，2001，海大图藏。

322. 中国共产党海口市组织史资料，中共海口市委党史办公室编，三环出版社，1990。

323. 中国共产党海口市组织史资料：领导机构沿革和成立名录，中共海口市委党史办公室编，中共海口市委党史办公室，1985，海大图藏。

324. 中国共产党广东省海口市组织史资料（1926.4～1988.4），中共海口市委组织部、中共海口市委党史办，三环出版社，1990。

325. 中国共产党广东省定安县组织史资料（1926.1～1988.4），中共定安县委组织部、中共定安县委党史办公室编，中共定安县委组织部等，1990，海师图藏。

326. 中国共产党海南省定安县组织史资料：续编（1988.4～2000.8），中共定安县委组织部、定安县党史县志办、定安县档案局编，中共定安县委组织部等，2002，海大图藏。

327. 中国共产党广东省琼山县组织史资料（1926.3～1988.4），王万江、林尤海编，海南出版社，1993。

328. 中国共产党广东省琼海县组织史资料（1922.1～1950.5），中共琼海县委组织史编纂办公室编，中共琼海县委组织史编纂办公室，1987，海大图藏。

329. 中国共产党儋州组织史资料（1926.4～1998.3），何永怀等编，海南新闻出版局，1998，海大图藏。

330. 中国共产党万宁市组织史资料（1926.3～1988.7），中共万宁市委组织部、中共万宁市委史志研究室、万宁市档案局（馆）编，中共万宁市委组织部等，1999，海大图藏。

331. 中国共产党三亚市（崖县）组织史资料（1926.3～1989.12），中共三亚市委组织部、中共三亚市委党史办公室、三亚市档案馆合编，中共三亚市委组织部等，1989，海大图藏。

332. 中国共产党三亚市组织史资料（1988.1～2003.12），中共三亚市委组织部、中共三亚市委党史研究室编，中共三亚市委组织部等，海大图藏。

333. 中国共产党广东省临高县组织史资料（1926～1988），中共临高县委组织部编，中共临高县委党史办，1988，海师图藏。

334. 中国共产党广东省海南黎族苗族自治州组织史资料（1949.3～1987.12），中共海南省委组织史资料编纂办公室编纂，海南出版社，1995。

335. 中国共产党海南省乐东黎族自治县组织史资料（1987.12～2003.6），中共乐东黎族自治县委组织部、乐东黎族自治县史志工作办公室、乐东黎族自治县档案局编，中共乐东自治县委组织部等出版，2003，海大图藏。

336. 中国共产党广东省乐东县组织史资料（1927.7～1988.4），中共乐东县委组织部、中共乐东县委党史研究室、乐东县档案局合编，1994，海大图藏。

337. 中国共产党广东省东方黎族自治县组织史资料意见材料汇编，中共东方黎族自治县委组织史资料编纂办公室编，中共东方黎族自治县委组织史资料编纂办公室，1991，海大图藏。

338. 中国共产党广东省东方黎族自治县组织史资料核对材料（1929.5～1950.5），中共东方黎族自治县委组织史资料编纂办公室编，中共东方黎族自治县委组织史资料编纂办公室，1991。

339. 中国共产党广东省白沙黎族自治县组织史资料（1938.12～1987.12），中共白沙黎族自治县县委组织部、中共白沙黎族自治县县委党史研究室编，中共白沙黎族自治县县委党史研究室，1993，海师图藏。

340. 中国共产党海南省白沙黎族自治县组织史资料：续编（1988.1～1995.12），王勇、吴家明编，海南省新闻出版，1996，海师图藏。

341. 中国共产党广东省白沙县组织史资料：第二次修改稿，中共白沙县委党史办、中共白沙县委组织部、白沙县档案馆编，中共白沙县委党史办，1986，海大图藏。

342. 中国共产党广东省昌江黎族自治县组织史资料（1937.9～1988.3），中共昌江黎族自治县委组织部等合编，中共昌江黎族自治县委组织部等，1988，海大图藏。

343. 中共陵水县组织史资料汇编：领导机构沿革和成员名录（1925～1985），中共陵水县委组织部等合编，中共陵水县委组织部等，1986，海大图藏。

344. 中国共产党广东省保亭县组织史资料（1937.7～1988.4），中共保亭黎族自治县委组织部、中共保亭黎族自治县委党史研究室合编，中共保亭黎族自治县委组织部等，海南出版社，1994。

345. 中共琼崖一大研究资料选编，中共海口市委党史研究室、中共琼崖一大旧址管理处编，中共海口市委党史研究室，2009，海大图藏。

346. 冯白驹研究史料，中共海南区党委党史办公室编，广东人民出版社，1988。

347. 琼山革命史料第十一期，中共琼山县委党史研究办公室、中共琼山县委党史资料征集办公室编，中共琼山县委党史研究办公室、中共琼山县委党史资料征集办公室、中共琼山县委党史研究办公室等，1987，海大图藏。

348. 琼山革命史料第十二期，中共琼山县委党史研究办公室、中共琼山县委党史资料征集办公室编，中共琼山县委党史研究办公室、中共琼山县委党史资料征集办公室、中共琼山县委党史研究办公室等，1988，海大图藏。

349. 文昌党史资料第四集，中共文昌县委党史征集研究领导小组办公室编，中共文昌县委党史征集研究领导小组办公室，1985，海大图藏。

350. 文昌党史资料第五集，中共文昌县委党史征集研究领导小组办公室编，中共文昌县委党史征集研究领导小组办公室，1985，海大图藏。

351. 文昌党史资料第六集，中共文昌县委党史征集研究领导小组办公室编，中共文昌县委党史征集研究领导小组办公室，1986，海大图藏。

352. 文昌党史资料第七集，中共文昌县委党史征集研究领导小组办公室编，中共文昌县委党史征集研究领导小组办公室，1989，海大图藏。

353. 文昌党史资料：民主革命时期史料选编专辑，中共文昌县委党史研究室编，中共文昌委党史研究室，1991。

354. 万宁党史资料第一集：民主革命时期，司永泽主等编，中共万宁县委党史办公室，1987，海大图藏。

355. 东方党史资料（1987.1～2），中共东方县委党史资料征集研究领导小组办公室编，中共东方县委党史资料征集研究领导小组办公室，1987，海师图藏。

356. 琼海党史资料第一期：英烈简历，中共琼海县委党史资料征集研究领导小组办公室编，中共琼海县委党史资料征集研究领导小组办公室，

1983，海大图藏。

357. 琼海党史资料第三期：红色娘子军，中共琼海县委党史办公室编，中共琼海县委党史办公室，1984，海大图藏。

358. 文昌革命历史文献资料第一集，中共文昌县委党史资料征集研究领导小组办公室编，中共文昌县委党史征集研究领导小组办公室，1984，海大图藏。

359. 崖县革命史资料汇编，中共三亚市委党史研究室编，中共三亚市委党史研究室，2003，海大图藏。

360. 昌江党史文汇第 5 ~ 6 期，中共昌江黎族自治县委党史研究室编，中共昌江黎族自治县委党史研究室，1982，海大图藏。

361. 自治州党史资料通讯，中共海南黎族苗族自治州委党史办公室编，中共海南黎族苗族自州委党史办公室，1985，海师图藏。

362. 中共万宁市委组织史记事继编（2004 年 1 ~ 12 月），中共万宁市委史志研究室编，中共万宁市委史志研究室，海大图藏。

363. 中共万宁市委组织史记事续编（2005 年 1 ~ 12 月），中共万宁市委史志研究室编，中共万宁市委史志研究室，2006，海大图藏。

364. 中共万宁市委组织史记事续编（2006 年 1 ~ 12 月），中共万宁市委史志研究室编，中共万宁市委史志研究室，2006，海大图藏。

365. 中共万宁市委组织史记事续编（2007 年 1 ~ 12 月），中共万宁市委史志研究室编，中共万宁市委史志研究室，2006，海大图藏。

366. 中共万宁市委组织史记事继编（1997. 1 ~ 2003. 12），中共万宁市委史志研究室编，中共万宁市委史志研究室，2004，海大图藏。

367. 中共琼崖地方组织光辉历程（图片展览简介），中共海南省委党史研究室编，中共海南省委党史研究室，2001，海大图藏。

368. 中共海口市党史大事记：新民主主义革命时期（初稿），中共海口市委党史资料征集研究领导小组办公室编，中共海口市委党史资料征集研究领导小组办公室，1984，海大图藏。

369. 中国共产党屯昌县党史大事记：新民主主义革命时期（1926 ~ 1950），中共屯昌县委党史办公室编，中共屯昌县委党史办公室，1994，海大图藏。

370. 中共万宁市委党史大事记，中共万宁市委史志研究室编，中共万宁市委史志研究室，2008，海大图藏。

371. 中国共产党万宁县党史大事记：新民主主义革命部分，中国共产党万宁县党史研究室编，中国共产党万宁县党史研究室，1991，海大图藏。

372. 中共万宁市委党史大事记续编（2004 年 1 ~ 12 月），中共万宁市委史志研究室编，中共万宁市委史志研究室，2005，海大图藏。

373. 中共万宁市委党史大事记续编（2006 年 1 ~ 12 月），中共万宁市委史志研究室编，中共万宁市委史志研究室，2007，海大图藏。

374. 中共白沙党史大事记：新民主主义革命时期，中共白沙县委党史资料征集研究领导小组办公室编，中共白沙县委党史资料征集研究领导小组办公室，1986，海大图藏。

375. 中共昌江党史大事记：新民主主义革命时期，中共昌江县委党史办公室编，中共昌江县委党史办公室，1985，海大图藏。

376. 中共东方党史大事记：新民主主义革命时期初稿，中共东方县委党史资料征集研究领导小组办公室编，中共东方县委党史资料征集研究领导小组办公室，1985，海大图藏。

377. 中共儋县党史大事记：新民主主义革命时期，中共儋县县委党史办公室编，中共儋县县委党史办公室，1987，海大图藏。

378. 中共临高党史大事记第二稿：新民主主义革命部分，中共临高县委党史资料征集小组办公室编，中共临高县委党史资料征集小组办公室，1991，海师图藏。

379. 三亚党史大事记：社会主义时期，中共三亚市委党史办公室编，中共三亚市委党史办公室，1991，海大图藏。

380. 琼中革命斗争大事记（1926. 1 ~ 1950. 5），中共琼中县委党史资料征集小组办公室编，中共琼中县委党史资料征集小组办公室，1987，海大图藏。

381. 中共海南省委宣传部 1998 年大事记，中共海南省委宣传部办公室编，中共海南省委宣传部办公室，1999，海师图藏。

382. 中共海南省委宣传部大事记（1999 年 1 ~ 12 月），中共海南省委宣传部办公室编，中共海南省委宣传部办公室，2000，省图藏。

383. 中共海南省委宣传部大事记（2000 年 1 ~ 12 月），中共海南省委宣传部办公室编，中共海南省委宣传部办公室，2001，省图藏。

384. 中共海南省委宣传部大事记（2002 年 1 ~ 3 月），中共海南省委宣传部办公室编，中共海南省委宣传部办公室，2000，省图藏。

385. 中共海南省委宣传部大事记（2002 年 4～6 月），中共海南省委宣传部办公室编，中共海南省委宣传部办公室，2003，省图藏。

386. 海南党史与方志（2003 年 12 月总第 37 期），王琼文、符和积、张有富编，海南省史志工作办公室，2003，海大图藏。

387. 海南党史与方志（2004 年 5 月总第 38 期），王琼文、符和积、张有富编，海南省史志工作办公室，2004，海大图藏。

388. 三亚纪事（1988～1992），中共三亚市委党史研究室编，中共三亚市委党史研究室，1993，三亚图藏。

389. 海南省理论研讨会论文集（1994），阮崇武等编，海南出版社，1994。

390. 海南省理论研讨会论文集（1995），阮崇武等编，海南出版社，1995。

391. 海南省理论研讨会论文集（1997），阮崇武等编，海南出版社，1997。

392. 海南省理论研讨会论文集（1998），阮崇武等编，海南出版社，1998。

393. 海南省理论研讨会论文集（1999），阮崇武等编，海南出版社，1999。

394. 海南省理论研讨会论文集（2000），阮崇武等编，海南出版社，2000。

395. 海南省理论研讨会论文集（2001），阮崇武等编，海南出版社，2000。

396. 功绩永存，王修德、梁洪文、王学孔编，中共海口市委党史研究室，2000，海大图藏。

397. 日出琼崖：纪念中国共产党成立 90 周年专辑，吴清雄编，南海出版公司，2011。

398. 民主革命时期中共万宁地方史，中共万宁市委史志研究室编，中共万宁市委史志研究室，2006，海大图藏。

399. 红旗不倒：中共琼崖地方史，邢诒孔等编，中共党史出版社，1995。

400. 三亚英魂，中共三亚市委党史研究室编，中共三亚市委党史研究室，1994，海大图藏。

401. 文昌英魂：文昌党史资料，中共文昌县委党史研究室编，中共文昌县委党史研究室，1993，海大图藏。

402. 海口党史人物简介第一辑，中共海口市委党史办公室编，中共海口市委党史办公室，海师图藏。

403. 琼山党史人物传第一辑，中共琼山县委党史征集办公室编，中共琼山县委党史征集办公室，1989，海大图藏。

404. 琼山党史人物传第二辑，中共琼山县委党史办公室编，中共琼山县委党史办公室，1991，海大图藏。

405. 东方党史人物传第一辑，中共东方黎族自治县委党史研究室编，海南出版社，1994，琼院图藏。

406. 三亚党史人物传，中共三亚市委党史办公室编，中共三亚市委党史办公室，1991，海大图藏。

407. 万宁党史人物传略，中共万宁市委史志研究室编，中共万宁市委史志研究室，1996，海大图藏。

408. 民主革命时期万宁党史人物传略（二），中共万宁市委史志研究室编，中共万宁市委史志研究室，2003，海大图藏。

409. 忠魂千古——海口党史人物传第一集，王修德、梁洪文主编，中共海口市委党史办公室，1989，中山图藏。

410. 琼海党史总第三期，中共琼海县党史研究室编，中共琼海县党史研究室，1984，海大图藏。

411. 琼海党史总第十五期，中共琼海县党史研究室编，中共琼海县党史研究室，1990，海大图藏。

412. 琼海党史：琼东、乐会革命根据地史料专辑（1987.1），中共琼海县党史研究室编，中共琼海县党史研究室，1987，海大图藏。

413. 琼海党史：纪念琼崖纵队成立暨杨善集、陈永芹牺牲六十周年史料专辑（1987.12），中共琼海县党史研究室编，中共琼海县党史研究室，1987。

414. 琼海党史：纪念中国抗日战争和世界反法西斯战争胜利五十周年专辑总第20期，中共琼海市党史研究室编，中共琼海市党史研究室，1995，海大图藏。

415. 琼海党史（1985.4），中共琼海县党史研究室编，中共琼海县党史研究室，1985，海大图藏。

416. 琼海党史（1988.1），中共琼海县党史研究室编，中共琼海县党史研究室，1988，海大图藏。

417. 琼海党史（1989.1），中共琼海县党史研究室编，中共琼海县党史研究室，1989，海大图藏。

418. 中国共产党简史读本，海南区党委农场工作部宣传处编，海南区党委农场工作部宣传处，1982，海大图藏。

419. 琼崖革命先驱者文集，陈永阶编，《琼岛星火》编辑部，1985。

420. 昌江革命史，中共昌江县委党史研究室编，海南出版社，1994。

421. 红色娘子军图集，朱逸辉编，香港天马图书有限公司，2001。

422. 晚节：对海南党史几个原则问题的争论，史丹著，1992，海师图藏。

423. 《中共琼崖地方组织的光辉历程》图片展览简介，中共海南省委党史研究室编，中共海南省委党史研究室，2001，海师图藏。

424. 中国共产党海南省历次代表大会和各届委员会历次全体会议文献选编（1988.9～2007.10），王琼文主编，2008，省图藏。

425. 红旗不倒，邢治孔等著，中共党史出版社，1995。

426. 海口革命斗争史，中共海口市委党史办公室编，海南人民出版社，1989。

427. 琼山革命史，中共琼山市委党史研究室编，海南出版社，1994。

428. 光荣的琼山，中共琼山县委宣传部、中共琼山县委党史办编，中共琼山县委宣传部等，1991，海大图藏。

429. 中共定安县委成立事件考证记，吴树华等著，中共定安县委党史办公室编，中共定安县委党史办公室，1986，海大图藏。

430. “五鹅五赶四天九”事件，吴树华著，中共定安县委党史办公室编，中共定安县委党史办公室，1990，海大图藏。

431. 琼崖第一个苏维埃政权：陵水县苏维埃政府成立60周年纪念文集，中共陵水县委党史办公室编，中共陵水县委党史办公室，1987，海大图藏。

432. 白沙起义四十周年纪念活动文集，中共广东省海南黎族苗族自治州委党史办公室编，中共广东省海南黎族苗族自治州，1983，海大图藏。

433. 刘青云，海南省党史研究室，《琼岛星火》编辑部，1973，海大图藏。

434. 六连岭上现彩云，中共万宁县委党史研究室编，中共万宁县委党史研究室，1992，海大图藏。

435. 五指山的跨越，黄照良著，西安出版社，1997。

436. 以史鉴今、资政育人论文集，中共海南省委党史研究室、海南省地方志办公室编，中共海南省委党史研究室，2005，海大图藏。

437. 革命传统与改革开放：中南地区党史学术讨论会论文选，海南省中共党史学会编，海南出版社，1993。

438. 中国共产党的光辉照耀在海南岛上，冯白驹著，华南人民出版社，1951。

439. 中国共产党海南历史（第一卷）简明读本，中共海南省委党史研究室编，海南出版社，2011。

440. 中国共产党海口历史，中共海口市委党史研究室著，中共党史出版社，2008。

441. 《琼崖烽火中的共产党员》展览汇编，海南省档案局、海南省档案馆编，海南省档案局，2005，海大图藏。

442. 椰岛党旗红，中共海南省委组织部编，中共海南省委组织部，2004，海大图藏。

443. 琼崖尽是春：中国共产党领导集体关心海南纪事，钱跃、钱汉堂著，中央文献出版社，2001。

444. 丰碑——中国共产党八十年奋斗与辉煌·海南卷，郭德宏等编，中央文献出版社，2001。

445. 竹林里风雷：中共琼崖一大学术研讨会论文选，中共海口市委党史研究室、中共琼崖一大旧址管理处编，中共党史出版社，2009。

446. 中共琼崖一大研究资料选编，中共海口市委党史研究室、中共琼崖一大旧址管理处编，中共海口市委党史研究室，2009，海大图藏。

447. 红色现场：纪念建党 90 周年特别报道，海南广播电视总台著，南方出版社，2011。

448. 建省以来中央领导同志视察海南讲话汇编，海南省人民政府办公厅编，海南省人民政府办公厅，1992，海大图藏。

449. 南田风雷激，海口市中共党史学会，合一文化出版社，2012。

450. 党纪规定选编，中共海南省纪律检查委员会编，中共海南省纪律检查委员会，1991，海大图藏。

（三）党的建设

451. 督促检查工作理论与实践，钟文主编，海南省委办公厅，2002，海大图藏。

452. 反腐倡廉教育，中共海南省纪委宣教室编，中共海南省纪委宣教室，1999，海大图藏。

453. 反腐倡廉教育学习资料，中共海南省纪律宣教室编，中共海南省纪律宣教室，1999，海大图藏。

454. 反腐倡廉教育学习资料第二集，中共海南省纪律宣教室编，中共海南省纪律宣教室，2000，海大图藏。

455. 特区共产党人的风采，中共海南省委组织部编，海南出版社，1992。

456. 特区企业党组织建设的理论与实践，蔡长松、张德春著，南海出版公司，1993。

457. 源于实践用于实践：广东省委党校第三期函授大专班海南班学员毕业论文选集，中共海南省委党校函授部编，中共海南省委党校函授部，1992，海大图藏。

458. 探索：中共中央党校函授学院海南分院毕业论文选，邢植朝等编，南海出版公司，1995。

459. 琼崖公学史稿：初稿，中共乐东县委党史办公室编，中共乐东县委党史办公室，1985，海大图藏。

460. 95 海南经济特区宣传思想工作研究论文集，中共海南省委宣传部研究室编，海南出版社，1996。

461. 领头雁之歌，中共海南省委组织部编，海南出版社，1995。

462. 周文彰宣传文化工作讲演报告集（2002），中共海南省委宣传部办公室编，中共海南省委宣传部办公室，2006。

463. 周文彰宣传文化工作讲演报告集（2003），中共海南省委宣传部办公室编，中共海南省委宣传部办公室，2003。

464. 周文彰宣传文化工作讲演报告集（2004），中共海南省委宣传部办公室编，中共海南省委宣传部办公室，2004。

465. 东方有个好书记：学习宣传黄成模同志先进事迹材料汇编，中共海南省委保持共产党员先进性教育活动领导小组办公室编，中共海南省委保持共产党员先进性教育活动领导小组办公室，2006，海大图藏。

466. 三亚市直属机关先进基层党组织和优秀共产党员、党务工作者光荣榜，中共三亚市直属机关工作委员会编，中共三亚市直属机关工作委员会，1998，海大图藏。

467. 自治州先进基层党组织和优秀党员事迹选编，中共自治州委组织部编，中共自治州委组织部，1986，海大图藏。

468. 海南省组织工件文件选编（1990～1991），中共海南省委组织部编著，中共海南省委组织部，1992，海大图藏。

469. 三亚市组织工作文件选编（1988～1995），中共三亚市委组织部编著，中共三亚市委组织部，1995，海大图藏。

470. 三亚市组织工作文件选编（1996～1997），中共三亚市委组织部编著，中共三亚市委组织部，1997，海大图藏。

471. 三亚市组织工作文件选编（1998～2000），中共三亚市委组织部编著，中共三亚市委组织部，2000，海大图藏。

472. 走向广阔，陈峰著，南方出版社，2000。

473. 力量的源泉：海南省党的基层组织建设论文集，吴国干、葛韶峰主编，南海出版公司，2001。

474. 琼山县革委会第二届活学活用毛泽东思想积极分子暨四好单位、五好个人代表大会发言材料汇编，大会办公室编，1970，海大图藏。

475. 经济特区党员思想教育讲话，葛韶峰主编，南海出版公司，1992。

476. 海南特区党的建设问题研究，李志民主编，海南出版社，1992。

477. 海南省直机关党建工作大事记（1988～2008），林木钦主编，2008，省图藏。

478. 椰城党建，市委组织部研究室、中共海口市委组织部编，市委组织部研究室等，1997，海师图藏。

479. 百心集，中共海口市美兰区委组织部编，中共海口市美兰区委组织部，2005，省图藏。

480. 求索集：特区党建工作的理论与实践，王圣俊编，海南出版社，1996。

481. 海南省邓小平理论研究基地论文集（1996），叶斌、古克武编，南海出版公司，1997。

482. “三个代表”重要思想与海南发展，王明初等著，吉林人民出版社，2005。

483. 在创新中加快海南发展：中共海南省委学习实践“三个代表”重要思想理论研讨会文集，中共海南省委政策研究室编，海南出版社，2003。

484. 学习贯彻“三个代表”重要思想调研成果（二），海南省社会科学界联合会、海南省“三个代表”重要思想研究会编，海南省社会科学界联合会，2003，海大图藏。

485. 学习“三个代表”重要思想论谈集，唐义治主编，2004，省图藏。

486. 海南省大学生学习“三个代表”重要思想文集，李红梅编，海南出版社，2003。

487. 天涯论坛：“三个代表”在海南，王应际等编著，人民日报出版社，2002。

488. 世纪大讲坛·海南卷，松涛编，中央编译出版社，2003。

489. 海南经济特区党风和廉政建设文件资料选编（三），中共海南省纪律检查委员会编，中共海南省纪律检查委员会，1993，海大图藏。

490. 2006年海南省教育系统党风廉政建设工作会议文件资料汇编，中共海南省教育工委、海南省教育厅编，中共海南省教育工委、海南省教育厅，2006，海大图藏。

491. 海南省农垦保持共产党员先进性教育活动文件资料选（上、下册），中共海南省农垦总局委员会先进性教育活动办公室编，中共海南省农垦总局委员会先进性教育活动办公室，2006，省图藏。

492. 中共海南大学委员会党建与思想政治工作文件汇编（1998～2003），海南大学党委办公室编，海南大学党委办公室，2004，海大图藏。

493. 中共海南省委党校校志（1951～1997），黄敦裕编，中共海南省委党校，1997。

494. 中共屯昌县委党校志，中共屯昌县委党校编，中共屯昌县委党校，1987，海大图藏。

495. 中共海南省委保持共产党员先进性教育活动学习资料选编（一、二），省委先进性教育活动领导小组办公室编，省委先进性教育活动领导小组办公室，2005，省图藏。

496. 春风吹拂天涯绿，张德春主编，海南出版社，2000。

497. 永葆共产党员本色：海南省人民医院先进性教育学习心得汇编，廖小平、王宇田主编，海南省人民医院，2005，省图藏。

498. 海南省农业厅领导干部学习《人民日报》《人民论坛》文章体会文集，海南省农业厅编，2007，省图藏。

499. 海南省宣传思想文化工作调研材料汇编，中共海南省委宣传部研究室编，中共海南省委宣传部研究室，2003，海大图藏。

500. 海南省宣传部长会议材料汇编，中共海南省委宣传部办公室编，1999，省图藏。

501. 五指山市组织工作文集（2004 年 6 月 ~2009 年 6 月），中共五指山市委组织部编，2009，海大图藏。

502. 中共海南省委宣传部组织史（1950. 5 ~ 2004. 12），中共海南省委宣传部研究室编，2005，海大图藏。

503. 海南省基层党组织建设材料选编（1999），中共海南省委组织部编，2000，省图藏。

504. 海南省基层党组织建设材料选编（2000），中共海南省委组织部编，2001，省图藏。

505. 海南特区监察工作问题研究，吴振钧主编，1992，省图藏。

506. 山魂：五指山区的共产党员（一），云雯天主编，中共五指山市委组织部，2004，海大图藏。

507. 山魂：五指山区的共产党员（二），云雯天主编，中共五指山市委组织部，2004，海大图藏。

508. 椰岛风范，中共海南省纪委宣教室编，1995，海大图藏。

509. 九架木棉花嫣红，陈纯英主编，2005，海大图藏。

510. 中国共产党早期的海南人，中共海南省委党史研究室编，海南出版社，2011。

511. 在党旗下成长，中共海口市委党史研究室编，2002，海大图藏。

512. 探索、开拓、奉献：海南省驻琼企事业先进党组织优秀共产党员优秀党务工作者事迹选集，肖策能主编，三环出版社，1993。

513. 一个共产党员的足迹记："海南省优秀共产党员"、"全国法院模范"王永平先进事迹，中共海南省直机关工委、海南省高级人民法院编，中共海南省直机关工委，1996，省图藏。

514. 整党学习资料（四），中共广东省海南行政区委员会整党工作指导小组办公室、中共广东省海南行政区委员会宣传部编，中共广东省海南行政区委员会宣传部，1985，海大图藏。

515. 整党学习资料（六），中共广东省海南行政区委员会整党工作指导小组办公室、中共广东省海南行政区委员会宣传部编，中共广东省海南行政区委员会宣传部，1985，海大图藏。

516. 海口党委工作纪事（2009），中共海口市委党史研究室编，海南出版社，2010。

517. 海口党委工作纪事（2010），中共海口市委党史研究室编，海南出版社，2010。

518. 提高海南高校党建科学化水平，胡光辉、麦浪、赵康太著，海南出版社，2010。

519. 乡镇党建与扶贫攻坚：1997 海南省贫困乡镇党委书记培训班材料汇编，中共海南省委组织部、海南省扶贫开发办公室编，中共海南省委组织部，1997，海大图藏。

520. 海南省高校党建工作经验材料汇编，中共海南省教育工委编，2006，海大图藏。

521. 海口市振东区街道、社区党建工作资料选编，中共海口振东区委组织部编，1999，海大图藏。

522. 特区党建研究，郑先编，南海出版公司，1994。

523. 走向广阔，陈峰著，南方出版社，2000。

524. 力量的源泉，吴国干、葛韶峰主编，南海出版公司，2001。

二　中国共产主义青年团

525. 共青团海南省第五次代表大会文件汇编，共青团海南省委办公室编，2008，省图藏。

526. 围绕农业学大寨运动，生气勃勃地开展共青团工作——屯昌县团的工作经验专辑，共青团广东省委员会编，1975，海大图藏。

三　工人、农民、青年、妇女运动与组织

527. 海南省高级政工师论文选，陈录光、刘庆泽主编，南海出版公

司，1993。

528. 大特区电力工运研讨，海南省电力工会编，海南省电力工会，1994，海大图藏。

529. 继承与创新：海南省职工思想政治工作经验暨研究论文选编，周成俊主编，海南出版社，2002。

530. 海南省工运理论政策研究文集第一辑，海南省工人运动研究会编，海南省总工会，1995，海大图藏。

531. 琼山县工会志，海南省琼山县总工会编，1990，海大图藏。

532. 我与农民，陈苏厚著，海南出版社，2001。

533. 这里创造着绿色的小康：海南省文明生态村考察报告，柳树滋著，人民出版社，2004。

534. 文昌县贫下中农代表、农业先进代表暨四级干部会议参考资料（1965），会议办公室编，1965，海大图藏。

535. 三亚市文明生态村民读本，林贻秀主编，三亚市教育局，2002，海大图藏。

536. 海南国际旅游岛农村文明研究，周洪晋著，南海出版公司，2010。

537. 海南省文明生态村建设巡礼，周洪晋主编，南海出版公司，2004。

538. 琼山县一九六五年贫下中农代表暨农业生产劳动模范代表会议参考文件，大会办公室编，1965，海大图藏。

539. 大跃进中的海南青年（一），共青团海南区委员会编，1959，海大图藏。

540. 定格往事情怀：海南中坤农场知青留影集（1968.11～1977.10），古国柱编，海大图藏。

541. 李向群的人生启示：与青少年朋友谈修养，周文彰等著，海南出版社，1999。

542. 海南省青少年工作理论与实践探索，共青团海南省委办公室编，2004，海大图藏。

543. 历史的真相：琼崖地下学联史补充资料专辑，海南省青年革命运动史研究会编，2004，海大图藏。

544. 椰岛学海洪波：琼崖地下学联史，琼崖地下学联史编委会编，海南出版社，1997。

545. 历史为平凡作证：海南、广东兵团知青生活回顾展选辑，陆基民等选辑，岭南美术出版社，1993。

546. 实践与探索：海南省农垦青年研究文集，钟业昌、符兴、林旭飞主编，南海出版公司，1991。

547. 我们共同走过：海南农垦知青纪实，冯大广等编，海南省农垦总局，省图藏。

548. 开放中的思考：海南青年研究论文选，肖若海等编，海南出版社，1992。

549. 海南青年五年建设成就特辑，海南省青年联合会《大科技》杂志社编，海师图藏。

550. 青年学生参加首届世界海南青少年文化科技夏令营团员手册，马来西亚海南会馆联合会编，2000，海大图藏。

551. 海南夏前土改中妇女工作总结与今后工作任务（草案），海南妇筹会编，1952，海大图藏。

552. 琼山县演丰等五个乡普选试点妇女工作总结，海南妇筹会编，1954，海大图藏。

553. 十佳天涯巾帼，三亚妇联编著，1995，海大图藏。

554. 琼州巾帼楷模，海南省妇女联合会主编，海南省妇女联合会，2010，海大图藏。

555. 文昌县妇女革命斗争记事：新民主主义革命部分（征求意见稿），中共文昌县委党史资料征集研究领导小组办公室编，1983，海大图藏。

556. 琼崖妇女革命斗争记事：新民主主义革命时期，琼崖妇运史料征集研究领导小组编，1985，海大图藏。

557. 琼崖抗日根据地妇女运动史文集：纪念抗日战争胜利四十周年，广东省妇联会海南行政区办事处编，1985，海大图藏。

558. 琼山县志·妇女篇，黄波编，1989，海大图藏。

559. 海南妇女的五彩神韵，王琼珠主编，海南省妇女联合会，2005，省图藏。

560. 海南妇女五年工作文集（2003～2008），海南省妇女联合会编，2008，海大图藏。

561. 巾帼风采：海南杰出女性纪实，海南省妇女联合会主编，2002，海大图藏。

562. 红色娘子军史，中共琼海市委党史研究室编，海南大中印刷有限公司，2002，海大图藏。

563. 红色娘子军研究第一辑，中共琼海市党史研究室编，中共琼海市委党史研究室，2007，海大图藏。

564. 澄迈妇女八十年，陈玉娥、王茀美编，澄迈县妇女联合会，2000，海大图藏。

565. 海南省妇女发展规划（1996～2000），海南省妇女联合会编，1996，海大图藏。

566. 海南巾帼群芳，黄玉梅编，海南省妇女联合会，1996，海大图藏。

567. 海南省妇女儿童问题论文集，海南省妇女联合会等编，1994，海大图藏。

568. 海南妇女思想工作生活家庭状况调查报告（2006），毛维萍等著，海南省妇女联合会，2006，省图藏。

569. 琼山县妇女革命斗争史大事记，1989，省图藏。

570. 做“四自”女性为“八五”计划建功，海南省总工会女工部编，1991，省图藏。

四　中国政治

（一）政策、政论

571. 侨乡风云反思录：1950～2003年纪事，云心影著，天马出版有限公司，2004。

572. 方针、政策、法规、战略：关于海南建省、办大特区文件资料汇编（合四册），中共海南省委体制改革研究室、中共海南省委政策研究室编，中共海南省委体制改革研究室、中共海南省委政策研究室，1988，海大图藏。

573. 坚持乡村的伟大胜利，海南行政区革命委员会办公室、知识青年上山下乡工作办公室编，海南行政区革命委员会办公室、知识青年上山下乡工作办公室，1974，三亚图藏。

574. 海南省人民政府驻广州办事处史（1958～1998），海南省人民政府驻广州办事处编，海南省人民政府驻广州办事处，1998，中山图藏。

575. 新世纪的思考：1999 市县委中心组论文集，中共海南省委宣传部理论处编，南海出版公司，1999。

576. 启示与思考：来自市县领导赴外省挂职锻炼的报告，中共海南省委组织部编，中共海南省委组织部，2002，三亚图藏。

577. 过河集，邢孔跃著，南海出版公司，1997。

578. 探寻集，周忠良等主编，1992，三亚图藏。

579. 思考与探索：海南省国资委系统理论研讨会论文集，海南省国资委党委编，海南省国资委党委，2006，海大图藏。

580. 海南和其他经济特区政策文件资料选编，海口市体制改革办公室编，1988，省图藏。

581. 天涯时评（1994），廖逊著，南海出版公司，1995。

582. 天涯时评（1995），廖逊著，南海出版公司，1996。

583. 天涯时评（1996～1997），廖逊著，南海出版公司，1999。

（二）中国革命和建设问题

584. 实践与探索：海南省统一战线工作文集（二），中共海南省委统战部研究室、《天涯同舟》杂志社编，中共海南省委统战部，2003，海大图藏。

585. 两岸关系与涉台政策，李永春主编，海南省人民政府台湾事务办公室编，1996，海大图藏。

586. 大特区统战之窗，《大特区统战之窗》编辑部编，1991，海师图藏。

587. 贯彻科学发展观，王毅武、彭京宜编，海南出版社，2008。

588. 深入学习实践科学发展观活动调研报告学习体会汇编，海南省文化广电出版体育厅编，2008，省图藏。

589. 海南省深入学习实践科学发展观活动文件资料选编，中共海南省委深入学习实践科学发展观活动领导小组办公室编印，2008，海大图藏。

590. 树立和落实科学发展观：中共海南省委理论研讨会论文集，中共海南省委宣传部理论处编，海南出版社，2004。

591. 构建和谐海南：2005 年中共海南省委理论研讨会论文集，中共海南省委宣传处编，海南出版社，2005。

592. 海峡两岸关系文集，杨力宇等主编，香港新亚洲文化基金会有限公司，1990，海大图藏。

593. 开放的海南：海南省改革开放专集，陈水雄主编，海风杂志社，1988。

594. 经济发展战略，张克山编，中国环境科学出版社，1998。

595. 党的十四大以来海南省改革措施概述，陈全义编，中共海南省委办公厅，1997，海师图藏。

596. 海口（1988～1998），符兴等编，南海出版公司，1997。

597. 迈向新世纪，中国城市之光：海口市，谢文明、符仕俊编，海口市人民政府，1999，海师图藏。

598. 相会在澳门，吴文波、吴涛、蒙傅雄编，海南侨报社，1997，海师图藏。

599. 椰城走向辉煌，符兴、陈勤忠、董葆发编，海南出版社，1995。

600. 阳光下的海南人：献给海南解放五十周年，何洋、黄进先编，海南出版社，2000。

601. 突破：中国特区启示录，董滨、高小林编，武汉出版社，2000。

602. 造福桑梓，云昌深编，海南省新闻出版社局，1996，海师图藏。

603. 我看着海南省长大，王骥骏著，海南出版社，2008。

604. 跨越中的思索：拾穗集，王厚宏著，海南出版社，1994。

605. 今日侨乡行，仇世文主编，南海出版公司，1999。

606. 中国改革开放光辉煌成就二十年·海南卷，邓鸿勋、刘剑峰主编，中国经济出版社，1993。

607. 开放与开发，邹良贤著，南海出版公司，1993。

608. 迈向新世纪的海南，中共海南省委宣传部编著，海南出版社，1998。

609. 海南改革潮，中共海南省委党史研究室编，海南出版社，1997。

610. 辉煌五十年：海南，林坚编著，南海出版公司，1999。

611. 探索的光辉，林凤生等主编，广东人民出版社，1992。

612. 并非傻想，周文彰编著，南方出版社，2002。

613. 改革开放与中国共产党（《新世纪》创刊四周年纪念增刊），迟福林编，《新世纪》周刊社，1994。

614. 海南辞典（1988～2008），钟业昌编，海南出版社，2008。

615. 琼崖尽是春，《琼崖尽是春》编委会，学习出版社，2008。

616. 海口新探索，蒙乐生著，南海出版公司，2007。

617. 椰岛芳草地，蒙乐生著，南海出版公司，2007。

618. 万宁，符立东、符海宁编，人民日报出版社，2006。

619. 魅力万宁（1996～2006），中共万宁市委办公室、万宁市人民政府办公室编，香港银河出版社，2006。

620. 海南 50 年（1949～1999），海南省统计局编，中国统计出版社，1999。

621. 五指山 50 年，王学萍、王建成等编，海南出版社，1999。

622. 海口五十年（1949～1999），《海口五十年》编辑委员会、海口市统计局编，中国统计出版社，1999。

623. 海南改革开放二十年纪事（1978.12～1998.12），梁振球编，海南出版社，1999。

624. 昌江改革潮声起，中共昌江县委党史研究室编，1999，海大图藏。

625. 开放的海南 1：海南省概况，廖逊、王志刚主编，张凌等本卷主编，中国环境科学出版社，1998。

626. 开放的海南 2：经济发展战略，廖逊、王志刚主编，张山克本卷主编，中国环境科学出版社，1998。

627. 开放的海南 3：政策法规要览，廖逊、王志刚主编，郎艳芬、黎志毅本卷主编，中国环境科学出版社，1998。

628. 开放的海南 4：投资指南，廖逊、王志刚主编，何琳本卷主编，中国环境科学出版社，1998。

629. 开放的海南 5：创建社会主义市场经济体制的实践，廖逊、王志刚主编，耶白堤本卷主编，中国环境科学出版社，1998。

630. 开放的海南 6：崛起的热带高效农业，廖逊、王志刚主编，鲁平本卷主编，中国环境科学出版社，1998。

631. 开放的海南 7：建设中的新兴工业省，廖逊、王志刚主编，冯远征本卷主编，中国环境科学出版社，1998。

632. 开放的海南 8：方兴未艾的海岛旅游业，廖逊、王志刚主编，刘青本卷主编，中国环境科学出版社，1998。

633. 开放的海南 9：蓬勃发展的金融业，廖逊、王志刚主编，刘青本卷主编，中国环境科学出版社，1998。

634. 开放的海南10：日新月异的城镇建设，廖逊、王志刚主编，周卫本卷主编，中国环境科学出版社，1998。

635. 开放的海南11：日臻完善的基础设施，廖逊、王志刚主编，云环本卷主编，中国环境科学出版社，1998。

636. 开放的海南12：洋浦经济开发区，廖逊、王志刚主编，李琦本卷主编，中国环境科学出版社，1998。

637. 开放的海南13：资源与环境，廖逊、王志刚主编，李建秀本卷主编，中国环境科学出版社，1998。

638. 开放的海南14：中国最大的海洋省，廖逊、王志刚主编，曹远新本卷主编，中国环境科学出版社，1998。

639. 开放的海南15：前进中的社会保障事业，廖逊、王志刚主编，潘惠丽、王家雄本卷主编，中国环境科学出版社，1998。

640. 开放的海南16：欣欣向荣的社会事业，廖逊、王志刚主编，韩晕、罗新本卷主编，中国环境科学出版社，1998。

641. 开放的海南17：外资企业在海南，廖逊、王志刚主编，蔡锐本卷主编，中国环境科学出版社，1998。

642. 开放的海南18：海南大事记，廖逊、王志刚主编，张凌本卷主编，中国环境科学出版社，1998。

643. 洋浦经济开发区，洋浦经济开发区管理局编，1993，海师图藏。

644. 海南：世纪末的回眸，杨浩强、戴启光、林海云编，共青团海南省委宣传部，1998，海大图藏。

645. 崛起的海口，中共海口市委党史研究室编，海南出版社，1998。

646. 崛起的万宁，海南省万宁市人民政府办公室、《崛起的万宁》编辑委员会编，1997，海大图藏。

647. 中国改革开放辉煌成就十四年，邓鸿勋、刘剑峰、杜青林等编，中国经济出版社，1993。

648. 现代化背景下的海南大特区，曹锡仁、鲁兵编，海南出版社，2008。

649. 琼海改革开放20年纪事（1978.12～1998.11），冯启和著，中共琼海市委党史研究室，1998，海大图藏。

（三）政治制度与国家机构

650. 海南第一届第二次人民代表会议特刊，海南第一届第二次人民代表会议编，1951，海大图藏。

651. 中共海南区党委关于普选宣传工作的指示，中共海南区党委编，1953，海大图藏。

652. 有关少数民族选举参考文件第一集，乐东县选举委员会编，1953，海大图藏。

653. 海南省村（居）民委员会选举工作手册，海南省人大常委会法规室海南省民政厅编，2001，海大图藏。

654. 人大选举工作手册，海南省人大常委会办公厅编，海南省人大常委会办公厅，2002，海大图藏。

655. 海口市解放后历次人民代表大会及其常务委员会（含各界人民代表会议）、人民政府组织情况，海口市人民代表大会常务委员会编，1989，海大图藏。

656. 海口市第三届各界人民代表会议决议（草稿），海口市第三届各界人民代表会议编，海大图藏。

657. 广东省海口市人民委员会工作报告：在市第五届人民代表大会第二次会议上报告，王健民著，海口市第五届人民代表大会第二次会议秘书处，1964，海大图藏。

658. 海口市第七届人民代表大会第二次会议文件汇编，海口市人民代表大会常务委员会办公室编，1983，海大图藏。

659. 海口市第八届人民代表大会第二次会议文件汇编，海口市人民代表大会常务委员会办公室编，1985，海大图藏。

660. 海口市第八届人民代表大会第三次会议文件汇编，海口市人民代表大会常务委员会办公室编，1986，海大图藏。

661. 海口市第九届人民代表大会第一次会议文件汇编，海口市人民代表大会常务委员会办公室编，1987，海大图藏。

662. 海口市第九届人民代表大会第二次会议文件汇编，海口市人民代表大会常务委员会办公室编，1988，海大图藏。

663. 海口市第九届人民代表大会第三次会议文件汇编，海口市人民代表大会常务委员会办公室编，1989，海大图藏。

664. 三亚市第二届人民代表大会第一次会议文件汇编，三亚市人民代表大会常务委员会办公室编，三亚市人民代表大会常务委员会办公室，三亚图藏，1995。

665. 三亚市第二届人民代表大会第三次会议文件汇编，三亚市人民代表大会常务委员会办公室编，三亚市人民代表大会常务委员会办公室，三亚图藏，1995。

666. 三亚市第二届人民代表大会第五次会议文件汇编，三亚市人民代表大会常务委员会办公室编，三亚市人民代表大会常务委员会办公室，三亚图藏，1995。

667. 文昌县首届第一次人民代表大会文件汇集，文昌县人民代表大会秘书处编，1954，海大图藏。

668. 琼海县第八届人民代表大会第三次会议文件汇编，琼海县人大常委会办公室编，1989，海大图藏。

669. 琼海县第九届人民代表大会第一次会议文件汇编，琼海县人大常委会办公室编，1990，海大图藏。

670. 琼海县第九届人民代表大会第二次会议文件汇编，琼海县人大常委会办公室编，1991，海大图藏。

671. 琼海市第十届人民代表大会第一次会议文件汇编，琼海市人大常务委员会办公室编，1993，海大图藏。

672. 琼海市人大工作文件汇编（2003～2006），琼海市人大常委会办公室编，琼海市人大常委会办公室，2006，海大图藏。

673. 儋县第七届人民代表大会第二次会议文件汇编，儋县人民代表大会常务委员会办公室编，1985，海大图藏。

674. 儋县第八届人民代表大会第一次会议文件汇编，儋县人民代表大会常务委员会办公室编，1987，海大图藏。

675. 屯昌县人民代表大会志（1954～1986），《屯昌县人民代表大会志》编写组编，1986，海大图藏。

676. 屯昌县第一届第一次人民代表大会文件，屯昌县第一届第一次人民代表大会筹备委员会编，1954，海大图藏。

677. 澄迈县人民委员会工作报告：1963 年 11 月 16 日在县第五届人民代表大会第一次会议上，澄迈县第五届人民代表大会第一次会议大会秘书处编，1963，海大图藏。

678. 澄迈县第五届人民代表大会第一次会议提案审查委员会关于提案的审查报告：1963 年 9 月 18 日，澄迈县第五届人民代表大会第一次会议提案审查委员会编，澄迈县第五届人民代表大会，1963，海大图藏。

679. 澄迈县第五届人民代表大会第一次会议提案和提案审查意见：1963 年 9 月 20 日澄迈县第五届人民代表大会第一次会议通过，澄迈县人民委员会编，澄迈县人民委员会，1963，海大图藏。

680. 澄迈县第五届人民代表大会第一次会议决议（草案），澄迈县第五届人民代表大会，澄迈县第五届人民代表大会第一次会议，1963，海大图藏。

681. 中央人民政府委员会第四次会议的报告与决议，《新民主报》社编，1949，海大图藏。

682. 省市县人民政府组织通则，《新民主报》社编，1950，海大图藏。

683. 民主建政学习文件，海南行政公署民政处编，1951，海大图藏。

684. 海口市人民政府三个多月的工作与今后任务，海口市第一届各界人民代表会议秘书处编，1950，海大图藏。

685. 三亚市人民政府政策文件选编（1988 ~ 1995），三亚市人民政府办公室编，1996，海大图藏。

686. 三亚市人民政府文件选编（1996 ~ 1997），三亚市人民政府办公室编，1998，海大图藏。

687. 三亚市人民政府办公室规章制度汇编，三亚市人民政府办公室编，1998，海大图藏。

688. 神圣的职责，海口市人大常委会编，海口市人大常委会，2004。

689. 海南人大建设，海南人大建设编辑部、海南省人代常委会办公厅编，海南人大建设编辑部，1991，海师图藏。

690. 海南省人大监督工作座谈会文集，翟培基、罗时祥、褚晓路编，海南省人大常委会办公厅，2005，海大图藏。

691. 海南省 2003 年人大获奖调研成果汇编，翟培基、罗时祥、褚晓路编，海南出版社，2004。

692. 海口市人大志，李金云编，1998，海大图藏。

693. 海南人大建设历程（1993 ~ 1997）：海南省第一届人民代表大会及其常务委员会专辑，毛平主编，海南省人大常委会办公厅，1997，海大图藏。

694. 海南省第一届人民代表大会第五次会议文件汇编，海南省第一届人民代表大会第五次会议秘书处编，海师图藏。

695. 海南省第一届人民代表大会第六次会议文件汇编，海南省第一届人民代表大会第六次会议秘书处编，1998，海师图藏。

696. 海南省人民代表大会常务委员会会刊第 24 期，海南省人大常委会办公厅编，1996，海师图藏。

697. 海南黎族苗族自治州第六届人民代表大会第五次会议参阅文件汇编，海南黎族苗族自治州人民代表大会常务委员会办公室编，1986，海师图藏。

698. 海南黎族苗族自治州第六届人民代表大会第四次会议文件汇编，海南黎族苗族自治州人民代表大会常务委员会办公室编，1985，海师图藏。

699. 海南省第一届人民代表大会第四次会议文件汇编，海南省第一届人民代表大会第四次会议秘书处编，1996，海师图藏。

700. 人大工作通讯 15，海南黎族苗族自治州人大常委会办公室编，1987，海师图藏。

701. 人大工作简报，澄迈县人大常委会办公室编，1996，海师图藏。

702. 海南省纪念人民代表大会成立 50 周年理论研讨会文集，海南省人大常委会办公厅编，2004，海大图藏。

703. 海南省第二届人民代表大会第六次全体会议建议、批评、意见及办理情况汇编（2002），海南省人民政府办公厅编，2003，海大图藏。

704. 海南人大，海南《人大》编辑部编，2001，海大图藏。

705. 2006 中国改革评估报告：中国（海南）改革发展研究院改革年度报告，迟福林著，中国经济出版社，2006。

706. 举改革旗，打开放牌，创发展业：1998 年换届以来海南省委政府重大决策实施情况系列报告，中共海南省委政策研究室编，海大图藏。

707. 县政府管理：万宁县调查，谢庆奎等编，中国广播电视出版社，1999。

708. 海南政府工作报告全编（2008），海南省人民政府研究室编，海南出版社，2008。

709. 理论学习在乡镇：海南省乡镇干部新农村理论之星读书活动演讲稿汇编，常辅棠主编，中共海南省委宣传部理论处讲师团，2008，省图藏。

710. 海南省人民政府大事记，海南省人民政府办公厅编，2008，海大图藏。

711. 海南省人民政府公报 1995 年第 1 期，海南省人民政府办公厅编，海南省人民政府，1995.1，海师图藏。

712. 海南省人民政府公报 1995 年第 2 期，海南省人民政府办公厅编，海南省人民政府，1995.2，海师图藏。

713. 海南省人民政府公报 1995 年第 4 期，海南省人民政府办公厅编，海南省人民政府，1995.4，海师图藏。

714. 海南省人民政府公报 1995 年第 10 期，海南省人民政府办公厅编，海南省人民政府，1995.10，海师图藏。

715. 海南省人民政府公报 1995 年第 11 期，海南省人民政府办公厅编，海南省人民政府，1995.11，海师图藏。

716. 省直管县体制改革的实践创新，张占斌著，国家行政学院出版社，2009。

717. 海南省政协提案工作研讨文集，海南省政协提案委员会编，1997，省图藏。

718. 政协海南省第三届委员会各专门委员会五年工作总结，2003，省图藏。

719. 海南省人民政协理论研究会筹备和成立文件资料汇编，海南省人民政协理论研究会秘书处编，2007，省图藏。

720. 走有海南特色的路：海南省台办五周年文集，海南省人民政府台湾事务办公室编，1996，海师图藏。

721. 海南省台办历程 5 周年（1991～1996），李永春主编，1996，海大图藏。

722. 走向辉煌，政协海南省委员会编，2009，海大图藏。

723. 海南省政协优秀提案汇编，海南省政协提案委员会编，海南省政协提案委员，1998，海师图藏。

724. 海南省政协优秀提案选编（1998～2002），海南省政协提案委员会办公室编，2002，海大图藏。

725. 中国人民政治协商会议海南省第一届委员会文献资料汇编（1988～1992），陈全义编，2000，海大图藏。

726. 中国人民政治协商会议海南省第一届委员会第一次会议专辑，中国人民政治协商会议海南省委员会编，中国人民政治协商会议海南省委员会，1988，海大图藏。

727. 中国人民政治协商会议海南省第一届委员会第五次会议文件汇编，中国人民政治协商会议海南省委员会编，中国人民政治协商会议海南省委员会，1991，海大图藏。

728. 中国人民政治协商会议海南省第二届委员会文献资料汇编（1993～1997），林明玉编，政协海南省委员会办公厅，1998，海大图藏。

729. 中国人民政治协商会议海南省第三届委员会第二次会议提案办理情况选编，政协海南省委员会提案委员会办公室编，2000，海大图藏。

730. 中国人民政治协商会议海南省第三届委员会第三次会议文件汇编，政协海南省委员会办公厅编，2000，海师图藏。

731. 中国人民政治协商会议海南省第四届委员会文献资料汇编（2003～2007），邱国虎主编，政协海南省委员会办公厅，2007，海大图藏。

732. 中国人民政治协商会议海南省第四届委员会委员名录，中共海南省委统一战线工作部编，中共海南省委统一战线工作部，2005，海大图藏。

733. 中国人民政治协商会议海南省第四届委员会第一次会议提案办理情况选编，政协海南省委员会提案委员会办公室编，2004，海大图藏。

734. 中国人民政治协商会议海南省第四届委员会第二次会议提案办理情况选编，政协海南省委员会提案委员会办公室编，2005，海大图藏。

735. 中国人民政治协商会议三亚市第二届委员会第五次会议文件汇编，政协三亚市委员会编，1997，海大图藏。

736. 海口市政协志，陈斌编，1993，海师图藏。

737. 定安政协志（1980年12月～1997年12月），陈德鑫、陈大隆编，定安县政协办公室，海师图藏。

738. 海南省政协提案工作研讨文集，海南省政协提案委员会编，1997，海师图藏。

739. 履行职能的理论与实践：海南省政协社会和法制，李永治主编，海南省政协社会和法制委员会，2004，省图藏。

740. 政协提案汇编，政协三亚市委员会办公室编，1995，海大图藏。

741. 琼中政协文史第八辑：琼中政协史，政协琼中县委员会编，2006，海大图藏。

742. 琼山县志人民政协篇，琼山县政协办公室、琼山县志编纂委会办公室编，1988，海大图藏。

743. 海南特区服务型政府公共政策的创新，张治库等著，中国经济出版社，2012。

（四）国家行政管理

744. 门槛，迟福林著，南方出版社，2008。

745. 工作制度汇编（上、下册），陈日进编，海南省财政厅，2001，海大图藏。

746. 事业单位改革背景下海南省规划设计院的发展战略研究，栗生著，2006，海大图藏。

747. 制度创新与职能转换——海口市推行“三制”的实践（一）：决策·讲话篇，海口市内推行“三制”工作办公室编，2001，海大图藏。

748. 海南省直属机关事务管理局资料和制度汇编（1995～1997），海南省直属机关事务管理局办公室编，海南省直属机关事务管理局，1997，海师图藏。

749. 海南省直属机关事务管理局改革与发展的五年（1994～1999），王琼文编，海南省直属机关事务管理局，1999，海师图藏。

750. 海南省省级领导班子、领导干部“三讲”教育文件材料选编，中共海南省委办公厅编，海师图藏。

751. 海南省推行国家公务员制度文件汇编（一），海南省推行国家公务员制度领导小组办公室编，1994，省图藏。

752. 成功的探索：海南省公开选拔党政后备干部实录，邱德群主编，2002，省图藏。

753. 屯昌县人事志，屯昌县人事局编，1987，海大图藏。

754. 海南省公务员表达能力研究，李晓东、贾岩峰、刘玲著，线装书局，2009。

755. 风起潮涌：海南省干部制度改革实录，王圣俊著，海南出版社，2004。

756. 探索的足迹：海南省首次公开选拔副厅级领导干部实录，中共海南省委组织部编，海南出版社，1999。

757. 海南省培养选拔女干部工作材料汇编（1994.11），中共海南省委组织部、海南省妇女联合会编，中共海南省委组织部，1995，海大图藏。

758. 海南省人事劳动工作文件选编（1989），海南省人事劳动厅编，海南省人事劳动厅，1990，海大图藏。

759. 海南省人事劳动工作文件选编（1990），海南省人事劳动厅编，海南省人事劳动厅，1991，海大图藏。

760. 海南省人事劳动工作文件选编（1991），海南省人事劳动厅编，海南省人事劳动厅，1992，海大图藏。

761. 海南省人事劳动工作文件选编（1992～1993），海南省人事劳动厅编，海南省人事劳动厅，1993，海大图藏。

762. 海南省人事劳动工作文件选编（1994），海南省人事劳动厅编，海南省人事劳动厅，1995，海大图藏。

763. 海南省人事劳动工作文件选编（1995）（上、下册），海南省人事劳动厅编，海南省人事劳动厅，1996，省图藏。

764. 海南省人事劳动工作文件选编（1997），海南省人事劳动厅编，海南省人事劳动厅，1998，海大图藏。

765. 海南省人事劳动工作文件选编（2000），海南省人事劳动厅编，海南省人事劳动厅，2000，海大图藏。

766. 探路集：特区人事管理与人事改革，王应际著，南方出版社，1995。

767. 海南肃贪实录，卢钢主编，南海出版公司，1996。

768. 廉洁从政手册，中共海南省纪委宣教室编，2005，省图藏。

769. 反腐倡廉理论与实践：海南省监察学会理论研讨会论文选，海南省监察学会秘书处编，南方出版社，2006。

770. 廉政文化在中国·海南卷，胡庆魁主编，中国方正出版社，2007。

771. 海南人民公安简史，海南省公安厅编，2001，海大图藏。

772. 海口公安志（1908～1994），海口市公安局办公室编，海师图藏。

773. 忠诚写春秋：海南省公安工作20年画册，胡友成主编，海南省公安厅，2008，省图藏。

774. 海南省公安厅“三讲”教育和省人大代表评议工作材料汇编，海南省人大常委会办公厅编，1999，海师图藏。

775. 稳定的基石：特区公安工作理论与实践，万长松著，海南出版社，1998。

776. 海南省重大危险源研究，李俊侃著，煤炭工业出版社，2009。

777. 海南省社会治安综合治理文件选编（2002～2006），海南省社会治安综合治理委员会办公室编，省图藏。

778. 发展中的海南民政事业，赖朝平主编，海南省民政厅，2008，省图藏。

779. 海南省社会保障局工作制度，海南省社会保障局编，1997，海师图藏。

780. 琼山县民政志：海南省琼山县民政局编，三环出版社，1990。

781. 海口市民政志，张安东主编，南海出版公司，1993。

782. 定安县民政志（初稿），蔡成寿主编，定安县民政局，1988，海大图藏。

783. 屯昌县民政志（初稿），屯昌县民政局编志领导小组编，1988，海大图藏。

784. 百年危情：海南军民抗击特大洪灾实录，赵云鹏、邓的荣、侯小健著，南方出版社，2000。

785. 屯昌县信访志（初稿），中共屯昌县委、屯昌县人民政府信访办公室编，1987，海大图藏。

786. 天涯民政，三亚民政局编，1997，海大图藏。

787. 海南省1996第18号强热带风暴救灾捐助芳名册，海南省民政厅编，1996，海师图藏。

788. 跨世纪的中国民政事业（1994～2002）·海南卷，王亚保编，中国社会出版社，2002。

789. 海南民政与社会，《海南民政与社会》编辑部编，1992，海师图藏。

790. 关于访问海南民族工作向广东省人民政府的汇报，马杰编，广东省人民政府民族事务委员会，1951，海大图藏。

791. 在广东省民族事务委员会第二次（扩大）会议的总结报告，冯白驹著，广东省人民政府民族事务委员会，1953，海大图藏。

792. 海南岛苗族社会调查，中南民族大学编著，民族出版社，2010。

793. 中国少数民族现状与发展调查研究丛书·白沙县黎族卷，中国社会科学院民族研究所编，民族出版社，2002。

794. 海南岛黎族社会调查（上、下册），中南民族学院本书编辑组，广西民族出版社，1992。

795. “治黎”与“黎治”，安华涛、唐启翠著，上海大学出版社，2012。

796. 海南省二届人大华侨外事工委工作资料汇编，海南省人大常委会华侨外事工委编，2003，海大图藏。

797. 开放的历程：海南外事侨务工作文集，刘锦主编，海南省外事侨务办公室编，2005，省图藏。

798. 迈向辉煌：海南省侨务十年（1988～1998），海南省人民政府侨务办公室编，南海出版公司，1998。

799. 华侨与海南社会发展，张朔人等著，南方出版社，2008。

800. 海南华侨文化，刘阳等编，南方出版社，2008。

801. 琼海市华侨志，王桢华主编，中国文联出版社，2007。

802. 情缘：我的侨务工作随笔，黎良端著，海南出版社，2005。

803. 琼崖华侨回乡服务团纪实，符思之、陈克攻编，琼崖华侨回乡服务团纪实编委会，1998，海师图藏。

804. 海南侨务工作概论，鞠海龙著，南方出版社，2008。

805. 琼籍华侨与海南革命，程昭星等著，南方出版社，2008。

806. 海南华侨与东南亚，蔡葩等著，南方出版社，2008。

807. 四海一家：2004 相聚海南，世界海南乡团联谊会秘书处编，世界海南乡团联谊会秘书处，2004，海大图藏。

808. 中华盛世 琼海风采：世界琼海同乡联谊会第七届理事暨香港琼海同乡会第三届会董就职庆典特刊，世界琼海同乡联谊会香港琼海同乡会编，香港琼海同乡会，2008，海大图藏。

809. 星洲琼崖林氏公会庆祝成立六十周年纪念：第十二届联欢会纪念特辑，星洲琼崖林氏公会青年股编，星洲琼崖林氏公会青年股，1997，海大图藏。

810. 振兴海南联谊会 1990 会刊，广东振兴海南联谊会编，广东振兴海南联谊会，1990，海大图藏。

811. 振兴海南联谊会 1991 会刊，广东振兴海南联谊会编，广东振兴海南联谊会，1991，海大图藏。

812. 振兴海南联谊会 1993 会刊，广东振兴海南联谊会编，广东振兴海南联谊会，1993，海大图藏。

813. 第二届（1991）世界海南乡团联谊大会香港海南商会代表团，香港海南商会编，1991，海师图藏。

814. 第三届世界海南乡团联谊大会手册，叶葆存等编，筹备第三届世界海南乡团联谊大会，1993，海大图藏。

815. 筹备第三届世界海南乡团联谊大会宣传手册，海南大学宣传部、学生处编，海南大学宣传部，1993，海大图藏。

816. 第六届世界海南乡团联谊大会：马来西亚代表团手册，马来西亚海南会馆联合会编，香港海南商会，2004，海大图藏。

817. 第七届世界海南乡团联谊大会，泰国海南同乡会编，2003，海师图藏。

818. 第八届世界海南乡团联谊大会会刊，海南南海会务有限公司编，海南南海会务有限公司，2004，海大图藏。

819. 马来西亚海南会馆联合会参加第七届世界海南乡团联谊大会，马来西亚海南联会编，2003，海师图藏。

820. 马来西亚海南会馆联合会参加第四届世界海南乡团联谊大会代表团手册，马来西亚海南会馆编，1996，海师图藏。

821. 香港海南商会暨旅港琼属社团参加第八届世界海南乡团联谊大会代表团名册，香港海南商会编，2004，海大图藏。

822. 泰国海南会馆参加“第八届世界海南乡团联谊大会”代表团名册，泰国海南会馆编，2004，海大图藏。

823. 泰国海南会馆五十周年纪念特刊，何启智等编，联新印刷有限公司，1996。

824. 马来西亚海南林氏公会40周年暨雪隆长林别墅50周年金禧纪念特刊，金禧纪念特刊编辑委员会编，马来西亚海南林氏公会，2001，海师图藏。

825. 热烈祝贺第四届世界海南乡团联谊大会召开，海南省侨联编，1995，海师图藏。

826. 海南同乡会创立四十周年纪念特刊，台北市海南同乡会编，1991，海师图藏。

827. 旅港海南同乡会会刊，朱莲芬编，旅港海南同乡会，2001，海师图藏。

828. 旅港海南同乡会会刊：庆祝旅港海南同乡会成立三十一周年暨第

十五届理监事就职典礼，旅港海南同乡会编，1999，海师图藏。

829. 相会在泰国，曾海声著，海南侨报社，海师图藏。

830. 新加坡海南会馆会讯 29，新加坡海南会馆编，新加坡海南会馆出版，1994，海师图藏。

831. 泰国海南商会周年纪念特刊，林莎南编，泰国海南商会，1991，海师图藏。

832. 泰国海南会馆各界乡亲赞助扩建礼堂建筑体育馆经费征信录，泰国海南会馆编，1991，海师图藏。

833. 泰国海南林氏宗祠经济考察团，泰国海南林氏宗祠经济考察团编，泰国海南林氏宗祠，1989。

834. 泰国海南商会第一届董事会名册：公元一九九〇年至一九九二年，泰国海南商会编，1992，海师图藏。

835. 香港海南商会参加第七届世界海南乡团联谊大会代表团名单，香港海南商会编，2001，海师图藏。

836. 中国广东振兴海南联谊会参加第四届世界海南乡团联谊大会代表团名册，世界海南乡团联谊会编，1995，海师图藏。

837. 泰国海南会馆新厦落成纪念特刊，泰国海南会馆编，1958，海大图藏。

838. 泰国彭世洛海南同乡会成立 23 周年纪念特刊，泰国彭世洛海南同乡会编，1968，海大图藏。

839. 旅暹海南陈家社扩建社堂纪念特刊，旅暹海南陈家社扩建社堂委员会编，旅暹海南陈家社，（泰）1976，海大图藏。

840. 泰国海南会馆成立 24 周年纪念特刊，泰国海南会馆编，1970，海大图藏。

841. 泰国海南会馆成立 34 周年纪念特刊，林健雄主编，泰国海南会馆，1980，海大图藏。

842. 槟城琼州会馆百周年纪念特刊，槟城琼州会馆编，1966，海大图藏。

843. 海南同乡会新厦落成纪念册，台北市海南同乡会编，1968，海大图藏。

844. 亚庇琼州会馆特刊，亚庇琼州会馆编，1969，海大图藏。

845. 马来亚新加坡琼州会馆联合会 40 周年纪念特刊，马新琼州会馆联合会编，居銮教育出版公司，1973，海大图藏。

846. 居銮琼州会馆40周年纪念特刊，居銮琼州会馆编，居銮教育出版公司，1976，海大图藏。

847. 马来西亚巴州山打根海南会馆庆祝创馆90周年纪念暨主办第八届“海南之夜”文娱晚会纪念特刊，马来西亚巴州山打根海南会馆天后宫小组编，海南会馆天后宫小组，1992，海大图藏。

848. 世界海南乡团联谊会会讯特刊：四海一家，99相聚马来西亚，世界海南乡团联谊会秘书处编，1999，海师图藏。

849. 世界海南乡团联谊会会讯总第七期，陈继杰、史元林编，世界海南乡团联谊会秘书处，1998，海师图藏。

850. 世界海南乡团联谊会会刊13，世界海南乡团联谊会秘书处编，2001，海师图藏。

851. 琼海乡讯（特刊），琼海市外事侨务办公室编，2001，海师图藏。

852. 第二届（1991）世界海南乡团联谊大会特刊，泰国曼谷海南会馆编，1991，海师图藏。

853. 星马万宁同乡通讯录，《星马万宁同乡通讯录》编辑部编，1960，海大图藏。

854. 世界琼音第1辑，黄培茂、王佐编，1991，海师图藏。

855. 会讯特辑第2辑，海南陈氏公会编，2000，海师图藏。

856. 海南华侨华人史，寒冬等著，南方出版社，2008。

857. 琼侨春秋，冯子平著，东西文化事业公司，2001。

858. 琼侨沧桑，邢益森、韩启元、黄良俊等著，南海出版公司，1991。

859. 海外群星：文昌县海外知名人士传略·第一辑，《文昌县海外知名人士传略》编辑委员会编，文昌县政协文史资料研究委员会，1993，海大图藏。

860. 造福桑梓，云昌深主编，海南省新闻出版社局，1996，海大图藏。

861. 旅泰侨务委员云竹亭报告书，云竹亭著，侨务会议秘书处，1952，海大图藏。

862. 海南旅泰华侨志，林谦主编，《海南旅泰华侨志》编纂处，1962，海大图藏。

863. 海南旅泰华侨志续集，林谦主编，《海南旅泰华侨志》编纂处，1964，海大图藏。

864. 泰国归侨英魂录5，泰国归侨联谊会《英魂录》编委会编，中国华侨出版社，2003。

865. 海南之声，雪隆海南会馆编，1993，海师图藏。

866. 新马赤子，潘干主编，海南省琼山市新加坡马来西亚归侨联谊会新马赤子编委会，1994，海大图藏。

867. 东南亚琼侨人物志，云昌潮编，丰年文化服务社，1967，海大图藏。

868. 海南农村基层政治与社会发展研究，李德芳著，人民出版社，2009。

869. 海南省第三届村（居）民委员会换届选举工作资料汇编，海南省民政厅编，2002，海大图藏。

870. 村民自治背景下的黎族农民政治参与问题研究，龙国政编，2007，海大图藏。

871. 海南省村民委员会选举工作手册，海南省民政厅编，2004，海大图藏。

872. 政协理论学习参考资料第2期，海南省人民政协理论研究会编，海南省人民政协理论研究会，2009，海大图藏。

873. 行知天涯：卫留成海南言论录，人民出版社，2012。

874. 海南省琼海新貌，蔡兴荣主编，哥伦比亚柯式彩色制版私人有限公司，1995。

（五）思想政治教育和精神文明建设

875. 海南第一届劳动模范代表大会总结，海南行政区公署编，1952，海大图藏。

876. 海南黎族苗族自治州第二次学习毛泽东思想经验交流大会文件和讲用材料，海南黎族苗族自治州第二次学习毛泽东思想经验交流大会编，1971，海大图藏。

877. 凡人与大道理：吴昌喜演讲，吴昌喜著，南海出版公司，1996。

878. 海口市民文明手册，中共海口市委宣传部、海口市精神文明委办公室编，海大图藏。

879. 海口市精神文明建设文集，中共海口市委宣传部、海口市精神文明办公室编。

880. 探索与实践：海口市思想政治工作文集，谢文明主编，中共海口市委宣传部，2000，省图藏。

881. 2000 年劳动模范和先进工作者表彰大会文件资料专辑，海南省第三次劳模表彰大会筹委会办公室编，2000，省图藏。

882. 爱国主义教育篇：海南省关心下一代教育资料，符树森、林坚、许明光编，2003，海大图藏。

883. 中国经济特区的精神文明建设，中共海南省委党史研究室编，中共党史出版社，2002。

884. 宝岛文明风采（上、下册），周文彰主编，海南出版社，2001。

885. 海南的文明走向，王建国著，中央文献出版社，2007。

886. 精神文明建设在海南，中共海南省委宣传部精神文明建设办公室编，海南出版社，1995。

887. 中国经济特区的精神文明建设·海南卷，梁振球、徐冰、赖永生编，中共海南省委党史研究室，中共党史出版社，2002。

888. 海南道德模范风采，海南省文明办编，海南出版社，2008。

889. 海口市精神文明建设文集，谢文明、董葆发编，中共海口市委宣传部，1999，海大图藏。

890. 海南特区精神文明建设研究，张旭新、周文彰编，南方出版社，2008。

（六）政治运动、政治事件

891. 怎样放手发动群众报告提纲，海南土地改革委员会编，1951，中山图藏。

892. 土地改革宣传工作要点，海南土地改革委员会编，1951，中山图藏。

893. 琼中县社会主义宣传教育民主整社运动一二三步工作总结第二批运动铺开计划，中共琼中县委办公室编，1957，中山图藏。

894. 海南区国营农场四清运动试点经验汇编，中共海南岛区委员会国营农场政治部编，1965，中山图藏。

895. 海南土地改革运动资料选编（1951～1953），赖永生主编，海南省史志工作办公室，2002，海大图藏。

896. 重返部落：一个海南知青部落的口述史，陈祖富、林育华等著，花城出版社，2011。

（七）阶级结构与社会结构

897. 议政建言文集，民盟海南省委会社会服务处编，2009，海大图藏。

898. 纪念民盟海南省委员会成立十五周年专刊，民盟海南省委主编，2004，海大图藏。

899. 商会拾珍，海南省工商联（总商会）史料选编，梁生彬主编，海南出版社，2011。

900. 中国国情丛书：百县市经济社会调查（儋州卷），丁伟志、陆学艺等编，中国大百科全书出版社，1996。

901. 迈向新体制，鲁兵、李玉春著，海南出版社，1994。

902. 中国社区建设明珠（七），张作荣主编，中国社会出版社，2002。

903. 省情报告：海南经济特区地区差距分析，罗时祥、任笑竹、韩云秋著，中共海南省委办公厅综合调研处省情课题组，1995，海师图藏。

904. 省情报告之二：海南东、中、西三大地带经济统计分析，罗时祥、任笑竹、韩云秋著，中共海南省委办公厅综合调研处省情课题组，1996，海大图藏。

905. 中华人民共和国1996年第一次基本单位普查海南省基本单位普查资料汇编，岑振东、林明学编，海南省基本单位普查办公室，1998，海师图藏。

906. 海南省未成年人犯罪人文区位分析，刘国良著，法律出版社，2009。

907. 迈向新世纪的海南省残疾人事业（1998～2000），海南省残疾人联合会编，省图藏。

（八）地方政治

908. 琼海新貌，蔡兴荣、吴昆源编，哥伦比亚柯式彩色制版私人有限公司，1995，海大图藏。

909. 海南改革开放二十年纪事，梁振球主编，海南出版社，1999。

910. “小政府大社会”的理论与实践：海南政治体制与社会体制改革研究，汝信、何秉孟等编，社会科学文献出版社，1998。

911. 海南内参，《海南内参》编辑部编，1997，海大图藏。

912. 海南省爱国主义教育基地，钟雄、郑行顺等，南海出版公司，1997。

913. 绿岛傻想：一个哲学博士的特区情结，周文彰编，海南出版社，1997。

914. 海南特区政府监督机制研究，庞京城、王志芳等编，吉林文史出版社，1995。

915. 特区工作探讨文集，万长松著，新世纪国际出版公司，1995。

916. 小政府大社会：海南新体制的理论与实践，廖逊著，三环出版社，1991。

917. 海南解放四十周年成就汇编（1950～1990），章锦涛主编，南海出版公司，1990。

918. 海南解放四十年，郑章全编，中国党史资料出版社，1991。

919. 琼山乡情，林尤芳、冯所兴主编，海南人民出版社，1989。

920. 中国最大的经济特区海南省，王业隆编，旅港海南同胞庆祝海南省成立筹备委员会，1989，海大图藏。

921. 海南新体制构架与实践，迟福林著，海南出版社，1992。

922. 调研汇报 1996 年第 5 期，中共海南省委办公厅编，海南省委办公厅，1996.10。

923. 调研汇报 1996 年第 6 期，中共海南省委办公厅编，海南省委办公厅，1996.10。

924. 调研汇报 1996 年第 7 期，中共海南省委办公厅编，海南省委办公厅，1996.10。

925. 调研汇报 1996 年第 8 期，中共海南省委办公厅编，海南省委办公厅，1996.10。

926. 调研汇报 1996 年第 10 期，中共海南省委办公厅编，海南省委办公厅，1996.10。

927. 调研汇报 1996 年第 11 期，中共海南省委办公厅编，海南省委办公厅，1996.10。

928. 调研汇报 1996 年第 12 期，中共海南省委办公厅编，海南省委办公厅，1996.10。

929. 调研汇报1996年第13期，中共海南省委办公厅编，海南省委办公厅，1996.11。

930. 调研汇报1996年第14期，中共海南省委办公厅编，海南省委办公厅，1996.11。

931. 调研汇报1996年第16期，中共海南省委办公厅编，海南省委办公厅，1996.11。

932. 调研汇报1996年第18期，中共海南省委办公厅编，海南省委办公厅，1996.12。

933. 调研汇报1996年第19期，中共海南省委办公厅编，海南省委办公厅，1996.12。

934. 调研汇报1996年第20期，中共海南省委办公厅编，海南省委办公厅，1996.12。

935. 调研汇报1996年第21期，中共海南省委办公厅编，海南省委办公厅，1996.12。

936. 调研汇报1996年第22期，中共海南省委办公厅编，海南省委办公厅，1996.12。

937. 调研汇报1996年第23期，中共海南省委办公厅编，海南省委办公厅，1996.12。

938. 海南十年反思，蔡慎坤著，三联书店有限公司，1999。

939. 海南社会结构问题研究，赵全鹏著，南方出版社，2008。

940. 海南省人民政府公报，李应济等主编，2009，海大图藏。

941. 科学发展观在儋州，中共儋州市委办公室编，中共儋州市委办公室，2006。

942. 奔向绿色小康的兰洋镇：海南省儋州市兰洋镇经济社会调查，陈海洁、黄德钊等编，海南出版社，2005。

943. “博鳌亚洲论坛”成员国国情及对华关系，冯源、杨森林编，民族出版社，2003。

（九）政治制度史

944. 海南历代贬官研究，曾庆江编，南方出版社，2008。

945. 海南移民史志，王俞春著，中国文联出版社，2003。

946. 民国时期社会调查丛编，李文海编，福建教育出版社，2005。

五　外交、国际关系

947. 南海问题中的大国因素，郑泽民著，世界知识出版社，2010。

948. 南海情势发展对我国国家安全及外交关系影响，蔡政文著，台湾“行政院”研究发展考核委员会，2001。

949. 南海波涛，李金明著，江西高校出版社，2007。

950. 南沙争端的由来与发展，吴士存著，海洋出版社，1999。

951. 南沙探秘，斯雄著，人民日报出版社，2012。

952. 接收南沙群岛：卓振雄和麦蕴瑜论著集，赵焕庭主编，海洋出版社，2012。

953. 南沙争端的起源与发展，吴士存著，中国经济出版社，2010。

954. 南沙风云，萧曦清著，台湾学生书局有限公司，2010。

955. 南海区域问题研究第一辑，《南海区域问题研究》编委会，中国经济出版社，2012。

956. 越南关于西南沙群岛主权归属问题文件资料汇编，戴可来、童力编，河南人民出版社，1991。

957. 地缘政治与南海争端，郭渊著，中国社会科学出版社，2011。

958. 南海问题面面观，中国南海研究院编，时事出版社，2011。

959. 南海争端与南海渔业资源区域合作管理的研究，郭文路著，黄硕琳指导，国图藏。

960. 南海诸岛主权争议述评，沈克勤著，台湾学生书局有限公司，2009。

961. 我国应有的南海战略，杨志恒等著，业强出版社，1996。

962. 南海情势与我国应有的外交国防战略，林正义等编，台湾“行政院”研究发展考核委员会，2004。

963. 聚焦南海，吴士存等著，中国经济出版社，2009。

964. 南海地区形势报告，曹云华等著，时事出版社，2012。

965. 南海争端与国际海洋法，李金明著，海洋出版社，2003。

966. 南海问题面面观，中国南海研究院著，时事出版社，2011。

六　法律

中国法律

967. 海南省地方性法规汇编（1988.8～1990.12），海南省人民代表会议常务委员会法制工作委员会编，广西人民出版社，1990。

968. 海南省地方性法规汇编（1991～1992），海南省人民代表会议常务委员会法制工作委员会编，海南出版社，1994。

969. 海南省地方性法规汇编（1993），海南省人民代表会议常务委员会法制工作委员会编，海南出版社，1994。

970. 海南省地方性法规汇编（1994），海南省人民代表会议常务委员会法制工作委员会编，海南出版社，1995。

971. 海南省地方性法规汇编（1995），海南省人民代表会议常务委员会法制工作委员会编，海南出版社，1996。

972. 海南省地方性法规汇编（1996），海南省人民代表会议常务委员会法制工作委员会编，海南出版社，1996。

973. 海南省地方性法规汇编（1997）（上、下册），海南省人民代表会议常务委员会法制工作委员会编，海南出版社，1996。

974. 海南省地方性法规汇编（1998），海南省人民代表会议常务委员会法制工作委员会编，海南出版社，1999。

975. 海南省地方性法规汇编（1999），海南省人民代表会议常务委员会法制工作委员会编，海南出版社，2000。

976. 海南省地方性法规汇编（2002～2003），海南省人民代表大会常务委员会法制工作委员会编，海南出版社，2003。

977. 海南省地方性法规汇编（2004），海南省人民代表大会常务委员会法制工作委员会编，海南出版社，2004，海大图藏。

978. 海南省地方性法规汇编（1988～2007），海南省人民代表大会常务委员会法制工作委员会编，海南出版社，2008，海大图藏。

979. 海南省法规规章汇编（中英文对照本），海南省法制办公室编，海南出版社，2005。

980. 海南省法规规章汇编（1988～1991），海南省法制局编，南海出版公司，1992。

981. 海南省法规规章汇编（1988～1996），海南省法制局编，中国法制出版社，1998。

982. 海南省法规规章汇编（1992～1993），海南省法制局编，海南出版社，1994。

983. 海南省法规规章汇编（1994），海南省法制局编，南海出版公司，1996。

984. 海南省法规规章汇编（1995），海南省法制局编，海南出版社，1996。

985. 海南省法规规章汇编（1996），海南省法制局编，南海出版公司，1998。

986. 海南省法规规章汇编（1997），海南省法制局编，南海出版公司，1998。

987. 海南省法规规章汇编（1998），海南省法制局编，南海出版公司，1999。

988. 海南省法规规章汇编（1999～2000），海南省法制办公室编，南海出版公司，2001。

989. 海南省法规规章汇编（2001～2002），海南省法制办公室编，南海出版公司，2003。

990. 海南省法规规章汇编（2003～2004），海南省法制办公室编，南海出版公司，2006。

991. 法规选编（1992～1993），中共海南省直属机关工作委员会、海南省普及法律常识办公室编，1994，省图藏。

992. 海南省政府规章汇编（1988～2008），海南省法制办公室编，南海出版公司，2009。

993. 中华人民共和国法典：地方性法规、地方政府规章（海南省），全国人民代表大会常务委员会法制工作委员会编，法律出版社，2002。

994. 公务员管理政策法规汇编，海南省人事劳动保障厅编，2002，海大图藏。

995. 教育法律法规文件汇编，三亚市教育局编，1996，三亚图藏。

996. 社会主义市场经济文件法规选编，罗时祥编选，中共海南省委办公厅，1994，海大图藏。

997. 房地产法规规章汇编（1983.6～1996.2），海口市房产管理局编，海口市房产管理局，1996，海大图藏。

998. 三亚市房产管理法规选编，三亚市房产管理所编，1994，三亚图藏。

999. 海南省农业税收适用法规选编，海南省地方税务局编，1999，三亚图藏。

1000. 海洋法规文件选编，三亚市海洋局编著，1996，三亚图藏。

1001. 制度汇编，聂志云主编，海南省高级人民法院，1997，省图藏。

1002. 三亚市城市园林绿化管理规章汇编，三亚市园林管理局、三亚市绿化委员会办公室编，1998，三亚图藏。

1003. 中华人民共和国环境保护法海南省环境保护条例，海南省环境资料厅编，海大图藏。

1004. 海口市行政规章规范汇编（1988～1993），海口市普及法律常识办公室编，1993，海大图藏。

1005. 海南省消防条例，海南省公安厅编，海南省人大常委会法制工作委员会法规室，1998，省图藏。

1006. 中华人民共和国归侨侨眷权益保护法，海南省人民政府侨府办公室编，海南省人民政府侨务办公室，1992，海师图藏。

1007. 文化市场法律法规汇编（1985～1997），海南省文化广播体育厅编，1998，省图藏。

1008. 一九九二年海南省“扫黄”“打非”工作会议文件汇编，海南省新闻出版局编，1992，省图藏。

1009. 海南省文化广播体育厅现行法规规章汇编（1988～1993），海南省文化广播体育研究室编印，1993，省图藏。

1010. 海南经济特区城镇从业人员医疗保险法规汇编，海南省人民代表大会常务委员会编，海南省人民代表大会常务委员会，1995，海师图藏。

1011. 海南省国有企业下岗职工基本生活保障和再就业工作文件选编二，海南省人事劳动保障厅编，1999，海师图藏。

1012. 海南省适用税收法规选编（1989～1990），海口市税务学会、海口市税务咨询事务所编，海口市税务学会、海口市税务咨询事务所，1991，海大图藏。

1013. 海南省适用税收法规选编（1991. 5～1991. 7），海口市税务学会、海口市税务咨询事务所编，海口市税务学会、海口市税务咨询事务所，1991，海大图藏。

1014. 海南省适用税收法规选编（1991.8～1991.12），海口市税务学会、海口市税务咨询事务所编，海口市税务学会、海口市税务咨询事务所，1992，海大图藏。

1015. 海南省适用税收法规选编（1992.9～1992.12），海口市税务学会、海口市税务咨询事务所编，海口市税务学会、海口市税务咨询事务所，1993，海大图藏。

1016. 海南省适用税收法规选编三辑，海口市税务学会、海口市税务咨询事务所编，海口市税务学会、海口市税务咨询事务所，1989，海大图藏。

1017. 海南省适用税收法规选编四辑，海口市税务学会、海口市税务咨询事务所编，海口市税务学会、海口市税务咨询事务所，1989，海大图藏。

1018. 海南省适用税收法规汇编：地方税部分，海南省地方税务局征收管理局编，海南省地方税务局征收管理局，1994，海大图藏。

1019. 海南省适用税收法规汇编：地方税部分，戴海平主编，经济科学出版社，1997。

1020. 海南省适用税收法规汇编（1997.6～1999.12），戴海平主编，经济科学出版社，2000。

1021. 海南省财政税务法规选编（1995.1～1995.12），海南省财政税务厅法规处编，海南省财政税务厅法规处，1996，海大图藏。

1022. 海南省电力公司规章制度汇编（1992），海南省电力公司编，1993，省图藏。

1023. 海南省工商行政管理局广告法规汇编，海南省工商行政管理局编，2005，省图藏。

1024. 中华人民共和国劳动法海南省工会条例，海南省直属机关工会工作委员会编，1994，海大图藏。

1025. 海南省人事劳动保障工作文件选编（1998）（上、下册），海南省人事劳动保障厅编著，海南省人事劳动保障厅，1999，省图藏。

1026. 海南省人事劳动保障工作文件选编（1999）（上、下册），海南省人事劳动保障厅编著，海南省人事劳动保障厅，2000，省图藏。

1027. 海南省人事劳动保障工作文件选编（2000）（上、下册），海南省人事劳动保障厅编著，海南省人事劳动保障厅，2001，省图藏。

1028. 海南省人事劳动保障工作文件选编（2002）（上、下册），海南省人事劳动保障厅编著，海南省人事劳动保障厅，2003，省图藏。

1029. 海南省人事劳动保障工作文件选编（2003）（上、中、下册），海南省人事劳动保障厅编著，海南省人事劳动保障厅，2004，省图藏。

1030. 海南省人事劳动保障工作文件选编（2004）（上、下册），海南省人事劳动保障厅编著，海南省人事劳动保障厅，2005，省图藏。

1031. 海南省人事劳动保障工作文件选编（2005）（上、下册），海南省人事劳动保障厅编著，海南省人事劳动保障厅，2006，省图藏。

1032. 海南省矿产资源管理条例，海南省人大常委会法制工作委员会法规室、海南省环境资源厅编，海南省人民代表大会常务委员会，1997，海师图藏。

1033. 海南省自然保护区管理条例，海南省环境资源厅编，1991，海师图藏。

1034. 环境资源行政执法手册：环保部分，海南省环境资源宣教培训中心编，2000，省图藏。

1035. 海南省珊瑚礁保护规定，海南省国土海洋环境资源厅编，海南省人民代表大会常务委员会翻印，1998，省图藏。

1036. 中华人民共和国环境保护法，海南省环境资源厅编，1990，海师图藏。

1037. 环境保护法规选编，海南行政区环境保护委员会编，海大图藏。

1038. 海南省优秀公诉词评析，张连才主编，海南出版社，1995。

1039. 依法治省文件资料选编（2003～2004），海南省依法治省领导小组办公室编，2005，省图藏。

1040. 三亚市“三五”法制宣传资料汇编，三亚市普法依法治市办公室编，三亚市普法依法治市办公室，2000，三亚图藏。

1041. 海南省人民法院司法统计资料汇编（1989～1995），舒慧明主编，海南省高级人民法院，1996，省图藏。

1042. 海南省地方立法研究文集（二），海南省地方立法研究会编，海南省人大常委会法制工作委员会，海南出版社，2010。

1043. 海口市法规规章汇编（全二册），海南省法制局编，南海出版公司，2007。

1044. 中共海南省委办公厅机关规章制度汇编，中共海南省委办公厅编，1995，海大图藏。

1045. 海南省旅游管理条例，海南省旅游局编，1995，海大图藏。

1046. 海南省文化广播体育厅现行法规：规章汇编（1988～1993），海南省文化广播体育厅研究室编，1993，海大图藏。

1047. 海南特区政策法规和有关经济工作文献选编（三），中共海口市委体制改革办公室、中共海口市委政策研究室编，中共海口市委体制改革办公室，1992，海大图藏。

1048. 海南经济特区投资法规汇编及办事指南，海南省外引内联投资项目联合审查办公室咨询服务部编，1993，海大图藏。

1049. 财政规章制度汇编（2003年1月～2003年12月），海南省财政厅法规处编，2004，省图藏。

1050. 矿产资源法规选编，海南省环境资源厅编，海大图藏。

1051. 海南特区鼓励投资政策汇编，海南省人民政府社会经济发展研究中心编，1988，海大图藏。

1052. 海南经济特区法律第一分册，海南省高级人民法院《海南经济特区法律法规汇编》编选组编，人民法院出版社，1988。

1053. 海南省人民政府关于贯彻国务院（1988）26号文件加快海南经济特区开发建设的若干规定，海南省人民政府编，1988，海师图藏。

1054. 海南省实施《中华人民共和国保守国家秘密法》细则，海南省人民政府编，海师图藏。

1055. 海南省人民政府令第113号：海南经济特区标准化管理办法，汪啸风编，海南省政府常务会，1998，海师图藏。

1056. 海南车辆管理指南，海南省公安厅交通警察总队、海南国际新闻出版中心图书出版社编，海南国际新闻出版中心，1994，省图藏。

1057. 海南省“三五”普法干部法律学习辅导资料（1990年度），海南省普法依法治理办公室编，1990，海大图藏。

1058. 海南省“三五”普法干部法律学习辅导资料（1998年度），海南省普法依法治理办公室编，1998，海大图藏。

1059. 海南省“三五”普法干部法律学习辅导资料（1999年度），海南省普法依法治理办公室编，1999，海大图藏。

1060. “二五”普法文件汇编（专业法），海南省总工会普法办公室编，1992，省图藏。

1061. 质量技术监督执法手册，海南省人大常委会法工委、法规室、海南省质量技术监督局编，三亚图藏。

1062. 税收优惠政策，三亚市地方税务局编，三亚图藏。

1063. 海南省事业单位登记管理指南，海南省事业单位登记管理局编，2002，省图藏。

1064. 海南省司法行政机关执法手册，海南省司法厅编，1998，海大图藏。

1065. 出版管理行政处罚实施办法，海南省新闻出版局、海南省版权局编，省图藏。

1066. 海南统计法规学习资料，黄泽森、李萍、俞祥初编，2002，海大图藏。

1067. 民主法制建设的成功实践：海南省人大代表评议省高院工作汇编，海南省人大常委会办公厅编，1997，海师图藏。

1068. 海事审判论文案例集第一辑，金兆华、葛荣平编，海南出版社，1998。

1069. 审判参考2002年第一期（总第40期），海南省海南中级人民法院研究室编，海南出版社，2002。

1070. 澄迈县人民法院工作报告（1963年9月16日），澄迈县第五届人民代表大会第一次会议编，中山图藏。

1071. 海南省检察机关检察管理规范化手册，海南省人民检察院编，2011，海大图藏。

1072. 海口仲裁委员会仲裁规则，海口仲裁委员会编，海南出版社，2011。

1073. 海南省行政执法机关、机构执法依据汇编，屈建民主编，海南出版社，2011。

1074. 执法责任制工作手册（1981~1995），三亚市劳动局编，三亚市人事劳动局，1996，三亚图藏。

1075. 海南涉外行政法，滕传枢、沈德理编，人民法院出版社，1999。

1076. 海南省行政复议手册，海南省法制局编，1999，海大图藏。

1077. 审判与调研：海南省法院系统学术论文集（1997~2001），孙建华编，海南出版社，2002。

1078. 特区法坛，本刊编辑部编，海南省高级人民法院，1999，海大图藏。

1079. 辉煌五十年·海南，林坚编，南海出版公司，1999。

1080. 保税港区法律问题研究，宁清同、黎其武等，法律出版社，2011。

1081. 海南洋浦保税港区法律制度构建研究，黄莹编，海南大学，2009，海大图藏。

1082. 国际旅游岛法律制度研究，王崇敏、刘云亮编，法律出版社，2011。

1083. 土地承包经营权保护制度的完善：基于海南、江苏等省的调查研究，梁亚荣编，法律出版社，2011。

1084. 海南特区反贪污贿赂的理论与实践，刘建主、鲍剑副编，中国检察出版社，1995。

1085. 海南商业贿赂犯罪的现状与治理对策，张耕主编，海南省社会科学界联合会，2007，省图藏。

1086. 经济特区刑事犯罪案例集，陈海林、刘建、陈文高编，中国政法大学出版社，1998。

1087. 从政之法，秦应华著，中共中央党校出版社，2000。

1088. 大特区审判方式改革理论与实践，田忠木、姚静轩等编，海南出版社，1998。

1089. 海南省优秀公诉词评析，张连才、陈大鸿等编，海南出版社，1995。

1090. 特区民主法制：乡镇人大换届选举专刊，海南省人大常委会办公厅编，1996，三亚图藏。

1091. 海南特区法院（1988~1998），海南省高级人民法院编，海南省高级人民法院，三亚图藏。

1092. 海口检察官论文集，李金山主编，中国检察出版社，1995。

1093. 海口市中级人民法院 2004 年年报，海口市中级人民法院编，2005，海大图藏。

1094. 昌江法院志，林建松、吉布敏编，南海出版公司，1993。

1095. 琼山法院志，冯山主修、周烈钧主编，1996，三亚图藏。

1096. 司法耕耘在宝岛，田忠木主编，海南出版社，1998。

1097. 检察机关服务海南科学发展大局的实践与思考，马勇霞编，中国检察出版社，2008。

1098. 检察新时代：海南省人民检察院反贪污贿赂局成立五周年专刊（1990～1995），孙明宇、兰惠东、许玉民编，海南省人民检察院反贪污贿赂局，1995，海师图藏。

1099. 海南检察，海南省人民检察院编，2002，省图藏。

1100. 辩护与代理，赵建平著，中国法制出版社，2003。

1101. 海南律师论文集，海南省律师协会编，南海出版公司，2008。

1102. 国际旅游岛法律问题探究，王晶主编，海南出版社，2010。

1103. 海南经济特区立法研究，谭兵等，南方出版社，2008。

1104. 海南农垦改革中的土地法律问题研究，唐俐著，吉林大学出版社，2010。

1105. 黎族传统社会习惯法研究，陈秋云等，法律出版社，2011。

1106. 海南岛屿经济法律规制研究，梁亚荣、刘云亮著，法律出版社，2009。

1107. 海南国际旅游岛房地产投资法律实务及风险防范，海南昌宇律师事务所编，南海出版公司，2011。

1108. 碰撞·调适·融合：海南省婚姻家庭状况法律研究，叶英萍著，南海出版公司，2008。

1109. 平安海南建设的实践与探索，蔡长松著，海南出版社，2007。

1110. 海南地方立法的理论与实践，秦醒民、符琼光、杨宜生编，海南出版社，2006。

1111. 海口市道路交通管理规定，海口市公安局交通警察支队翻印，2003，海大图藏。

1112. 海南经济法制综合研究：历史、现状与未来的开发法学思考，伍奕著，南海出版公司，2002。

1113. 海南十年立法实践与探索，海南省法制局、海南省体改办编，南海出版公司，1998。

1114. 改革开放与法制，王峻岩著，南海出版公司，1994。

1115. 天涯磐石：海南政法工作十年，邓波主编，南海出版公司，1998。

1116. 中国经济特区立法研究，刘云亮，南海出版公司，1996。

1117. 海南特区律师办案案例选，《特区法制》杂志社编，海南出版社，1993。

1118. 海南特区：台胞投资法令，蔚理编辑室编，蔚理出版社，1990，海大图藏。

1119. 迈向法制海南，海南省依法治省领导小组办公室编，2006，省图藏。

1120. 海南地方立法的理论探讨与实践，秦醒民主编，海南出版社，2006。

1121. “查禁”与“除禁”，韩立收著，上海大学出版社，2012。

第四节　军事

中国军事

（一）地方军事

1122. 琼纵文艺战友纪念册，琼崖纵队文艺战友（在穗）庆祝海南解放四十周年联欢会筹备组编辑，联欢会筹备组，1991，海大图藏。

1123. 海南边防（1988～2003），《海南边防》编委会编，群众出版社，2003。

1124. 红星闪烁遍琼崖：海南省军转安置工作成就图片暨军转干部美术摄影书法作品集，王应际主编，1999，海大图藏。

1125. 海南岛来台部队视察报告，台湾“国防部”史政编译局编，1950，《海南文献资料简介》。

1126. 海军巡弋南沙海疆经过，台湾“海军总司令部”编，台湾学生书局影印本，1975。

1127. 从粤中到海南，尤琪著，武汉通俗图书出版社，1951。

1128. 海南军事志，海南省军事志领导小组办公室编，湖北省武汉市汉江印刷厂，1995，中山图藏。

1129. 屯昌县武装志，邱宏民、李帮成主编，屯昌县人民武装部，1986，中山图藏。

1130. 民兵工作经验介绍，海南铁路办事处人民武装部等编，广州铁路局民兵代表会议，1964，中山图藏。

1131. 海南岛戡乱战役案，台湾“海军部”编，1950.2～1950.9，《海南文献资料简介》。

1132. 海南岛戡乱战役案，台湾“空军部”编，1950.4～1951.4，《海南文献资料简介》。

1133. 海南空军指挥部工作报告（三十八年），台湾“空军总部”编，1950.1～1950.6，《海南文献资料简介》。

1134. 海南空军指挥部戡乱作战检讨报告案，台湾“空军总部”编，1950.2～1950.3，《海南文献资料简介》。

1135. 海南岛战役我军伤亡官兵名册，台湾“陆军部”编，1950.6～1950.7，《海南文献资料简介》。

（二）军事史

1136. 粤海长城：广东民兵革命斗争故事集，广东省军区政治部、海南军区政治部编，广东人民出版社，1975。

1137. 解放海南岛，郝瑞著，解放军出版社，2007。

1138. 解放海南岛，中南新华书店编审部编，中南新华书店，1950。

1139. 解放海南岛（影集），《工家的书》编委会编，人民美术出版社，1950。

1140. 解放海南岛（影集），中国人民解放军中南军区第四野战军政治部编，中国人民解放军中南军区第四野战军政治部，1951。

1141. 解放海南，豫颖主编，军事谊文出版社，1997。

1142. 解放海南，刘振华著，沈阳人民出版社，1998。

1143. 威名震敌的驳壳排，陈求光等著，1987，中山图藏。

1144. 南方三年游击战争：琼崖游击区，中国人民解放军历史资料丛书编审委员会编，解放军出版社，1995。

1145. 海南岛战役略史，实践学社编，实践学社，1950。

1146. 天涯海角追穷寇：记海南岛战役，解戈编著，中国工人出版社，1999。

1147. 关于西沙之战的报告，中共肇庆市委宣传部、中共肇庆市委党校编，中共肇庆市委宣传部、中共肇庆市委党校，1975，中山图藏。

1148. 母瑞山，广东琼岸革命史研究会、广州地区老游击战士联谊会琼纵分会编，《母瑞山》编辑部，1997，海大图藏。

1149. 母瑞山：琼崖革命摇篮，崔开勇、陈琳主编，海南出版社，1993。

1150. 跨海之战：金门、海南、江山，刘统著，生活·读书·新知三联书店，2010。

1151. 跨海之战，庄红军主编，中国人民解放军陆军第四十集团军政治部，2000，省图藏。

1152. 创造渡海作战的奇迹：解放海南岛战役决策指挥的真实记叙，杨迪著，解放军出版社，2000。

1153. 一二八师在海南，朱逸辉主编，《一二八师在海南》编委会，2005，海大图藏。

1154. 海南战事100例，靳承训主编，南方出版社，2004。

1155. 解放战争大全景，豫颖主编，军事译文出版社，1997。

1156. 英明的决策 辉煌的胜利：纪念海南解放四十周年（1950～1990），中共海南省党史研究室编，三环出版社，1990。

1157. 琼崖抗日战争史料选编，中共广东省委党史资料征集委员会，中共广东省海南行政区委员会党史办公室编，1986，海大图藏。

1158. 四野最后一战，方天、常青、建华著，国防大学出版社，1995。

1159. 战争史上的奇迹：四十三军解放海南纪实，张振瀛著，广东人民出版社，2001。

1160. 琼崖抗战纪，王钦寅编，1950，中山图藏。

1161. 琼崖纵队司令部公布令，冯白驹等著，中国人民解放军琼崖纵队司令部油印本，1950，中山图藏。

1162. 决战海口，林可行著，吉林文史出版社，2006。

1163. 最忆是西沙，昌太著，华龄出版社，2004。

第五节　经济

一　中国经济

地方经济

1164. 世界著名岛屿经济体选论，吴士存编，世界知识出版社，2006。

1165. 海口市人民政府、海南大学关于成立海口经贸研究所的方案，海南大学社会科学研究中心编，2001，海大图藏。

1166. 永远的红树林：中国生态前沿报告，张庆良著，南方出版社，2005。

1167. 循环经济：推进海南生态省建设必由之路，张恒主编，海南省社会科学界联合会，2004，海大图藏。

1168. 海南经济学会成立大会专刊，海南经济学会编，1986，中山图藏。

1169. 海南和其他经济特区政策文件资料汇编，海口市委政策研究室、海口市体制改革办公室编，海口市委政策研究室、海口市体制改革办公室，1988，中山图藏。

1170. 庆祝海南省成立纪念特刊：中国最大的经济特区——海南省，王业隆主编，旅港海南同胞庆祝海南省成立筹备委员会，1989，海大图藏。

1171. 金色的海南岛：庆祝海南省建省一周年，吴乾翔总编辑，海南省旅游局，1989，海大图藏。

1172. 海南建省办经济特区五周年专刊（1988.4～1993.4），刘学斌、张建国主编，海南省人民政府新闻办公室，1993，海大图藏。

1173. 中国经济特区十年丛书·海南分卷，萧育才主编，海南省旅游局，1989，海大图藏。

1174. 中国沿海经济开放区十年概览，金其桢主编，科学出版社，1992。

1175. 世界经济特区，邹良贤等编，南海出版公司，1992。

1176. 认识海南、建设海南，邓鸿勋等著，海南出版社，1992。

1177. 中国最大经济特区海南：1993（香港）中国海南介绍会展览图片专辑，刘庆泽主编，1993（香港）中国海南介绍会新闻宣传组，1993，海大图藏。

1178. 走向市场经济的今日中国：海南市场经济发展大观，孙尚清主编，南海出版公司，1995。

1179. 海南经济特区产业结构分析，吕艳梅等编，中共海南省委办公厅，1996，三亚图藏。

1180. 脱贫之路，海南省政协民族和宗教委员会编，民族出版社，1999。

1181. 三亚市“八五”经济和社会发展资料汇编，三亚市计划局编，1996，三亚图藏。

1182. 海南省保亭县经济调查论文集，琼州大学旅游部经济管理系编，

1996，琼院图藏。

1183. 中国海南经济研究，暨南大学特区港澳经济研究所编，香港新闻出版社，1989年。

1184. 海南经济发展论，钟业昌著，香港新闻出版社，1989。

1185. 1991海南社会经济发展研究，廖逊等主编，南海出版公司，1992。

1186. 1992海南社会经济发展研究，廖逊等主编，南海出版公司，1993。

1187. 1993海南社会经济发展研究，廖逊等主编，南海出版公司，1994。

1188. 1994海南社会经济发展研究，廖逊等主编，南海出版公司，1995。

1189. 1995海南社会经济发展研究（上、下册），廖逊等主编，南海出版公司，1996。

1190. 1996海南社会经济发展研究（上、下册），廖逊等主编，南海出版公司，1997。

1191. 1997海南社会经济发展研究（上、下册），廖逊等主编，南海出版公司，1998。

1192. 海南社会经济发展研究，钟业昌著，中国科学技术出版社，1991。

1193. 海南现代化和台湾发展经验研讨会论文集，叶孔嘉、唐代彪主编，香港科技大学社会科学部，1995，广州图藏。

1194. 走向共同的繁荣：海南名族地区社会经济发展研究，龙远蔚、关键等著，中国财政经济出版社，1992。

1195. 三亚市经济社会发展研究：1995年三亚市理论研讨会论文集，钟文主编，1995，三亚图藏。

1196. 三亚市经济社会发展研究：1996年三亚市理论研讨会论文集，钟文主编，1996年，三亚图藏。

1197. 三亚市经济、社会、环境综合发展战略研究，于光远主编，中国财政经济出版社，1996年。

1198. 海南大特区屯昌县经济发展战略研究，中国共产党屯昌县委员会等著，暨南大学出版社，1992。

1199. 自治州经济发展研究第一辑，中共海南黎族苗族自治州办公室编，1986，中山图藏。

1200. 自治州经济发展研究第二辑，中共海南苏州黎族苗族自治州委办公室编，1987，中山图藏。

1201. 探路集——海南经济论文选，陈录光主编，南海出版公司，1991。

1202. 大路朝天：崛起的海南民营科技，海南省科技厅主编，1994，省图藏。

1203. 转轨经济论：兼论特区体制创新，黄景贵著，中国审计出版社，1999。

1204. 新世纪的伟大进军："十五"计划文件资料汇编，中共海南省委办公厅编，2001，海大图藏。

1205. 社会主义市场经济与基层党组织建设：来自组织部门的报告，中共海南省委组织部编，海南出版社，1993。

1206. 新世纪初的蓝图：海南省国民经济和社会发展"十五"计划汇编，海南省发展计划厅编，2001，省图藏。

1207. 海南省国民经济和社会发展第十个五年计划纲要，2001，省图藏。

1208. 海南省国民经济和社会发展第十一个五年规划纲要，2006，省图藏。

1209. 两岸产业发展与经营管理比较研究，黄景贵等主编，中国财政经济出版社，2003。

1210. 海南科技创新调查研究报告，肖杰主编，海南省科学技术厅，2006，省图藏。

1211. 面向新世纪的海南高新技术产业：海南省首届科技论坛文集，尹双增主编，南方出版社，2000。

1212. 海南经济发展与环境保护国际研讨会文集，卫飒英、许达文主编，三环出版社，1990。

1213. 海南省国土综合规划，海南省计划厅编，1996，海大图藏。

1214. 中国小康之路·海南卷，戴彦竑主编，人民日报《人民文摘》海南站，2004，省图藏。

1215. 海南省扩大开放调研报告集，中共海南省委扩大开放工作组办公室编，2004，海大图藏。

1216. 热土冷思，王毅武著，海南出版社，2009。

1217. 我的区域经济发展观：来自区域经济前沿的实践与思考，符朝康著，南海出版公司，2003。

1218. 建言海南改革：1991～2003 年海南经济特区政策研究报告，中国（海南）改革发展研究院编，2003，海大图藏。

1219. 粤海铁路对海南发展的影响与对策，詹长智主编，2003，海大图藏。

1220. 加入 WTO 与海南科技产业化：第二届海南省科技论坛论文集，刘须钦主编，中国科学技术出版社，2003。

1221. 实践“三个代表”，加快海南发展系列对策研究报告，迟福林编，2003，海大图藏。

1222. 努力打造海南体制特色，中共海南省委政策研究室、海南省人民政府研究室编，中共海南省委政策研究室，2003，海大图藏。

1223. 海口市行政区划调整文件资料汇编，海南省民政厅、海口市人民政府编，2003，海大图藏。

1224. 海南经济可持续发展文集：海南·2001，江泽林主编，海洋出版社，2002。

1225. 实践“三个代表”，加快海南发展系列对策研究报告，迟福林主编，海南省社会科学界联合会，2002，海大图藏。

1226. 洋浦经济开发区文献汇编（1992～2002），洋浦经济开发区管理局办公室编，2002，海大图藏。

1227. 中国特区之路·海南卷（2001 年），曹为华，卢海云主编，新华通讯社海南分社，2001。

1228. 中国入世海南的影响，海南省人民政府研究室编，南海出版公司，2001。

1229. 海南省中部地区经济高效可持续发展研究，杨小波著，气象出版社，2001。

1230. 中国入世对海南的影响，李应济主编，南海出版公司，2001。

1231. 新世纪初的蓝图：海南省国民经济和社会发展“十五”计划汇编，海南省发展计划厅编，2001，海大图藏。

1232. 海南发展的绿色道路：生态省建设的理论与实践问题研究，柳树滋、刘新宜、章汝先主编，海南出版社，2001。

1233. 分化与整合：海南所有制结构与社会阶层结构研究，程多伟著，南方出版社，2000。

1234. 特区建设与对外经贸，符大榜著，南海出版公司，1993。

1235. 百县市经济社会调查·儋州卷，儋州市情调查组，中国大百科全书出版社，1996。

1236. 中国县（市）改革纵横·海南卷，刘名启主编，人民出版社，1994。

1237. 海南开发指南，朱悦、李光明主编，湖南科学技术出版社，1988。

1238. 海南岛发展战略研究资料集，中国人民大学书报资料中心编辑部编，中国人民大学书报资料中心，1988。

1239. 东南沿海行：海南省对外贸易经济合作厅赴七省市外向型经济考察报告汇编，彭瑞林主编，2003，省图藏。

1240. 2006：海峡西岸经济区发展报告，张志南、李闽榕主编，社会科学文献出版社，2006。

1241. 以产业开放拉动产业升级：中国加入WTO背景下的海南经济发展战略，迟福林、李昌邦主编，海南出版社，2000。

1242. 海南区域经济发展研究，李仁君著，中国文史出版社，2004。

1243. 海南经济特区定位研究，李克编著，海南出版社，2000。

1244. 海口市“十五”规划前期研究报告汇编，海口市发展计划局编，2000，海大图藏。

1245. “十五”规划研究课题汇编（一），海南省发展计划厅编，2000，海大图藏。

1246. 中国地区发展回顾与展望·海南省卷，刘江主编，刘琦本卷主编，中国物价出版社，1999。

1247. 椰城报告：透视海口、加快发展，娄东风主编，海口市人民政府发展研究中心，1999，海大图藏。

1248. 椰城报告：调整结构、持续发展，娄东风主编，海口市人民政府发展研究中心，2000，海大图藏。

1249. 海口市国民经济和社会发展回顾与展望（1999～2000），张德铜主编，海口市发展计划局，2000，海大图藏。

1250. 2001年海口市国民经济和社会发展报告，张德铜主编，海口市发展计划局，2001，海大图藏。

1251. 2002年海口市国民经济和社会发展报告，张德铜主编，海口市发展计划局，2002，海大图藏。

1252. 2003年海口市国民经济和社会发展报告，张德铜主编，海口市发展计划局，2003，海大图藏。

1253. 2006年海口市国民经济和社会发展报告，徐敏生主编，海口市发展计划局，2006，海大图藏。

1254. 2007年海口市国民经济和社会发展报告，盖文启主编，海口市发展和改革局，2007，海大图藏。

1255. 2009年海口市国民经济和社会发展报告，谢京等主编，海口市发展和改革局，2009，海大图藏。

1256. 2010年海口市国民经济和社会发展报告，谢京等主编，海口市发展和改革局，2010，海大图藏。

1257. 2011年海口市国民经济和社会发展报告，谢京等主编，海口市发展和改革局，2011，海大图藏。

1258. 海口市国民经济和社会发展第十一个五年规划汇编（2006～2010），海口市发展和改革局编，2006，海大图藏。

1259. 海南现代经济发展史，符泰光等主编，西南师范大学出版社，1999。

1260. 海南十年反思，蔡慎坤著，三联书店，1999。

1261. 走向开放地，南新燕等主编，旅游教育出版社，1992。

1262. 进步与缺憾：海南特区现代化问题研究，曹锡仁等著，中国经济出版社，1999。

1263. 海口改革文选（上、下册），吴学宣主编，中共海口市委政策研究室，1999，海大图藏。

1264. 五指山壮歌：海南省扶贫工作实录，陈正优著，南海出版公司，1999。

1265. 中国大特区的十年变革，鲁兵、徐冰著，中共中央党校出版社，1998。

1266. 海南经济研究，王信才著，中华文化出版社，1998。

1267. 嬗变中的海南人，王建国著，南海出版公司，1998。

1268. 海南经济信息周刊，海南省信息中心，1998，海大图藏。

1269. 海南西部的希望：芒果之乡（昌江）迈向新世纪的理论与实践，郑坚毅、符天明主编，南海出版公司，1998。

1270. 海南迈向新世纪的思考，钟卿廉著，海南出版社，1998。

1271. 洋浦模式论，潘正文著，海南出版社，1997。

1272. 绿岛傻想，周文彰著，海南出版社，1997。

1273. 海南科技经济评论与研究，颜家安著，新华出版社，1997。

1274. 海口经济发展之路，石毅、李秀华著，海南出版社，1997。

1275. 海南建立社会主义市场经济体制的实践，王洛林主编，社会科学文献出版社，1997。

1276. 中国经济特区的建立与发展·海南卷，中共海南省委党史研究室编，中共党史出版社，1997。

1277. 少荒集：特区社会经济发展研究，廖逊著，南海出版公司，1997。

1278. 海南外向型经济发展与生产力布局论，郑先、郑锋著，南海出版公司，1996。

1279. 海南省“科技兴海”规划，张本主编，内蒙古人民出版社，1996。

1280. 走出“泡沫”：海南经济发展战略转折，廖逊、张金良著，南海出版公司，1996。

1281. 海南发展大沉思，王建国著，海南出版社，1996。

1282. 迈向新世纪的海南经济特区，古克武主编，湖北人民出版社，1996。

1283. 海南社会主义市场经济体制基本框架，陈全义、罗时祥、程国林编著，海南出版社，1996。

1284. 海南市县经济发展研究，陈禄光主编，海南出版社，1996。

1285. 海南省农垦跨世纪发展规划与研究，海南省农垦总局编，1996，海大图藏。

1286. 海南少数民族市县扶贫情况调查，陈全义主编，中共海南省委办公厅，1996，海大图藏。

1287. 海南省首届少数民族地区市场开发建设研讨论文汇编，海南省工商行政管理局、海南省民族宗教事务委员会编，海南省工商行政管理局，1995，海大图藏。

1288. 海南产业发展论：兼论开放条件下多元经济社会的产业发展，黄德明著，南海出版公司，1995。

1289. 海南投资旅游服务指南，王厚宏主编，海南出版社，1995。

1290. 走向大开放，迟福林著，改革出版社，1995。

1291. 大特区建设的理论与实践，林承钧、方少云主编，南海出版公司，1993。

1292. 1995中国转轨经济研究报告，中国（海南）改革发展研究院编，改革出版社，1995。

1293. 论开放搞活，符大榜著，南海出版公司，1996。

1294. 中国与世界，中国与世界研究所编，中国与世界研究所，1996，海大图藏。

1295. 1996海南经济理论研讨会论文选，迟福林主编，南海出版公司，1996。

1296. WTO与海南，卓东荣主编，海大图藏。

1297. 跨世纪的抉择：经济特区二次创业，周文彰、李琦、罗新著，南海出版公司，1998。

1298. 中国经济特区新论，鲁兵著，海南出版社，2004。

1299. 21世纪北部湾经济发展战略，夏明文、陶伯华主编，南方出版社，2002。

1300. 县域经济发展研究，王贵章著，南海出版公司，1999。

1301. 大特区腹地的报告——通什市社会经济发展战略规划，廖逊主编，三环出版社，1991。

1302. 海南省外来投资企业名录（1991），毛志君等主编，经济日报出版社，1991。

1303. 海南省建设项目、引进专利和科技成果转让项目资料简介，海南省规划设计研究院编，海南省规划设计研究院，1992，海大图藏。

1304. 1995环北部湾经济开放报告，夏明文、陶伯华主编，南海出版公司，1995。

1305. 澄迈投资指南，澄迈县投资促进委员会、澄迈县经济合作局编，澄迈县经济合作局，1992，琼院图藏。

1306. 海南省经济特区投资指南，符大榜主编，海南省人民政府社会经济发展研究中心编，1993，海大图藏。

1307. 海南开发与建设，郭绍明主编，海南省人民政府办公厅编，海南出版社，1995。

1308. 中国环北部湾地区总体开发与协调发展研究，孙尚志主编，气象出版社，1997。

1309. 海南特区经济管理，王厚宏、蔡长松主编，海南出版社，1995。

1310. 1994 的海南，第三届海南国际椰子节企业界组委会等编，《新东方》杂志社，1994，海大图藏。

1311. 海南发展的绿色道路：关于海南农业与旅游发展的几篇论文与调查报告，夏鲁平、李泱凡编著，海南出版社，1994。

1312. 跨世纪的海南，肖立河、周成俊主编，《特区展望》杂志社，1994，海大图藏。

1313. 机遇与挑战：海南当前经济形势分析，邹良贤等著，1993，海大图藏。

1314. 琼山：特区县级经济探索，吴亚荣著，中共中央党校出版社，1993。

1315. 中国海南洋浦经济开发区，黄进先、江上舟主编，海南出版社，1993。

1316. 洋浦：中国第一个自由经济贸易区，常辅棠、王林磊著，海南出版社，1993。

1317. 海南省市县投资环境及招商项目，刘学斌主编，海南出版社，1993。

1318. 开放的成本：五年半来的海南经济特区试验，廖逊著，南海出版公司，1993。

1319. 开放的成本：六年来的海南经济特区试验，廖逊著，南海出版公司，1993。

1320. 开放的成本：六年半来的海南经济特区试验，廖逊著，南海出版公司，1994。

1321. 海南跨世纪经济发展新思路，林辉奉主编，南海出版公司，1993。

1322. 中国海南省对外招商洽谈项目，海南省经济合作厅编，1993，海大图藏。

1323. 海南省市县投资环境及招商项目，刘学斌主编，海南出版社，1993。

1324. 建立海南特别关税区可行性研究报告，中国（海南）改革发展研究院编，中国（海南）改革发展研究院，1992，海大图藏。

1325. 中国（海南）改革发展研究院大事记（1991.1～1992.11），中国（海南）改革发展研究院，1992，海大图藏。

1326. 海南省投资政策，邹良贤著，三环出版社，1991。

1327. “超越的探索《海南日报》大特区论坛”百期文选，钟业昌主编，四川人民出版社，1991。

1328. 琼山县投资合作指南，吴坤超、吴坤雄主编，琼山县经济合作局，1991，海大图藏。

1329. 海南资源与开发，吉章简等著，香港亚洲出版社，1956。

1330. 海南资源与开发，陈泰钦著，中国农业出版社，1999。

1331. 关于加快开发建设海南岛问题文件资料汇编（一），中共海南区党委研究室编，1983，中山图藏。

1332. 关于加快开发建设海南岛问题文件资料汇编（二），中共海南区党委研究室编，中共海南区党委研究室，1983，中山图藏。

1333. 关于加快开发建设海南岛问题文件资料汇编（四），中共海南区党委研究室编，中共海南区党委研究室，1984，中山图藏。

1334. 海南岛的开发与建设，陈坚编著，社会科学院部门经济研究所编，《上海经济》编辑部，1986，中山图藏。

1335. 海南经济特区鼓励投资政策，海南省委政策研究室编，南海出版公司，1990。

1336. 海南经济特区设立外商投资企业指南，海南省投资促进委员会编，三环出版社，1990。

1337. 1997环北部湾经济开发报告，夏明文，陶伯华主编，海南出版公司，1997。

1338. 海南投资图集，海南省经济合作厅编制，地图出版社，1998。

1339. 中国三亚投资指南，陈贤主编、陈武现翻译，三亚图藏。

1340. 澄迈投资导向，澄迈县经济合作局编，1994，琼院图藏。

1341. 屯昌投资指南，黄祖安、王敦轩主编，中国画报出版社，1993。

1342. 白沙黎族自治县投资合作指南，白沙黎族自治县人民政府编，琼院图藏。

1343. 海南模式的特征、问题和前景：海南世界银行区域发展贷款背景调研报告，海南省世界银行贷款办公室编，时事出版社，1991。

1344. 海南开放改革新思路，张运文、徐林发主编，广东高等教育出版社，1990。

1345. 今日海南，中国共产党海南省委员会主办，《今日海南》杂志社，1990。

1346. 海南经济发展及管理问题探讨：北京经济函授大学海口分校第三届学员优秀毕业论文选，高云天、王康有、黄万主编，三环出版社，1990。

1347. 海南经济特区纪检理论研讨会论文集，中共海南省纪委调研室编，1990，海大图藏。

1348. 海南行政区国民经济统计资料提要（1952～1983），海南行政区统计局编，1984，海大图藏。

1349. 海南农垦1984年基本统计资料，广东省海南农垦局计划处编，1985，海大图藏。

1350. 中华人民共和国海南岛综合开发计划调查：第2年度第1次现地报告书，日本国际协力事业团编，1986，海大图藏。

1351. 中华人民共和国海南岛综合开发计划调查：第2年度中间报告书，海南区中日合作计公室编，日本国际协力事业团，1987，海大图藏。

1352. 中华人民共和国海南岛综合开发计划调查最终报告书，日本国际协力事业团、海南区中日合作计划办公室编，1986，海大图藏。

1353. 海南岛综合开发计划调查报告书汇编第十辑：土地利用型农业的经济性比较及各县开发框架系列29，海南行政区中日合作编制海南岛综合开发计划办公室编，1987，海大图藏。

1354. 海南岛综合开发计划调查报告书汇编第十二辑：中间报告书概要系列35、海南岛开发的方向系列26、关于空间开发框架系列27，海南行政区中日合作编制海南岛综合开发计划办公室编，1987，海大图藏。

1355. 海南农垦经济和社会统计资料（1986），海南农垦局计划处编，1987，海大图藏。

1356. 海南岛：发展战略研究资料集，周连顺等编，中国人民大学书报资料中心，1988，海大图藏。

1357. 海南经济发展战略，刘国光著，经济管理出版社，1988。

1358. 海南投资手册（1988～1991），海南国际公共关系公司、深圳大学公共关系事务所编，上海科学技术出版社，1988。

1359. 海南岛：发展战略研究资料集，中国人民大学书报资料中心编，1988，海大图藏。

1360. 经济自由岛：中国海南省经济模式构想，云冠平等主编，中国科学技术出版社，1988。

1361. 八所，戚火贵著，中共东方县委员会、东方县人民政府，1993。

1362. 海南省投资指南，海南省经济计划厅编，海南人民出版社，1988。

1363. 海南资源环境与空间发展研究，温长恩著，海南人民出版社，1989。

1364. 一条从未走过的路：超前区文选，海南开发报社，广东旅游出版社，1989。

1365. 海南开发研究与探索，唐惠建编，海南省社会经济发展研究中心，1989，海大图藏。

1366. 海南行业开发项目大全，海南省经济计划厅编，中国国际广播出版社，1989。

1367. 海南特区发展战略研究，黄家驹著，电子工业出版社，1989。

1368. 海南建设与系统工程，海南省系统工程学会编，海南省系统工程学会秘书处出版，海师图藏。

1369. 科技兴琼，刘忠奕、欧阳统编，海南出版社，1993。

1370. 海南经济发展与琼港关系研究，符大榜著，海南出版社，1992。

1371. 海南省主要经济指标在全国的位次（1993），海南省统计局编，海师图藏。

1372. 海南省主要经济指标在全国的位次（1994），海南省统计局编，海师图藏。

1373. 海南省主要经济指标在全国的位次（1995），海南省统计局编，海师图藏。

1374. 海南岛的开发和建设，陈坚著，1986，海师图藏。

1375. 海南经济特区情况介绍，中国国情研究会驻海口办事处研究室编，中国国情研究会驻海口办事处书刊编辑部，1992，海师图藏。

1376. 海南经济发展研究，陈永辉、邢福惠著，海南出版社，1992。

1377. 海南经济发展研究，钟业昌著，中国科学技术出版社，1991。

1378. 擎钵集：特区社会经济发展研究，廖逊著，南海出版公司，1995。

1379. 神趣集：特区社会经济发展研究，廖逊著，海南出版社，1994。

1380. 海南省工业经济协会成立专刊，高秉直、周文锋、李金泉编，海南省工业经济协会，1995，海师图藏。

1381. 海南经济可持续发展文集：海南·2001，江泽林编，海洋出版社，2002。

1382. 认识海南建设海南，邓鸿勋、刘剑锋著，海南出版社，1992。

1383. 生态优化条件下的经济增长：海南经济可持续发展模式，谢文明、杨立刚著，海南出版社，1999。

1384. 走向共同繁荣：海南民族地区社会经济发展研究，龙远蔚、关键著，中国财政经济出版社，1992。

1385. 改革开放大家谈，洪寿祥著，南海出版公司，1998。

1386. 海南财税风采：海南财税十年改革与发展，海南省财政厅编，1998，省图藏。

1387. 海南经济特区概况：现状、政策、统计，海南省体制改革办公室，海师图藏。

1388. 海南改革之路（1993～1994），海南省人民政府办公厅调研室编，海南出版社，1994。

1389. 海南省党外知识分子建言献策集，海南省党外知识分子联谊会编，2008，省图藏。

1390. 海南经济研究报告，唐镇乐著，中央文献出版社，2007。

1391. 三亚经济协作指南，海南省三亚市经济协作办公室编，1989，省图藏。

1392. 学前调研报告一，创新工作论坛篇，中共海南省委组织部干部培训处编，2008，省图藏。

1393. 学前调研报告二，政企文化融合论坛篇，中共海南省委组织部干部培训处编，2008，省图藏。

1394. 挚爱有声，王毅武、李运才主编，海南出版社，2009。

1395. 2000 海口发展形势与预测，娄东风主编，海口市人民政府发展研究中心，2000，海大图藏。

1396. 2001 海口发展形势与预测，程国林主编，海口市人民政府研究室，2001，省图藏。

1397. 2002 海口发展形势与预测，郑保祥主编，海口市人民政府研究室，2002，海大图藏。

1398. 2003 海口发展形势与预测，娄东风主编，海口市人民政府发展研究中心，2003，海大图藏。

1399. 2004 海口发展形势与预测，程国林主编，海口市人民政府研究室，2004，省图藏。

1400. 2005 海口发展形势与预测，欧阳卉然主编，海口市人民政府研究室，2005，海大图藏。

1401. 2006 海口发展形势与预测，娄东风主编，海口市人民政府研究室，2006，海大图藏。

1402. 经济改革与发展战略，罗时祥著，南海出版公司，1993。

1403. 海南与博鳌亚洲论坛，吴刚主编，南海出版公司，2006。

1404. 海南经济普查年鉴（2004）：第二产业卷，符国瑄主编，海南出版社，2006。

1405. 海南经济普查年鉴（2004）：第三产业卷，符国瑄主编，海南出版社，2006。

1406. 海南经济普查年鉴（2004）：综合卷，符国瑄主编，海南出版社，2006。

1407. 三亚市经济、社会、环境综合发展战略研究，于光远主编，中国财政经济出版社，1996。

1408. 海南岛建设投资指南，杨永生等编，中国建筑工业出版社，1990。

1409. 海南岛，新华通讯社广东分社、海南行政区对外经济工作委员会编，新华通讯社广东分社出版，1984。

1410. 海南概况与投资指南，符启林编，北京理工大学出版社，1989。

1411. 海南开发探索与研究，海南省人民政府社会经济发展研究中心编，海南省人民政府社会经济发展研究中心，1989，海大图藏。

1412. 投资海南，海南省经济技术合作促进会主编，中华出版社，2009。

1413. 投资琼山，前程灿烂，招商项目，琼山市经济合作局、琼山市计划统计局编，1999，省图藏。

1414. 论证海南发展，国章成著，经济科学出版社，2007。

1415. 海南发展大沉思，王建国著，南海出版公司，1996。

1416. 琼崖革命根据地的经济斗争，王礼琦、邢益森、武力著，海南人民出版社，1989。

1417. 海口发展研究报告（2001～2002），郑保祥主编，海口市人民政府研究室，2003，省图藏。

1418. 超越与探索，李洪波著，海南出版社，1996。

1419. 1993（香港）中国海南介绍会展览图片专辑，刘庆泽主编，93（香港）中国海南介绍会新闻宣传组，1993，省图藏。

1420. 海南经济发展问题研究，张恒主编，2001，省图藏。

1421. 为了又快又好发展："十一五"规划文件资料汇编，中共海南省委政策研究室编，2006，省图藏。

1422. 海南经济特区研究资料选辑，胡素萍主编，2007，省图藏。

1423. 海南资源环境与经济开发战略研究，温长恩、欧阳统主编，海南出版社，1993。

1424. 中国大特区的十年变革，鲁兵、徐冰著，中共中央党校出版社，1998。

1425. 海南省生态足迹研究，符国基著，化学工业出版社，2007。

1426. 走向大开放：海南经济文化问题探微，范高繁、韩栤畴著，海南出版社，1993。

1427. 海南社会主义市场经济体制改革的基本实践（1988.5～1993.3），中共海南省委政策研究室海南省体制改革办公室，1993。

1428. 走向开放的海南，中国（海南）改革发展研究院著，中国经济出版社，2011。

1429. 2020年的海南，中国（海南）改革发展研究院著，中国经济出版社，2011。

1430. 开山门：海南民族地区开发与建设，张业琳著，中国经济出版社。

1431. 海南企业股份有限公司章程（草案），海南企业股份有限公司，中山图藏。

1432. 海南经济特区房地产大趋势，吴双丰、王向和主编，中国计划出版社，1994。

1433. 海南精品楼盘导购图，国家测绘局海南测绘资料信息中心编制，湖南地图出版社，2005。

1434. 海口市“十二五”期间各行业和区域发展思路研究课题汇总，海口市发展和改革委员会编，2010，海大图藏。

1435. 海口市“十二五”规划重大前期研究课题汇总（合三册），海口市发展和改革委员会编，2010，海大图藏。

1436. 辉煌的十年（1988～1998），陈运兴、盛锦川、程少林编，海南省统计局，1998，海大图藏。

1437. 海南经济特区投资指南（1993年），符大榜、何南跃等著，海南省政府社会经济发展研究中心，1993，海大图藏。

1438. 洋浦，《洋浦》编写组编，1993，海大图藏。

1439. 春归万泉河，徐筱蓉、颜承英等编，琼海市人民政府，海大图藏。

1440. 博鳌亚洲论坛成员国与中国海南旅游资源互补研究，冯源著，当代中国出版社，2011。

1441. 走向国际旅游岛，王晶著，吉林大学出版社，2010。

1442. 海口发展研究，海口市社会科学界联合会编，2010，海大图藏。

1443. 洋浦开发背景透视，马建东著，中共党史出版社，2009。

1444. 海南产业发展战略研究，黄景贵、张尔升、杨红编著，海南出版社，2009。

1445. 情溢净言，王毅武著，海南出版社，2009。

1446. 海南经济发展战略，刘国光、周文彰著，南方出版社，2008。

1447. 小政府 大社会，廖逊、周文彰著，南方出版社，2008。

1448. 海南建省，陈克勤著，人民出版社，2008。

1449. 海南大特区的十年变革，鲁兵、徐冰、周文彰著，南方出版社，2008。

1450. 以产业开放拉动产业升级，迟福林、李昌邦、周文彰著，南方出版社，2008。

1451. 闯海魂，吴志良、秦建国、刘文军著，海南出版社，2008。

1452. 海南特区经济可持续发展战略研究，许芳、张尔升等著，南方出版社，2008。

1453. 海南特区发展史论，夏平、周文彰著，南方出版社，2008。

1454. 海南特区发展战略的演变、整体效应及其评价，周金泉、周文彰著，南方出版社，2008。

1455. 海南经济史，黎雄峰、周文彰著，南方出版社，2008。

1456. 海南特区区域经济合作研究，李仁君、周文彰著，南方出版社，2008。

1457. 海南特区人口、资源与环境研究，林鸿民、周文彰著，南方出版社，2008。

1458. 海南体制创新研究，钟哲辉、孟和乌力吉、周文彰著，南方出版社，2008。

1459. 策划天涯：立足海南的追求和探索，中国（海南）改革发展研究院著，人民出版社，2008。

1460. 痴心热土，迟福林著，人民出版社，2008。

1461. 数字看海南：建省办经济特区 20 年的变化，中国（海南）改革发展研究院编，2008，海大图藏。

1462. 洋浦经济开发区税收政策研究，张少华著，海南大学，2007，海大图藏。

1463. 营造绿色宜居城市，廖逊主编，社会科学文献出版社，2007。

1464. 洋浦经济开发区管理体制创新研究，梁娟著，海南大学，2007，海大图藏。

1465. 中国统筹区域发展，中国（海南）改革发展研究院编，2005，海大图藏。

1466. 海口市“十一五”专项规划汇编（2006～2010），盖文启主编，海口市发展和改革局，2007，海大图藏。

1467. 白沙情结：贫困县市工作研究，陈纯英著，海南出版社，2007。

1468. 中国沿海城市的对外开放，中共中央党史研究室第三研究部编，中共党史出版社，2007。

1469. 策论海南：关于海南研究及策划报告集，曹锡仁、张学泮、彭京宜主编，南方出版社，2007。

1470. 以科学发展观为指导，全面建设具有海南特色的小康社会，中国（海南）改革发展研究院编，2007，海大图藏。

1471. 海南区域发展调查与探索，种润之编，海南省人民政府研究室，2007，海大图藏。

1472. 新时期海南热点调查，王一新、宋攻文、种润之主编，海南出版社，2006。

1473. 牵手台湾：海南台湾经济比较与合作研究，王一新等著，海南出版社，2006。

1474. 万宁市经济普查资料汇编：中华人民共和国2004年第一次全国经济普查，万宁市第一次经济普查领导小组办公室编，2006，海大图藏。

1475. 海口市城市调查资料（1985～2005），国家统计局海口市城市社会经济调查队编，海口市统计局，2006，海大图藏。

1476. 沧桑巨变八十年：1926～2006海口，欧阳卉然主编，海南出版社，2006。

1477. 海南发展问题研究，符大榜著，海南出版社，2005。

1478. 海南发展战略思考（上、下册），刘威主编，中国和平出版社，2005。

1479. 海南科技发展调研报告集（2004年），肖杰主编，海南省科学技术厅，2005，海大图藏。

1480. 海口产业结构优化研究，李锋著，2005，海大图藏。

1481. 海南民间文学与海南旅游经济，张浩文著，甘肃文化出版社，2005。

1482. 海南省中部与贫困地区调查报告汇编，许俊主编，海南省人民政府办公厅，2005，海大图藏。

1483. 突破：建言海南“十一五”发展，中国（海南）改革发展研究院编，2005，海大图藏。

1484. 海南省海洋经济发展规划，海南省海洋经济发展规划报告编写组编，2005，海大图藏。

1485. 均衡格局中的地方自主性：对海南经济特区（1998～2002年）发展的实证研究，沈德理著，中国社会科学出版社，2004。

1486. 海南经济发展理论与模式研究，陈为毅著，红旗出版社，2004。

1487. 选择绿色发展之路：海南发展20年的回顾与反思，夏鲁平著，南海出版公司，2004。

1488. 海南六十年代国民经济调整资料选编（1961～1964），中共海南省委党史研究室、海南省档案局编，2004，海大图藏。

1489. 建设海南旅游经济特区：研究框架，中国（海南）改革发展研究院编，2004，海大图藏。

1490. 海南省海洋与渔业厅工作调研报告汇编，海南省海洋与渔业厅编，2004，海大图藏。

1491. 海南省民族地区经济发展文集，李华权编，海南省民族宗教事务厅政策法规处，2004，海大图藏。

1492. 奔腾的开发区，黄谋云主编，南方出版社，2008。

1493. 海南投资实用手册，吴士存主编，海南省人民政府外事办公室，1991。

1494. 海南岛：中国大特区，海南省人民政府外事办公室、海南日报海外版编辑部编，1992，海大图藏。

1495. 南海明珠：海南省，周松、杨竹青编，1988。

1496. 海南省（岛）国土环境资源遥感应用研究，丁式江著，地质出版社，2008。

1497. 跨世纪的选择：经济特区二次创业，周文彰、李琦、罗新著，南海出版公司，1998。

1498. 中国经济特区大辞典，高同星等主编，人民出版社，1996。

1499. 增创新优势：海南省市县委中心组优秀论文集，黄进先主编，南海出版公司，1996。

1500. 海南·台湾比较与发展，林明江著，海南出版社，1995。

1501. 大特区市场体系探索，刘学斌著，南海出版公司，1993。

1502. 海南房地产投资向导，海南省社会经济发展研究中心、海南产业投资研究所编，1993，海大图藏。

1503. 海南经济特区招商要览，海南省经济合作厅编，1993，海大图藏。

1504. 万宁县投资指南，万宁县经济合作局编，1991，海大图藏。

1505. 特区金融论，辛荣耀著，南海出版公司，1990。

1506. 中国经济特区年鉴，关诺主编，香港《中国经济特区年鉴》出版社，1985。

1507. 中国海南资源，潘耀华主编，《中国海南资源》编辑部，1988，海大图藏。

1508. 海口市图集，吴郁文、韩智存主编，广东省地图出版社，1989。

1509. 海南省投资开发政策及项目，邹良贤著，南海出版公司，1993。

1510. 海南省经济师文选，吴世良等编，三环出版社，1989。

1511. 海南省经济师文选，吴世良等编，南海出版公司，1989。

1512. 海南省经济师文选第二集，吴世良等编，南海出版公司，1994。

1513. 海南省经济师文选第三集，吴世良等编，南海出版公司，1995。

1514. 海南特区投资环境及招商项目，黄进先编，海南出版社，1992。

1515. 海南经济发展与环境保护：海南经济建设与环境保护研究论文集，谢宗辉主编，海南出版社，1991。

1516. 中国经济特区向何处去：中国经济特区发展国际研讨会文集，中国（海南）改革发展研究院编，新华出版社，1995。

1517. 海南省海岛资源综合调查研究专业报告集，海南省海洋厅、海南省海岛资源综合调查领导小组编，海洋出版社，1999。

1518. 南海环境与资源基础研究前瞻，苏纪兰主编，海洋出版社，2001。

1519. 生命渴求淡水，林秀锦编著，南方出版社，2004。

1520. 海南经济史研究，陈光良著，中山大学出版社，2004。

1521. 海口市经贸志，海口市经济贸易局、海口市地方志办公室编，南海出版公司，1993。

1522. 博鳌亚洲论坛 2002 年年会报告集，博鳌亚洲论坛秘书处编，中国财政经济出版社，2002。

1523. 亚洲寻求共赢：合作促进发展，星岛图书编，现代出版社，2004。

1524. 来到博鳌的领导者，武春河主编，经济日报出版社，2004。

1525. BOAO 博鳌亚洲论坛第三届年会：2004 博鳌纪念卡册，海南移动通信有限责任公司编，2004，海大图藏。

1526. 南海周边国家及地区产业协作系统研究，朱坚真著，海洋出版社，2003。

1527. 万宁县投资指南，万宁县经济合作局编，万宁县经济合作局，1991，海大图藏。

1528. 统筹城乡全面建设小康社会发展战略研究，王东阳主编，人民出版社，2008。

1529. 海口市经济合作洽谈项目汇编，海口市经济合作局编，海口市经济合作局，1992，海大图藏。

1530. 第三亚欧大陆桥西南通道建设构想：“第三亚欧大陆桥西南通道建设国际学术研讨会”论文集，王伟光、秦光荣主编，社会科学文献出版社，2009。

1531. 强县之路，唐剑光著，经济日报出版社，2008。

1532. 富民之路，唐剑光著，经济日报出版社，2009。

1533. 和谐之路，唐剑光著，经济日报出版社，2010。

1534. 海南建省办经济特区20周年庆典系列活动资料汇编（1988～2008），海南建省办经济特区20周年庆典系列活动筹备委员会办公室编，海南建省办经济特区20周年庆典系列活动筹备委员会办公室，2008，海大图藏。

1535. 加快转变经济发展方式，中共海南省委财经领导小组办公室编，中共海南省委财经领导小组办公室，2011，海大图藏。

1536. 琼西崛起的双子星座，廖逊主编，社会科学文献出版社，2010。

二　经济计划与管理

1537. 海口市工商行政管理志，云大江主编，南海出版公司，1994。

1538. 海南省工商行政管理局机关规章制度汇编，海南省工商行政管理局办公室编，1995，省图藏。

1539. 海南行政区科技长远规划背景材料（1～16），海南行政区科委规划办公室、海南行政区科技情报研究所编，海南行政区科委，1984，海大图藏。

1540. 海南统计月报，海南省统计局、海南省经济信息咨询服务中心编，海南省统计局，1992，海大图藏。

1541. 海南省省直单位实施会计委派制的探索与实践，陈日进主编，经济科学出版社，2001。

1542. 海南省直属单位会计委派制实施现状及对策研究，马秀丽著，2006，海大图藏。

1543. 海南省会计基础工作规范实施及考核办法，海南省财政税务厅编，省图藏。

1544. 海南农垦财务会计制度汇编：基本财务会计管理制度专辑（1994～2002年），海南省农垦总局财务处编，2003，省图藏。

1545. 海南审计，张立志编，《海南审计》杂志社，1996。

1546. 海南财政绩效内部审计研究，王海民著，海南大学，2008，海大图藏。

1547. 海南省人才交流服务中心业务简介及政策法规汇编，海南省人才交流服务中心编，1991，省图藏。

1548. 海南省职业介绍服务中心职能、内设机构、管理制度和工作规程，海南省职业介绍服务中心编，1998，省图藏。

1549. 海南劳动力资源开发指南，海南省人事劳动厅劳动力管理处，1989，省图藏。

1550. 海南省人事劳动简要统计资料（1995），海南省人事劳动厅综合计划处编，1996，海师图藏。

1551. 海南特区人事劳动制度改革，罗席珍主编，中国劳动出版社，1998。

1552. 面向21世纪的海南人力资源开发，林志向主编，中国劳动社会保障出版社，2007。

1553. 海南人事劳动统计年鉴（1993），海南省人事劳动厅编，1993，海师图藏。

1554. 物流业与海南经济发展，郭晓帆著，陕西旅游出版社，2003。

1555. 论"诚信·业绩·创新"，海航集团编著，2004，海大图藏。

1556. 诚信兴业：海南省创建文明诚信企业工作专辑，《海南省创建文明诚信企业工作专辑》编辑委员会编，省图藏。

1557. 海南省盐业总公司薪酬管理优化研究，郑莉著，海南大学，2008，海大图藏。

1558. 万达企业文化学习材料，海南万达包装制造有限公司编，2007，海大图藏。

1559. 海南省单位名录大全，符国瑄主编，海南省统计局，省图藏。

1560. 海南八所港务有限责任公司经营战略研究，黄兆周著，海南大学，2008，海大图藏。

1561. 海南省企业发展报告，冷明权主编，海南出版社，2007。

1562. 监企分开背景下海南省监狱企业的战略变革研究，杨晓林著，海南大学，2007，海大图藏。

1563. 海南省企业管理年鉴2006年卷，《海南省企业管理年鉴》编辑委员会编，经济导报社出版，2006，海大图藏。

1564. 新的起点：海南省企业家协会工作专辑（1997.2～1998.11），冷明权主编，太白文艺出版社，1999。

1565. 海南岛工商企业要览，海南行政区工商行政管理局编，中国工商出版社，1986。

1566. 海南大特区工商企业名录，《海南大特区工商企业名录》编辑部编辑，香港世界经济贸易出版社，1989。

1567. 中国企业承包实践（海南），海南省体制改革研究室、中国经济体制改革杂志社编，改革出版社，1991。

1568. 海南国企改革攻坚调研文集，钟文主编，1999，三亚图藏。

1569. 海南黎族苗族自治州乡镇企业区划报告，自治州乡镇企业区划小组编，1985，三亚图藏。

1570. 海南（高校）翰华国际科学园有限公司向海内外市场推出的首批高新科技项目，海南（高校）翰华国际科学园有限公司编，1994，海大图藏。

1571. 改革足迹，冷明权、陈绍伟、严儒峰等编，海南省企业家协会，2005，海大图藏。

1572. 改革足迹（续），冷明权编，海南国际新闻出版中心，1997。

1573. 探索：海南省企业家协会成立十周年专辑，冷明权著，太白文艺出版社，2000。

1574. 特区企业家队伍的建设，王峻岩、冷明权编，民主与建设出版社，1995。

1575. 泰国海南人业务录，泰国海南商会编，2001，海师图藏。

1576. 海南省企业家协会报告建议集，海南省企业家协编，2004，省图藏。

1577. 中国海南企业失败案例研究，王肃强主编，悉尼科技大学，2008，省图藏。

1578. 企业观测与研究，国家统计局海南省企业调查队编，2003，省图藏。

1579. 海南省高新技术产业发展战略研究，李建保主编，海南出版社，2010。

1580. 海南股份制企业，海南省股份制企业协会等编，1993，海大图藏。

1581. 信用的呼唤：海南省企业信用文化建设研讨会文选，吕宜勇、周成俊主编，南海出版公司，2003。

1582. 海南省企业年鉴（2007），《海南省企业年鉴》编辑委员会编，中华出版社，2007。

1583. 海南省企业年鉴（2009），《海南省企业年鉴》编辑委员会编，中华出版社，2009。

1584. 海南省企业年鉴（2010），《海南省企业年鉴》编辑委员会编，中华出版社，2010。

1585. 海南省企业年鉴（2011），《海南省企业年鉴》编辑委员会编，中华出版社，2011。

1586. 海南省企业年鉴（2012），《海南省企业年鉴》编辑委员会编，中华出版社，2012。

1587. 海南省单位名录大全，符国瑄编，海南省统计局海南省经济普查领导小组办公室，2005，海大图藏。

1588. 海南画报：三亚专辑，海南画报社、中共三亚市委宣传部、海南省文化广播体育厅编，1996，海师图藏。

1589. 海南房地产开发成就专集：献给海南建省办大特区五周年，林凤生主编，海南出版社，1993。

1590. 老城崛起，邱亚寰摄，海南出版社，2008。

1591. 海南房地产业发展探索，赵国权主编，海南出版社，1993。

1592. 筑梦海南，潘文大著，上海三联书店，2011。

1593. 专家论海口，中共海口市委办公室、金鼎实业发展股份有限公司编，1995，海大图藏。

1594. 建设最精最美省会城市的思考和实践，陈辞编，海南出版社，2011。

1595. 海南楼变，邓庆旭、王元平等编，科学出版社，2010。

1596. 跨世纪的海南经济，罗时祥主编，海南出版社，1999。

1597. 21世纪的海口，崔裕蒙、郑钥、王修德著，海南出版社，1997。

1598. 海口（1988～1998），海口市人民政府编著，南海出版公司，1997。

1599. 全面落实科学发展观 加快三亚统筹城乡发展，中共三亚市委政策研究室编，海南出版社，2008。

1600. 海口市，《中国城市综合实力五十强丛书·海口市》编委会编，中国城市出版社，1995。

1601. 海口市城建志，郑道雄主编，南海出版公司，1994。

1602. 崛起的大特区房地产业，李执勇主编，三环出版社，1991。

1603. 海南房地产手册，赵国权、倪定华编著，海南出版社，1992。

1604. 海南房地产，肖育才著，太阳城出版公司，1992。

1605. 海口建设“金策奖”征文集，张国、王和主编，南海出版公司，1991。

1606. 海南省处置积压房地产文件资料汇编一，海南省处置积压房地产工作小组办公室编，1999 海师图藏。

1607. 转变生产方式的思考：“建设国际旅游岛 我们该生产什么”论坛论文集，海南省企业家联合会编，海南省企业家协会，2010，海大图藏。

1608. 新旅游地产的开发样本：中国海南岛，中国房产信息集团、克而瑞（中国）信息技术有限公司编著，中国经济出版社，2011。

三　农业经济

中国农业经济

1. 方针政策及其阐述

1609. 海南省“十五”土地利用规划，海南省国土环境资源厅编，2001，海大图藏。

1610. 传统农业向现代农业转变，中共海南省农业厅党组深入学习实践科学发展观活动领导小组办公室编，2009，海大图藏。

1611. 解放思想促发展，海南省农业厅编，2009，海大图藏。

1612. 中国农村妇女土地权益保护暨农村改革新突破国际研讨会论文集，中国（海南）改革发展研究院、联合国开发计划署编，中国（海南）改革发展研究院，2003，海大图藏。

1613. 中国新时期农村的变革·海南卷，林鸿苑主编，中共党史出版社，1998。

1614. 琼海市农村综合改革文件汇编，琼海市财政局编，2006，海大图藏。

1615. 海南农村改革发展新举措，中共海南省委财经领导小组办公室编，2009，海大图藏。

2. 农村经济结构与体制

1616. 海口市土地志，海口市土地局、海口市地志办编，南海出版公司，1997。

1617. 澄迈县土地志，澄迈县土地管理局编，海南出版社，1997。

1618. 海南省昌江县土地志，昌江黎族自治县土地管理局编，1998，琼院图藏。

1619. 琼海市土地志，琼海市国土资源环保局编，1999，海大图藏。

1620. 万宁土地志，蔡光炳主编，南海出版公司，1996。

1621. 临高县土地志，王学启、王贵章主编，临高县土地志管理服务中心编，南海出版公司，1999。

1622. 海南省农用地分等定级估价研究，严之尧、马利、杜富殿主编，南方出版社，2006。

1623. 中国农村土地制度的变革与创新，中国（海南）改革发展研究院、土地政策研究课题组编，南海出版公司，1999。

1624. 海南农业合作化运动资料选编（1951～1953），赖永生主编，1998，海南省文化广电出版体育厅，海大图藏。

1625. 海南农业合作化运动资料选编（1954～1957），吴晓红主编，海南省文化广电出版体育厅，2002，海大图藏。

1626. 琼山县第一区红旗农业生产合作社资料选编，中共海口市委党史研究室编，2006，海大图藏。

1627. 丰收的田野：美兰区农村经济结构调整增收100例，中共海口市美兰区委先进性教育活动领导小组、海口市美兰区农林局编，2006，海大图藏。

1628. 新农村 新典型 新经验：海南省农村经济结构调整增收典型示范村200例，海南省农业厅编，2006，省图藏。

3. 农业计划与管理

1629. 海南财经学校年农业统计讲稿，1956，省图藏。

1630. 海南区农业统计资料（1950～1975），海南行政区农业局编，

1976，海档藏。

1631. 海南农垦历年资料汇编（1952～1959），广东省海南农垦局编，海南农垦局，1960，海档藏。

1632. 海南农垦统计资料汇编，广东省海南农垦局规划处编，海南农垦局，1982，海档藏。

1633. 1977年生产统计资料，广东省海南农垦局编，海南农垦局，1978，海档藏。

4. 农业经济建设与发展

1634. 广东省海南岛热带亚热带资源勘察资料汇集第一部分：基本情况，广东省海南区亚热带资源开发委员会编，1956，海师图藏。

1635. 广东省海南岛热带亚热带资源勘察资料汇集第二部分：土地资源，广东省海南区亚热带资源开发委员会编，1956，海大图藏。

1636. 广东省海南岛热带亚热带资源勘察资料汇集第三部分：农业、林业、水利，广东省海南区亚热带资源开发委员会编，1943，海师图藏。

1637. 广东省海南岛热带亚热带资源勘察资料汇集第四部分：水产，广东省海南区亚热带资源开发委员会编，1956，海师图藏。

1638. 广东省海南雷州钦州亚热带资源基本情况，广东省亚热带资源开发委员会编，1955，中山图藏。

1639. 海口市琼山县热带亚热带农业资源勘察报告，广东省海南区热带资源开发委员会编，1956，中山图藏。

1640. 文昌县热带亚热带农业资源勘察报告，广东省海南区热带资源开发委员会编，1956，中山图藏。

1641. 万宁县热带亚热带农业资源勘察报告，广东省海南区热带资源开发委员会编，1956，中山图藏。

1642. 儋州县热带亚热带农业资源勘察报告，广东省海南区热带资源开发委员会编，1956，中山图藏。

1643. 临高县热带亚热带农业资源勘察报告，广东省海南区热带资源开发委员会编，1956，中山图藏。

1644. 东方县热带亚热带农业资源勘察报告，广东省海南区热带资源开发委员会编，1956，中山图藏。

1645. 澄迈县热带亚热带农业资源勘察报告，广东省海南区热带资源开发委员会编，1956，中山图藏。

1646. 定安县热带亚热带农业资源勘察报告，广东省海南区热带资源开发委员会编，1956，中山图藏。

1647. 屯昌县热带亚热带农业资源勘察报告，广东省海南区热带资源开发委员会编，1956，中山图藏。

1648. 琼中县热带亚热带农业资源勘察报告，广东省海南区热带资源开发委员会编，1956，中山图藏。

1649. 陵水县热带亚热带农业资源勘察报告，广东省海南区热带资源开发委员会编，1956，中山图藏。

1650. 白沙县热带亚热带农业资源勘察报告，广东省海南区热带资源开发委员会编，1956，中山图藏。

1651. 乐东县热带亚热带农业资源勘察报告，广东省海南区热带资源开发委员会编，1956，中山图藏。

1652. 琼东县热带亚热带农业资源勘察报告，广东省海南区热带资源开发委员会编，1956，中山图藏。

1653. 保亭县热带亚热带农业资源勘察报告，广东省海南区热带资源开发委员会编，1956，中山图藏。

1654. 崖县热带亚热带农业资源勘察报告，广东省海南区热带资源开发委员会编，1956，中山图藏。

1655. 中国耕地质量等级调查与评定·海南卷，严之尧主编，中国大地出版社，2011。

1656. 海南岛历史上土地开发研究，司徒尚纪著，海南出版社，1992。

1657. 海南农机之路，海南省农机化局、海南省农业机械学会编，2000，省图藏。

1658. 海南省农村社会救助研究，黄跃林著，2007，海大图藏。

5. 农业企业组织与管理

1659. 海南农垦改革与发展调研报告汇编，邱国虎等编，海南省农垦总局，1998，海大图藏。

1660. 海南华侨农场，朱华友、周文彰著，南方出版社，2008。

1661. 海垦之光：创新企业管理概念营造和谐农场社会，杨云飞著，海南出版社，2007。

1662. 海南农垦改革与发展研究，王法仁、陈新、林延华主编，海南出版社，1992。

1663. 海南农垦经济探索，陈忠明等编，经济科学出版社，1989。

1664. 海南农垦改革发展文集，钟文主编，中共海南省委员办公厅，2000，三亚图藏。

1665. 海南区国营农场经营管理工作经验汇编第1辑，海南农垦局经营管理办公室编，1962，中山图藏。

1666. 海南区国营农场经营管理工作经验汇编第2辑，海南农垦局经营管理办公室编，1962，中山图藏。

1667. 海南区国营农场经营管理工作经验汇编第3辑，海南农垦局经营管理办公室编，1962，中山图藏。

1668. 海南区国营农场经营管理工作经验汇编第4辑，海南农垦局经营管理办公室编，1962，中山图藏。

1669. 海南区国营农场经营管理工作经验汇编第5辑，海南农垦局经营管理办公室编，1962，中山图藏。

1670. 海南区国营农场经营管理工作经验汇编第6辑，海南农垦局经营管理办公室编，1962，中山图藏。

1671. 海南区国营农场经营管理工作经验汇编第7辑，海南农垦局经营管理办公室编，1962，中山图藏。

1672. 海南区国营农场经营管理工作经验汇编第8辑，海南农垦局经营管理办公室编，1962，中山图藏。

1673. 海南农场国营农场地图集，周家树编，1983，三亚图藏。

1674. 辉煌五十年：海南兴隆华侨农场（1951～2001），梁森奎编，海南省兴隆华侨农场，2001，海大图藏。

1675. 三道农场场史（1957～1997），三道农场40周年场庆筹委会编，三道农场40周年场庆筹委会，海大图藏。

1676. 海南省兴隆华侨农场简介，兴隆华侨农场编，海大图藏。

1677. 红光，海南省国营红光农场编，海南省国营红光农场，1999，海大图藏。

1678. 红明农场志，海南省国营红明农场编，南海出版公司，1992。

1679. 牙叉农场志，海南省国营牙叉农场编，海南省牙叉编委会，1990，海大图藏。

1680. 南方农场志，海南省国营南方农场史志办公室编，南海出版公司，1998。

1681. 东平场志，海南省国营东平农场场志办公室编，1991，上海藏。

1682. 国营中坤农场志，沈鸿澄主编，《广东省国营中坤农场志》编写组，1986，中山图藏。

1683. 国营南平农场志（1952～2007），海南省国营南平农场编，海南省国营南平农场，2008，海大图藏。

1684. 国营黄岭场志，广东省国营黄岭农场场志办公室主编，1986，中山图藏。

1685. 国营枫木鹿场志，国营枫木鹿场志编写组编，1986，中山图藏。

1686. 国营中建农场志，广东省国营中建农场志编写办公室编，1987，中山图藏。

1687. 国营乌石农场志，广东省国营乌石农场场志编纂办公室编，1987，中山图藏。

1688. 国营东路农场志，广东省国营农场东路农场场志编纂委员会编，1987，海大图藏。

1689. 国营红田农场志，杨建国主编，南海出版公司，1995。

1690. 海南省国营南田农场场志（1952～2002），《海南省国营南田农场场志》编纂委员会编著，2003，省图藏。

1691. 艰苦奋斗不怕困难 团结友爱开拓前进：西流农场三十七年来的艰苦创业史，林廷军编，1988，中山图藏。

1692. 今日通什农垦，邢孝福等编，通什农垦局宣传处，1987，中山图藏。

1693. 岁月如歌，陈明源著，海南省兴隆华侨农场，2006。

1694. 琼海县塔洋公社总体规划方案（草案）（1959～1962），塔洋公社总体规划委员会、海南行署人民公社总体规划工作队编，塔洋公社总体规划委员会、海南行署人民公社总体规划工作队，1959，中山图藏。

1695. 东沙岛中国东沙海产营业公司照片，广东省立中山图书馆集藏，1959，中山图藏。

1696. 海南省农垦创建文明生产队经验汇编，中共海南省农垦总局委员会宣传处编，2000，省图藏。

1697. 改革·发展·探索，林师舜、王锡鹏主编，南海出版公司，1992。

1698. 农垦改革资料选编，省委农垦改革工作组办公室编，2004，海大图藏。

1699. 海南省农村专业技术协会发展问题研究，商建国著，2007，海大图藏。

1700. 海南农业科技服务110理论与实践，莫壮才著，天马出版有限公司，2008。

1701. 海南黎族苗族自治州人民公社会议文件汇编，中共海南黎族苗族自治州委办公室编，1995，海师图藏。

1702. 定安农业专业合作组织发展研究，邓世军著，海南大学，2008，海大图藏。

6. 农业部门经济

1703. 海南省临高优质香稻产业工程，周梦廓著，海南大学，2007，海大图藏。

1704. 海南橡胶产业生态，蒋菊生、王如松著，中国科学技术出版社，2004。

1705. 海南热带人工林持续经营，温茂元等主编，南海出版公司，2000。

1706. 海南农垦天然橡胶五十年，《海南农垦科技》编辑部、琼胶集团公司科技开发部、海南农垦科技创新中心编，2004，海大图藏。

1707. 海南岛中国最大的无规定动物疫病区示范区，海南省农业厅编，2004，海大图藏。

1708. 海南省配合饲料资源调查资料汇编，海南省配合饲料资源调查办公室编，1990，海大图藏。

1709. 万宁小海捕捞文化，吴淑香主编，海南出版社，2011。

1710. 南海水产公司志（1954～1988），海南省海洋渔业总公司编志办公室编，海洋出版社，1991。

1711. 迈向21世纪海南水产业，海南省海洋与渔业厅主编，省图藏。

1712. 海南水产科研的理论与实践：海南省水产研究所论文选编（1958～2003），李向民主编，海洋出版社，2006。

1713. 海南水产科学研究文集：纪念海南省水产研究所成立50周年，李向民主编，海洋出版社，2008。

1714. 南海！南海！伊始、姚中才、陈贞国著，广东人民出版社，2009。

1715. 南海渔业和渔业合作化，吴人建著，广东人民出版社，1957。

1716. 中国南海海水珍珠产业研究，张莉等著，广东经济出版社，2007。

1717. 中华人民共和国2006年第二次全国农业普查万宁市资料汇编，万宁市第二农业普查领导小组办公室，2008，海大图藏。

1718. 南海北岸史前渔业文化，肖一亭著，中国评论学术出版社，2009。

1719. 南沙群岛渔业史，夏章英主编，海洋出版社，2011。

1720. 海南省临高优质香稻产业工程，周梦廓著，海南大学，2007，海大图藏。

1721. 市舶太监与南海贸易，王川著，人民出版社，2010。

7. 地方农业经济

1722. 海南与台湾：农业发展比较与合作竞争，王文壮著，中国农业出版社，2008。

1723. 海南农垦改革文集，中共海南省委财经领导小组办公室、海南省农垦总局编，2009，海大图藏。

1724. 中国—东盟自由贸易区与海南农业，方佳、刘海清主编，海南出版社，2011。

1725. 中国第一次农业普查海南省资料汇编，海南省农业普查办公室编，1999，海大图藏。

1726. 崛起的海南热带农业，陈全义编，1996，海大图藏。

1727. 纪念农村改革20周年研讨文集，肖若海主编，1999，省图藏。

1728. 海南农业发展与乡村建设二十年，夏鲁平、柳树滋等著，南方出版社，2008。

1729. 经济与社会发展统计资料（2007），罗修光主编，2008，海大图藏。

1730. 困惑与机遇：关于海南农垦的思考，吴欲丰著，海南出版社，2007。

1731. 热带农业信息化，蔡东宏著，中国农业出版社，2007。

1732. 海南省主要农产品生产成本调查资料汇编，海南省价格成本调查队编，2006，海大图藏。

1733. 绿色丰碑：献给海南农垦创建四十周年，林旭飞著，科学普及出版社，1991。

1734. 走向二十世纪的海南农业，海南省农业科学研究院编，海大图藏。

1735. 海南岛农业区划报告集，海南行政区公署农业区划委员会、海南岛热带农业区划综合考察队编，1981，海大图藏。

1736. 海口市农业区划汇编，海口市农业区划委员会办公室编，1985，中山图藏。

1737. 琼山县农业区划报告集，琼山县农业区划办公室编，1986，中山图藏。

1738. 定安县农业区划报告集，定安县农业区划办公室编，1985，中山图藏。

1739. 乐东县农业区划报告集，海南岛热带农业区划考察队编，1980，中山图藏。

1740. 白沙县农业区划报告集，白沙县农业区划委员会办公室编，1982，海大图藏。

1741. 琼中县农业区划报告集，琼中县农业区划委员会办公室编，1983，海大图藏。

1742. 保亭县农业区划报告集，保亭县农业区划委员会办公室编，1983，海大图藏。

1743. 昌江县农业区划报告集，昌江县农业区划委员会办公室编，1983，海大图藏。

1744. 自治州获奖论文（建议）选编，海南黎族苗族自治州论文评选委员会、海南黎族苗族自治州科学技术协会编，1987，海大图藏。

1745. 海南农林会议文件，海南军政委员会农林处编，海南军政委员会农林处，1951，中山图藏。

1746. 关于统购粮食和今冬生产问题的宣传纲要，中共海南区党委宣传部编，中共海南区党委宣传部，1953，中山图藏。

1747. 海南岛农业生产调查，广东省农业厅编，广东省农业厅，1955，中山图藏。

1748. 海南区农业生产合作社第一次代表会文件，海南区农业生产合作社第一次代表会筹备会编，海南区农业生产合作社第一次代表会筹备会，1956，中山图藏。

1749. 海南区农业社代表会农业生产合作社生产管理经验发言汇编，中共海南区党委农村工作部编，中共海南区党委农村工作部，1957，中山图藏。

1750. 广东省海南湛江合浦地区热带亚热带资源开发方案（草案），广东省亚热带资源开发委员会编，广东省亚热带资源开发委员会，1956，中山图藏。

1751. 海南农业开发十年规划（1958～1967），中国共产党海南区委员会编，中国共产党海南区委员会，1958，中山图藏。

1752. 开发海南热带资源学习资料，中共海南区党委、海南行政公署编，海南接待下放干部办公室翻印，1958，中山图藏。

1753. 大跃进中的海南岛农村，中共海南岛区党委办公室编，海口人民出版社，1959。

1754. 海南岛农业自然条件评价和土地类型概要：兼与台湾省作比较，黄远略著，广州地理研究所，1979，中山图藏。

1755. 商品经济与海南岛农业发展战略，薛德榕著，广东省科技干部局、广东省驻万宁县扶贫工作组编，1987，中山图藏。

1756. 兴农富岛工程与农业产业化研讨会文集，周继太、韩仁元主编，南海出版公司，1998。

1757. 致富之花，三亚市委体制改革办公室、三亚市农业局编，1991，三亚图藏。

1758. 三亚市庭院经济，林贻秀著，三亚市教育局，2002，三亚图藏。

1759. 乐东县三级干部会议资料，乐东县三级干部会议资料组编，乐东县三级会议资料组，1979，中山图藏。

1760. 陵水农村在跃进中，中共陵水县委办公室编，中共陵水县委办公室，1958，中山图藏。

1761. 海南区农业生产竞赛倡议书汇辑，1958，中山图藏。

1762. 在一切工作中突出政治：石屋大队基本经验总结，海南区党委工作组编，海南区党委工作组，1966，中山图藏。

1763. 议琼山县 1965 年贫农下中农代表暨农业生产劳动模范代表会议参考文件经验选编，琼山县 1965 年贫农下中农代表暨农业生产劳动模范代表会议办公室编，琼山县 1965 年贫农下中农代表暨农业生产劳动模范代表会议办公室，1965，中山图藏。

1764. 一九六五年文昌县贫下中农代表农业先进代表暨四级干部会议参考文件，一九六五年文昌县贫下中农代表农业先进代表暨四级干部会议办公室编，一九六五年文昌县贫下中农代表农业先进代表暨四级干部会议办公室，1965，中山图藏。

1765. 屯昌县贫下中农代表和农业先进单位代表会议文件，屯昌县贫下中农代表和农业先进单位代表大会秘书处编，屯昌县贫下中农代表和农业先进单位代表秘书处，1965，中山图藏。

1766. 向屯昌学习 把全省农业学大寨运动提高到新的水平，广东人民出版社编，广东人民出版社，1974。

1767. 一批二干三带头：广东省屯昌县农业学大寨图片集，广东省农业学大寨图片展览馆、中共屯昌县委宣传部等合编，广东人民出版社，1975。

1768. 昌江县勤劳致富材料汇编，中共昌江县委办公室编，中共昌江县委办公室，1985，中山图藏。

1769. 白沙县农村致富典型材料选编，中共白沙县委办公室、白沙县人民政府办公室编，中共白沙县委办公室、白沙县人民政府，1981，中山图藏。

1770. 海南区第五届粮食工作会议参考资料，海南行政公署粮食处编，海南行政公署粮食处，1955，中山图藏。

1771. 屯昌县粮食志，屯昌县粮食局编，屯昌县粮食局，1987，中山图藏。

1772. 琼山县粮食志，琼山县粮食局编，三环出版社，1991。

1773. 昌江县粮食志（1536～1988），昌江县粮食志编写组编，南海出版公司，1990。

1774. 海口市粮食志，卢其定主编，海口市粮食局、海口市方志办编，南海出版公司，1994。

1775. 海南区林业统计资料汇编，海南行政区林业局编，海南行政区林业局，1974，海档藏。

1776. 海南区林业统计资料（1950～1978），海南行政区林业局编，海南行政区林业局，1979，海档藏。

1777. 海南区林业统计资料（1950～1979），海南行政区林业局编，海南行政区林业局，1980，海档藏。

1778. 海南区林业统计资料（1950～1980），海南行政区林业局编，海南行政区林业局，1981，海档藏。

1779. 琼海县林业区划报告，琼海县林业区划组编，1984，中山图藏。

1780. 海南岛发展橡胶与物料作物问题调查研究报告汇编，海南行政公署农垦局设计室编，海南行政公署农垦局设计室，1961，中山图藏。

1781. 热带油料资源调查报告，海南亚热带油脂研究所编，海南亚热带油脂研究所，1979。

1782. 屯昌县果树志，徐崇达编，屯昌县农业局，1986，中山图藏。

1783. 海南行政区药材场志，云冠超主编，海南行政区药材场编制组，1986，中山图藏。

1784. 通什茶场志，《通什茶场志》编写组编写，通什茶场，1988，中山图藏。

1785. 海南岛眼镜豆调查利用研究报告，中国科学院华南植物研究所、华南生物资源综合考察队编，1961，中山图藏。

1786. 中国海南岛大农业建设与生态平衡论文选集，《中国海南岛大农业建设与生态平衡论文选集》编辑委员会编，科学出版社，1987。

1787. 海南热带气候资源农业开发，何大章等著，科学普及出版社广州分社，1989。

1788. 走向二十一世纪的海南农业，翟守政等编，海南省农业厅，2000，海大图藏。

1789. 海南农垦依靠职工办企业经验材料汇编，海南省农垦工会编，海南省农垦工会，1992，省图藏。

1790. 真情预言：海南农垦专题论文集，林旭飞著，南海出版公司，2000。

1791. 情人季节，林太荣著，南海出版公司，1995。

1792. 金色热土——中国海南热带高效农业基地，海南省农业厅编，省图藏。

1793. 海南绿色农业基础知识，傅国华、吴飞主编，2004，省图藏。

1794. 岁月沧桑话农垦，海南省农垦总局编，海南出版社，1996。

1795. 琼台农业合作之果，海南省人民政府台湾事务办公室编，2006，省图藏。

1796. 问绿色胶园谁是主人：海南农垦依靠职工办企业纪实，李柳元编，南海出版公司，2005。

1797. 山水总飞花，王锡鹏著，南海出版公司，2004。

1798. 读书学理论、建设新农村，周洪晋主编，中共海南省委宣传部理论处讲师团，2007。

1799. 海南省农垦经济和社会发展统计资料（1989），海南省农垦总局计划处编，海南省农垦总局计划处，1990。

1800. 海南省农垦经济和社会发展统计资料（1991），海南省农垦总局计划处编，海南省农垦总局计划处，1992，海大图藏。

1801. 海南省农垦经济和社会发展统计资料（1992），海南省农垦总局计划处编，海南省农垦总局计划处，1993，海大图藏。

1802. 海南省农垦 50 年统计资料汇编（1952 ~ 2001），《海南省农垦 50 年统计资料汇编》编辑委员会编，2003，海大图藏。

1803. 海南省优势农产品区域布局研究，江泽林主编，农业出版社，2005。

1804. 这里创造着绿色的小康：海南省文明生态村考察报告，柳树滋著，人民出版社，2004。

1805. 深化海南农垦经营管理体制改革调研文集，深化海南农垦经营管理体制改革课题组编，2003，海大图藏。

1806. 彩色农业：琼山典型剖析，吴亚荣著，社会科学文献出版社，1994。

1807. 海南省机关干部下农村抓落实工作队学习资料汇编，海南省农业厅，2000，海大图藏。

1808. 中国第一次农业普查海南省资料汇编，海南省农业普查办公室编，中国统计出版社，1999。

1809. 海南省第一次农业普查课题研究报告，符国瑄主编，海南省农业普查办公室，1999，海大图藏。

1810. 琼台农业合作研究，周文彰主编，海南出版社，1999。

1811. 海南农业建设 50 年，海南省农业厅编，海南省农业厅，1999，海大图藏。

1812. 海南农业发展的区位优势与产业构建，张德铜编著，南方出版公司，1998。

1813. 三亚热带农业研究：三亚市农业发展规划（1996 ~ 2010），《三亚市农业发展规划》编写组编，张本主编，上海科学技术出版社，1997。

1814. 海南农业经济与热带农业发展研究，王圣俊著，海南出版社，1997。

1815. 海南农村经济调查文集，王信才主编，海南出版社，1996。

1816. 大特区农村经济探索，陈泰钦著，农业出版社，1996。

1817. 海南特区农业发展认识与实践，陈苏厚著，中共中央党校出版社，1995。

8. 中国农业经济史

1818. 海南农垦社会研究，罗民介、周文彰编，南方出版社，2008。

1819. 海南农垦四十年（1952～1991），海南省农垦总局编，海南省农垦总局，1991，海大图藏。

1820. 海南农垦四十年（1952～1992），海南省农垦总局编，海南省农垦总局，1992，海大图藏。

1821. 海南岛农业地理，钟功甫等编，农业出版社，1985。

四　工业经济

中国工业经济

1822. 中华人民共和国1995年工业普查资料汇编·海南卷，海南省第三次工业普查办公室编，1997，海大图藏。

1823. 海南省职业技能鉴定文件汇编（1997～2000），海南省人事劳动保障厅培训就业处、海南省职业技能鉴定指导中心编，海南省人事劳动保障厅培训就业处，2000，海大图藏。

1824. 椰树公司新产品开发流程再造研究，林芳恒著，黄崇利指导，海南大学，2007，海大图藏。

1825. 生态药业：中国海南医药产业发展的创新模式，曾渝主编，中国医药科技出版社，2007。

1826. 中华人民共和国电力工业史·海南卷，张绍贤、王守佳主编，中国电力出版社，2003。

1827. 海南省汉河水泥厂史（1958～1987），海南省汉河水泥厂厂史编写委员会编，海南省汉河水泥厂厂史编写委员会，1988。

1828. 海南省地质矿产资源和矿业发展“九五”计划及2010年远景目

标，海南省环境资源厅，1996，海师图藏。

1829. 金石步十年，杨冠雄著，海南出版社，1999。

1830. 足迹：海南燃化十五年，刘伯泉主编，省图藏。

1831. 海南省地矿行政管理，杨冠雄主编，海南出版社，1999。

1832. 海南省矿产资源可持续发展研究，周旦生、梁新南编著，地质出版社，2009。

1833. 海南天然橡胶产业发展研究，邓须军、李玉凤著，中国农业出版社，2009。

1834. 海南建工“走出去”战略研究，王庆煜著，蒋国洲指导，海南大学，2008，海大图藏。

1835. 海南工业，海南省工业厅编，海南省工业厅，2000，海大图藏。

1836. 海南工业，彭庆海编，海南省工业厅，1993，海大图藏。

1837. 三亚市工业发展规划，三亚市工业局编，1999，三亚图藏。

1838. 海南铁矿志，《海南铁矿志》编辑委员会编，《海南铁矿志》编辑委员会，1984，中山图藏。

1839. 海南铁矿年鉴，海南铁矿编辑委员会编，海南铁矿编辑委员会，1988，中山图藏。

1840. 中国煤炭志·海南卷，《中国煤炭志·海南卷》编委会编，煤炭工业出版社，1997。

1841. 海南冶金志，《海南冶金志》编写组编，《海南冶金志》编写组，1988，中山图藏。

1842. 万宁电业志，《万宁电业志》编纂委员会编，2000，中山图藏。

1843. 气贯长虹：海南省燃料化学总公司改革发展实录，刘伯泉主编，海南出版社，2001。

1844. 七〇一矿志，屯昌七〇一矿编，中山图藏。

1845. 海南特区工业化研究，黄景贵、孙建军、许芳著，中国社会科学出版社，2008。

1846. 海南工业科技，海南科技情报所、海南工业研究所编，广东省海南行政区科技情报研究所、广东省海南行政区工业科学研究所，1980～1983，海师图藏。

1847. 海南工业科技情报，海南工业研究所编，广东省海南行政区工业研究所，1975～1979，海师图藏。

1848. 崛起：海南新兴工业发展历程，海南省发展与改革厅、海南省工业经济联合会编，海南省发展与改革厅，2006，海大图藏。

1849. 海南工业发展思考，彭庆海著，海南出版社，1997。

1850. 海口工业，海口市工业局编，1992，海大图藏。

1851. 海南省工业技术开发项目介绍第一册，海南省工业厅编，海南省工业厅，1990，海大图藏。

1852. 海南工业 50 年，海南省工业厅编，省图藏。

1853. 琼山县工业志，海南省琼山县经济委员会编，三环出版社，1990。

1854. 只有改革企业才有出路：怎样根治企业亏损，黄守鸿主编，1991，省图藏。

1855. 故土耕耘，许晓民著，海南出版社，2006。

1856. 海南省工业概况（1991），陈雪梅主编，海南省统计局工交处，1991，海大图藏。

1857. 悄然崛起的海南工业，海南省工业厅编辑，海南省工业厅，1992，海大图藏。

1858. 中华人民共和国 1995 年工业普查资料汇编 · 海南卷，海南省第三次工业普查办公室编，海南省第三次工业普查办公室，1997，海大图藏。

1859. 投资：您的最佳选择——海口市金盘工业开发区，海口市工业建设开发总公司资料室编，海口市工业建设开发总公司，1990，海大图藏。

1860. 海口工商史料，中国民主建国会海口市委员会、海南省海口市工商业联合会编，中国民主建国会海口市委员会，1989，海师图藏。

1861. 发展地理信息产业服务海南特区建设，海南测绘局编，海南测绘局，1998，海师图藏。

五 交通运输经济

（一）地方交通运输概况

1862. 海南交通体制改革专辑（一），海南省交通运输厅编，海南省交通运输厅，1994，海大图藏。

1863. 踏浪集，海南省汽车运输总公司编，海南省汽车运输总公司，

2001，海大图藏。

1864. 中国交通五十年成就·海南卷，海南省交通厅，人民交通出版社，1999。

1865. 琼山县交通志，郭泽英主编，琼山县交通局，1988，国图藏。

1866. 屯昌县交通志，屯昌县交通志编写组编，屯昌县交通局，1986，中山图藏。

1867. 海南总站905车队付志强同志组织货源的经验，中山图藏。

1868. 海南交通20年，王密、符雄编，海南省交通厅，2008，海大图藏。

1869. 20年辉煌交通，海南省交通厅编，海南省交通厅，2008，海大图藏。

1870. 新思维新跨越：海南交通发展研究文集，李年佑主编，人民交通出版社，2005。

1871. 海南大交通，海南省交通运输厅编，海南省交通运输厅，1997，海大图藏。

（二）陆路、公路运输经济

1872. 海汽形象论集，海南大学形象研究室编，海南大学形象研究室，2000，海师图藏。

1873. 岁月如歌：海南汽运五十年历程，韩俊元编，海南省汽车运输总公司，2001，海师图藏。

1874. 海南省公路水路交通“十一五”发展规划纲要，海南省交通厅编，2006，海大图藏。

1875. 海南岛公路：汽车运输史（上、中、下册），海南汽车运输公司交通史编写组，海南汽车运输公司，1984，海师图藏。

（三）水路运输经济

1876. 八所海港史，八所港务局《港史》编写组，海南人民出版社，1985。

1877. 海南港湾，云华编，海南人民出版社，1988。

1878. 海口港史：现代部分，港史编写组编，三环出版社，1990。

（四）航空运输经济

1879. 海航十年新闻集锦，海南航空股份有限公司编，海南航空股份有限公司，2004，海大图藏。

1880. 海南开放航权文件汇编（2003～2005），海南开放航权试点工作联合领导小组办公室编，海南开放航权办公室，2006，省图藏。

1881. 海航崛起告诉人们什么，田森著，中国民航出版社，2002。

1882. 海航故事，海航集团编著，海航集团，2000，海大图藏。

1883. 海航软实力，门洪华、孙英春著，清华大学出版社，2007。

1884. 海航现象，国务院发展研究中心海航发展战略课题组著，中国发展出版社，2004。

1885. 海航管理干部必修读本，陈峰编，海南航空股份有限公司，2000，海大图藏。

1886. 显心谭：2000年海航集团中高层管理干部培训心得体会，李维艰等著，海航集团，2000，海大图藏。

1887. 海航现象及其启示，海航企业发展战略研究课题组编，中国发展出版社，2003。

1888. 海南航空股份有限公司2000年年度报告，海南航空股份有限公司编，2001，海大图藏。

1889. 海南航空股份有限公司2002年年度报告，海南航空股份有限公司编，2003，海大图藏。

1890. 海南航空股份有限公司2003年年度报告，海南航空股份有限公司编，2004，海大图藏。

1891. 海南航空股份有限公司2005年年度报告，海南航空股份有限公司编，2006，海大图藏。

（五）旅游经济

1892. 海南旅游和谐发展研究，齐晓梅著，海南出版社，2011。

1893. 海洋旅游导论，陈扬乐、王琳著，南开大学出版社，2009。

1894. 世界热带亚热带海岛海滨旅游开发研究，李溢著，旅游教育出版社，1997。

1895. 三亚旅游国际化战略启动方案，三亚市人民政府编，2006，海大图藏。

1896. 南山文化旅游区总体规划，南山文化旅游区编，1997，海大图藏。

1897. 海南国际旅游岛建设总体规划，《海南国际旅游岛建设总体规划》课题组编，2008，海大图藏。

1898. 先有海南后有天堂：国际旅游岛建设导读，朱华友、傅君利著，中国经济出版社，2010。

1899. 中国海岛海滨旅游开发研究，李莉编著，陕西旅游出版社，2003。

1900. 党的执政能力建设与国际旅游岛建设：海南省纪念中国共产党成立90周年理论研讨会论文集，海南省委宣传部理论处编，海南出版社，2011。

1901. 度假休闲在三亚，黄锦生主编，三亚市迎接1996中国度假休闲游工作指挥部，1996，海大图藏。

1902. 海南省旅游规划与旅游开发，孙大明、范家驹主编，海南国际新闻出版中心，1993。

1903. 海南旅游文化，刘荆洪著，南方出版社，2008。

1904. 海南旅游文化彩绘故事丛书，高昌、蔡于良主编，海南出版社，1999。

1905. 海南旅游投资洽谈会项目介绍，海南省发展计划厅、海南省旅游局编制，2001，三亚图藏。

1906. 旅游政策与法规，陈帏波、周法圳编著，南海出版公司，2002。

1907. 海南旅游业，黄敬刚、冯淑华主编，海南出版社，1993。

1908. 万宁县旅游指南，万宁县旅游局编，万宁县旅游局，1991，海大图藏。

1909. 海南开发旅游手册，东南海通（海南）分公司编，上海文化出版社，1988。

1910. 海南旅游业投资指南，黄宝璋、王与斌著，香港经济出版社，1992。

1911. 海口旅游与投资指南，符兴、伉铁保著，海南出版社，1996。

1912. 海南导游基础知识，陈蔚德著，1996，海师图藏。

1913. 海南导游基础知识，海南省旅游局导游人员考评委员会编，

2001，省图藏。

1914. 记者笔下的海南旅游，李志成主编，香港银河出版社，2002。

1915. 海南国际旅游岛大趋势，苗树彬、夏锋主编，中国经济出版社，2010。

1916. 国家战略（上、下册），周洪晋主编，南海出版公司，2010。

1917. 2005 海南旅游报告书：海南旅游发展分析、评估与对策，杨哲昆、李澄怡、赵全鹏主编，海南出版社，2006。

1918. 海南省旅游重点招商项目，海南省旅游局编，2006，海大图藏。

1919. 当代海南论坛文集，张学洋主编，南海出版公司，2011。

1920. 国际旅游岛新版海南梦：海南国际旅游岛内涵建设与发展模式国际比较，黄景贵、毛江海、傅君利主编，海南出版社，2011。

1921. 面朝大海：国家国人国际视野下的海南旅游 60 年，海南出版社，2010。

1922. 海南国际旅游岛建设发展规划纲要（2010 ~ 2020），海南国际旅游岛建设领导小组办公室编，海南出版社，2010。

1923. 海南国际旅游岛建设与发展战略研究，李永文著，科学出版社，2011。

1924. 建设国际旅游岛背景下的三亚行动纲领：争当建设国际旅游岛的排头兵，彭京宜、傅治平等编，人民出版社，2011。

1925. 解读国际旅游岛，陆丹、王毅武等著，复旦大学出版社，2010。

1926. 国际旅游岛简明事典，王毅武、陈丕衡等著，人民出版社，2010。

1927. 问答：国际旅游岛，王毅武、陈丕衡著，人民出版社，2010。

1928. 海南国际旅游岛公民手册，中共海南省委宣传部编，海南出版社，2010。

1929. 国际旅游岛：海南发展大战略，中国（海南）改革发展研究院编，中国（海南）改革发展研究院，2009，海大图藏。

1930. 海南特区高端旅游发展战略研究，张扬著，黄景贵指导，海南大学，2008，海大图藏。

1931. 三亚情思，葛君著，广东旅游出版社，2007。

1932. 海南旅游产业发展研究，孙文科著，海南出版社，2003。

1933. 兴隆旅游文化，万宁旅游文化丛书编辑委员会、海南省万宁市文化广电体育局编，2002，省图藏。

1934. 兴隆热带植物园，中国热带农业科学院热带香料饮料作物研究所编，深圳市美嘉美印刷有限公司，2001，海大图藏。

1935. 国际热带滨海旅游城市发展道路探析：三亚建成国际热带滨海旅游城市的战略思考，王富玉著，中国旅游出版社，2000。

1936. 中国海南省省会海口市，黄永编、何达编，中国海南省海口市编辑委员会，1998，海大图藏。

1937. 博鳌亚洲论坛成员国与中国海南旅游资源互补研究，冯源主编，当代中国出版社，2011。

1938. 建设国际旅游岛背景下的三亚行动纲领：争当建设国际旅游岛的排头兵，彭京宜、傅治平等著，人民出版社，2011。

1939. 万宁旅游投资指南，海南万宁县旅游局编，1994，海大图藏。

1940. 国际热带滨海旅游城市发展道路探析：三亚建成国际热带滨海旅游城市的战略思考，王富玉著，中国旅游出版社，2000。

1941. 三亚情思，葛君著，广东旅游出版社，2007。

1942. 三亚旅游国际化战略启动方案，三亚市人民政府编，2006，海大图藏。

1943. 尖峰岭国际生态旅游区，海南省尖峰岭林业局编，海南省尖峰岭林业局，2009，海大图藏。

1944. 历史旅游文化风情：海南儒家文萃（合二册），海南省孔子学会编，远方出版社，2011。

1945. 海南体育旅游开发研究，夏敏慧著，北京体育大学出版社，2005。

（六）邮电经济

1946. 海南省电信公司薪酬制度改革研究，林广森著，郑远强指导，海南大学，2007，海大图藏。

1947. 海南联通无线上网产品营销战略的研究，蔡茜著，蒋国洲指导，海南大学，2008，海大图藏。

1948. 海南联通移动业务营销竞争战略分析，庄光锋著，2006，海大图藏。

1949. 跨越时空：1988～1998 海南建省办经济特区 10 周年邮电纪念

册，海南省邮电管理局编，人民邮电出版社，1998。

1950. 海口市邮电志，符尊仪主编，海口市邮电局史志办公室、海口市地方志办公室编，南海出版公司，1994。

1951. 海南电话号簿（1995～1996），海南省电话号簿公司编辑，1995，省图藏。

1952. 海南电话号簿，海南省电信公司号簿管理中心编，海南省电信公司号簿管理中心，2002，中山图藏。

1953. 海口市1958年度电话号簿，广东省海口市邮电局编，广东省海口市邮电局，1958，中山图藏。

1954. 海南区贸易公司实行“三员联合办公制”经验介绍，海南贸易公司编，广东省商业厅财产管理代表会议大会秘书处，1956，中山图藏。

1955. 海南邮政年鉴2002，《海南邮政年鉴》编辑部编，海南省邮政局，2002，海大图藏。

1956. 海南邮政年鉴2003，《海南邮政年鉴》编辑部编，海南省邮政局，2003，海大图藏。

1957. 海南邮政年鉴2004，《海南邮政年鉴》编辑部编，海南省邮政局，2004，海大图藏。

1958. 海南邮政年鉴2005，《海南邮政年鉴》编辑部编，海南省邮政局，2005，海大图藏。

1959. 海南邮政年鉴2006，《海南邮政年鉴》编辑部编，海南省邮政局，2006，海大图藏。

1960. 海南邮政年鉴2007，《海南邮政年鉴》编辑部编，海南省邮政局，2007，海大图藏。

1961. 海南邮电年鉴1997，海南邮电年鉴编委会编，南海出版公司，1998。

1962. 海南电信实业年鉴2005，《海南电信实业年鉴》编委会编，海南电信实业集团，2005，省图藏。

1963. 海南电信实业年鉴2006，《海南电信实业年鉴》编委会编，海南电信实业集团，2006，省图藏。

1964. 海南黎族苗族自治州邮电局工会第三季工作总结（草案），自治州邮电局工会编，1957，海大图藏。

（七）贸易经济

1965. 海南口岸指南，海南省口岸管理委员会编，海南省口岸管理委员会，1998，三亚图藏。

1966. 海南M公司市场营销战略研究，祝宝真著，庞京城指导，海南大学，2008，海大图藏。

1967. 海南南洋污水处理设备公司市场营销战略研究，张金林著，王丽娅指导，海南大学，2007，海大图藏。

1968. 海口市振东、新华、秀英区第三产业普查资料（1991～1992），海口市第三产业普查协调小组办公室编，海口市第三产业普查协调小组办公室，1995，海大图藏。

1969. 中国首次第三产业普查资料·海南省，海南省第三产业普查协调小组办公室编，1995，海师图藏。

1970. 龙泉人的故事：海南龙泉集团创业10周年（1993～2003），海南龙泉集团有限公司编，海南龙泉集团有限公司，2003，海师图藏。

1971. 绿色金光：海南供销合作社改革与发展，潘家裕、张子才、陈敏著，南海出版公司，1999。

1972. 海口易货交易所规章制度汇编，海口易货交易所有限公司董事会编，海口易货交易所有限公司董事会，2003，海大图藏。

1973. 海口易货交易所项目建议书，金贸网络中心、海口经贸研究所联合调研组编，金贸网络中心，2002，海大图藏。

1974. 海南热带农产品绿色营销通论，曾峰著，中国经济出版社，2011。

1975. 建省十年海南物价，许泽飞主编，海南省物价局，1998，海大图藏。

1976. 市场取向的海南价格改革，许泽飞、周诗铜、邓新生著，中国物价出版社，1997。

1977. 海南岛商业，海南行政区商业局、海南商业经济学会编，海南人民出版社，1988。

1978. 海南区财贸统计资料（1951～1962），海南区党委财贸部编，海南区党委财贸部，1963，海档藏。

1979. 海南特区经贸展望，海南省人民政府新闻办公室编，海南出版社，1994。

1980. 一九九五年（香港）海南经济贸易洽谈会会刊，1995，三亚图藏。

1981. 海南行政区对外贸易统计资料汇编（1950～1975），广东省海南行政区对外贸易局编，海南行政区对外贸易局，1976，海档藏。

1982. 海南省一九九一年对外经济贸易洽谈会专刊，陈泰生主编，海南省对外经济贸易洽谈会专刊编辑部，1991，海大图藏。

1983. 口岸管理工作论文选，海南省口岸管理委员会、广州市人民政府口岸办公室编，南海出版公司，1991。

1984. 海南对外贸易实务指南，杨兆等编著，海南出版社，1997。

1985. 走向世界的三亚市总商会，三亚市总商会主编，三亚市总商会，三亚图藏。

1986. 儋州边贸指南，中华人民共和国海口海关编，中华人民共和国海口海关，1996，三亚图藏。

1987. 中国—东盟自由贸易区与海南经济，胡光辉、欧阳卉然编，海南出版社，2003。

1988. 海口保税区南部开发研究报告，中改院海南改革发展研究所《海口保税区南部开发研究报告》课题组编，中改院海南改革发展研究所《海口保税区南部开发研究报告》课题组，2003，海大图藏。

1989. 建立海南特别关税区可行性研究报告，迟福林著，中国（海南）改革发展研究院，1992，海大图藏。

1990. 海南希望与出路的选择：建立海南特别关税区研讨会文集，中国（海南）改革发展研究院编，中国（海南）改革发展研究院，1992，海大图藏。

1991. 海南社会主义市场经济体制的基本实践（1988年5月～1993年3月）：（1）综合部分，中共海南省委政策研究室、海南省体制改革办公室编，海南省体制改革办公室，1993，海大图藏。

1992. 海南社会主义市场经济体制的基本实践（1988年5月～1993年3月）：（2）改革部署与研究，中共海南省委政策研究室、海南省体制改革办公室编，海南省体制改革办公室，1993，海大图藏。

1993. 海南社会主义市场经济体制的基本实践（1988年5月～1993年3月）：（3）价格改革，中共海南省委政策研究室、海南省体制改革办公室编，海南省体制改革办公室，1993，海大图藏。

1994. 海南社会主义市场经济体制的基本实践（1988 年 5 月 ~ 1993 年 3 月）：（4）企业改革，中共海南省委员会政策研究室、海南省体制改革办公室编，海南省体制改革办公室，1993，海师图藏。

1995. 海南社会主义市场经济体制的基本实践（1988 年 5 月 ~ 1993 年 3 月）：（5）市场建设，中共海南省委政策研究室、海南省体制改革办公室编，海南省体制改革办公室，1993，海大图藏。

1996. 海南社会主义市场经济体制的基本实践（1988 年 5 月 ~ 1993 年 3 月）：（6）社会保险及住房、人事、工资制度改革，中共海南省委政策研究室、海南省体制改革办公室编，海南省体制改革办公室，1993，海大图藏。

1997. 海南社会主义市场经济体制的基本实践（1988 年 5 月 ~ 1993 年 3 月）：（7）农村与农垦改革，中共海南省委政策研究室、海南省体制改革办公室编，海南省体制改革办公室，1993，海大图藏。

1998. 海南社会主义市场经济体制的基本实践（1988 年 5 月 ~ 1993 年 3 月）：（8）政治体制改革，中共海南省委政策研究室、海南省体制改革办公室编，海南省体制改革办公室，1993，海大图藏。

1999. 海南社会主义市场经济体制的基本实践（1988 年 5 月 ~ 1993 年 3 月）：（9）特别关税区研究，中共海南省委政策研究室、海南省体制改革办公室编，海南省体制改革办公室，1993，海大图藏。

2000. 海南社会主义市场经济体制的基本实践（1988 年 5 月 ~ 1993 年 3 月）：（10）政策研究，中共海南省委政策研究室、海南省体制改革办公室编，海南省体制改革办公室，1993，海大图藏。

2001. 海口海关志，《海口海关志》编纂委员会编，中华人民共和国海口海关，2006，海大图藏。

2002. 海口市对外经济合作项目汇编，袁秀梅主编，海口市经济合作局，1991，海大图藏。

2003. 外经工作资料汇编，海南黎族苗族自治州对外经济工作委员会编，海南黎族苗族自治州对外工作委员会，1984，海师图藏。

2004. 海南对外贸易实务指南，杨兆等编著，海南出版社，1997。

2005. 海口海关统计年鉴（1997），海口海关编，海南出版社，1998。

2006. 海南岛屿经济法律规制研究，梁亚荣、刘云亮著，法律出版社，2009。

2007. 隋前南海交通史料研究，陈佳荣著，香港大学亚洲研究中心，2003。

2008. 海口保税区南部开发研究报告，中改院海南改革发展研究所《海口保税区南部开发研究报告》课题组编，中改院海南改革发展研究所《海口保税区南部开发研究报告》课题组，2003，海大图藏。

2009. 海口海关特色之路优秀论文集，中华人民共和国海口海关编，中华人民共和国海口海关，2008，海大图藏。

2010. 海口易货交易所基础问答，海口易货交易所编，海口易货交易所，2003，海大图藏。

2011. 中国（海南）国际热带农产品冬季交易会会刊，中国（海南）国际热带农产品冬季交易会办公室编，海南省农业厅，2012，海大图藏。

2012. 海口市第三产业普查资料（1991～1992），海口市第三产业普查协调小组办公室编，海口市第三产业普查协调小组办公室，1995。

（八）财政、金融

2013. 海南省财政预算管理与改革文件汇编2005年，海南省财政厅预算处编，海南省财政厅，2006，省图藏。

2014. 行政事业性收费手册，海南省物价局编，海南省物价局，1998，海师图藏。

2015. 海南省税收流失问题研究，林祖永著，杨新中指导，海南大学，2008，海大图藏。

2016. 深化海南政府采购制度及管理改革研究，何启帷著，杨新中指导，海南大学，2007，海大图藏。

2017. 海南省财政国库集中支付制度研究，朱奕著，杨新中指导，海南大学，2007，海大图藏。

2018. 海南政府采购文件汇编，海南政府采购中心编，海南政府采购中心，2007，海大图藏。

2019. 海南省农村税费改革试点政策文件汇编（2000年3月～2003年4月），海南省农村税费改革试点领导小组办公室编，海南省农村税费改革试点领导小组办公室，2003，海大图藏。

2020. 海南省农村税费改革文件资料汇编第一辑，海南省农村税费改革领导小组办公室编，2001，省图藏。

2021. 海南省农村税费改革文件资料汇编第二辑，海南省农村税费改革领导小组办公室编，2001，省图藏。

2022. 94财税改革政策法规汇编（合二册），海南省财政税务厅办公室编，海南省财政税务厅办公室，1994，海大图藏。

2023. 海南经济特区个体工商户税收财会管理手册（1997），海南省地方税务局征收管理局编，经济科学出版社，1997，国图藏。

2024. 农业税收讲座，三亚市地方税务局编，三亚市地方税务局，1997，三亚图藏。

2025. 为国聚财 地税工作研究，吴亚荣著，海南出版社，2004。

2026. 五化管理 以票控税：海口地税发票管理改革的理论与实践，戴海平编，经济科学出版社，1992。

2027. 三亚市税务学会第一届代表大会专辑，1992，三亚图藏。

2028. 琼山县财政志，梁统兴主编，三环出版社，1989。

2029. 三亚市财政志，三亚市财政局编，南海出版公司，1993。

2030. 澄迈县财政志，澄迈县财政局编，南海出版公司，1994。

2031. 昌江黎族自治县财政志，昌江黎族自治县财政局编，南海出版公司，1990。

2032. 万宁财政志，《万宁财政志》编纂委员会编，海南出版社，1993。

2033. 海口市税务志，韦大振主编，海口市税务局、海口市地方志办公室编，南海出版公司，1998。

2034. 琼山县税务志，林涛寿主编，海南省琼山县水务局编，三环出版社，1990。

2035. 屯昌县税务志，冯明亚编写，屯昌县税务局编志领导小组，1988，中山图藏。

2036. 琼中县财政税务志，李会明主编，海南出版社，1998。

2037. 定安县财政税务志，定安县财政局、定安县税务局编，南海出版公司，1998。

2038. 儋州市财政税务志，陈允球、黎岛心主编，南海出版公司，1995。

2039. 临高县财政税务志，邓剑琴主编，南海出版公司，1997。

2040. 屯昌县财政税务志，屯昌县财政局、屯昌县税务局编，南海出版公司，1991，国图藏。

2041. 三亚市财政管理文件汇编（1998年10月~2000年10月），三亚市财政局办公室编，三亚市财政局办公室，2000，三亚图藏。

2042. 琼崖革命根据地财政经济史，海南财政经济史编写组编著，中国财政经济出版社，1988。

2043. 琼崖革命根据地财政经济税收史资料通讯第一期，广东省海南行政区财政经济税收史领导小组办公室编，广东省海南行政区财政经济税收史领导小组办公室，1983，海大图藏。

2044. 中国革命根据地工商税收史长编：琼崖革命根据地部分，财政部税务局组织编，中国财政经济出版社，1989。

2045. 琼崖革命根据地财政经济税收史长编，广东省海南行政区财政经济税收史领导小组办公室编，广东省海南行政区财政经济税收史领导办公室，1983，省图藏。

2046. 琼崖革命根据地财经税收史料选编：历史文献部分，海南行政区财经税收史领导小组办公室、海南行政区档案馆编，海南人民出版社，1984。

2047. 琼崖革命根据地财经税收史料选编：革命回忆录部分（合二册），海南行政区财经税收史领导小组办公室、海南行政区档案馆编，海南人民出版社，1984。

2048. 琼崖革命根据地财经税收史料选编（三），海南行政区财经税收史领导小组办公室、海南行政区档案馆，海南人民出版社，1988。

2049. 崖县地区财经税收史资料：新民主主义革命时期，三亚市财经税收史领导小组、三亚市税务局编，1987，三亚图藏。

2050. 琼崖革命根据地定安县财经税收史料选编，中共定安县委党史办公室编，中共定安县委党史办公室，1988，中山图藏。

2051. 新民主主义革命时期屯昌县财经税收史选编，屯昌县财经税收史领导小组办公室编，屯昌县财经税收史领导小组办公室，1987，海大图藏。

2052. 新民主主义革命时期屯昌县财经税收史长编，屯昌县财经税收史领导小组办公室编，屯昌县财经税收史领导小组办公室，1987。

2053. 海南财政改革探索与实践，陈日进主编，海南省财政厅，2002，海大图藏。

2054. 海南省领导干部财税研讨班学习资料，海南省财政厅编，海南省财政厅，2000，海大图藏。

2055. 海南财税 40 年史料选编（1950～1990）（上、下册），海南省财政税务志编纂领导小组办公室编，三环出版社，1991。

2056. 五年财政改革与发展（1998～2002），海南省财政厅办公室编，海大图藏。

2057. 琼崖革命根据地工商税史长篇（初稿），广东省海南行政区财政经济税收史领导小组办公室编，广东省海南行政区财政经济税收史领导小组办公室，1983，海大图藏。

2058. 海南财税风采：海南财税十年改革与发展，郑琦、方光荣、林明赞编，海南财政税务厅，1998，海师图藏。

2059. 海南财政：开拓 创新 奋进，海南省财政厅编，2004，省图藏。

2060. 海南省 2006 年机关事业单位工资收入分配制度改革工作手册，海南省人事劳动保障厅工资福利与离退休外编，海南省人事劳动保障厅，2006，省图藏。

2061. 琼海财政改革文件汇编（1998～2002），琼海市财政局编，省图藏。

2062. 海南省税务学会四届三次理事会暨全省第十二次税收理论研讨会专辑，海南省税务学会编，2004，省图藏。

2063. 全省人大财经工作座谈会会议文件材料汇编，海南省人大常委会财政经济工作委员会编，2005，省图藏。

2064. 增值税转型对海南财政经济的影响和对策，熊志强著，海南省社会科学界联合会，2007，省图藏。

2065. 海南农村金融发展史，《海南农村金融发展史》编委会编，海南出版社，1993。

2066. 工行海南省分行金融产品创新战略研究，王丹珊著，2006，海大图藏。

2067. 海南金融改革与发展研究，韩海京主编，海南出版社，1994。

2068. 工行海南省分行个人金融业务发展研究，许康芸著，2006，海大图藏。

2069. 全面开放背景下建行海南分行企业文化创新研究，陈明润著，王丽娅指导，海南大学，2007，海大图藏。

2070. 海南省农村金融学会（1992～1993）论文精选，朱立军等编，海南省农村金融学会秘书处，1993，海大图藏。

2071. 中国建设银行海南省分行社会责任研究，张旭东著，王丽娅指导，海南大学，2008，海大图藏。

2072. 海南中小企业信用担保机构的发展研究，刘欢著，黄盛指导，海南大学，2008，海大图藏。

2073. 海南投资管理（增刊）：海南省投资学会成立大会暨投资理论研讨会专辑，海南省投资学会、海南省建行银行主办，海南省建行投资研究所，1994，海大图藏。

2074. 海南省投资图集，海南省经济合作厅、成都地图出版社编，成都地图出版社，1998。

2075. 海南证券年报，海南证券学会、海南证券报价交易中心编，香港太阳城国际出版有限公司，1993，海大图藏。

2076. 海南特区金融业名录，马蔚华、蔡重直主编，经济管理出版社，1993。

2077. 钟文与海南农村金融，钟业昌等主编，中国科技出版社，1993。

2078. 金融文化探索，陈琼列主编，南海出版公司，1997。

2079. 海南省获奖金融论文集萃，王晓辉主编，海南出版社，2002。

2080. 海口市金融志，杨玉明主编，南海出版公司，1998。

2081. 天涯银苑春正浓，许信瑚主编，中国金融出版社，1996。

2082. 海南农村金融：农业银行恢复十周年纪念刊，中国农业银行海南省分行、海南省农村金融学会编，中国农业银行海南省分行、海南省农村金融学会，1989，海大图藏。

2083. 闪耀在金融业的一个新星：海南省信托投资公司巡礼，何振编著，南海出版公司，1991。

2084. 黄金之路：羊美华与中行海府办的十年探索，吴甘霖、邓小波著，南海出版公司，1997。

2085. 海南：开放金融与证券投资，辛荣耀著，海南出版社，1992。

2086. 医疗保险改革政策与海南医改实践，高荣海等，海南出版社，2000。

2087. 三亚市社会保险费缴费须知，陈振聪编，三亚地方税务社会保险征稽局，2002，三亚图藏。

2088. 海南昌江招商项目简介，海南省昌江县招商办编，海南省昌江县招商办，2009，海大图藏。

2089. 海南金融业，马蔚华主编，海南出版社，1996。

2090. 海南金融二十年，王一林、肖毅、吴鹤立、周文彰著，南方出版社，2008。

2091. 海南股份制改革与三大新兴市场：证券市场、期货市场、产权市场的实践与探索，任峻垠主编，南海出版公司，1995。

2092. 证券市场与海南股份制企业，吴鹤立、吴海民、陈鸿文编，延边人民出版社，1993。

2093. 海南特区金融服务全书，马蔚华、张光华编，海南出版社，1998。

2094. 海南：金融改革分析与运作，辛荣耀著，海南出版社，1993。

2095. 海南大特区金融问题研究，海京著，三环出版社，1991。

2096. 海南的金融改革：问题，思路和对策——关于理论，政策及运作的研究报告，中国（海南）改革发展研究院编，中国（海南）改革发展研究院，1992，海大图藏。

2097. 海南岛的投资环境，中国对外经济贸易咨询公司编，中国对外经济贸易咨询公司，1987，海大图藏。

2098. 海南特区金融发展战略研究，梁永强著，陕西人民出版社，1998。

2099. 海口市金融志，杨玉明著，南海出版公司，1998。

2100. 定安县金融志，许荣颂、蒙齐日、宁波编，三环出版社，1991。

2101. 海南农业保险补贴与需求研究，王芳著，经济科学出版社，2011。

2102. 海南经济特区医疗保险制度改革资料汇编，海南省社会保障局编，海南省社会保障局，1995，海师图藏。

2103. 海南农业保险补贴与需求研究，王芳著，经济科学出版社，2011。

2104. 新民主主义革命时期文昌县财经税收史，文昌县财经税收史编写组编，南海出版公司，1991。

第六节　文化、科学、教育、体育

一　中国文化与文化事业

2105. 海南文化史，牛志平等著，南方出版社，2008。

2106. 海南文化产业体制改革与发展战略研究报告，中共海南省委宣传部编，2004，海大图藏。

2107. 文昌文化大全·餐饮卷，林明仁著，南方出版社，2010。

2108. 文昌文化大全·华侨卷，林明仁著，南方出版社，2010。

2109. 文昌文化大全·教育卷，林明仁著，南方出版社，2010。

2110. 琼海文化述论，梁明江编著，海南出版社，2007。

2111. 海南本土文化书集，周洪晋、王齐冰编，南海出版公司，2011。

2112. 天涯海角的文化，陈多余著，人民教育出版社，1995。

2113. 黎族文化溯源，邢植朝著，中山大学出版社，1993。

2114. 海南黎族苗族自治州第三届群众文艺汇演专刊，海南黎族苗族自治州文化局编，海南黎族苗族自治州文化局，1964，中山图藏。

2115. 欢乐颂：首届中国青年欢乐节第五届海南岛欢乐节闭幕式暨54届世界小姐仪式纪实，三亚市人民政府新闻办公室编，2004，三亚图藏。

2116. 海南椰文化学，王业茂、姜明吾著，南海出版公司，1993。

2117. 科学发展观视野中的中国文化建设：博鳌文化论坛首届年会论文集，中共海南省委宣传部理论处编，南海出版公司，2005。

2118. 海南省文化产业调查资料汇编，张松林主编，中共海南省委宣传部，2008，海大图藏。

2119. 海南省文化产业调查年鉴，张松林主编，中共海南省委宣传部，2008，海大图藏。

2120. 海南文化建设之知与行，李星良著，海南出版社，2011。

2121. 海南文化发展概观，符永光著，香港新闻出版社，2001。

2122. 首届海南国际椰子节：大事记暨文件资料汇编，陆军主编，中山大学出版社，1993。

2123. 首届海南国际椰子节手册，刘建华等著，环球经济参考报社，1992。

2124. 琼州文化，关万维、俞晓群著，辽宁教育出版社，1998。

2125. 巾帼风采绿胶园，林芳明主编，2007，省图藏。

2126. 一九九八年度海南省文化、广播电视、体育、出版事业统计资料，海南省文化广电出版体育厅计财处编，海南省文化广播体育厅，省图藏。

2127. 海南国际旅游岛特色文化研究，周洪晋主编，南海出版公司，2010。

2128. 海南文化建设纵横谈，宋锦绣著，海南出版社，2001。

2129. 一九九五年度海南省文化、广播、体育、出版事业统计资料，海南省文化广播体育厅编，海南省文化广播体育厅，1996，三亚图藏。

2130. 绿色文化科普宣教基地：世界文化林项目概况书，海南省自然保护发展研究会编，海南省自然保护发展研究会，海大图藏。

2131. 琼海县一九七九年文化工作总结，琼海县文化局编，琼海县文化局，1980，中山图藏。

2132. 海南黎族苗族自治州文化工作调查报告，广东省文化局编，广东省文化局，1956，海师图藏。

2133. 海南省文化体制改革文件资料汇编（合五册），海南省文化体制改革与文化产业发展领导小组办公室编，海南省文化体制改革与文化产业发展领导小组办公室，2007，省图藏。

2134. 陈序经文化思想研究，刘集林著，天津人民出版社，2003。

2135. 海南国际旅游岛文化产业发展研究报告（2011），焦勇勤主编，海南出版社，2012。

二　信息与知识传播

（一）信息与传播理论

2136. 海南省信息化资料汇编，马尔强主编，海南省信息产业局，2000，海大图藏。

2137. 党政信息工作指南，林国明编，三亚市委办公室，1995，三亚图藏。

2138. 网络时代与人文传播教育：海南大学人文传播学院教育教研论文集，焦勇勤主编，红旗出版社，2005。

2139. 海口市工人文化宫志（1951.10～2009.12），海口市工人文化宫编辑委员会编，南方出版社，2010。

（二）新闻学、新闻事业

2140. 特区报人的思考：海南日报新闻论文集，海南日报新闻研究所编，海南出版社，1993。

2141. 《新海南报》第一届通讯与读报工作会议专刊，《新海南报》编辑部编，《新海南报》编辑部，1954，中山图藏。

2142. 《新海南报》第二届通讯与读报工作会议专刊，《新海南报》编辑部编，《新海南报》编辑部，1955，中山图藏。

2143. 琼崖新民主报社来往稿件，广东省立中山图书馆辑订，琼崖新民主报社，1959，中山图藏。

2144. 海南魅力：齐志文新闻作品选，齐志文著，中国财经出版社，1991。

2145. 绿叶青枝总是情：卓东荣通讯报告选，卓东荣著，三环出版社，1992。

2146. 一位高级编辑的业务档案：张仲彩新闻作品品评集，张仲彩著，贾培信编，海南出版社，1993。

2147. 笔情：林华新闻作品选集，林华著，海南出版社，1994。

2148. 昨天的回响：黄平新闻作品选，黄平著，海南出版社，1994。

2149. 兰夫走笔：新闻评论，张兰夫著，海南国际新闻出版中心，1996。

2150. 丰硕的成果：海口晚报获奖作品集，刘德安著，海南国际新闻出版中心，1996。

2151. 寒冰新闻作品集，寒冰著，海南国际新闻出版中心，1996。

2152. 潮起潮落写青春：南沙西沙新闻报道专集，海军政治部编，海潮出版社，1997。

2153. 特区新闻文选：获奖作品，林凤生主编、南方出版社，1998。

2154. 天涯足音，麦笃义编，今日香港出版社，2002。

2155. 中国特区省的崛起；杨宗生新闻作品选，杨宗生著，南方出版社，2000。

2156. 新闻追踪，王卫国著，南方出版社，2001。

2157. 银海扬帆：新闻作品集，中国工商银行海南省分行著，海南出版社，2003。

2158. 见证天涯：三亚晨报创办十周年获奖作品选，简秋雄等主编，三亚晨报社，2004。

2159. 雷霆出击，马克君著，南方出版社，2004。

2160. 一路欢歌，马克君著，学苑出版社，2004。

2161. 依靠群众奋发图强建设山区广播网：琼山县广播工作文件汇编，琼山县广播站编，琼山县广播站，1964，中山图藏。

2162. 改革开放走向新世纪：新世纪新闻（《新世纪》创刊四周年纪念增刊），《新世纪》周刊社编，《新世纪》周刊社，1993，海大图藏。

2163. 大特区风云录，杨连成著，警官教育出版社，1995。

2164. 小发议论：蔡旭新闻短论选，蔡旭著，海南出版社，1995。

2165. 聚焦海南：庆祝建省办经济特区 20 周年中央媒体宣传报道精选，中共海南省委宣传部编，中共海南省委宣传部，2008，海大图藏。

2166. 1995 年海南省新闻出版局工作会议文件汇编，海南省新闻出版局编，海南省新闻出版局，1995，省图藏。

2167. 海南省新闻出版系统工作会议文件汇编，1997，省图藏。

2168. 南国都市报与海南特区报竞争关系研究，陈征然著，海南大学，2008，海大图藏。

2169. 中国新闻社海南分社成立二十周年，杨旭、曾立平著，中国新闻社海南分社，2008，海大图藏。

（三）广播、电视事业

2170. 特区广播电视简论，鹿松林著，海南出版社，1993。

2171. 荧屏拾贝：海南电视优秀论文选，鹿松林主编，南海出版公司，1995。

2172. 海南电视台规章管理制度汇编，鹿松林主编，南海出版公司，2000。

2173. 当代中国广播电视台百卷丛书·海南电视台卷，鹿松林主编，中国广播电视出版社，2001。

2174. 海口市文化馆 1960 年第二季度工作总结，海口市文化馆编，海口市文化馆，1960，中山图藏。

2175. 海口市文化馆开展支持农业文艺宣传活动与工作总结，海口市文化馆编，海口市文化馆，1960，中山图藏。

2176. 海南省广播电视事业统计资料汇编（1951～1991），海南省文化广播体育厅编，海南省文化广播体育厅，1993，省图藏。

2177. 他们正年轻，植展鹏主编，中国文联出版公司，2003。

2178. 海口市广播电视志，《海口市广播电视志》编委会著，海南出版社，2002。

（四）出版事业

2179. 海南图书出版，海南省新闻出版局编，海南省新闻出版局，海师图藏。

2180. 海南省音像出版社及发行中心规章制度，宋美光主编，2000，省图藏。

（五）图书馆学、图书馆事业

2181. 海南大学图书馆规章制度，海南大学图书馆编，海南大学，1994，海大图藏。

2182. 海南大学图书馆手册，海南大学图书馆编，海南大学，1999，海大图藏。

2183. 第二届地方文献国际学术研讨会论文集，国家图书馆古籍馆编，国家图书馆出版社，2009。

2184. 海南历史文学文献学研究，熊开发主编，中国社会出版社，2012。

（六）博物馆学、博物馆事业

2185. 物华天宝：海南花黎木家具图典，张志扬编，海南出版社，2011。

2186. 海南省博物馆研究文集，丘刚主编，科学出版社，2011。

（七）档案学、档案事业

2187. 海南省档案工作规章制度文件汇编（1988.4～2000.12），海南省档案局编，海南省档案局，2001，海大图藏。

2188. 澄迈县档案馆指南，澄迈县档案馆编，澄迈县档案馆，1995，海大图藏。

三 科学、科学研究

（一）科学研究理论

2189. 海南建设海洋经济强省的软科学研究：海南省重点科技项目建议书，海南人力资源开发研究院编，海南大学海南人力资源开发研究院，2003，海大图藏。

2190. 机遇与挑战：WTO 与海南标准化，海南省质量技术监督局、海南省标准化协会编著，中国标准出版社，2003。

2191. 海南省首届科技活动月：科技人才队伍发展战略研讨会论文汇编，海南省科学技术厅、海南省人才工作协调小组办公室编，2005，海大图藏。

（二）地方科学研究事业

2192. 海南省第三届科技活动月指南，海南省科技活动月组委会编，海南省科技活动月组委会，2007，海大图藏。

2193. 海南省第四届科技活动月指南，海南省科技活动月组委会编，海南省科技活动月组委会，2008，省图藏。

2194. 科教兴琼谱新篇：1995 海南省科技大会特辑，海南省科学技术厅编，1995，海大图藏。

2195. 开拓创新创造海南科技优势：海南省科技厅科技创新工作资料汇编，海南省科技厅编，海南省科技厅，2003，海大图藏。

2196. 海南省科技招商周资料汇编，海南省科学技术厅编，海南省科学技术厅，1999，海大图藏。

2197. 科技发展战略与对策（1996～2010），邢定桓、严鸿昌著，海南出版社，1996。

2198. 三亚市科学技术发展“十五”计划和 2015 年规划（2001～2015），三亚市科学技术局编，2000 年，三亚图藏。

2199. 科技振兴海南，青年开创未来：海南省科协首届青年学术年会论文集，刘忠奕、黄发森、严鸿昌主编，中国科学技术出版社，1994。

2200. 华南热带作物科学研究院华南热带作物学院科技成果汇编（1986～1990），华南热带作物科学研究院科研处编，华南热带作物研究院科研处，1991，海大图藏。

2201. 海南省渔业科学技术志，王鹏、周开炎、冯全英编纂，海南省水产研究所，2008，海大图藏。

四　教育

（一）教学理论

2202. 东方的觉醒：陈序经学术研讨会论文选集，陈传汉、詹尊沂等主编，延边大学出版社，2000。

2203. 陈序经研究论文集一，林英、陈夏仙、周延婉编，海南省文化历史研究会，海师图藏。

2204. 陈序经研究论文集二，林家有、寒山碧、徐善福编，海南省文化历史研究会，海师图藏。

2205. 陈序经研究论文集三，郑朝波、王裕秋、王春煜编，海南省文化历史研究会，海师图藏。

2206. 陈序经研究论文集四，蒋玉川、黄循英、余定邦编，海南省文化历史研究会，海师图藏。

2207. 陈序经研究论文集五，云昌瑛、陈学孔、郑朝波编，海南省文化历史研究会，海师图藏。

2208. 陈序经文集，陈序经著，中山大学出版社，2004。

2209. 陈序经学术论著，陈序经著，浙江人民出版社，1998。

2210. 陈序经文集，余定邦著，中山大学出版社，2004。

2211. 转型期文化学的批判：以陈序经为个案的历史释读，田彤著，中华书局，2006。

2212. 陈序经学术论著，邱志华著，浙江人民出版社，1998。

2213. 陈序经东南亚古史研究合集，陈序经著，海天出版社，1992。

2214. 科学技术教育篇，谢宗辉主编，海南省关心下一代工作委员会，2003，省图藏。

2215. 海南省中学骨干教师论文集，林中伟主编，南方出版社，2003。

2216. 海南教研文集，海南省教育厅教研室编，海南出版社，1999。

2217. 教研集萃：目标教学专辑，蒋敦杰主编，海南出版社，2000。

2218. 民族教育科技调研与典型，海南省民族宗教事务厅教育科技处著，2003，琼院图藏。

2219. 教育管理论文集，黎雄风主编，南海出版公司，1996。

2220. 海南省社会文教行政财务制度选编（1988～1989），海南省行政税务厅编，海南省行政税务厅，三亚图藏。

2221. 海南省社会文教行政财务制度选编（1990～1992），海南省行政税务厅编，海南省行政税务厅，三亚图藏。

2222. 海南省社会文教行政财务制度选编（1993～1995），海南省行政税务厅编，海南省行政税务厅，三亚图藏。

2223. 三亚市教育改革与发展重要文件汇编（1998～2002），林贻秀编，三亚市教育局，2002，三亚图藏。

2224. 万宁县教育志，周永香主编，南海出版公司，1993。

2225. 屯昌县教育志，屯昌县教育局编志领导小组主编，屯昌县教育局编志领导小组，1987，中山图藏。

2226. 定安县教育志，岑新强、吴升平主编，海南出版社，2011。

2227. 一九九二年海南省大学生社会实践活动优秀论文选，海南省大学生社会实践活动领导小组编，1993，海大图藏。

2228. 一九九三年海南省大学生社会实践活动优秀论文选，中共海南省高等学校工作委员会编，1994，海大图藏。

2229. 育才有方，蓝田玉、杨劲生著，南海出版公司，1996。

2230. 海南大学学生课外科技文化活动，海南大学本科教育教学工作丛书组编，海南大学，2005，海大图藏。

2231. 高校思想政治教育研究：海南省大学生社会实践优秀论文选，刘和忠编，海南出版社，2008。

（二）教师与学生

2232. 海南师德风范，《海南师德风范》编委会编，海南出版社，2005。

2233. 海南大学学生手册，海南大学教务处、海南大学学生处编，海南大学，2001，海大图藏。

2234. 海南大学学生手册，海南大学教务处、海南大学学生处编，海南大学，2002，海大图藏。

2235. 海南大学学生手册，海南大学教务处、海南大学学生处编，海南大学，2003，海大图藏。

2236. 海南大学学生手册，海南大学教务处、海南大学学生处编，海南大学，2004，海大图藏。

2237. 海南大学学生手册，海南大学教务处、海南大学学生处编，海南大学，2005，海大图藏。

2238. 海南大学学生手册，海南大学教务处、海南大学学生处编，海南大学，2006，海大图藏。

（三）学校管理

2239. 海南大学教学文件汇编，海南大学教务处编，海南大学，1997，海大图藏。

2240. 海南大学学生教育管理制度汇编，海南大学学生处编，海南大学，2005，海大图藏。

2241. 海南省迎接全国治理教育乱收费部际联席会议专项督察汇报材料，海南省治理教育乱收费厅际联席会议编，2004，省图藏。

2242. 海南大学教学实验室简介，海南大学教务处编，2005，海大图藏。

（四）中国教育事业

2243. 教育文件选编（1978～1990），海南省教育厅办公室编，海南省教育厅办公室，1991，海师图藏。

2244. 超前的改革 超常的发展：海南洋浦教育体制改革纪实，陈夫义著，海南出版社，2001。

2245. 海南教育年鉴（2006），谢越华主编，海南出版社，2008。

2246. 海南教育之光，海南省教育厅《海南教育之光》编委会编，海南省教育厅《海南教育之光》编委会，1998，海大图藏。

2247. 特区教育：理论与实践的思考，顾晓鸣编著，南海出版公司，1998。

2248. 海南省远距离教育论文集，路凯主编，海南广播电视大学，1989，海大图藏。

2249. 海南区第一次教育评比会议材料汇编，海南文教卫生处编，1959，海师图藏。

2250. 光辉的历程，卢保进主编，海南省工业学校，2004，省图藏。

2251. 海南黎族苗族自治州教育发展史，海南黎族苗族自治州师范专科学校教育史组编，1959，海师图藏。

2252. 海南教育史，谢越华编，南方出版社，2008。

2253. 五指山基业：海南少数民族教育探究，齐见龙等著，吉林人民出版社，2005。

2254. 启蒙颂：献给在乐东山区从教卅年以上的老教师（1949.10～1988.8），王开贤编，乐东黎族自治县教育局，1989，海师图藏。

（五）学前教育、幼儿教育

2255. 海南省机关幼儿园建园50周年纪念（1951～2001），肖立芳主编，2001，省图藏。

（六）初等教育

2256. 海南省部分小学校史调查，辛业江主编，海南出版社，2008。

2257. 琼中县民族小学教育工作经验交流第二辑，琼中县人民委员会文教科编，琼山县人民委员会文教科，1955，中山图藏。

2258. 海南，我可爱的家园：海南省小学低年级生态教育画本，周文彰编，海南出版社，2001。

2259. 泰京育民校友会：成立五十周年纪念特刊（1947～1997），谢晋芙、韩珊元主编，1998，海大图藏。

2260. 海南省小学生作文选评，莫清华主编，南海出版公司，1998。

（七）中等教育

2261. 海南区中学生优秀作文选评，吴荫华选评，海南人民出版社，1985。

2262. 摇篮：海南区中学生诗歌选，周昌彪选析，海南人民出版社，1986。

2263. 海南中学卷，吴荫华、杨俊良编，北方妇女儿童出版社，1993。

2264. 海南省中学生作文选评，莫清华主编，南海出版公司，1998。

2265. 新蕾：海南师范学院附中学生优秀作文选，唐应礼主编，海南出版社，2000。

2266. 金秋的收获：嘉积中学优秀诗文集，刘晓朝主编，2006，海大图藏。

2267. 七仙岭下育桃李，陈瑞涛主编，华晖出版社，2006。

2268. 海南省中学继续教育研究与探索，房方著，南海出版公司，2001。

2269. 海南省教育研究培训院2009年度报告，陈夫义主编，海南出版社，2010。

2270. 陵中正午：陵水中学80周年校庆教研成果总结，郑文清主编，甘肃文化出版社，2005。

2271. 教研之花，黄萍主编，海南省儋州市那大二中教务处教研室，2002，海大图藏。

2272. 我们的探索：海南省国兴中学实施新课程成果集萃，陈力主编，海南出版社，2009。

2273. 一九九九年海南省中等学校招生工作指南，海南省教育厅中等学校招生办公室编，1999，三亚图藏。

2274. 耕耘集：海南师范学院附中创新教育论文集，唐应礼主编，海南出版社，2000。

2275. 琼南中学第一届毕业生同学录，琼南中学第一届毕业生委员会编，琼南中学第一届毕业生委员会，1950，中山图藏。

2276. 红烛天涯：三亚市第一中学教育教学文集，张文超、张蔚兰主编，南海出版公司，1996。

2277. 马六甲万宁社中学奖学金大学贷学金专辑，马六甲万宁社中学奖学金委员会辑，马六甲万宁社中学奖学金委员会，1960，《海南文献资料简介》。

2278. 定安中学组织史资料汇编，庞朝信编，定安中学，1986，中山图藏。

2279. 德育之花：儋州市那大二中德育成果荟萃第一辑，那大二中政教处编、叶健雄主编，那大二中政教处，2001，海大图藏。

2280. 校本研训在澄迈中学，许劭俊主编，海南出版社，2009。

2281. 杏坛的沉思：海南中学教育教学文集（上、中、下册），黎当贤主编，海南出版社，2008。

2282. 探索的足迹：海南中学学生综合实践活动文集（上、下册），黎当贤主编，海南出版社，2008。

2283. 基础教育新课程优秀教学案例集，蒋敦杰主编，海南出版社，2003。

2284. 海南省教育研究培训院2007年度报告，陈夫义主编，海南出版社，2008。

2285. 教育探新：海南中学教育教学论文集（上、下册），黎当贤主编，海南出版社，2003。

2286. 育人春秋，唐应礼编著，海南出版社，2001。

2287. 海南教研通讯，海南行政区教育局教研室、海南农垦局教育处教研室编，海南行政区教育局教研室，1982～1983。

2288. 海南历史，海南省教育厅教学研究室编，海南出版社，1997。

2289. 布朗太太在三亚，羊淑琼著，清华大学出版社，2006。

2290. 海南地理，海南省教育厅教研室、海南省教育科学研究所编，海南出版社，1997。

2291. 海南地理：中学乡土教材试用本，海南省教育厅编，海南省教育厅，1989，海师图藏。

2292. 2001年海南省中等学校招生指南，海南省教育厅中等学校招生办公室编，海南省教育厅中等学校招生办公室印，2001，海师图藏。

2293. 海口一中学生美术作品集，海口市第一中学编，南方出版社，2006。

2294. 海南华侨中学，海南华侨中学编，海南华侨中学，2007，海大图藏。

2295. 嘉积中学，李世怡、程为群主编，2007，海大图藏。

2296. 海南琼台师范学校同学录，海南琼台师范学校编，海南琼台师范学校，2002，海大图藏。

2297. 海南中学建校七十周年纪念册，邹福如主编，香港画报出版公司，1998。

2298. 海南中学建校七十周年纪念册（1923～1993），邹福如主编，海南珠江建设集团公司，1994，海大图藏。

2299. 海南中学：建校七十五周年纪念册，邹福如、黄世森等编，海南中学，1998，海师图藏。

2300. 海南中学史略，《海南中学史略》编写组编，海南出版社，1993。

2301. 海南中学建校八十周年纪念册，黎当贤主编，2004，海大图藏。

2302. 文昌中学建校85周年纪念特刊（1908～1993），潘正结著，海南同盟广告公司，1993，海大图藏。

2303. 紫贝晨钟：海南省文昌中学教师优秀论文集，海南省文昌中学编，海南省文昌中学，2002，海大图藏。

2304. 教坛撷英，唐才忠，海口市灵山中学，2011，海大图藏。

2305. 琼州学院附属中学建校55周年（1957～2012），符冠烨编，深圳华夏印刷包装有限公司，2012，海大图藏。

（八）高等教育

2306. 前沿阵地上的探索，苏英博著，南海出版公司，1992。

2307. 探骊（上、下册），叶斌主编，远方出版社，2002。

2308. 高等教育选论：兼论海南特区高等教育改革，林亚珉、林凯等著，教育科学出版社，1993。

2309. 特区高等教育研究，林亚珉等著，海南出版社，1997。

2310. 海南省高校思想政治教育理论与实践研究，韦勇、李红梅主编，海南出版社，2006。

2311. 改革开放与高校德育：来自南方沿海高校的调研报告，全国高等学校思想政治教育研究会秘书处编，厦门大学出版社，1997。

2312. 研究与探索：海南省高校思想政治教育研究会2006年年会论文集，李红梅、韦勇主编，海南出版社，2006。

2313. 实践与探索：海南省高校思想政治研究会2003年年会论文集，刘和忠、李红梅主编，海南出版社，2004。

2314. 海南大学教育教学研究论文选编，海南大学编，2005，海大图藏。

2315. 海南大学教育思想、办学理念和教学改革研讨会论文汇编，海南大学评建办公室编，2005，海大图藏。

2316. 实践出真知：海南大学学生暑期社会实践论文集，王大群主编，北京燕山出版社，2005。

2317. 海南大学教学督导研究，海南大学教务处编，2005，海大图藏。

2318. 私立海南大学，苏云峰著，台湾“中央”研究院近代史研究所，1990，海大图藏。

2319. 在生产中扎根、在教育研究生产紧密结合下成长的华南热作院，华南作物学院编，华南作物学院，1960，中山图藏。

2320. 论海南特区高等教育，海南省高等教育学会编，三环出版社，1989。

2321. 海南古代书院，胡素萍著，南方出版社，2008。

2322. 海南大学生的生活世界：现状、问题与对策，李芬、张慧卿等著，海南出版社，2010。

2323. 海南大学校内管理体制改革材料汇编，海南大学人事处、海南大学高教研究室编，1992，海大图藏。

2324. 海南大学大学生思想政治教育工作材料汇编，《海南大学大学生思想政治教育工作材料汇编》编写组编，2006，海大图藏。

2325. 海南大学2005届优秀毕业论文（设计）选编，海南大学教务处编，2005，海大图藏。

2326. 海南大学本科专业建设规划，海南大学教务处编，2005，海大图藏。

2327. 海南大学课程建设规划（2006～2010），海南大学教务处编，2005，海大图藏。

2328. 海南大学法学院本科教学工作水平评估汇报材料，海南大学法学院编，2005，海大图藏。

2329. 海南大学法学院本科教学工作水平评估自评依据，海南大学法学院编，2005，海大图藏。

2330. 海南大学实践教学管理文件汇编，海南大学教务处编，2005，海大图藏。

2331. 海南大学实习基地简介，海南大学教务处编，2005，海大图藏。

2332. 海南大学2000级本科教学计划，海南大学教务处编，2000，海大图藏。

2333. 海南大学2001级本科教学计划，海南大学教务处编，2001，海大图藏。

2334. 海南大学2002级本科教学计划，海南大学教务处编，2002，海大图藏。

2335. 海南大学2003级本科教学计划，海南大学教务处编，2003，海大图藏。

2336. 海南大学2004级本科教学计划，海南大学教务处编，2004，海大图藏。

2337. 海南大学2011级本科教学计划，海南大学教务处编，2011，海大图藏。

2338. 海南大学2005级本科培养方案，海南大学教务处编，2005，海大图藏。

2339. 海南大学2006级本科培养方案，海南大学教务处编，2006，海大图藏。

2340. 海南大学2004届优秀毕业论文（设计）选编，海南大学教务处编，2004，海大图藏。

2341. 海南大学2006届本科优秀毕业论文（设计）选编，海南大学教务处编，2006，海大图藏。

2342. 海南大学硕士研究生培养方案，海南大学研究生处编，2006，海大图藏。

2343. 海南大学研究生管理文件汇编，海南大学研究生处编，2006，海大图藏。

2344. 海南大学研究生手册，海南大学研究生处编，2006，海大图藏。

2345. 海南大学科研工作大会经验交流材料，海南大学科研处编，2005，海大图藏。

2346. 海南大学科研管理文件汇编，海南大学科研设备处编，2002，海大图藏。

2347. 海南省普通高校财务管理创新研究，黄瑚著，海南大学，2008，海大图藏。

2348. 海南大学人事管理制度汇编，海南大学人事处编，2005，海大图藏。

2349. 海南大学法学院学生工作管理文件汇编，海南大学法学院编，2005，海大图藏。

2350. 海南大学教学管理文件汇编，海南大学教务处编，2005，海大图藏。

2351. 海南大学人事与分配制度改革文件汇编，海南大学人事处编，1996，海大图藏。

2352. 海南省高等学校学生管理手册，海南省教育厅编，1990，海大图藏。

2353. 海南省普通高等学校招生资讯：报考指南 2005，海南考试服务中心编，海南出版社，2005。

2354. 海南省普通高等学校招生资讯：填报志愿指南 2005，海南考试服务中心编，海南出版社，2005。

2355. 海南大学文件选编（2004 年度），海南大学综合档案室编，2005，海大图藏。

2356. 海南大学文件选编（2005 年度），海南大学综合档案室编，2006，海大图藏。

2357. 海南大学 2005 年实践教学工作研讨会论文集，海南大学教务处编，2005，海大图藏。

2358. 海南大学法学院建设发展规划汇编，海南大学法学院编，2005，海大图藏。

2359. 海南大学，海南大学党委宣传部主编，2003，海大图藏。

2360. 海南大学，缪加玉主编，海南大学，1993，海大图藏。

2361. 海南大学科研成果汇编（1983～2003），海南大学编，2003，海大图藏。

2362. 海南大学科研成果总览（1983～1996），海南大学科研设备处编，海大图藏。

2363. 海南大学大事记汇编（1983～2002），海南大学综合档案室编，2003，海大图藏。

2364. 海南大学海大信息产业园项目建议书，海南海易投资开发有限公司编，海南海易投资开发有限公司，2003，海大图藏。

2365. 海南大学生命科学学院筹建方案（征求意见稿），海南双成药业有限公司编，海南双成药业有限公司，2002，海大图藏。

2366. 海南大学 2003～2007 年发展规划，海南大学编，2002，海大图藏。

2367. 海口大学城总体规划及投资方案（讨论稿），海南人力资源开发研究院编，海南人力资源开发研究院，2001，海大图藏。

2368. 中国热带农业科学院华南热带农业大学，陈忠、余让水编，1989，海师图藏。

2369. 海南大学规章制度选编，海南大学校长办公室编，海南大学，1997，海大图藏。

2370. 海南大学农学院校友录：庆祝海南大学建校十周年，海南大学农学院编，1993，海大图藏。

2371. 海大后勤，海南大学总务处编，海大图藏。

2372. 省部领导考察指导海南大学工作讲话汇编，海南大学档案馆编，海南大学档案馆，2009，海大图藏。

2373. 媒体看“两院”，中国热带农业科学院、华南热带农业大学编，2009，海大图藏。

2374. 海南大学“211 工程”三期建设方案，海南大学编，2009，海大图藏。

2375. 《教改的探索海南师院学报》增刊，蓝田玉主编，海南师范学院，1990，海大图藏。

2376. 海南大学年鉴（2008），《海南大学年鉴》编辑部主编，海南出版社，2008。

2377. 海南大学年鉴（2009），《海南大学年鉴》编辑部主编，海南出版社，2009。

2378. 海南大学年鉴（2010），《海南大学年鉴》编辑部主编，海南出版社，2010。

2379. 海南大学年鉴（2011），《海南大学年鉴》编辑部主编，海南出版社，2011。

2380. 海南大学首届中文干修班毕业二十周年聚会纪念册，2006，海大图藏。

2381. 海南大学学子风采，海南大学教务处编，2005，海大图藏。

2382. 海南大学校友之星，海南大学编，2005，海大图藏。

2383. 海南大学教师风采，海南大学编，2005，海大图藏。

2384. 海南大学中长期发展规划，海南大学中长期发展规划编写组编，2005，海大图藏。

2385. 海南大学法学院行政管理文件汇编，海南大学法学院编，2005，海大图藏。

2386. 桃李芬芳：海南师院中文系历届毕业生文集（上、下册），蓝田玉著，中华文化出版社，1992。

（九）师范教育

2387. 探索之路：海南师范大学教学改革研究论文集，舒火明、王琰春主编，海南出版社，2007。

2388. 滋兰感悟集：海南师范大学文学院教研论文集，阮忠主编，海南出版社，2010。

2389. 海南师范大学校史，温强、邢孔政主编，南海出版公司，2009。

2390. 海南师范学院科研成果汇编（1988～1998），海南师范学院科研设备处编，海南师范学院，1999，海大图藏。

2391. 海南师范学院，海南师范学院党委宣传部编，海南师范学院，1999，海师图藏。

2392. 海南师范教育十二年（1978～1990），谢峰、杨儒柏、陈宗利著，海南省教育厅师范处，1991，海师图藏。

2393. 海南教育学院函授教育十年文选（1978～1988），海南教育学院函授部，海南人民出版社，1988。

2394. 《琼中教育史琼中政协文史》第七辑，邱育斌、黄交儒、陈德全编，1994，琼院图藏。

2395. 海南琼台师范高等专科学校创建申报材料，海南琼台师范高等专科学校编，2004，省图藏。

2396. 琼台书院发展史，冯河清著，琼台师范学校，1964，中山图藏。

2397. 琼台书声三百春（1705～2004），叶风著，天马出版有限公司，2004。

2398. 琼台史话，谢越华、叶风著，海南省琼台师范学校，1999，海大图藏。

2399. 琼台三百年，谢越华主编，海南出版社，2003。

（十）职业技术教育

2400. 教苑求索：海南省对外贸易学校教师论文选，庞业明等主编，海南出版社，1996。

2401. 海南省高级技工学校建校50周年论文集（1958～2008），桂昕编，海南省高级技工学校，2008，海大图藏。

2402. 工农教育参考资料第六辑，广东省海南行署文教处编，广东省海南行署文教处，1957，省图藏。

2403. 海南省中专教育论文集（1998），彭京宜主编，南海出版公司，1999。

2404. 海南省高级技校论文集，韩开明主编，海南省高级技校，2001，三亚图藏。

2405. 海南省高级技校论文集，韩开明主编，2001，省图藏。

2406. 海南省农业学校建校50周年纪念册，海南省农业学校编，海南省农业学校，1996，海师图藏。

2407. 桃李满天下：海南省14所技工学校系列随访，吴树岩著，南海出版公司，1998。

2408. 海南省中等职业教育论文集（1999），彭京宜主编，南海出版公司，2000。

2409. 海口经济职业技术学院校友录，曹烨科主编，海口经济职业技术学院，2004，海大图藏。

（十一）成人教育、业余教育

2410. 海南音速成识字课本，海南行政公署文教处编，海南行政公署文教处，1952，中山图藏。

2411. 乐东县速成识字课本，乐东县文教科、乐东县扫除文盲协会编，乐东县文教科、乐东县扫除文盲协会，1958，中山图藏。

2412. 实验教学农民课本·黎文，海南黎族苗族自治州黎族苗族语文研究指导委员会编，海南黎族苗族自治州黎族苗族语文研究指导委员会，1957，中山图藏。

2413. 海南大学成人教育手册，海南大学成教学院编，海南大学，1991，海大图藏。

五　体育

2414. 海南高校体育，肖水平编，海南出版社，2009。

2415. 海南大学体育工作文件汇编，海南大学体育部编，2005，海大图藏。

2416. 激情岁月、共创辉煌，海南大学体育部编辑，2005，海大图藏。

2417. 海南大学体育部科学论文报告会文集（1994～2004），海南大学体育科学研究所编，2005，海大图藏。

2418. 1+1+2体育教学模式创新：海南大学“游泳特色教学”改革实验研究，海南大学课题组编，北京体育大学出版社，2004。

2419. 第一届海南省老年体育科研论文选，黄运明主编，海南省老年人体育协会，2002，省图藏。

2420. 亚运圣火普照琼州大地：第十一届亚运会南端点火和火炬传递处专辑，王越丰、辛业江著、海南摄影美术出版社，1990。

2421. 团结拼搏之歌：海南省第三届体育运动会纪实，海南省文化广电出版体育厅编，2008，省图藏。

2422. 第十一届亚运会南端点火台捐款名录，海南省人民政府办公厅第二秘书处编辑，海南省人民政府办公厅，1991，三亚图藏。

2423. 海南省第一届高校中专学生田径运动会秩序册，海南大学编，1990，海大图藏。

2424. 中国高尔夫球场，马乐平、张剑虹编，2006，海大图藏。

2425. 海口市工交老年人门球协会成立周年专刊，海口市工交老年人门球协会编，1992，海大图藏。

2426. 中国黎族传统体育文化，吴义、王明兴等著，中国社会出版社，2004。

2427. 2000年横渡琼州海峡大奖赛宣传书，海南省体育局编，2000，海师图藏。

2428. 海马汽车2007环海南岛国际公路自行车赛技术手册，2007，省图藏。

2429. “海南高速·瑞海杯”2010年环海南岛国际公路自行车赛服务手册，2010，省图藏。

2430. 风光无限 魅力万宁：海南省万宁建市十周年纪念邮册，中共万宁市委、万宁市人民政府编，中共万宁市委，2006，海大图藏。

2431. 海南集邮史，海南省集邮协会编，海南出版社，2008。

2432. 2004年海南省集邮学术研讨会论文汇编，海南省集邮协会编，2004，省图藏。

2433. 精彩首传：北京奥运圣火在海南，钟业昌著，海南出版社，2008。

2434. 海口市工交老年人门球协会成立周年专刊，海口市工交老年人门球协会编，1992，海大图藏。

2435. 健康岛上夕照明，海南省老年人体育协会编，海南省老年人体育协会，2004，海大图藏。

第七节　语言、文字

一　汉语

（一）方言

2436. 海南黎语调查大纲，少数民族语言调查第一工作队海南分队编，少数民族语言调查第一工作队海南分队，1956，中大图藏。

2437. 黎文方案（草案），中国科学院少数民族语言调查第一工作队海南分队编，黎族语言文字问题科学讨论会，1957，中山图藏。

2438. 关于划分黎语方言和创制黎文的意见，中国科学院少数民族语言调查第一工作队海南分队编，黎族语言文字问题科学讨论会，1957，中山图藏。

2439. 黎语语法纲要，苑中树著，中央民族大学出版社，1994。

2440. 黎语调查研究，欧阳觉亚、郑贻青编，中国社会科学出版社，1983。

2441. 黎语简志，欧阳觉亚、郑贻青编，民族出版社，1980。

2442. 关于划分黎语方言和创制黎文的意见，中国科学院少数民族语言调查第一工作队海南分队黎族语言文字问题科学讨论会编，1957，海师图藏。

2443. 海南黎语调查大纲，少数民族语言调查第一工作队海南分队编，1956，海师图藏。

2444. 黎文方案（草案），中国科学院少数民族语言调查第一工作队海南分队黎族语言文字问题科学讨论会编，1957，海师图藏。

2445. 黎语调查报告初稿，中国科学院少数民族语言调查第一工作队海南分队黎族语言文字问题科学讨论会编，1957，海师图藏。

2446. 海南本土文化书集：海南长流话，周洪晋、张学泮著，南海出版公司，2011。

2447. 海南方言研究，陈波著，南方出版社，2008。

2448. 海南汉语方言论析，陈波著，中华出版社，2002。

2449. 海南屯昌闽语语法研究，钱奠香著，云南大学出版社，2002。

2450. 琼北闽语词汇研究，符其武著，四川大学出版社，2008。

2451. 海南方言说要，梁明江著，海南出版社，1994。

2452. 汉黎字典，黄权主编，云南民族出版社，2011。

2453. 海南音字典：普通话对照，梁猷主编，广东人民出版社，1988。

2454. 海南方言，云惟利著，澳门东亚大学，1987，海大图藏。

2455. 海南人学习普通话手册，广东省方言调查指导组编，广东人民出版社，1959。

2456. 海南村话，符昌忠著，华南理工大学出版社，1996。

2457. 儋州村话：海南岛方言调查报告之一，台湾“中央”研究院历史语言研究所编，1986，海大图藏。

2458. 海南话音韵，王业淳编，南海出版公司，1998。

2459. 海南闽语的语音研究，刘新忠编，中国社会科学出版社，2006。

2460. 海口话音档，陈鸿迈著，上海教育出版社，1997。

2461. 海口方言，张贤豹编，1976，《海南文献资料简介》。

2462. 海口方言辞典，李荣主编，陈鸿迈编纂，江苏教育出版社，1996。

2463. 海南话音档，陈鸿迈编，上海教育出版社，1997。

2464. 东方社会方言志，符辑宏主编，东方黎族自治县地方志办公室，1990，国图藏。

2465. 儋州村语调查报告，丁邦新编，1978，《海南文献资料简介》。

2466. 海南岛乐会方言音韵研究，何大安著，1989，《海南文献资料简介》。

2467. 澄迈方言的文白异读，何大安著，“中央研究院”历史语言研究所，1981，《海南文献资料简介》。

2468. 临高土语，丁邦新著，1979，《海南文献资料简介》。

2469. 海南苗语调查报告（初稿），中国科学院少数民族语言调查第一工作队海南分队苗语组编，黎族语言文字问题科学讨论会，1957，中山图藏。

2470. 海南黎族苗族自治州黎族苗族语文研究指导委员会编译科编译

工作暂行条例，1957，中山图藏。

2471. 临高语研究，梁敏、张均如著，上海远东出版社，1997。

2472. 临高汉词典，刘剑三编著，四川民族出版社，2000。

2473. 海南临高话，张元生、马加林等著，广西民族出版社，1985。

2474. 海南文昌人学普通话指要，符淮青著，省图藏。

2475. 海南闽语的语音研究，刘新中著，中国社会科学出版社，2006。

2476. 东南方言声调比较研究，辛世彪著，上海教育出版社，2004。

2477. 汉黎词典，黄权编，云南民族出版社，2011。

（二）汉语教学

2478. 杏坛教思录：海南师范大学中文系教学研究论文集，阮忠主编，海南出版社，2006。

2479. 我爱我的家乡·海南卷，吴军主编，旅游教育出版社，1992。

2480. 紫檀滴翠：海南省文昌中学学生优秀习作选，谢晋锯主编，2002，省图藏。

2481. 新世纪的希冀，辜武胜主编，南海出版公司，2004。

2482. 心灵的洗礼：海南中学学生国旗下的演讲，黎当贤主编，海南出版社，2008。

2483. 拾来的花季：大特区中学生抒情诗赏析，魏天无主编，南海出版公司，1992。

2484. 海南省普通话水平测试指导读本，海南省普通话培训测试中心编著，海南出版社，2007。

2485. 海南流行语，钟业昌主编，海南出版社，2008。

二 常用外国语

2486. 海南常用语汉英翻译手册，陈维明主编，海南出版社，1995。

2487. 海南模拟导游实务英语教程，曹阳、孙博主编，复旦大学出版社，2010。

2488. 旅游英语 300 句，裴克山著，2000，三亚图藏。

2489. 海南导游手册，万华、陈武现主编，复旦大学出版社，2007。

2490. 海南旅游英语，张伯敏编著，成都科技大学出版社，1994。

2491. 海南话普通话英语常用口语对照888句，王肃强、李强编，南海出版公司，1993。

2492. 海南旅游情景英语会话，符雪清编著，远方出版社，2002。

2493. 海南国际旅游岛新编旅游手册（汉英对照读本），张伯敏、唐芳编著，海南出版社，2007。

2494. 海南国际旅游岛新编旅游手册，蔡家声、于晓平编，2009，省图藏。

第八节　文学

一　中国文学

（一）文学评论和研究

2495. 黎族民间文学艺术研究，海南黎族苗族自治州文联、海南黎族苗族自治州群众艺术馆编，1985，省图藏。

2496. 黎族民间文学概况，韩伯泉、郭小东著，广东民族学院民族研究所，1984，广州图藏。

2497. 琼龙腾：千禧年世界海南文友征文比赛专集，韩文璠编，泰国海南文友联谊会，2000，海师图藏。

2498. 海外奇踪，朱玉书著，儋县政协文史资料委员会，海南人民出版社，1985。

2499. 天涯雪爪：苏轼居儋事迹及诗选注，谢良鼐著，儋县东坡书院管理处，1990，海师图藏。

2500. 全国第八次苏轼研讨会论文集（1995），儋州市政府、苏轼学会编，四川大学出版社，1996。

2501. 纪念苏轼贬儋八百九十周年学术讨论集，苏轼研究学会、儋县人民政府编，四川大学出版社，1991。

2502. 海口文学作品评论选，张品成著，香港银河出版社，2000。

2503. 琼崖聚首话文学，张学新、刘宗武著，百花文艺出版社，1995。

2504. 椰荫诗话，周济夫著，三环出版社，1991。

2505. 海南当代新诗史稿，刘复生著，南方出版社，2008。

2506. 琼海诗魂，张传誉主编，中国文联出版公司，2004。

2507.《琼台诗话》评注，邱达民著，暨南大学出版社，1993。

2508. 新时期海南小说创作述略，张浩文等著，南方出版社，2008。

2509. 心忆桑梓，王兆炳著，新加坡文艺协会，2004，海大图藏。

2510. 海南当代散文概观，单正平著，南方出版社，2008。

2511. 儋州调声山歌，羊中兴等著，南方出版社，2008。

2512. 儋州歌海，儋州市文学艺术界联合会编，2004，海大图藏。

2513. 黎族文学概览，陈立浩、范高庆等著，南方出版社，2008。

2514. 五指山风韵：海南少数民族文学探析，华子奇、陈立浩主编，南海出版公司，2003。

2515. 海南民族文学作品选析，陈立浩等主编，南海出版公司，1992。

2516. 临高县文学艺术志，王贵章主编，中国文联出版社，2002。

2517. 海南当代文学史，毕光明等，南方出版社，2008。

2518.《冯白驹传》评论集，广东琼崖革命史研究会、广州地区老游击战士联谊会琼纵分会编，广东琼崖革命史研究会、广州地区老游击战士联谊会琼纵分会，1996，中山图藏。

2519.《苏东坡在海南》作品评论资料集：庆祝建国五十周年全国优秀剧目晋京献礼演出，谢成驹主编，中华文化出版社，2000。

2520.《西沙之战》评论集，广东人民出版社编，广东人民出版社，1974。

2521.《海瑞罢官》及有关问题的辩论，中国人民大学附属剪报资料图书卡片社编，中国人民大学附属剪报资料图书卡片社，1966，国图藏。

2522. 海瑞罢官及历史问题讨论资料索引，广西师范中文系资料室编，1965，广西师大中文系资料室，国图藏。

2523. 关于吴晗《海瑞罢官》问题讨论，新建设编辑部编，三联书店，1965。

2524.《海瑞罢官》问题资料索引，江西大学图书馆编，江西大学图书馆，1966，中山图藏。

2525. 评新编历史剧《海瑞罢官》，姚文元著，上海人民出版社，1965。

2526.《海瑞罢官》的讨论参考资料，吉林省文学艺术界联合会、吉林大学中文系编，1965，中大图藏。

2527. 关于《海瑞罢官》的讨论资料，广东省哲学社会科学学会联合会编，广东省哲学社会科学学会联合会，1965，中山图藏。

2528.《海瑞罢官》代表一种什么社会思潮？关于《海瑞罢官》及其他有关问题的讨论第一集，北京出版社编辑，北京出版社，1966。

2529. 关于《海瑞罢官》的问题讨论资料索引，上海图书馆编，上海图书馆，1965，中山图藏。

2530. 关于《海瑞罢官》的问题讨论资料索引，上海师范学院图书馆编，上海师范学院图书馆，1966，国图藏。

2531. 关于《海瑞罢官》的讨论资料，西北大学中文系编辑，西北大学中文系，1965，国图藏。

2532.《海瑞罢官》讨论专辑，北京大学校刊编辑室编，北京大学校刊编辑室，1966，国图藏。

2533. 关于《海瑞罢官》的讨论参考资料，北京师范大学编，北京师范大学，1965，国图藏。

2534.《海瑞罢官》问题参考资料，上海人民出版社编辑，上海人民出版社，1966，国图藏。

2535. 历史剧《海瑞罢官》和有关问题的讨论，江苏省文学艺术界联合会编，江苏省文学艺术界联合会，1966，国图藏。

2536. 谢宝曾任琼台书院山长的考证：为《搜书院》考证而作，陈元柱著，1964，中山图藏。

2537. 海瑞评价，《人民日报》理论宣传部文艺部编，《人民日报》理论宣传部文艺部，1965。

2538. 吴晗和《海瑞罢官》，人民出版社编辑，人民出版社，1979。

2539. 评姚文元《评新编历史剧〈海瑞罢官〉》，苏双碧著，上海人民出版社，1979。

（二）各时代作品集

2540. 新编东坡海外集，（宋）苏东坡著，林冠群编，海南出版社，1992。

2541. 丘浚集（合十册），（明）丘浚著，周伟民等点校，海南出版社，2006。

2542. 天池草（上、下册），（明）王弘诲著，王力平点校，海南出版社，2004。

2543. 海瑞集（上、下册），（明）海瑞著，李锦全等点校，海南出版社，2003。

2544. 海瑞集，（明）海瑞著，陈义钟编校，中华书局，1962。

2545. 海忠介公全集，（明）海瑞著，朱逸辉等校注，东西文化事业公司，1998。

2546. 海忠介公全集，（明）海瑞著，《海忠介公全集》辑印委员会编辑，《海忠介公全集》辑印委员会，1973。

2547. 白玉蟾全集校注本，（宋）白玉蟾著，朱逸辉主编，海南出版社，2004。

2548. 白玉蟾全集校注本，（宋）白玉蟾著，朱逸辉校注，香港也仕美术出版社，2004。

2549. 宋白真人玉蟾全集，《宋白真人玉蟾全集》辑印委员编，《宋白真人玉蟾全集》辑印委员会，1976，《海南文献资料简介》。

2550. 白玉蟾集（合二册），（宋）白玉蟾著，周伟民、唐玲玲、安华涛点校，海南出版社，2006。

2551. 湄丘集等六种，海南出版社，2006。

2552. 湄丘集，（明）邢宥著。

2553. 唾馀集，（明）陈鳞著。

2554. 传芳集，（明）唐胄著。

2555. 石湖遗稿，（明）郑廷鹄著。

2556. 张事轩摘稿，（明）张子翼著。

2557. 中秘稿，（明）陈是集著。

2558. 鸡肋集，（明）王佐著，刘剑三点校，海南出版社，2004。

2559. 北泉草堂遗稿，（明）林士元著，海南出版社，2004。

2560. 邢宥湄丘集，（明）邢宥著，朱逸辉主编，海南出版社，2004。

2561. 阐道堂遗稿，（清）云茂琦著，董方奎点校，海南出版社，2004。

2562. 抱经阁集等二种，海南出版社，2004。

2563. 抱经阁集，（明）冯骥声著，潘孺初集，（清）潘存著。

2564. 北泉草堂遗稿等六种，海南出版社，2004。

2565. 北泉草堂遗稿，（明）林士元著；梁中丞集，（明）梁云龙著；许忠直集，（明）许子伟著；松溪小草，（明）王懋曾著；扬斋集，（明）

王承烈著；白鹤轩集，（明）韩锦云著；志亲堂集，（明）林燕典著。

2566. 琼台诗文会稿，（明）丘浚著，内蒙古人民出版社，2002。

2567. 张岳崧诗文集，（清）张岳崧著，张正义、韩林元编，南海出版公司，1998。

2568. 世史正纲校注本，（明）丘浚著，朱逸辉主编，海南出版社，2005。

2569. 邢宥评介集，（明）邢宥著，朱逸辉主编，香港新闻出版社，2006。

2570. 钟筠溪集，（明）钟芳著，周济夫点校，海南出版社，2006。

2571. 筠心堂集，（清）张岳崧著，郭祥文点校，海南出版社，2006。

2572. 潘孺初集，（清）潘存著，刘扬烈点校，海南出版社，2004。

2573. 新加坡海南作家选集·海南，新加坡琼州会馆文学会编，1991。

2574. 惠吾文集，何定之撰，1981，《海南文献资料简介》。

2575. 琼山文艺，琼山文联编，1961，国图藏。

2576. 陵水文艺，陵水县文化馆编，陵水县文化馆，1958，中山图藏。

2577. 海南黎族苗族自治州文艺宣传队文艺创作，海南黎族苗族自治州文艺宣传队著，1972，中大图藏。

2578. 天涯行，海南黎族苗族自治州文化局、州文联编，1985，中山图藏。

2579. 昌江县业余文艺获奖作品选，昌江县文化馆编，昌江县文化馆，1984，中山图藏。

2580. 访贫问苦，琼中县文化馆编，琼中县文化馆，1958，中山图藏。

2581. 演唱材料第一集，海南行政公署文教处、中国戏剧家协会海南支会合编，海南人民出版社，1959。

2582. 演唱材料第二集，海南行政公署文教处、中国戏剧家协会海南支会合编，海南人民出版社，1959。

2583. 海南演唱，海南区群众艺术馆编，海南区群众艺术馆，1962，中山图藏。

2584. 海南演唱，海口市文化馆编，海口市文化馆，1959～1960，中山图藏。

2585. 琼海演唱，琼海县人委文教局、琼海县文化馆编，琼海县文化馆，1963，中山图藏。

2586. 崖县演唱，崖县文化馆编，崖县文化馆，1964，中山图藏。

2587. 模范颂，中共澄迈县委宣传部编，中共澄迈县委宣传部，1959，中山图藏。

2588. 椰林之春第一集，海南行政区职工业余文艺代表团编，海南行政区职工业余文艺代表团，1960，中山图藏。

2589. 椰林之春第二集，海南行政区职工业余文艺代表团编，海南行政区职工业余文艺代表团，1960，中山图藏。

2590. 工人文艺选集，海口市总工会编，海口市总工会，1960，中山图藏。

2591. 欢庆十大演唱材料，文昌县文化局编，文昌县文化局，1973，中山图藏。

2592. 文昌县1974年业余文艺会讲节目选，文昌县文化局编，文昌县文化局，1974，中山图藏。

2593. 春节演唱材料，文昌县文化馆编，文昌县文化馆，1976，中山图藏。

2594. 槟榔园，海南黎族苗族自治州文联、自治州群众艺术馆合编，1986，琼院图藏。

2595. 临高角的早晨：文学作品选，吴杜鲁著，中国戏剧出版社，1990。

2596. 撑起琼南半壁天，贺朗、吴之编，花城出版社，1992。

2597. 天涯春声，蔡明康主编，海南出版社，1993。

2598. 三亚情怀，三亚公关协会编，四川民族出版社，1995。

2599. 岛，李少君著，南海出版公司，2002。

2600. 海南旅游文学作品选读，赵全鹏编，云南民族出版社，2007。

2601. 没有终点的旅程：谨将此书献给海南解放四十周年，林世治主编，南海出版公司，1991。

2602. 郭沫若海南诗文注，郭沫若著，陈波、陈海编注，南海出版公司，1992。

2603. 路口，符兴全著，南海出版公司，1996。

2604. 风流铁骑，展鹏著，南海出版公司，1997。

2605. 春潮涌，许兴文著，长征出版社，2001。

2606. 溯流思源，吴之著，香港也仕美术出版社，2001。

2607. 热土情结，王槐光著，今日香港出版社，2001。

2608. 小城如歌，梁其山著，中国戏剧出版社，2001。

2609. 旅人心迹，吴强著，新疆人民出版社，2002。

2610. 陶写集，陈观莲著，香港天马图书有限公司，2003。

2611. 向左向右，黄海星著，南方出版社，2004。

2612. 春园集，苏栩著，海南出版社，2004。

2613. 岁月萤光，陈永强著，香港也仕美术出版社，2004。

2614. 2004 年海南作家年度原创作品选，海南省作家协会编，海南省作家协会，2004，海大图藏。

2615. 隆闺，沈汝青著，中国文联出版社，2005。

2616. 南风第五期，南风学会编，南风学会，2001，海大图藏。

2617. 百草园，李成、邢月编，海南出版社，1994。

2618. 椰岛集韵，邓光华著，海南出版社，2011。

2619. 诗文年墨（2009），张传誉著，作家出版社，2010。

2620. 昌化江集韵，孙如强、山泉主编，中国文联出版社，2009。

2621. 椰岛风物，邓光华著，海南出版社，2008。

2622. 海风，王高海著，南海出版公司，2006。

2623. 海浪，王高海著，南海出版公司，2006。

2624. 寻觅芳华，欧竞中著，世界华文出版社，2005。

2625. 椰海颂，冯仁鸿编著，香港银河出版社，2005。

2626. 海南作家 2003 年度作品选：海南作家通讯第 2 期（总第 30 期），海南省作家协会编，海南省作家协会，2004，海大图藏。

2627. 桐韵集，海南省汽车运输总公司编，海南省汽车运输总公司，2004，海大图藏。

2628. 绿叶对根的情意：海南华侨侨眷作品选，黄昌华、陈泽枢主编，香港银河出版社，2003。

2629. 琼州大地的阳光：刘见新闻纪实作品选，刘见著，人民日报出版社，2003。

2630. 海南好，彭庆海著，南海出版公司，2001。

2631. 琼崖枪声，琼山县文化馆编，琼山县文化馆，1980，海师图藏。

2632. 乳谣：琼海作家作品选，王锡钧主编，四川大学出版社，1998。

2633. 盛开的鲜花：海口市女作者文学作品选，王子君主编，南海出版公司，1995。

2634. 万泉河上的歌，莫泽安著，海南出版社，1994。

2635. 琼州民间故事歌谣集，吴清禄编，陕西旅游出版社，2003。

2636. 海南黄埔：作品专刊，邢增仪、陈强强编，海南省黄埔军校同学会，1992，海师图藏。

2637. 寻芳集，王辉民著，南海出版公司，1995。

2638. 2004海南作家原创作品选，海南省作家协会编，海南省作家协会，2004，省图藏。

2639. 海南之光，海南电网公司工会编，海南电网公司工会，2004，海师图藏。

2640. 椰声倩影，蓝田玉主编，中华文化出版社，1994。

2641. 琼州海外故事，吴杜鲁著，香港天马图书有限公司，2001。

2642. 琼崖红歌选，郑心伶主编，合一文化出版社，2009。

2643. 南阳革命史话，南阳革命史话编写组编，《琼岛星火》编辑部，1991，省图藏。

2644. 松涛颂，李黎明、曾珊等著，海南人民出版社，1959。

2645. 海南黎族苗族自治州散记，吴启彦著，广东人民出版社，1956。

2646. 在建设海南的日子里，文朗然著，南方通俗出版社，1955。

2647. 宝岛明珠，林李明、袁水拍著，海南人民出版社，1959。

2648. 海南赋，谭力、苟天林主编，南方出版公司，2009。

2649. 琼崖女杰，郑心伶主编，海口市中共党史学会，2010，省图藏。

2650. 苏东坡在海南，广东省儋县文化馆编，广东省儋县文化馆，1981，海师图藏。

2651. 漫记海南岛，黎友琼、季音著，新文艺出版社，1952。

2652. 海南风1989年第2期，朱逸辉编，《海南风》杂志社，1989。

2653. 寻览芳华，欧竞中著，世界华文出版社，2005。

2654. 海南诗文英华集，吴修利主编，延边大学出版社，2001。

2655. 海南妹，周瑞富著，延边大学出版社，1999。

2656. 青山绿魂：陆圣武作品选，陆圣武著，南海出版公司，1993。

2657. 琼崖红歌选，郑心伶主编，海口市关心下一代工作委员会编，合一文化出版社，2009。

2658. 云起天涯，海南省作家协会编，南海出版公司，2008。

2659. 河韵：琼海作家作品选，符浩勇主编，新疆人民出版社，2003。

2660. 椰林涛声，黄进先著，南海出版公司，1997。

2661. 光明使者的心声：职工优秀作品选，华能海南发电股份有限公司党工作部，2004，省图藏。

2662. 潭门湾浪花，李明广主编，香港天马图书有限公司，2007。

2663. 博鳌潮，王儒翰主编，香港天马图书有限公司，2005。

2664. 远古的神奇：献给昌江黎族自治县成立二十周年，符天明主编，2007，省图藏。

2665. 阳光地带：海南建省十五周年文学作品选集（文学评论卷），海南省作家协会编，海南出版社，2003。

2666. 苏东坡在儋州，韩国强著，华夏出版社，2002。

2667. 琼崖红色文学选，郑心伶、陈献芳著，合一文化出版社，2011。

2668. 澄迈文艺一九九六年第一期，李秋波、王秀华主编，澄迈县文化馆，1996，海师图藏。

2669. 澄迈文艺一九九七年第一期，李秋波，王秀华主编，澄迈县文化馆，1997，海师图藏。

2670. 澄迈文艺总第123期（一九九八年十月），澄迈县文化馆主编，澄迈县文化馆，1998，海师图藏。

2671. 澄迈文艺总第127期（2001年1月），李秋波主编，澄迈县文化馆，2001，海师图藏。

2672. 澄迈文艺：国庆专辑总第126期（一九九九年十月），澄迈县文化馆主编，澄迈县文化馆，1999，海师图藏。

2673. 澄迈文艺总第128期（2001年12月），王广俊主编，澄迈县文化馆，2001，海师图藏。

2674. 澄迈文艺总第129期（2002年8月），王广俊主编，澄迈县文化馆，2002，海师图藏。

2675. 澄迈文化1985年6月，澄迈县文化馆编，澄迈县文化馆，1985，海师图藏。

2676. 海口文艺作品精粹，吴爱琴主编，海口市群众艺术馆，2004，海师图藏。

2677. 海南文艺，《海南文艺》编辑组编，海南地区革委会政工组，1972，海师图藏。

2678. 海南文艺界，海南省文学艺术界联合会编辑，1990。

2679. 琼山文艺，琼山文艺编辑组编，琼山县文学艺术界联合会，1983，海师图藏。

2680. 五指山文艺，五指山文艺编辑组、海南黎族苗族自治州文艺局编，五指山文艺编辑组，1978～1980，海师图藏。

2681. 柬埔寨海南文友作品选集，蒙美连主编，2004，海大图藏。

2682. 琼龙腾，韩文璠主编，泰国海南文友联谊会，2000，海大图藏。

2683. 侨海曙辉：海南省华侨文学艺术家协会作品选，詹道文主编，香港银河出版社，2004。

2684. 当代琼海乡贤文萃，海南省万泉河文化研究会编，中国文化出版社，2007。

2685. 有所思，乃在大海南（1980～2003），朱天文著，上海译文出版社，2010。

2686. 在红色的海南岛上：琼崖革命遗址寻访，梁振球著，海南出版社，2012。

2687. 椰海走笔，黄昌华著，银河出版社，2000。

2688. 征军诗集，海南省文化历史研究会主编，长征出版社，2005。

2689. 鹿回头之梦，王维洲著，上海文艺出版社，1989。

2690. 保卫西沙：相声专辑，人民文学出版社编辑，人民文学出版社，1974。

2691. 红色娘子军恩仇录：邓竹青纪实文学作品选，邓竹青著，亚洲出版社，1993。

2692. 走进感恩福地：东方散文选集，赵承宁编，暨南大学出版社，2012。

（三）诗歌、韵文

2693. 白玉蟾诗词选，（宋）白玉蟾著，朱逸辉主编，海南出版社，2005。

2694. 南溟奇甸集，（明）王弘诲编，毛地林校注，海南出版社，2010。

2695. 天涯无处不奇观：海南历代诗词三百首，冯仁鸿、冯所海选注，香港天马图书有限公司，2004。

2696. 崖州裴氏盛德堂诗钞，王集门、柯行廉等编著，中华出版社，2006。

2697. 南海百咏，（清）阮元辑，江苏古籍出版社，1988。

2698. 溟南诗选，（明）陈是集编，郑行顺点校，海南出版社，2004。

2699. 琼台耆旧诗集（上、下册），（清）王国宪、饶宝华等点校，海南出版社，2004。

2700. 琼州杂事诗补注，程秉钊原著，周济夫补注，长征出版社，2004。

2701. 邢湄邱诗文集，（明）邢宥著，海南大学，2004。

2702. 丘浚诗六百首，（明）丘浚著，韩林元编注，内蒙古人民出版社，2003。

2703. 海忠介公诗选，（明）海瑞著，朱逸辉等校注，东西文化事业公司，1999。

2704. 唐胄诗文集注，（明）唐胄著，韩林元注，政协海南省琼山市委员会，1996，海大图藏。

2705. 历代名人谪琼诗选注，韩林元注，河南大学出版社，1990。

2706. 千古风流：东坡胜迹诗联选，朱玉书编，花城出版社，1995。

2707. 苏轼海南诗文选注，（宋）苏轼著，范会俊、朱逸辉编，北京师范大学出版社，1990。

2708. 苏轼谪琼诗选注，（宋）苏轼著，周济夫注，海南出版社，1993。

2709. 东坡胜迹诗联选，朱玉书编，海南人民出版社，1985。

2710. 桄榔庵东坡书院历代诗选，儋县东坡书院管理处编，儋县文化馆，1986，海大图藏。

2711. 五指山古今诗抄，曾宪成、范会俊编，花城出版社，1982。

2712. 王弘海张岳崧诗选，（明）王宏诲、（清）张岳崧著、朱逸辉编，范会俊注，海南人民出版社，1985。

2713. 五公诗词选，岑婉薇、谷禧编注，中山大学出版社，1991。

2714. 琼岛诗词选，朱逸辉编注，广东旅游出版社，1985。

2715. 溟南三十家诗选注，韩林元编注，海南人民出版社，1989。

2716. 蕉雨椰风岁月新：老革命家及知名人士游海南岛诗词选，海南行政区群众艺术馆编，1981，海大图藏。

2717. 梦笔春华，冯麟煌著，南海出版公司，1992。

2718. 琼崖革命诗词歌谣集，王万江主编，海南出版社，1993。

2719. 人鬼神：云逢鹤诗选，云逢鹤著，南海出版公司，1993。

2720. 热土放歌，苏英博等编，华龄出版社，1994。

2721. 天涯飞絮：诗的游记，李书光著，南海出版公司，1995。

2722. 椰梦香飘，卓光炳著，广东旅游出版社，1996。

2723. 白莲集，严国华著，东山杂志社，1996，海大图藏。

2724. 念的光芒，黄昌华著，香港银河出版社，1997。

2725. 明月故乡：当代诗丛，于元林著，中国文联出版公司，1991。

2726. 清清文澜向北流，林清海著，延边大学出版社，1999。

2727. 无岸的远航，林琳著，文化艺术出版社，1999。

2728. 廷钱诗集，陈廷钱著，香港天马图书有限公司，1999。

2729. 蔡旭散文诗选，蔡旭著，作家出版社，2000。

2730. 号角与皮鞭：黄昌华朗诵诗选，黄昌华著，内蒙古文化出版社，2001。

2731. 椰树诗词选，张运华编，延边大学出版社，2000。

2732. 松涛颂歌，吴文生、吴震海、林振强主编，海南松涛水库管理局、儋州市中华诗联学会，2001，海大图藏。

2733. 扬帆韵笺，杨汉生著，中国国际广播出版社，2001。

2734. 词不达意，纪少雄著，南方出版社，2004。

2735. 水的滋味，孔见著，南方出版社，2004。

2736. 漫漫人生路：卓志勇诗词选，卓志勇著，香港天马出版有限公司，2004。

2737. 龙马吟，郭仁勇著，海南出版社，2004。

2738. 兵魂楼诗词：徐晓明诗词集，徐飞白著，香港天马出版公司，2005。

2739. 从白洋淀到南中国海：韩亚辉军旅抒情诗选，韩亚辉著，当代中国出版社，2006。

2740. 海南颂，芦荻著，广东人民出版社，1957。

2741. 椰树的歌：诗集，张永枚著，作家出版社，1958。

2742. 南岛兵歌，海南军区政治部编，广东人民出版社，1958。

2743. 海南访问杂诗，冼玉清撰，1958。

2744. 定昌歌声：金鸡岭诗歌专辑，定昌县文化馆编，定昌县文化馆，1959，中山图藏。

2745. 椰寨歌，柯原著，上海文艺出版社，1961。

2746. 六连岭上现彩云，张永枚著，广东人民出版社，1962。

2747. 西沙之战：诗报告，张永枚编，人民文学出版社，1974。

2748. 西沙之战：画册，张永枚诗、娄齐贵画，广东人民出版社，1974。

2749. 西沙战鼓：诗歌集，向明等著，广东人民出版社，1974。

2750. 胶林战鼓：诗歌集，广东省农垦总局政治部编，广东省农垦总局政治部，1976，中山图藏。

2751. 西沙哨兵：诗集，苏方学著，湖北人民出版社，1977。

2752. 诗歌，昌江县文化馆编，昌江县文化馆，1978，中山图藏。

2753. 台海诗稿第一集，王焕等著，阮中岐编，环球书社，1980。

2754. 南海，李瑛著，上海文艺出版社，1982。

2755. 椰树翩翩，章明著，花城出版社，1982。

2756. 东南唱和诗选，儋县文化馆、儋县那大东坡诗社合编，儋县文化馆，1984，中山图藏。

2757. 万州诗词选，朱逸辉著，广东旅游出版社，1985。

2758. 东坡胜迹诗联选，朱玉书编，海南人民出版社，1985。

2759. 王桐乡诗三百首，（明）王佐著、韩林元编注，广西人民出版社，1986。

2760. 蓝色的眷恋，李挺奋著，海南人民出版社，1986。

2761. 天涯海角，韩笑著，湖南教育出版社，1987。

2762. 海南美，周昌彪著，中山大学出版社，1990。

2763. 五指山高且放歌，林道钰著，南海出版公司，1996。

2764. 五指山之歌：获奖作品集，钟龙宝主编，三环出版社，1991。

2765. 五指山风，倪俊宇编著，工商出版社，1992。

2766. 海南奇观诗文小集，三亚市海南奇观风景区管理处编，1992，三亚图藏。

2767. 中国散文诗大系·海南卷，冯艺主编、蔡旭编选，广西民族出版社，1992。

2768. 埋葬黄金的土地：海口市作家协会会员作品选，黄昌华主编，南海出版公司，1993。

2769. 琼苑（创刊号），海南诗词学会编，海南诗词学会，1989，海师图藏。

2770. 琼苑（1993.1～1993.2），海南省诗词学会编，海南省诗词学会，1993，三亚图藏。

2771. 海南旅游诗集，孟允安编，漓江出版社，1993。

2772. 红豆离离，罗灯光著，广西民族出版社，1996。

2773. 五指山星光：琼州大学学生诗文选集，陈立浩主编，南海出版公司，1998。

2774. 涛声集，李池著，三亚诗社，1998，三亚图藏。

2775. 海韵莺歌，李放著，香港天马图书有限公司，1999。

2776. 旅踪集，钟积松著，今日香港出版社，1999。

2777. 逸士诗文选，孟允安著，今日香港出版社，1999。

2778. 椰海笙歌，钟德诗著，香港天马图书有限公司，2002。

2779. 启园之歌：崖州语韵，三亚市关心下一代工作委员会编，2003，三亚图藏。

2780. 琼岛飞歌，钟德诗编，香港天马图书有限公司，2003。

2781. 椰树礼赞：黄进先影诗书集，黄进先著，南海出版公司，2004。

2782. 蕉岭晨曲，邢立新著，南海出版公司，1996。

2783. 珠崖风：海南诗社作品选，林施均、苏海鸥主编，人民出版社，1987。

2784. 韩锦云诗文集，韩林元编注，东西文化事业公司，2002。

2785. 儋耳诗坛，赵乃兴主编，岳麓书社，2001。

2786. 海南中部诗选，吴修利、周玉琛、吴德保主编，南海出版公司，1994。

2787. 三亚诗词选，朱逸辉编，广东旅游出版社，1987。

2788. 三亚新韵，林国明主编，香港天马图书有限公司，2001。

2789. 琼山诗词选，朱逸辉编注，广东旅游出版社，1990。

2790. 海南岛风光诗词选，杨宗生编，香港新闻出版社，1986。

2791. 美哉海南岛，王春煜、周廷婉主编，长征出版社，2003。

2792. 阳光地带：海南建省十五周年文学作品选集（诗歌卷），海南省作家协会编，海南出版社，2003。

2793. 冼太夫人颂：海南诗词联书法作品选，冯仁鸿著，香港银河出版社，2007。

2794. 南海潮音，燕山出版社，1998。

2795. 椰林湾诗歌专号，黄良丰主编，2005，海大图藏。

2796. 南国诗文，羊中兴主编，2009，海大图藏。

2797. 海南诗词卷，中华诗词学会图书编著中心、北京中华典籍图书编著中心编，中国文联出版社，2009。

2798. 博客风遥，袁风遥著，作家出版社，2009。

2799. 亮光集，陈均著，海南出版社，2010。

2800. 椰风海韵，现代游侠著，中国戏剧出版社，2009。

2801. 海南东方，吉君臣编著，辽宁教育出版社，2010。

2802. 笑吧，我的海南：李茂林长篇诗选集，李茂林著，南方出版社，2009。

2803. 放歌五指山，董元培著，南方出版社，2009。

2804. 热带的恋曲，黄学魁著，南方出版社，2009。

2805. 海南西沙彩云，张永枚著，长征出版社，2008。

2806. 醉天涯，程凤霞著，内蒙古人民出版社，2007。

2807. 椰城，《潮流岛》编辑部编辑，海口市文学艺术联合会，2007，海大图藏。

2808. 苦瓜棚诗词遗稿，卢鸿基著，长征出版社，2007。

2809. 海拔，海南省作家协会诗歌创作委员会主编，2007，海大图藏。

2810. 琼台说诗，周济夫著，中国文联出版社，2007。

2811. 曲终韵犹在：纪念诗人、离休干部、海南诗社社长、《海南诗文学》总编邝海星诗文集，王燕飞主编，南方出版社，2011。

2812. 江山胜迹诗行，翟培基著，海南出版社，2007。

2813. 博鳌风，陈忠干著，华夏文化出版社，2005。

2814. 说文昌，谭显波著，北京燕山出版社，2004。

2815. 琼崖挹翠，郑邦利著，海南出版社，2004。

2816. 走入世纪的瞳孔，李孟伦著，中国文联出版社，2003。

2817. 全国第十五届中华诗词研讨会诗文选集（上、下册），儋州市中华诗联学会编，花城出版社，2003。

2818. 山兰香飘飘，黄照良著，中国文联出版社，2002。

2819. 诗乡绿韵：儋州市生态文化颂，黄多锡、钟平主编，儋州市中华诗联学会，2002，海大图藏。

2820. 歌海浪花：儋州民歌选集，符骥、吴英等主编，儋州市中华诗联学会，2000，海大图藏。

2821. 琼岛百家诗词选，海南省诗词学会主编，东西文化事业公司，1999。

2822. 海南百景新咏，王辉民著，延边大学出版社，1998。

2823. 东山诗苑（《东山文艺》增刊），刘明锋主编，万宁市文联，1998，海大图藏。

2824. 海南诗社诗选（1984～1994），邝海星、吴云汉主编，南海出版公司，1996。

2825. 《百花诗选海南诗社诗选》续集（1994～2004），邝海星主编，辽宁民族出版社，2004。

2826. 椰岛踏歌行，蔡旭著，南海出版公司，1995。

2827. 文昌诗词选，朱逸辉编注，东西文化事业公司，1994。

2828. 海南旅游诗集，孟允安主编，漓江出版社，1993。

2829. 历代名人入琼诗选，李启忠选注，海南出版社，1993。

2830. 三亚诗词选集·保港卷，李建章编，西北大学出版社，1995。

2831. 宝岛风采，王业镇著，文津出版社，1990。

2832. 东山岭诗词选，朱逸辉编，东山岭中国旅行社，1984，海师图藏。

2833. 海外琼人诗选，朱逸辉编，三环出版社，1989。

2834. 故乡那轮明月，陈义、黄金河著，中国文联出版公司，1998。

2835. 兴园四百首，孟允安、孙有宣、张方仁编，海南省乐东县兴园诗社、《五指山吟草》编辑部，1988，海师图藏。

2836. 儋州艺海，《儋州艺海》编辑部，海师图藏。

2837. 当椰树进入角色，陈灿麟著，远方出版社，2000。

2838. 桂馨楼集，林冠群著，南海出版公司，1998。

2839. 南中国歌海：儋州山歌经典，谢有造编，华晖出版社，2005。

2840. 吟草，云昌诜、吴声著，香港天马图书有限公司，2001。

2841. 天涯草，李放著，金陵书社出版公司，1993。

2842. 鹦哥岭民歌，王永革、王启敏编，政协白沙黎族自治县委员会文史资料委员会，海师图藏。

2843. 海南美，周昌彪著，中山大学出版社，1990。

2844. 儋州诗人奉和弘陶先生《吊罗山瀑布》，谢民英主编，2008，省图藏。

2845. 临高的骄傲，李仁教著，中国文联出版公司，2006。

2846. 椰林诗会作品选，首届海南国际椰子节文昌分区组委会、文昌县文联《椰乡月》杂志编辑部编，1992，省图藏。

2847. 海南当代诗选，李启忠编，三环出版社，1991。

2848. 海韵椰情，陈修发等著，三环出版社，1991。

2849. 天涯诗帆：海南人民广播电台海韵诗选，蔡运民主编，广西民族出版社，1990。

2850. 五指山传，孙有康、李和弟搜集整理，暨南大学出版社，1990。

2851. 海南美，周昌彪著，中山大学出版社，1990。

2852. 松涛水库南丰八景诗集，南风八景诗社供稿，丰区文化站，1984，海大图藏。

2853. 崖州情歌，蔡明康搜集整理，1984，海大图藏。

2854. 海南岛诗抄，杨宗生编注，重庆出版社，1985。

2855. 摇篮，周昌彪选析，海南人民出版社，1986。

2856. 苏轼贬儋八百九十周年纪念诗集，苏轼贬儋纪念会筹备办公室编，儋县文化馆，1987，海大图藏。

2857. 征鸿诗选：纪念苏轼贬儋八百九十周年，苏轼研究学会、儋县人民政府编，暨南大学出版社，1991。

2858. 载酒堂诗草，儋县东坡书院管理处编，海师图藏。

2859. 临高古今诗词，临高县诗词楹联学会编，作家出版社，2009。

2860. 南海百咏续编，（清）樊封等著，广东人民出版社，2010。

2861. 南海1号，韩冰天著，中国传媒大学出版社，2010。

2862. 南海奏鸣曲，柯原著，广西民族出版社，1989。

2863. 南海长城，陈觅著，广东人民出版社，1965。

（四）戏剧文学

1. 京剧

2864. 海瑞（京剧），黄埔京剧团集体创作、丁国岑执笔，上海文艺出版社，1959。

2865. 海瑞背纤（京剧）：辽宁省1959年文艺观摩演出大会作品选，春风文艺出版社，1959。

2866. 海瑞罢官（历史剧），吴晗著，北京出版社，1961。

2867. 大红袍（京剧），马连良编、王雁改编，北京宝文堂，1959，国图藏。

2868. 大红袍（京剧），北京市戏曲编导委员会编，北京出版社，1958。

2869. 生死牌（京剧），翁偶虹改编，中国戏剧出版社，1959。

2870. 革命现代京剧红色娘子军（主旋律乐谱），中国京剧团编，人民文学出版社，1972。

2. 歌剧、歌舞剧

2871. 乘风破浪解放海南：六幕八场歌舞剧，华南文艺工作团集体创作，华南人民出版社，1951。

2872. 西沙清泉：独幕歌剧，章明编剧，广东人民出版社，1975。

2873. 青梅记，李放、周斗光著，三环出版社，1991。

3. 话剧

2874. 南海战歌（十场话剧），战士话剧团集体创作，赵寰、梁信执笔，解放军文艺社，1959。

2875. 孙中山与宋庆龄（话剧），耿可贵编剧，河南人民出版社，1982。

2876. 南海长城，赵寰著，人民文学出版社，1978。

4. 电影、电视、广播剧

2877. 《南海热土》解说词，梅玫著，海潮出版社，1997。

2878. 椰林曲（电影文学剧本），陈残云、李英敏著，北京电影出版社，1956。

2879. 南岛风云（电影文学剧本），李英敏著，中国电影出版社，1956。

2880. 红色娘子军（电影文学剧本），梁信著，中国电影出版社，1961。

2881. 南国红豆集，李英敏、陈残云著，中国电影出版社，1983。

2882. 琼崖惊雷（电影文学剧本选），王越丰、林渔安著，三环出版社，1991。

2883. 天涯未了情（影视文学剧本集），王槐光著，香港中华文化出版社，1992。

2884. 跨海之战——解放海南岛，李茂林编剧，海南出版社，2010。

2885. 冯白驹在解放战争中，云翔天著，2006，海大图藏。

2886. 没有冬天的海岛，何继青、徐新霞著，花城出版社，2002。

2887. 金岛热恋（林渔安电影文学剧本选），林渔安等著，南海出版公司，2002。

2888. 辉煌的道路（海南解放50周年成就电视片解说词汇编），鹿松林主编，南海出版公司，2000。

2889. 南岛风云（李英敏电影剧本选），李英敏编，广西民族出版社，1994。

2890. 早安中国，张兴、许伟编，中国社会出版社，2003。

2891. 南海激战，孟宪章著，湖南人民出版社，1978。

2892. 南海的涛声，瞿琮等著，广东人民出版社，1976。

2893. 血日·海口1939，宋静敏著，2011，海大图藏。

2894. 南海长城，鼓风著，湖南人民出版社，1965。

5. 地方剧

2895. 海瑞参严嵩（蒲州梆子），山西省文化局戏剧工作研究室编，山西人民出版社，1958。

2896. 生死牌（中路梆子），山西人民出版社编，山西人民出版社，1959。

2897. 海瑞驯“虎”（秦腔），薛德元、刘克明等编，甘肃人民出版社，1981。

2898. 三女抢板（淮剧），何叫天等整理，上海文化出版社，1958。

2899. 琼花（昆剧），周兼白编，上海文化出版社，1958。

2900. 生死牌（长沙花鼓戏），湖南花鼓戏剧团整理，湖南人民出版社，1959。

2901. 五指山（粤剧），海口市民众粤剧团创作，海口市民众粤剧团，1958，中山图藏。

2902. 梁山伯与祝英台（海南民谣剧），林瑞花口述，陈惟统编，1955，中山图藏。

2903. 大战尖峰岭（山歌剧），万宁县文化馆编，万宁县文化馆，1960，中山图藏。

2904. 勤俭人家（琼剧），陈勋定等编，文昌县文化馆、文昌县妇联，中山图藏。

2905. 一个女红军（琼剧），王平、石萍编，广东琼剧团，1958，中山图藏。

2906. 芽接姑娘（琼剧），林红根、蒙光和编，1958，中山图藏。

2907. 一架弹花机（琼剧），马烽原著，鱼白、李长城编著，海口琼剧团，1958，中山图藏。

2908. 六连岭上现彩云（琼剧），林剑编，万宁县琼青剧团，1958，中山图藏。

2909. 人民公社胜天堂（琼剧），王少环、周干编，广东人民出版社，1959。

2910. 送肥（琼剧），广东琼剧院创作组编，广东人民出版社，1959。

2911. 黎明前的钟声（琼剧），杨维江、姚珠江改编，乐会公社业余文工团，1959，中山图藏。

2912. 秦香莲（琼剧），石萍改编，海南人民出版社，1959。

2913. 水库上的一面红旗（琼剧），万宁县文化馆编，万宁县文化馆，1960，中山图藏。

2914. 红叶题诗（琼剧），戈铁、石萍改编，广东人民出版社，1963

2915. 夺印（琼剧），丁清泉、石萍改编，广东人民出版社，1964。

2916. 惠芳嫂（琼剧），林剑、陈亮编，海南行署文化局戏曲工作室，1964，中山图藏。

2917. 金菊花（琼剧），杨永等编，广东人民出版社，1964。

2918. 李大伯进城（琼剧），江涛等编著，广东人民出版社，1964。

2919. 红日照苗山（琼剧），马明晓、陈亮、钟少彪合编，海南行署文化局戏曲工作室，1965，中山图藏。

2920. 山村锣鼓（琼剧），王学刚、陈东执笔，海南行署文化局戏曲工作室，1965，中山图藏。

2921. 接绳上路（琼剧），郑柏涛等作，蓝海山改编，广东人民出版社，1965。

2922. 一袋麦种（琼剧），赖阳芬、陈允庄著，广东人民出版社，1966。

2923. 打铜锣（琼剧），李果仁原著，王学刚、陈东执笔，广东人民出版社，1966。

2924. 游乡（琼剧），河南周口专区襄城县剧目组原著，海南区剧目工作组改编，王光荣执笔，广东人民出版社，1966。

2925. 张文秀（琼剧），谭岐采整理，石萍、陈鹤亭执笔，宝文堂书店，1967，中山图藏。

2926. 铁面无私（琼剧），王录海、周辉编剧，李养兴配曲，文昌县文化馆，1973，中山图藏。

2927. 珊花（琼剧），海南文化馆编，海南文化馆，1980 年，中山图藏。

2928. 举鼎记传奇二卷，（明）丘浚撰，商务印书馆，1954。

2929. 梁山伯与祝英台（琼剧），海阳改编，华南人民出版社，1955。

2930. 嵇文龙（琼剧），郑长河口述，广东琼剧团艺委会整理，中山图藏。

2931. 卖胭脂（琼剧），王广花、李丽珍口述，石萍整理，中山图藏。

2932. 五凤楼（琼剧），王黄文等整理，1954，中山图藏。

2933. 两兄弟（琼剧），胡小孩原作，韩克改编，广东人民出版社，1956。

2934. 两兄弟（琼剧），胡小孩原作，陈荣茂改编，琼山县人民文化馆，1955，中山图藏。

2935. 人往高处走（琼剧），兴台村剧团集体创作，红宇改编，华南人民出版社，1955。

2936. 搜书院（琼剧），集新剧团、广东省戏剧改革委员会海南分会整理，广东人民出版社，1956。

2937. 社员讨亲（琼剧），周硕沂原作，陈鹤亭改编，广东人民出版社，1956。

2938. 海上渔歌（琼剧），周行原作，陈鹤亭改编，广东人民出版社，1956。

2939. 穆桂英（琼剧），韩克改编，广东人民出版社，1956。

2940. 小贤姑（琼剧），韩克改编，广东人民出版社，1956。

2941. 千二元港币（琼剧），林克奇等著，广东人民出版社，1956。

2942. 劝公公（琼剧），石萍、陈推改编，广东人民出版社，1956。

2943. 孟广泰一家（琼剧），吴运光等改编，广东人民出版社，1956。

2944. 荔枝换红桃（琼剧），韩克改编，广东人民出版社，1956。

2945. 茶瓶记（琼剧），林炬改编，广东人民出版社，1956。

2946. 挑女婿（琼剧），李长城改编，广东人民出版社，1956。

2947. 一面小白旗的风波（琼剧），如萍改编，广东人民出版社，1957。

2948. 林英娥（琼剧），符赛玉口述，谢玉龙等整理，广东人民出版社，1957。

2949. 中国传统戏曲剧本选集第四卷（琼剧狗衔金钗一卷），中国戏剧出版社，1958。

2950. 狗衔金钗，伍洪芳、陈仕元、王照慈著，海南人民出版社，1959。

2951. 现代琼剧《红色娘子军》，吴之、李秉义、朱逸辉编，东西文化事业公司，1998。

2952. 红色娘子军（琼剧），吴之、杨嘉等著，海口人民出版社，1959。

2953. 搜书院（琼剧），集新剧团、广东省戏曲改革委员会海南分会编，广东人民出版社，1963。

2954. 情场金梦（琼剧），赵经进著，南海出版公司，1990。

2955. 李放集（琼剧）第一集，中国戏剧文学学会编，中国戏剧出版社，2000。

2956. 搜书院剧本考证，陆达节著，琼台师范学校，1962，海大图藏。

2957. 现代剧目创作，钟开浩等编，乐会人和剧团，1958，中山图藏。

2958. 五指山剧作选 1986 年第一期，海南黎族苗族自治州文化局创作室编，海南黎族苗族自治州文化局，1986，中山图藏。

2959. 千紫万红花带叶，周训党著，海口市干部协会琼剧研究室，1991，海大图藏。

2960. 喜事成双，温福华等著，南海出版公司，1993。

2961. 琼剧曲艺选，赵经进等著，海口市群众艺术馆编，南海出版公司，1994。

2962. 欢迎全国人民慰问人民解放军代表团演出节目选集，海南区部队欢迎全国人民慰问人民解放军代表团委员会编，海南区部队欢迎全国人民慰问人民解放军代表团委员会，1954，中山图藏。

2963. 宣传总路线演唱材料，海口市文化馆编，海口市文化馆，1958，中山图藏。

2964. 宣传总路线资料（琼剧、民歌对唱），陵水县艺术团编，陵水县文化馆，1958，中山图藏。

2965. 何名楦生涯与现代琼剧选集，何名楦编著，香港银河出版社，2009。

2966. 邓之钦琼剧集（合四册），邓之钦著，南方出版社，2008。

2967. 琼剧演唱选，周训堂著，1995，省图藏。

2968. 陈宋浩剧作选，陈宋浩著，香港天马图书有限公司，2008。

2969. 何名楦生涯与现代琼剧选集，何名楦编著，香港银河出版社，2009。

2970. 南国琼花：海南省琼剧院优秀剧目选，陈雄主编，中国戏剧出版社，2002。

2971. 红叶情缘（新编典雅琼剧）红叶题诗姐妹篇，黄昌华、符国荣编剧，金陵书社出版公司，2001。

2972. 传统琼剧剧目精选，陈光洲、戴英杰主编，南海出版公司，1998。

2973. 海南歌谣情歌集，龚重谟等编，海南出版社，1996。

2974. 日本侵华的滔天罪行，周训堂著，海口市老干部协会琼剧研究室，1995，海师图藏。

2975. 珠联璧合：琼剧剧本散集，钟少彪、邓章编，海南人民出版社，1989。

2976. 五指山剧作选一九八六年第一期，海南黎族苗族自治州文化局创作室编，1986，海大图藏。

2977. 西沙来信，上海人民出版社编，上海人民出版社，1974。

2978. 西沙儿女（长篇曲艺），浩然原著，汪泽改编，安徽人民出版社，1975。

2979. 文昌县“农业学大寨”业余文艺汇演节目选，文昌县文化馆编，文昌县文化馆，1975，中山图藏。

（五）小说

2980. 海青天，蒋敬生编著，河南人民出版社，1982。

2981. 东坡居儋故事，韩国强著，香港银河出版社，2009。

2982. 海公案，蒋敬生编著，河南文艺出版社，1985。

2983. 琼州双娇，林锋著，南海出版公司，1995。

2984. 琼崖烽火，莫清华著，南海出版公司，1998。

2985. 情牵海南，张希征编著，春风文艺出版社，1984。

2986. 琼海吞舟记，天马撰，民生出版社，1950。

2987. 琼州大侠，林锋著，海南出版社，1993。

2988. 珠碧双江，张枫著，广东人民出版社，1965。

2989. 西沙儿女——正气篇，浩然著，人民出版社，1974。

2990. 西沙儿女——奇志篇，浩然著，人民出版社，1974。

2991. 海南大亨，晓剑著，文化艺术出版社，1990。

2992. 海南的大陆女人，南翔著，中国青年出版社，1993。

2993. 旅踪，吴之著，广东旅游出版社，1993。

2994. 海南风流，晓剑著，作家出版社，1994。

2995. 琼岛女兵，云翔天著，南海出版公司，2003。

2996. 阳光地带：海南建省十五周年文学作品选集（短篇小说卷），海南省作家协会编，海南出版社，2003。

2997. 阳光地带：海南建省十五周年文学作品选集（中篇小说卷），海南省作家协会编，海南出版社，2003。

2998. 海花，海南人民出版社编辑部编，海南人民出版社，1959。

2999. 鹿影泉声，扬嘉著，广东人民出版社，1960。

3000. 南海民兵，广东省军区政治部、海南军区政治部合编，广东人民出版社，1973。

3001. 椰风蕉雨，李英敏著，广西人民出版社，1978。

3002. 南岛风云（电影故事），李英敏原著，通俗文艺出版社改编，通俗文艺出版社，1957。

3003. 椰林曲（电影故事），陈残云、李英敏编著，上海文化出版社，1957。

3004. 在红色的海南岛上，吴之、朱逸辉著，广东人民出版社，1957。

3005. 六连岭“岭长”，关南、梁安武等著，广东人民出版社，1959。

3006. 红岛怒潮，刘青云等著，海南人民出版社，1959。

3007. 美桐林突围，吴任江等著，广东人民出版社，1059。

3008. 海瑞的故事，吴晗著，中华书局，1959。

3009. 曙光在前，广东省军区政治部、海南军区政治部合编，广东人民出版社，1974。

3010. 海南捷报，华嘉等著，人间书屋，1950，中山图藏。

3011. 琼岛女兵，云翔天著，南海出版公司，2003。

3012. 天涯红云：长篇海南革命历史小说，罗陈彪著，南海出版公司，2011。

3013. 海南过客，于川著，花城出版社，2002。

3014. 黎山魂，龙敏著，南海出版公司，2002。

3015. 断桥，符浩勇等著，中国文联出版社，2003。

3016. 燃情岁月，陆胜平著，中华出版社，2003。

3017. 风起大酒店，吴强著，内蒙古人民出版社，2003。

3018. 天涯客，霍宝珍主编，南海出版公司，1993。

3019. 寻找自己，崽崽著，南海出版公司，1994。

3020. 海口，海南国际新闻出版中心编，海南国际新闻出版中心，1996。

3021. 南岛作家虚实录（短篇销售自选集），吴修利著，现代文艺出版社，1999。

3022. 琼崖革命故事，植三等著，新华书店华南总分店，1950。

3023. 红色娘子军，冯增敏口述，刘文韶记录，上海文艺出版社，1958。

3024. 南渡江边的故事，黄昌华著，延边大学出版社，2001。

3025. 升华与沉沦，周龙蛟著，中国戏剧出版社，2001。

3026. 岛西小记，钟彪著，南海出版公司，2001。

3027. 谁为朋友，严献文著，中国戏剧出版社，2000。

3028. 海岭人家，郑庆杨著，中国文联出版社，2001。

3029. 白太阳，王子君著，春风文艺出版社，2001。

3030. 鹿回头传奇，林大猷著，南海出版公司，2000。

3031. 海口干杯，郭潜力著，百花文艺出版社，1995。

3032. 雾海椰岛（一），林鸿君著，南海出版公司，1994。

3033. 雾海椰岛（二），林鸿君著，南海出版公司，1994。

3034. 海南教父，晓剑著，作家出版社，1993。

3035. 椰乡风流，谭显波著，南海出版公司，1996。

3036. 椰乡风采，谭显波著，中华文化出版社，1997。

3037. 天涯孤女，吴之著，广东琼崖革命研究会，1997，海师图藏。

3038. 海南 那一年，黄海著，大众文艺出版社，2000。

3039. 当家人，李木兰著，海南出版社，1994。

3040. 归宿：郑庭笈将军传记，欧大雄著，南海出版公司，1995。

3041. 士兵·银行家，周发源著，作家出版社，1998。

3042. 李德裕在崖州，关义秀、黎兴汤著，南海出版公司，1993。

3043. 热带天涯，王锡鹏著，南海出版公司，2007。

3044. 椰城发廊，陈贻英著，香港亚洲出版社，1993。

3045. 苍茫的雨林，李广翘、冯宁著，作家出版社，2003。

3046. 黎乡月，龙敏著，云南人民出版社，1986。

3047. 天涯红云，罗陈彪著，中国文化出版社，2010。

3048. 胶林儿女，张枫著，广东人民出版社，1974。

3049. 十八园人家，陈颖全著，花城出版社，1991。

3050. 符村的男儿女儿，黄加满著，南海出版公司，2004。

3051. 当家人，李木兰著，海南出版社，1994。

3052. 情牵海南，张希征编著，春风文艺出版社，1984。

3053. 海公巧审 49 案，王太吉著，春风文艺出版社，1994。

3054. 南海神话，刘荆洪著，武汉出版社，2011。

3055. 闯海南，杜光辉著，作家出版社，2010。

3056. 旧梦遗留在霸王岭下，马金著，珠海出版社，2006。

3057. 那年头的爱情：海南有个姑娘叫六莲，清秋子著，安徽文艺出版社，2006。

3058. 海口日记，潘军著，广西师范大学出版社，2003。

3059. 海口女人，崽崽著，南海出版公司，1994。

3060. 海口女人，阿红著，长江文艺出版社，2002。

3061. 海南口岸，马文金主编，海南出版社，1998。

3062. 青山情，龙敏著，南海出版公司，2002。

3063. 梅山之光，孙治福主编，海南出版社，2004。

3064. 南海风雷：广东民兵革命斗争故事集，广东省军区政治部、海南军区政治部编，广东人民出版社，1974。

3065. 南海长城，沈留生等著，上海文化出版社，1965。

3066. 南海长城，肖应荣著，河北人民出版社，1965。

3067. 南海风雷，广东省军区政治部等著，广东人民出版社，1974。

（六）报告文学

3068. 广东人民抗日游击战争回忆，冯白驹、曾生等著，华南人民出版社，1951。

3069. 天涯寻踪，邢植朝著，中华文化出版社。

3070. 渡海先锋营，《中南五史》选编小组编，广东人民出版社，1965。

3071. 创业者的足迹：庆祝海南解放四十周年文学创作征文选，林世治主编，南海出版公司，1992。

3072. 祖国之恋，云昌瑛著，南海出版公司，1992。

3073. 大潮风流，王锡鹏著，南海出版公司，1993。

3074. 绿岛红烛，刘见著、符鸿合主编，光明日报出版社，1994。

3075. 南天星辰：海南省首届功勋、优秀企业家报告文学集，冷名权主编，海南出版社，1994。

3076. 南岛战歌，黄富和著，南海出版公司，1995。

3077. 鼎飞杂稿神州行，詹尊权著，新加坡合壹文化出版社，1997。

3078. 天涯征战：周成光回忆录，周成光著，广东琼崖革命史研究会，1998，海大图藏。

3079. 情思的弹拨，黄辛力著，延边大学出版社，1999。

3080. 海为龙世界，欧大雄著，延边大学出版社，2000。

3081. 椰城笔迹，曾纪祯著，南方出版社，2001。

3082. 东鳞西爪，林克昌著，香港天马图书有限公司，2002。

3083. 闪光的警徽，伍健春著，香港中华文化出版社，2002。

3084. 生命呼唤绿色，旭飞编著，南方出版社。2005。

3085. 吾生鸿印，王定华撰，华冈出版公司，1976。

3086. 琼岛怒潮：革命回忆录，中国人民解放军海南军区党史办公室编，解放军出版社，1987。

3087. 转战琼岛十二春，潘江汉著，北京广播学院出版社，1988。

3088. 琼崖黎民山区访问散记，尤琪著，新华书店华南总分店，1950，中山图藏。

3089. 初访五指山，艾治平著，新华书店中南总分店，1950，中山图藏。

3090. 漫记海南岛，黎友亮、季音等著，新文艺出版社，1952。

3091. 再访五指山，艾治平著，华南人民出版社，1955。

3092. 勇敢的黎族姑娘，易准等著，广东人民出版社，1956。

3093. 征服荒地的青年人，黄向青、李士非著，广东人民出版社，1957。

3094. 从东北到海南，戴夫著，吉林人民出版社，1958。

3095. 从东北到海南岛续集：解放战争中的第四十三军，黎连荣、邢志远编著，军事科学出版社，1996。

3096. 新南沙群岛探险始末记，小仓卯之助著，广东省立中山图书馆，1959，中山图藏。

3097. 西沙之战报告，仇学宝报告、上海虹口区图书馆整理，上海虹口区图书馆，1974，中山图藏。

3098. 遍地英雄：屯昌学大寨的故事，广东人民出版社编，广东人民出版社，1975。

3099. 天涯赤子心，朱逸辉著，广东旅游出版社，1986。

3100. 海南特区大纪实，钟祖基著，江苏文艺出版社，1990。

3101. 宋氏姐妹在重庆，杨耀建著，人民日报出版社，1986。

3102. 一位记者来自海南的报道，戴善奎著，团结出版社，1989。

3103. 盛世丰年：潘正桐通讯集，潘正桐著，海南出版社，1993。

3104. 丈夫在天涯：来自海南大特区的报告，寒冰著，海南出版社，1993。

3105. 海南“6·21”特大枪案纪实，吴今、钟伯编，宁夏人民出版社，1993。

3106. 五指山上彩云飞，张叶林、叶斌主编，海南摄影美术出版社，1993。

3107. 辉煌历程·卫生卷，苏琦著，1994，三亚图藏。

3108. 悠悠情思，苏永贞编，内蒙古文化出版社，1995。

3109. 特区众生相，张志德著，海南国际新闻出版社，1996。

3110. 见义勇为英雄赞歌：海南省见义勇为事迹纪实，彭京宜主编，南海出版公司，1996。

3111. 三亚人，林竹雅著，南海出版公司，1997。

3112. 啊，农垦人，王锡鹏著，海南出版社，1998。

3113. 湖海潮音，王先春著，海南出版社，1999。

3114. 天涯警事，黄郁贤著，南海出版公司，2001。

3115. 苗岭烽火，李天明著，香港新闻出版社，2001。

3116. 海南剿匪大捷，郝敬堂著，河南文艺出版社，2001。

3117. 椰涛阵阵：我所知道的辛业江一案，伍新著，香港天马图书有限公司，2001。

3118. 海南十大谜案，宋泽江著，群众出版社，2001。

3119. 翠涛湖光映海南，黄有卿著，香港银河出版社，2003。

3120. 海南解放五十周年纪念文集，梁振球主编，南海出版公司，2001。

3121. 我在风雨岁月的战斗：韩飞回忆录，韩飞编著，1988，海大图藏。

3122. 呼啸南海情，何如伟著，2006，海大图藏。

3123. 海南，我们的故事一，秦建国主编，海南出版社，2003。

3124. 海南，我们的故事二，钟文峰主编，海南出版社，2006。

3125. 海南，我们的故事三，武光前著，海南出版社，2012。

3126. 琼崖通信兵，王禄贵编著，2003，海大图藏。

3127. 海南之战，刘振华著，辽宁人民出版社，1994。

3128. 与五指山永存的故事，文谦受编著，海南出版社，1994。

3129. 六连岭情思，方克著，中共惠州市委党史办公室，1994，海师图藏。

3130. 春秋之歌，符志洛著，南海出版公司，2001。

3131. 纪念琼崖纵队成立七十周年专辑，阮崇武、周传统、钟文编，中共海南省委党史研究室，1997，海师图藏。

3132. 琼崖革命摇篮母瑞山，崔开勇、陈琳著，海南出版社，1993。

3133. 海南解放五十周年专刊，广东琼崖革命史研究会编，省图藏。

3134. 琼岛怒潮，海南军区党史办编，解放军出版社，1987。

3135. 海南之战，刘振华著，沈阳军区政治部，1987，海大图藏。

3136. 星火燎原丛书之三：海南岛革命斗争专辑，星火燎原编辑部编，解放军出版社，1987。

3137. 1973 年大台风亲历记，中共琼海市委党史研究室编，中共琼海市委党史研究室，2003，海师图藏。

3138. 呼啸南海情，何如伟著，2006，中山图藏。

3139. 中南海情系海南岛，王运才主编，新华出版社，2008。

3140. 中南海情系海南，邓金施主编，新华通讯社海南分社，1999，海大图藏。

3141. 琼崖尽是春：新华社海南建省办特区十年新闻作品选，新华社海南分社编，新华社海南分社，1997，省图藏。

3142. 战洪峰，林少明主编，海南出版社，2011。

3143. 凯歌行进 60 年（上、下册），海南日报编辑部编，海南出版社，2010。

3144. 1988 海南大开发，李挺奋著，广东旅游出版社，1989。

3145. 登陆海南岛，桂恒彬著，长城出版社，2011。

3146. 解放战争海南敌后游击战纪实，陈泽华著，解放军出版社，2011。

3147. 海南岛战役，马必前著，解放军文艺出版社，2010。

3148. 祝福海南，陈彰著，南海出版公司，1992。

3149. 辉煌海南，郭志民、刘宁主编，中共海南省委宣传部，2008，海大图藏。

3150. 海南登陆战：1946～1950 国共生死大决战，桂恒彬著，军事科学出版社，2007。

3151. 心怀乡族：宋曹璃璇女士寻根之旅，海南省宋庆龄研究会编，海南省宋耀如研究会，2007，海大图藏。

3152. 海南优秀新闻作品选（上、下卷），2006 年海南学术年会获奖论文，海南省新闻工作者协会主编，海南出版社，2007。

3153. 南海万里行：在南沙群岛巡航的日子，张良福著，海洋出版社，2006。

3154. 激情交通：1987～2004 海南交通新闻集，李年佑主编，人民交通出版社，2005。

3155. 南洋回来的交通员，符华虹、符华儿著，中国文联出版社，2004。

3156. 香江水连万泉河，王路生著，人民日报出版社，2004。

3157. 我与博鳌亚洲论坛，海南省外事侨务办公室编，2004，海大图藏。

3158. 海岛警情，杨汉军著，南海出版公司，2003。

3159. 红旗不倒：琼崖革命根据地寻访（2001），邓的荣、钱跃、谭丽琳著，海南出版社，2002。

3160. 谁在导演海南第一行政大案：法制报告文学集，严朝晨著，中华出版社，2002。

3161. 海口未了情，邝海星主编，香港天马图书有限公司，2001。

3162. 海南十大谜案，宋泽江著，群众出版社，2001。

3163. 椰岛骄子：海南省第二届功勋优秀企业家通讯报告文学集，冷明权、陈绍伟主编，南海出版公司，2001。

3164. 渐远的琼崖枪声，梁安武著，香港银河出版社，2000。

3165. 春光永驻海南，李振湘等著，民族出版社，1998。

3166. 共筑热血丰碑：纪念海南解放四十五周年百万营造活动纪实，海南省“共筑活动”组委会办公室编，海南省“共筑活动”组委会办公室，1996，海大图藏。

3167. 海南大特写，晓剑著，敦煌文艺出版社，1993。

3168. 海南备忘录（1988～1993），霍宝珍主编，南海出版公司，1993。

3169. 椰海拾贝，伍书发著，南海出版公司，1999。

3170. 在建设海南的日子里，文朗然著，南方通俗出版社，1955。

3171. 南海雄鹰：南海舰队航空兵英模事迹选，余干珠、谢池春著，南海出版公司，1999。

3172. 走进新时代：新华社《海南内参》佳作荟萃，左书舟、仇世文著，南海出版公司，1999。

3173. 昨日风流，邓竹青著，南海出版公司，1993。

3174. 英雄团长李贤祥，朱逸辉著，东西文化事业公司，2001。

3175. 橄榄绿在行动，张子远著，南海出版公司，1993。

3176. 来自椰岛的报告：海南“富岛强兵报告文学集”，海南军区政治部编，解放军出版社，1988。

3177. 阳光地带的爱河：刘见新闻纪实作品选，刘见著，新华出版社，1996。

3178. 风流海南，胡庆魁著，海南出版社，2008。

3179. 新华社海南分社2007年稿件集锦，新华通讯社海南分社编，新华通讯社海南分社，2008，省图藏。

3180. 海南省首批赴美国犹他大学公共管理专业硕士学位班2008年度总结，海南省首批赴美国犹他大学公共管理专业硕士学位班班委会编，2009，省图藏。

3181. 天涯雄风，徐善新著，上海人民出版社，1993。

3182. 装点环山行，陈彰著，中国文联出版社，2000。

3183. 领导策略与实践，陆志远著，中华出版社，2001。

3184. 东方闪烁的南海明珠，戚火贵主编，海南出版社，1996。

3185. 海南省史志系统“以史鉴今、资政育人”论文集，中共海南省委党史研究室、海南省地方志办公室编，2005，省图藏。

3186. 第五届、第六届海南省新闻奖入选作品集，海南省新闻学会、海南省新闻工作者协会编辑，省图藏。

3187. 在生与死的天平上：“全国模范法官”“海南省优秀共产党员”陈援朝事迹材料汇编，海南省高级人民法院政治部编，2003，省图藏。

3188. 青春奉献 感动海南，唐剑光主编，2005，省图藏。

3189. 特区人生，海南开发报社，广东旅游出版社，1998。

3190. 大特区女性，黄玉梅主编，海大图藏。

3191. 大特区女性，常辅棠、刘建著，时代文艺出版社，1992。

3192. 大特区女性，海南省妇联，1995，海大图藏。

3193. 邢诒前和他的名人山鸟类自然保护区，海南省委宣传部、海南省国土环境资源厅、海南省林业局编，2006，省图藏。

3194. 火红的英雄花，海南省公安厅政治部编，2004，省图藏。

3195. 海南省农村改革调研报告汇编，省委农村改革工作组办公室编，2007，省图藏。

3196. 聚焦姐妹岛：琼台交流合作二十年，刘耿、杨旭主编，海南省人民政府台湾事务办公室，2008，省图藏。

3197. 大潮风流，王锡鹏著，南海出版公司，1993。

3198. 海岛追凶，张敢著，南海出版公司，2002。

3199. 宝岛精英，《海南经济》编辑部编，天马国际图书有限公司，2001。

3200. 领导策略与实践，陆志远著，香港天马图书有限公司，2001。

3201. 领导策略与实践续集，陆志远著，香港天马图书有限公司，2004。

3202. 创造渡海作战的奇迹，杨迪著，解放军出版社，2008。

3203. 桂林洋的回顾与展望，林诗銮主编，三环出版社，1991。

3204. 蓝色的史诗：开发西南沙实录，郑庆杨著，天马出版有限公司，2009。

3205. 此岸·彼岸，邢增仪著，海南出版社，2006。

3206. 新海南诗选，朱逸辉著，海南出版社，2006。

3207. 人才之歌，刘威主编，中国和平出版社，2005。

3208. 军号嘹亮，周小凡著，海南省委大院，2004，海大图藏。

3209. 百年洪水，符海宁主编，中共万宁市委宣传部，2002，海大图藏。

3210. 百年洪水：万宁军民抗击特大洪灾纪实，符海宁主编，2002，海大图藏。

3211. 心系人民安危：2000 年海南防风抗洪抢险纪实，钟文主编，中共海南省委办公厅，2001，海大图藏。

3212. 一曲艰苦奋斗的凯歌——海南松涛水库建设实录，符和积主编，海南出版社，1997。

3213. 红星仍在闪烁：海南省优秀转业军官纪实文学集，林志向主编，中华文化出版社，1997。

3214. 海南无梦：100 个女人在海南，燕飞著，中国社会出版社，1996。

3215. 海南无梦，雷达、白烨编选，时代文艺出版社，1996。

3216. 海南寻梦：100 种爱情在海南，燕飞著，中国社会出版社，1996。

3217. 海南惊梦：100 个男人在海南，燕飞著，中国社会出版社，1996。

3218. 海南的星辰，马玉澜等著，人民日报出版社，1994。

3219. 大海与船的协奏，苏玉光著，海南出版社，1995。

3220. 椰涛阵阵：我所知道的辛业江一案，伍新著，香港天马图书有限公司，2001。

3221. 狮城纪实，朱逸辉著，南海出版公司，1992。

3222. 海南人大代表风采录，海南省人大常委会办公厅编，海南省人大常委会办公厅，1998，海师图藏。

3223. 蓝色的诱惑，郑庆杨著，中国文联出版公司，2005。

3224. 天涯赤子心，朱逸辉著，广东旅游出版社，1986。

3225. 天涯磐石：海南政法工作十年，邓波著，南海出版公司，1998。

3226. 胶园党旗红，中共海南省农垦总局委员会组织部、宣传部编，海南出版社，2005。

3227. 丈夫在天涯：来自海南大特区的报告，韩淑芳著，海南出版社，1993。

3228. 橄榄绿在行动，张子远等著，南海出版公司，1993。

3229. “南国珍珠”的来历，海南省农垦总局关心下一代工作委员会主编，南海出版公司，1997。

3230. 胶林新绿：新闻作品集，何文昌主编，香港天马图书有限公司，2004。

3231. 多彩的晚霞，中共海南省委组织部老干部局编，中共海南省委组织部老干部局，1992，省图藏。

3232. 椰林众星闪烁，李门等著，光明日报出版社，1990。

3233. 南海万里行：在南沙群岛巡航的日子，张良福著，海洋出版社，2006。

3234. 南海四勇士，石国仕著，解放军文艺出版社，1993。

3235. 南海及邻近大洋地势图，陈明锐等著，测绘出版社，1990。

3236. 南海韵，陈雄昌著，广州出版社，2004。

3237. 南海渔村，王曼等著，广东人民出版社，1956。

（七）散文

3238. 海南行，周海涛著，人民文学出版社，2005。

3239. 热带明珠映滨涯，国营南滨农场编著，2005，海大图藏。

3240. 椰岛少年，张永枚著，广东人民出版社，1975。
3241. 集合在南海边，黄宏地等著，海南出版社，2008。
3242. 椰风海韵，黄向青著，广东人民出版社，1964。
3243. 春满南疆，广东省农垦总局政治部编，广东人民出版社，1976。
3244. 春满五指山，符振著，广东人民出版社，1977。
3245. 天涯芳草，广东旅游出版社编，广东旅游出版社，1982。
3246. 带你游海南，张振金著，花城出版社，1986。
3247. 九拓海南，林建征著，花城出版社，1988。
3248. 鹿饮泉，谢强著，陕西人民出版社，1990。
3249. 天涯韵，孟允云著，珠海出版社，2000。
3250. 蓝色的梦，冯标冠著，中国戏剧出版社，2001。
3251. 我的海南梦，林旭飞著，南海出版公司，2001。
3252. 访美漫笔，范基民著，香港新闻出版社，2001。
3253. 田舍行吟，吴海忠著，中国文联出版公司，2002。
3254. 北部湾涛声，谢有造著，新疆人民出版社，2002。
3255. 都市村野总关情，王略著，人民日报出版社，2005。
3256. 有缘伴我，钟绍陵著，燕山出版社，2005。
3257. 春雨，邢曙光著，作家出版社，2005。
3258. 旅路足音，董元培著，海南出版社，2006。
3259. 椰风起时，霍宝珍主编，南海出版公司，1993。
3260. 城市无梦，韩芍夷著，南海出版公司，1994。
3261. 新村随笔，华子奇著，南海出版公司，1996。
3262. 九州九歌，符永光著，南海出版公司，1997。
3263. 真想跳舞，林尤茂著，南海出版公司，1998。
3264. 古城的回声，韩国强主编，南海出版公司，1998。
3265. 语言的花瓣，袁贵远、潘乙宁著，南海出版公司，1999。
3266. 芳龄，曾万紫著，新疆人民出版社，2003。
3267. 人生从容感悟集，王厚宏著，海南出版社，2003。
3268. 晚晴放歌，傅保志著，延边大学出版社，2003。
3269. 流云，符史辉著，香港天马图书馆有限公司，2003。
3270. 岁月如歌，严朝晨著，长春出版社，2004。
3271. 江山秀色，吴江秀著，香港新闻出版社，2004。

3272. 南沙告诉我们，林道远编，海军出版社，1988。

3273. 两颊红潮醉槟榔：黎乡风情录，邢植朝著，中国民间文艺出版社，1989。

3274. 椰庄细雨，韩松著，广东文化出版社，1989。

3275. 闯海南：外面的世界见闻录，齐凤祥著，中国社会出版社，1990。

3276. 我写三亚："凤凰杯·爱我三亚"征文集，邢福泽主编，海南出版社，1994。

3277. 椰岛心韵，苏永贞著，内蒙古文化出版社，1996。

3278. 中国游记散文大系·广东卷、海南卷，屈毓秀著等主编，书海出版社，2002。

3279. 海南风情，王兴、念人著，花城出版社，1989。

3280. 轻狂而已：海南岛时光录，大番茄传媒机构著，中国旅游出版社，2006。

3281. 冬天的三亚湾，华子奇著，时代文艺出版社，2005。

3282. 中国西沙：半是传奇，半是神秘的美丽群岛，潘毅敏著，北京燕山出版社，2005。

3283. 诗乡歌海：儋州歌海篇，羊中兴著，九州岛出版社，2005。

3284. 海角寻古今，马大正著，新疆人民出版社，2000。

3285. 天涯海角行旅心，潘天良著，瀛舟出版有限公司，2004。

3286. 呼龙唤凤，朱家仁著，南海出版公司，2004。

3287. 琼台小札，周济夫著，中国文联出版社，2003。

3288. 家住万泉河边，王锡钧著，新疆人民出版社，2002。

3289. 天涯椰韵，王健强著，中国文联出版社，2002。

3290. 涛声敲窗，关义秀著，作家出版社，2002。

3291. 万泉河风情，肖杰主编，香港天马图书有限公司，2001。

3292. 海南乡情揽胜，邢益森主编，南海出版公司，1992。

3293. 海南乡情揽胜：宝岛风情录第四集，邢益森主编，南海出版公司，1994。

3294. 海南乡情揽胜：宝岛风情录第五集，邢益森主编，南海出版公司，1996。

3295. 海南乡情揽胜：宝岛风姿录续集一，邢益森主编，南海出版公司，1993。

3296. 海南乡情揽胜：宝岛风姿录续集二，邢益森主编，南海出版公司，1993。

3297. 帆影：海南大学学生习作选（1983～1993），海南大学宣传部编，海南大学校刊编辑室，1993，海大图藏。

3298. 铜鼓岭的传说，符致江、郑心伶等编，海南人民出版社，1989。

3299. 东山耸翠，朱逸辉著，香港新闻出版社，1989。

3300. 红土地上的人们，胡庆魁著，海南出版社，2007。

3301. 南部观察，李少君著，南海出版公司，1994。

3302. 从东海岸走出来的脚印，陈强著，香港天马出版有限公司，2007。

3303. 终古凝眉，杨道著，海南出版社，2007。

3304. 南渡江源，唐崛著，海南出版社，2008。

3305. 万泉河 美丽的河，王锡鋆主编，南海出版公司，1997。

3306. 海南纪事：一个记者的十年笔迹，符奋著，中国戏剧出版社，2000。

3307. 黎乡风，符策超著，三环出版社，1991。

3308. 九拓琼崖，林建征著，花城出版社，1988。

3309. 情满天涯，冯秀梅、安宁选编，海南人民出版社，1988。

3310. 海南就是诗：琼岛现代散文选，海南省文化历史研究会主编，长征出版社，2004。

3311. 阳光地带：海南建省十五周年文学作品选集（散文卷），海南省作家协会编，海南出版社，2003。

3312. 椰城笔迹，曾纪祯著，南方出版社，2001。

3313. 海南美如斯（散文卷），李少君著，南方出版社，2008。

3314. 历史的海南，钟业昌著，海南出版社，2010。

3315. 海耘，王高海著，海南出版公司，2011。

3316. 禁止与引诱，张志扬著，上海人民出版社，2009。

3317. 月是故乡明，何逸芬著，中国文联出版公司，2009。

3318. 椰城花雨，赵广州著，华晖出版社，2008。

3319. 热土风情，邓桂琴著，南海出版公司，2007。

3320. 琼州联萃，李求真主编，海南省楹联学会，2000，海大图藏。

3321. 海南古今对联选，林道钰主编，香港天马图书有限公司，1999。

3322. 桄榔庵东坡书院楹联选，儋县东坡书院管理处编，儋县文化馆，1986，海大图藏。

3323. 知止斋书札辑要，王家槐著，王家槐辑印，《海南文献资料简介》，1973。

3324. 人杰地灵话乐东：散文、报告文学集，陈修演主编，南海出版社，1996。

3325. 定安娘子，王姹著，南海出版公司，2006。

（八）民间文学

3326. 海南汉族民歌民谣，符策超编，南方出版社，2008。

3327. 黎族情歌选，苏海鸥、符震编，花城出版社，1982。

3328. 三亚黎族民歌，苏庆兴主编，学林出版社，2011。

3329. 海南黎族苗族自治区东方县民歌，东方县文化馆编，东方县文联，1955，中山图藏。

3330. 美满的歌：黎族歌谣集，卓其德编著，海南出版社，1993。

3331. 黎族民间故事选，华南师范学院中文系编，广东人民出版社，1962。

3332. 黎族民间故事选，广东民族学院中文系编，上海文艺出版社，1983。

3333. 仙乡石：白沙黎族民间故事选，邝立新、徐声凯主编，白沙县文化馆，1984，中山图藏。

3334. 黎族民歌选第一集，《七峰文艺》编辑室编，保亭县文化馆，1982，海师图藏。

3335. 美满的歌，卓其德编，海南出版社，1993。

3336. 黎族创世歌，王月圣编，海南出版社，1994。

3337. 黎族民间故事集，符震、苏海鸥编，花城出版社，1982。

3338. 黎族民间故事集，龙敏、黄胜招编著，南海出版公司，2002。

3339. 黎族民间故事大集，符桂花主编，海南出版社，2010。

3340. 勇敢的打拖，吴启彦等著，作家出版社，1958。

3341. 浪花，卓其德著，南海出版公司，1998。

3342. 屯昌县民间文学三套集成（初稿），王艺主编，屯昌县民间文学三套集成编辑室，1987，中山图藏。

3343. 海南民歌，解策励等搜集记谱，长江文艺出版社，1956。

3344. 海南民歌选，广东人民出版社编辑，广东人民出版社，1958。

3345. 海南民歌第一集，广东人民出版社编辑，广东人民出版社，1958。

3346. 海南民歌第二集，广东人民出版社编辑，广东人民出版社，1958。

3347. 海南民歌第三集，广东人民出版社编辑，广东人民出版社，1958。

3348. 海南民歌第四集，广东人民出版社编辑，广东人民出版社，1958。

3349. 海南民歌第五集，广东人民出版社编辑，广东人民出版社，1959。

3350. 中国歌谣集成·海南卷，龚重谟编，中国民间文学集成全国编辑委员会、中国歌谣集成海南卷编辑委员会，1997，海师图藏。

3351. 中国歌谣集成·三亚市资料本，三亚市民间文学三套集成办公室编，三亚市民间文学三套集成办公室，1998，三亚图藏。

3352. 中国民间歌曲集成·海南卷，符策超主编，《中国民间歌曲集成：海南卷》编辑委员会编，中国 ISBN 中心，2002，海大图藏。

3353. 中国民间故事集成，三亚民间文学三套集成办公室编，三亚民间文学三套集成办公室，1988，琼院图藏。

3354. 陵水苗族民歌选，陵水黎族自治县民族宗教事务局、政协陵水黎族自治县文史委员会编，陵水黎族自治县民族宗教事务局，2009，海大图藏。

3355. 陵水黎族民歌选，陵水黎族自治县民族宗教事务局编，陵水黎族自治县民族宗教事务局，2009。

3356. 陵水民歌选，陵水县文化馆编，陵水县文化馆，1984，中山图藏。

3357. 陵水民歌，中共陵水县委宣传部编，中共陵水县委宣传部，1958，中山图藏。

3358. 陵水民歌选第一集，陵水县文化馆编，陵水县文化馆，1984，海师图藏。

3359. 黄流民间故事精选，陈泰钦、陈泰柱编，辽宁民族出版社，2005。

3360. 工人民歌选集，《海南日报》印刷厂工人业余创作小组编，《海南日报》社，1960，中山图藏。

3361. 海口民歌选（1958），海口市文化馆编，海口市文化馆，1958，中山图藏。

3362. 海口民歌选（1959），海口市文化馆编，海口市文化馆，1959，中山图藏。

3363. 跃进之歌，文昌县文化站编，文昌县文化站，1972，中山图藏。

3364. 东方县民歌精选资料，东方县文化馆整理，东方县文化馆，1958，中山图藏。

3365. 儋县山歌，儋县文化馆编，儋县文化馆，1958，中山图藏。

3366. 定安情歌选，定安县文化局编，定安县文化馆，1983，中山图藏。

3367. 椰林民歌，陵水县椰林公社宣传部编，陵水县椰林公社宣传部，1958，中山图藏。

3368. 在跃进中的琼东·民歌选集，中共琼东县委宣传部、琼东县文化馆合编，中共琼东县委文化馆合编，1958，中山图藏。

3369. 民歌选集，中共琼海县委宣传部、琼海县文化馆合编，中共琼海县委宣传部，1959，中山图藏。

3370. 民歌集，保亭县通什红旗人民公社出版社编，保亭县通什红旗人民公社出版社，1958。

3371. 榆林民歌（合三册），崖县人民出版社编，崖县人民出版社，1959。

3372. 五指山的歌声，海南黎族苗族自治州文联筹备委员会编，五指山出版社，1958。

3373. 五指山风：传统黎歌汉译 111 首，中国民间文艺研究会广东分会主编、张跃虎译注，花城出版社，1984。

3374. 五指山歌声总第十三期：腾飞吧！海南，海南黎族苗族自治州文化局创作室编，郑南等作词，梁克祥等作曲，文昌县印刷厂，1986，中山图藏。

3375. 五指山传说：海南岛黎族民间故事选，王越辑，广东人民出版社，1980。

3376. 崖州民歌，林国明主编，中国文艺出版社，2005。

3377. 崖州民歌写作大要，王槐光著，名流出版社，2006。

3378. 通什歌谣集，陈运彬主编，湖南地图出版社，2002。

3379. 琼州民间故事歌谣选，吴清禄主编，陕西旅游出版社，2003。

3380. 甘工鸟，杜桐著，广东人民出版社，1960。

3381. 椰海姑娘：民间故事，萧甘牛、潘平元合记，文化出版社，1955。

3382. 海南民间故事，广东省立中山图书馆辑，广东省立中山图书馆，1957，中山图藏。

3383. 天涯海角的由来，海南省民族宗教事务厅编，高昌、蔡于良主编，海南出版社，1999。

3384. 黄道婆与黎锦，海南省民族宗教事务厅编，高昌、蔡于良主编，海南出版社，1999。

3385. 涨海图的传说，海南省民族宗教事务厅编，高昌、蔡于良主编，海南出版社，1999。

3386. 鹿回头的故事，海南省民族宗教事务厅编，高昌、蔡于良主编，海南出版社，1999。

3387. 亚龙湾的传说，海南省民族宗教事务厅编，高昌、蔡于良主编，海南出版社，1999。

3388. 海南谚语歇后语选注，洪寿祥、陈日岷编，中国民间文学研究会广东分会、海南民间文学筹备组、海南行政区群众艺术馆，1981，中山图藏。

3389. 小说奇观，黄国光著，少年儿童出版社，1983。

3390. 海南传说，朱玉书编，广东旅游出版社，1986。

3391. 有了红星心里暖：革命战争时期崖州的红色歌谣，蔡明康编，三亚市民政局，1986，三亚图藏。

3392. 海南苗族民歌，李明天搜集整理，海南人民出版社，1989。

3393. 海南苗族民歌，李明天、蒋大恩搜集整理，香港新闻出版社，1992。

3394. 澄迈民间歌谣，黄大强编著，海南出版社，2010。

3395. 琼海民间文化，曾宪峰主编，海南省琼海市文化馆，2008，海大图藏。

3396. 崖州民歌，中共三亚市委宣传部编，南海出版公司，2008。

3397. 海南山水风物传说集，杜世拔搜集编写，南海出版公司，1999。

3398. 浪漫天涯，周忠良、雨霏霏著，人民文学出版社，1995。

3399. 中华民族故事大系第七卷（黎族民间故事），祝发青主编，上海文艺出版社，1995。

3400. 南海诸岛的传说，叶春生、许和达搜集整理，中国民间文艺出版社，1984。

3401. 穿芭蕉叶的新娘：五指山黎族民间故事集，王蕾搜集整理，海南出版社，2010。

3402. 昌江民间歌谣，孙如强主编，昌江黎族自治县文化馆，2008，海大图藏。

3403. 昌江民间故事荟萃，孙如强主编，昌江黎族自治县文化馆，2008，海大图藏。

3404. 昌江民间谚语，孙如强主编，昌江黎族自治县文化馆，2009，海大图藏。

3405. 昌化江流风，孙如强等编，中国文联出版社，2011。

3406. 中国谚语集成·海南卷，马学良主编，中国民间文学集成海南卷编辑委员会，2002，海大图藏。

3407. 甘工鸟，黎族民间叙事歌谣，杨忠泽主编，香港亚洲出版社，1993。

3408. 甘工鸟的故乡：海南黎族民间故事集，李永喜、陈仲主编，海南出版社，2007。

3409. 南海神庙民间故事，《南海神庙民间故事》编委会编，广州出版社，2007。

3410. 三亚黎族民歌，苏庆兴主编，学林出版社，2011。

3411. 昌江民间谚语，孙如强主编，昌江黎族自治县文化馆，2009，海大图藏。

（九）儿童文学

3412. 琼岛风云，吴式堂著，湖南少年儿童出版社，2001。

3413. 海瑞，蒋星煜著，上海人民出版社，1957。

3414. 海瑞，蒋星煜著，少年儿童出版社，2001。

3415. 西沙奇观，黄国光著，少年儿童出版社，1983。

3416. 张云逸大将和罗瑞卿大将的故事，李勇、赵云云著，中共党史出版社，1995。

3417. 原始森林历险记，陈廷钱著，香港中华文化出版社，1996。

3418. 神奇美丽的海岛，陈久德著，中国少年儿童出版社，1980。

3419. 五指山上黎家，符振著，广东人民出版社，1983。

3420. 五指山上黎家，符振、符策超著，新世纪出版社，1987。

3421. 南海沉船，刘兴诗著，湖南少年儿童出版社，1982。

3422. 南海战歌，王拓明著，人民美术出版社，2006。

3423. 彩绘本中国民间故事：黎族，胡博综编，浙江少年儿童出版社，1990。

二　外国文学

3424. 南海奇遇，〔英〕Willard Price 等著，北京少年儿童出版社，1995。

3425. 南海の小岛カオハガン岛主の梦のかなえかた，〔日〕崎山克彦著，讲谈社，2000。

3426. 南海の稲妻大和の虹，〔日〕石川好著，岩波书店，1999。

3427. 南海航路杀人事件，〔日〕本冈类著，讲谈社，1985。

3428. 南海の翼，〔日〕天野纯希著，集英社，2010。

第九节　艺术

一　艺术作品综合集

3429. 椰乡风情，林世治主编，海南出版社，1995。

3430. 海南港澳·1995 中国书画名家精品拍卖会，海南港澳资产管理公司编，今日中国出版社，1995。

3431. 海南老年书画作品集，符致光主编，海南省老年书画研究会，2002，海大图藏。

3432. 海南省书画院作品集：海南省书画院首届双年展，吴东民主编，南海出版公司，2002。

3433. 海口市美术书法摄影作品选，林世治主编，海南出版社，1995。

3434. 五彩的世界：海南中学学生美术作品集，黎当贤主编，海南出版社，2008。

3435. 新世纪海南美术作品选（2001～2002），邓子芳、罗继贞主编，南方出版社，2002。

3436. 海南省第三届文学艺术界联合会资料汇编（2000.9～2005.11），吉家培主编，海南省文联，2005，海大图藏。

二　绘画

3437. 生死牌画集，武耀强改编，王叔晖画，人民美术出版社，1962。

3438. 沧海何曾断地脉：旅台画家陈理之回乡画展专辑，谢良鼐编，东坡书院管理处，1990，海大图藏。

3439. 王家儒作品选，王家儒绘，杨恩编辑，人民美术出版社，1995。

3440. 易至群画集，易至群绘，岭南美术出版社，1995。

3441. 三亚收藏名人书画选，蔡明康主编，国际文化出版公司，1992。

3442. 革命现代舞剧红色娘子军（水粉画），《解放日报》社美术通讯员创作，上海人民出版社编辑，上海人民出版社，1971。

3443. 海南行画选，广东画院编，岭南美术出版社，1987。

3444. 海南风光（画册），人民美术出版社编辑室编，人民美术出版社，1984。

3445. 椰蕾初绽：海口市第二十五小学学生美术作品选集，任桂芬主编，南海出版公司，1999。

3446. 徐鸿才画集，北京东方神州书画院编，人民日报出版社，2003。

3447. 海南省民族美术家协会成立美术作品集，海南省民族宗教事务厅、海南省民族美术家协会编，2003，琼院图藏。

3448. 海口市老年书画研究会成立十周年特刊，海口市老年书画研究会编，海口永发印刷厂有限公司，2001，海大图藏。

3449. 海南书画大家作品选，《海南书画大家作品选》编委会，南方出版社，2007。

3450. 万宁诗书画集，萧冠汉主编，海南省诗书画家联谊会万宁办事处，2005，海大图藏。

3451. 海南省书画院作品集，吴东民主编，南海出版公司，2002。

3452. 海南风情，王健全主编，海南出版社，1998。

3453. 海南美，陈居茂、王可赵等编选，海南人民出版社，1988。

3454. 海口画院建院十五周年画展作品集，丁孟芳主编，2003，省图藏。

3455. 琼海美术作品集，琼海市文联、琼海市美术协会编，香港银河出版社，2005。

3456. 美丽三亚中国画，邓子芳主编，南海出版公司，2006。

3457. 美丽三亚：中国画作品展（2005），三亚市人民政府、海南省美术家协会、海南省美协中国画艺术委员会编，三亚市人民政府，2005，海大图藏。

3458. 迎奥运绘宝岛：海南省中小学生现场书画大赛作品集，海南省政协教科文卫体委员会、海南省教育厅编，2008，省图藏。

3459. 海南书画大家作品选，刘贵宾、王昌楷主编，南方出版社，2007。

3460. 第三届中国油画展：海南油画作品集，靳尚谊等编，岭南美术出版社，2003。

3461. 海南油画，潘正沂主编，海南省美术家协会油画艺术委员会，2004，省图藏。

3462. 生命·阳光：周铁利油画集，周铁利绘，南方出版社，2008。

3463. 绿色宝库：海南农垦风情油画，吴地林主编，南海出版公司，2007。

3464. 教师素描作品精选，海南大学艺术学院素描课题小组编，海南大学艺术学院，2000，海大图藏。

3465. 海南水彩，罗继贞主编，海南省美术家协会，2004，省图藏。

3466. 海南中青年画家版画选，蔡于良主编，三环出版社，1991。

3467. 丹心耀南疆：黄宗道院士纪念画册，中国热带农业科学院、华南热带农业大学编，2004，海师图藏。

3468. 红袍海瑞传（合八册），潘飞鹰著，安徽美术出版社，2006。

3469. 南海蛟龙，陈泽枢等著，广东人民出版社，1977。

3470. 美丽三亚中国画，邓子芳主编，南海出版公司，2006。

3471. 庆祝中华人民共和国成立60周年海口老干部书画集，中共海口市委老干部局编，中共海口市委老干部局，2009，海大图藏。

3472. 美丽三亚：中国画作品展（2005），三亚市人民政府、海南省美术家协会、海南省美协中国画艺术委员会编，三亚市人民政府，2005，海大图藏。

3473. 吴冠玉行书琼诗四十八首，吴冠玉书写，中山大学出版社，1993。

3474. 博鳌国际旅游论坛：书画名家六人展书集，海南省委宣传部编，海南省委宣传部，2010，海大图藏。

三　书法、篆刻

3475. 海口书画篆刻作品选，海口市博物馆、海口市文化馆编，海口市博物馆，1986，中山图藏。

3476. 名人笔迹，曾令平主编，《文昌乡音》编辑部，1987，中山图藏。

3477. 热带季风：海南省中青年十人书法展作品集，陈其吉等著，美意世界出版社，2001。

3478. 南海遗珠印谱，台湾"中央"图书馆台湾分馆著，台湾"中央"图书馆台湾分馆，1990，海大图藏。

3479. 名人入琼墨迹选，麦穗、黄强、蔡于良选编，海南人民出版社，1988。

3480. 诗海南，书海南，郑兰茂著，海南摄影美术出版社，1992。

3481. 山东·海南书法联展作品集，山东书法家协会、海南省书法家协会主编，黄河出版社，1996。

3482. 海南书学文集：海南省书法家协会第二届理论研讨会优秀论文选，黄承利主编，中国社会出版社，2003。

3483. 海南书法美术，王家儒等，南方出版社，2008。

3484. 椰姿特刊，海南省老年书画研究会编，海南省老年书画研究会，1991，海师图藏。

3485. 海瑞书法，海口市海瑞墓管理处，2001，海师图藏。

3486. 海瑞行书字帖，延边人民出版社，1997。

3487. 海南省政协纪念改革开放30周年书画展作品集，中国人民政治协商会议海南省委员会编，2008，省图藏。

3488. 海口书法篆刻集，杨毅主编，南海出版公司，1999。

3489. 海南省第六届书法展作品集，吴东民编，海南省书法家协会，2001。

3490. 海南省第七届书法展作品集，吴东民编，中国文艺出版社，2004。

3491. 海南省“国税杯”硬笔书法展暨海南省第二届硬笔书法展作品集，吴东民、孙利军主编，2000，省图藏。

3492. 海南省中青年十人书法展作品集，海南省书法家协会编，美意出版社，2001。

3493. 祝福千年珍藏：海南各界代表献给澳门回归1999个祝福，邓全施主编，新华通讯社海南分社，2000，海大图藏。

3494. 海口书法集，杨毅主编，2002，海大图藏。

四　雕塑

3495. 海南传统木雕艺术赏析，刘定邦编著，海南出版社，2008。

3496. 热血铸丰碑·艺术展，马必前、赖永生文稿审定，前卫工作室，2010，省图藏。

3497. 中国海南根雕艺术精品选集，张进山主编，南方出版社，2011。

五　摄影艺术

3498. 五指山风貌照片集，海南黎族苗族自治州《五指山风貌编辑组》编，1982，中山图藏。

3499. 南海明珠，潘正汉摄影，五洲传播出版社，2000。

3500. 椰乡风流：海口市美术书法摄影作品选，林世治主编，海南出版社，1995。

3501. 苏醒的热土：蒙传雄摄影作品集，蒙传雄摄，海南省人民政府新闻办公室、海南省接待办公室，1994，海大图藏。

3502. 黄流书法美术摄影集，陈运忠主编，香港天马图书有限公司。

3503. 潭门春潮，王裕超著，中共琼海市潭门镇委，2009，海大图藏。

3504. 古县老人：海南澄迈一百位百岁老人集，邱亚寰摄，中国图书出版社，2009。

3505. 海南情，刘远著，中国图书出版社有限公司，2010。

3506. 美哉万泉河，海南省万泉河文化研究会编，国家文化出版社，2011。

3507. 南海翡翠·海南岛：温泉摄影，海南省外事侨务办公室编，海南省外事侨务办公室，2002，海大图藏。

3508. 红色的传奇，王裕超摄，香港新闻出版社，2002。

3509. 椰风海韵：吴之摄影集，吴之摄，岭南美术出版社，2004。

3510. 沧海桑田：秦金荣西藏、西沙摄影作品专集，秦金荣摄，中国摄影出版社，2004。

3511. 海南故事，黄一鸣、高琴、郑彩雄摄，中国摄影出版社，1996。

3512. 冯大广老照片选集，冯大广摄，岭南美术出版社，2005。

3513. 天涯海角，中国海南省人民政府新闻办公室，中国海南省三亚市天涯海角风景区管理处编，1996，省图藏。

3514. 海上奇葩——海南，王健全主编，五洲传播出版社，1999。

3515. 魅力天涯，石怀逊、宋爱军、游启生摄影，海南出版社，2008。

3516. 海南风光，王胜主编、黄一鸣等摄影，海南省外事侨务办公室，2008，海大图藏。

3517. 海南风光，吴士存主编，海南出版社，2005。

3518. 海之南，蒙传雄摄，中国旅游出版社，1999。

3519. 风光摄影，王川信摄影，2008，海大图藏。

3520. 南山佛教文化苑，南山佛教文化苑编，2005，海大图藏。

3521. 琼岛拾贝：王密摄影作品集，王密摄，中国摄影出版社，2005。

3522. 海口风光，潘正汉摄影，中共海口市委办公厅编，海南出版社，2004。

3523. 海南诗韵，翟泰丰著，长城出版社，2002。

3524. 海南岛，《海南岛》画册编辑部编，1990，海大图藏。

3525. 镜语海南 1988～2008：蔡自强纪实摄影作品集，蔡自强摄，南方出版社，2008。

3526. 美丽的三沙我可爱的家乡：庆祝三沙市成立大型图片展，海南省图片社，海大文印中心，2012，海大图藏。

3527.《三亚》摄影画册，陈长芬著，三亚南山大小洞天发展有限公司，2001，海大图藏。

3528. 南海诸岛之一西沙群岛摄影展览作品选，伍振超等摄，上海人民出版社，1975。

3529. 南海小哨兵，储望华著，人民音乐出版社，1978。

3530. 黎民百姓，李汉仁摄影，中国摄影出版社，2001。

3531. 黎村 黎村，王密著，中国文联出版社，2011。

3532. 琼崖大小洞天的故事：蝶梦山海间，王军著，三亚南山大小洞天发展有限公司，2001，海大图藏。

3533. 美丽的三沙我可爱的家乡：庆祝三沙市成立大型图片展，海南省图片社编，海大文印中心，2012，海大图藏。

六 工艺美术

3534. 黎族织贝珍品：龙被艺术，蔡于良编著，海南出版社，2003。

3535. 黎锦，王晨等著，苏州大学出版社，2011。

3536. 黎锦图案集，庞珂编著，岭南美术出版社，2010。

3537. 海南本土文化书集：黎族织锦研究，周洪晋、张学泮著，南海出版公司，2011。

3538. 黎锦织造工艺，刘超强、达瑟编著，中国纺织出版社，2007。

3539. 黎族传统织锦，符桂花主编，海南出版社，2005。

3540. 海南设计年鉴，海南省包装技术协会设计委员会，《海南设计年鉴》编辑委员会编辑，2006，海大图藏。

3541. 海南黎族现代民间剪纸，曾祥熙、陈茂叶主编，海南出版社，1995。

3542. 海南省民族民间工艺作品选，张业琳主编，海南出版社，1995。

3543. 海南民族民间工艺美术，黄学魁著，南方出版社，2008。

3544. 王洪斌典藏作品集：海南黄花梨古典家具，福建美术出版社，2011。

3545. 兄弟民族形象服饰资料（一）：壮族、瑶族、黎族、京族、高山族，广东省工艺美术包装装潢公司等编，广东省工艺美术包装装潢公司、广西壮族自治区工艺美术研究所，1976。

3546. 符号与记忆，孙海兰、焦勇勤著，上海大学出版社，2012。

七 音乐

3547. 海南民族歌谣初探，杨兹举等著，南方出版社，2008。

3548. 海外琼属社团，文人光等著，南方出版社，2008。

3549. 黎族民歌选、乐器曲选，王萍昆、王文华、王文泽搜集整理，保亭县文化馆，1982，中山图藏。

3550. 海南汉族音乐舞蹈，王梅等著，南方出版社，2008。

3551. 黎族舞蹈概论，亚根著，中国戏剧出版社，2008。

3552. 三月三，陈翘等著，上海文艺出版社，1959。

3553. 海南八音，李东燕主编，海南出版社，2011。

3554. 万泉河之歌，曾宪峰著，中国文联出版社，2010。

3555. 相聚在椰城（歌曲集），第三届海南国际椰子节海口组委会、海口市音乐家协会编，第三届海南国际椰子节海口组委会，1995，海大图藏。

3556. 天堂海南岛：颂海南创作歌曲集（1949～2005），中共海南省委宣传部、中国移动通信集团海南有限公司编，海南出版社，2007。

3557. 椰林歌声总三十七期，海南省群众艺术馆编，《椰林歌声》编辑部，2004，海大图藏。

3558. 黎族音乐史，王文华著，南海出版公司，2001。

3559. 海南唢呐吹奏法，郭艺南主编，南海出版公司，1999，

3560. 崖州民歌简论，陈义著，中国文联出版公司，1999。

3561. 儋县调声及其他，广东民间音乐研究室、儋县文化馆合编，广东民间音乐研究室，1984，中山图藏。

3562. 椰子树轻轻摇：周南捷歌曲集，周南捷著，南海出版公司，1994。

3563. 倪承为声屏歌选，倪承为著，南海出版公司，1996。

3564. 鹿回头传奇：小提琴协奏曲，宗江、何东曲著，人民音乐出版社，1984。

3565. 黎家代表上北京：小提琴独奏曲，人民音乐出版社编辑，人民音乐出版社，1977。

3566. 革命现代舞剧红色娘子军钢琴谱，中国舞剧团集体创作，人民音乐出版社，1976。

3567. 革命现代舞剧红色娘子军组曲：钢琴独奏曲，中国舞剧团集体创作，杜鸣心改编，人民音乐出版社，1977。

3568. 黎族乐器集锦，王文华著，中国文联出版公司，2003。

3569. 海南赞歌：陈裕仁创作歌曲选，陈裕仁著，南海出版公司，1992。

3570. 海南优秀创作歌曲选（1988～1999），沙凌祯主编，华乐出版社，1999。

3571. 南海渔民唱丰收：双簧管独奏曲，民族乐队伴奏，季福玉等编曲，人民出版社，1978。

3572. 昌江民间传统音乐，孙如强主编，昌江黎族自治县文化馆，2009，海大图藏。

3573. 黎族传统民歌三千首，符桂花主编，海南出版社，2008。

3574. 天堂海南岛："颂海南"创作歌曲集（合三册），中共海南省委宣传部、中国移动通信集团海南有限公司编，海南出版社，2007。

3575. 南海情歌：独唱歌曲集，孙凯词，王方亮曲，金陵书社出版公司，1993。

3576. 海南省新创廉政歌曲精选，胡庆魁主编，2005，省图藏。

3577. 海南音乐曲集，何甲编，南海出版公司，1998。

3578. 黎族竹木器乐，韦岳峰主编，海南出版社，2010。

3579. 献给陈楚生的 120 首情歌，闫妮著，广西师范大学出版社，2009。

3580. 南海渔民唱丰收，季福玉等著，人民音乐出版社，1978。

八　舞蹈

3581. 笔舞池边，吴名辉著，海南出版社，1999。

3582. 海南黎族苗族自治州第一届民间歌舞汇演专刊，海南黎族苗族自治州人民委员会文教科编，海南黎族苗族自治州人民委员会文教科，1957，中山图藏。

3583. 陵水县 1957 年民族歌舞会演专刊，陵水县文化馆编，陵水县文化馆，1957，中山图藏。

3584. 胶林晨曲（舞蹈），广东省歌舞团编，广东人民出版社，1974。

3585. 喜送粮（舞蹈），陈翘等编舞，陈元浦编曲，陈德英作词，人民音乐出版社，1978。

3586. 革命现代舞剧红色娘子军（剧照），浙江人民美术出版社编辑，浙江人民美术出版社，1970。

3587. 革命现代舞剧红色娘子军（剧照），中国舞蹈团集体改编，上海人民出版社，1971。

3588. 革命现代舞剧红色娘子军（剧照选集），人民出版社编辑，人民出版社，1971。

3589. 五朵红云（舞剧），中国人民解放军战士歌舞团编，上海文艺出版社，1963。

3590. 中国民族民间舞蹈集成·海南卷，吴晓邦主编，1999，海大图藏。

九　戏剧艺术

3591. 中国戏曲志·海南卷，杨志杰主编，1998，海大图藏。

3592. 琼剧的历史、现状与未来，张军主编，社会科学文献出版社，2012。

3593. 琼剧文化论，赵康太著，南方出版社，2008。

3594. 海南琼剧史略，邢纪元著，南方出版社，2008。

3595. 琼剧研究资料，周训堂编，海口市老人琼剧研究会，1990，海师图藏。

3596. 首届琼剧论坛文集，海南省琼剧院等编，2002，省图藏。

3597. 琼剧，符桂花主编，南海出版公司，2009。

3598. 琼剧常识，保亭县文化馆编，保亭县文化馆，1957，中山图藏。

3599. 琼剧唱腔介绍（初稿），何甲、符乐、谢锡光编著，海口市文化馆、琼山县文化馆，1979，中山图藏。

3600. 漫谈琼剧唱腔音乐，潘家修编著，2005，海大图藏。

3601. 临高人偶戏，符耀彩著，南方出版社，2008。

3602. 戏剧春秋，韩栖洲著，海南省文化广播体育厅、海南省文学艺术界联合会编，海南出版社，1995。

3603. 新加坡琼剧史话，王振春著，1992，海师图藏。

3604. 回顾与展望，海南省琼剧院、海南省琼剧基金会编，2009，海大图藏。

3605. 海南戏剧，海南戏剧编辑部编，海南行政区戏剧工作室，1985～1987，海师图藏。

3606. 1959～1989海南省琼剧院建院三十周年纪念特刊，海南琼剧院院庆委员会编，海南摄影美术出版社，1989。

3607. 海南省琼剧院二团莅新：为琼剧艺术交流演出，新兴港琼南剧社、新加坡南区狮子会编，新兴港琼南剧社、新加坡南区狮子会，1994，海师图藏。

3608. 新加坡海南协会出席第三届世界海南乡团联谊大会暨到海南省演出琼剧特刊，特刊编辑委员会编，新加坡海南协会，1993，海师图藏。

3609. 新加坡海南协会赴海南省参加海南琼剧院庆祝40周年纪念演出特刊，新加坡海南协会编，新加坡海南协会，1999，海师图藏。

3610. 庆祝海南省成立一周年海口市琼剧团访港演出特刊，香港海南商会主办，香港海南商会，1989，中山图藏。

3611. 庆祝海口市琼剧团重建三十周年（1963～1998），吴梅主编，三亚图藏。

十　电影、电视艺术

3612. 红色娘子军：从剧本到影片，中国电影出版社编，中国电影出版社，1962。

3613. 第14届中国金鸡百花电影节活动总览，中国文化艺术界联合会编，2005，三亚图藏。

3614. 海南电视优秀专题片解说词，鹿松林主编，南海出版公司，1995。

3615. 《海南热土》解说词，梅玫著，海潮出版社，1997。

3616. 第6届中国海南岛欢乐节、第14届中国金鸡百花电影节暨中国电影百年庆典系列活动、第55届世界小姐总决赛形象设计方案，宇华广告著，2005，三亚图藏。

3617. 电视连续剧——冯白驹将军，赵寰、董晓华等编，海南电视台、中共海南省委党史研究室编，海师图藏。

第十节　历史、地理

一　中国史

（一）革命史

3618. 海南人民斗争史，李长盛著，北京广播学院马列主义教研室，1980，海大图藏。

3619. 海南现代革命史（初稿），海南师范专科学校革命史调查组著，海南师专印刷室，1959，海师图藏。

3620. 琼崖革命史，李德芳著，南方出版社，2008。

3621. 琼崖人民革命史实，新民主社报社辑，新民主社报，1950，中山图藏。

3622. 琼崖解放史话，海口市中共党史学会编，海口市中共党史学会，2009，海大图藏。

3623. 琼崖地下学联斗争史，《琼崖地下学联斗争史》编写委员会编，《琼岛星火》编辑部，1990，海大图藏。

3624. 琼山革命斗争史，中共琼山县委党史研究室编，中共琼山县委党史研究室，1991，海大图藏。

3625. 文昌人民革命史，中共文昌县委党史办编，海南人民出版社，1988。

3626. 文昌革命斗争史（征求意见稿），中共文昌县委党史资料征集研究领导小组办公室编，中共文昌县委党史资料征集研究领导小组办公室，1986，中山图藏。

3627. 万宁革命历史简编（初稿），万宁县政协史料研究委员会编，1964，中山图藏。

3628. 六连岭革命根据地斗争史略，黄富和编著，政协万宁县委员会文史资料研究委员会，1986，中山图藏。

3629. 东方县革命斗争史片断，东方县档案馆编，东方县档案馆，

1959，中山图藏。

3630. 琼中人民革命史话，中共琼中黎族苗族自治县委党史研究室编，海南出版社，1994，

3631. 琼崖纵队史，琼崖武装斗争史办公室编，广东人民出版社，1986。

3632. 琼海革命斗争史，中共琼海县委党史办公室编，三环出版社，1990。

3633. 宝芳革命史话，中共文昌市委党史研究室、中共文昌市东阁镇宝芳办事处委员会编，中共文昌市委党史研究室，2008，海大图藏。

3634. 琼崖革命史研究，广东琼崖革命史研究会编，琼院图藏。

3635. 海南革命史研究，中共昌江县委党史研究室著，海南出版社，1994。

3636. 琼崖革命研究文集，陈川雄著，新疆人民出版社，2003。

3637. 南粤少数民族现代革命斗争史研究，姜樾等著，广东人民出版社，1993。

3638. 琼崖革命论，赵康太主编，南海出版公司，2005。

3639. 琼崖革命精神论，李德芳等著，武汉大学出版社，2007。

3640. 琼崖革命研究论文选，中共海南省委党史研究室、海南省中共党史学会编，中共党史资料出版社，1994。

3641. 琼崖曙光，肖焕辉著，广东人民出版社，1989。

3642. 琼崖风云，海南革命史研究会编，海南出版社，2006。

3643. 琼崖大革命史料选编，中共海南省委党史研究室编，1994，省图藏。

3644. 海南革命历史资料目录索引（甲编），海南师专革命历史调查组编，海南师专革命历史调查组，1959，海师图藏。

3645. 海南抗日战争史稿，李德芳著，南方出版社，2008。

3646. 日本帝国主义侵琼史略，唐若玲著，新疆人民出版社，2002。

3647. 海南抗战纪要，海南抗战 30 年纪念会编，文海出版社，1980。

3648. 台北市海南抗战人员联谊会成立特刊，台北市海南抗战人员联谊会编，台北市海南抗战人员联谊会，1982，中山图藏。

3649. 纪念抗日战争胜利四十周年专刊，中共文昌县委党史资料征集研究领导小组编，中共文昌县委党史资料征集研究领导小组，1985，中山图藏。

3650. 琼崖华侨联合总会回乡服务团研究史料，陈永阶、林飞鸾主编，《琼岛星火》编辑部，1993，海大图藏。

3651. 万泉河战歌：琼崖纵队批三总队战斗历程，万泉河战歌编写组，《琼岛星火》编辑部，1990，海大图藏。

3652. 纪念抗日战争胜利四十周年论文选编，中共海南区党委党史办公室编印，中共海南区党委党史办公室，1985，海大图藏。

3653. 海南黎族苗族自治州革命斗争大事年索：新民主主义时期部分，中共海南黎族苗族自治州委党史办公室编，中共海南黎族苗族自治州委党史办公室，1982，海师图藏。

3654. 铁蹄下的血泪仇：日军侵万暴行史料专辑，林玉权编，万宁县政协文史办公室编，万宁县政协文史办公室，1995，海师图藏。

3655. 血泪烽烟：纪念抗日战争胜利五十周年专辑，周文珍、邢华胄编，中国人民政治协商会议乐东黎族自治县文史委员会编，中国人民政治协商会议乐东黎族自治县文史委员会，1995，海师图藏。

3656. 烽火：抗战史料专辑，中共定安县委党史办公室编，中共定安县委党史办公室，1987，中山图藏。

3657. 血与火：日本侵略军的暴行与海口人民抗日纪实，裴成敏主编，北京燕山出版社，2005。

3658. 琼崖抗日斗争史料选编，中共广东省委党史资料征集委员会，中共广东省委，1986，海大图藏。

3659. 日本军队对海南岛的侵占与暴政（1939～1945），〔日〕水野明著，王翔译，南海出版公司，2005。

3660. 日本对海南的侵略及其暴行，苏智良、侯桂芳、胡海英著，上海辞书出版社，2005。

3661. 日本侵占海南岛罪行研究，张兴吉著，海南出版社，2004。

3662. 铁蹄下的腥风血雨：日军侵琼暴行实录（续），符和积主编，海南出版社，1996。

3663. 木排烽火：记木排革命根据地军民抗日反顽斗争的故事，符莹撰稿，2005，海大图藏。

3664. 万宁抗战岁月，林承钧、谢汉波著，中共万宁市委党史研究室，2007，海大图藏。

3665. 琼崖风雷，秦应华主编，海南出版社，2010。

3666. 不能忘却的纪念：儋县革命斗争历史剪影，儋州市档案馆编，海南出版社，2007。

3667. 碧血琼崖照千秋：为纪念海南解放五十周年献礼（1950 ~ 2000），盖旭辉主编，海南出版社，2000。

3668. 琼海往事：党史地方志札记，陈锦爱著，中共琼海市委党史研究室，2008，海大图藏。

3669. 澄迈革命斗争回忆录，孙中积主编，陕西旅游出版社，2003。

3670. 琼崖史海钩沉，冯仁鸿著，香港天马图书有限公司，2000。

3671. 二十三年红旗不倒：六连岭革命斗争纪实，钟燕波主编，中共万宁市委党史研究室，2005，海大图藏。

3672. 不朽的丰碑：纪念抗日战争胜利 50 周年论文选，中共海南省委宣传部编，中共党史出版社，1996。

3673. 土地革命战争时期各地武装起义：琼崖地区，海南军区《琼崖武装起义》编辑组编，海南军区《琼崖武装起义》编辑组，1993，海大图藏。

3674. 八十春秋，林克仁著，2004，海师图藏。

3675. 琼山革命丰碑，王万江、王茀清主编，东西文化事业公司，1999。

3676. 琼岛丰碑：琼崖革命武装斗争历史图集，邢诒孔、唐昆宁主编，南海出版公司，1997。

3677. 王毅率琼崖守备司令部在翰林，吴淑华、黄恒俊著，定安县党史办公室，中山图藏。

3678. 我在琼崖七年毁家抗战的回忆，王焕著，1982，《海南文献资料简介》。

3679. 海南岛初期人民革命史资料，罗文淹著，1959，中山图藏。

3680. 琼崖风雨：国民党军“围剿”琼崖革命根据地纪事，海南省政协文史资料委员会编，海南省政协文史资料委员会，1989。

3681. 碧海帆魂：徐闻人民支援解放海南岛史料专辑（徐闻文史第 6 期），广东省徐闻县政协文史资料研究委员会编。

3682. 五指山下的史诗，之流著，新华书店华南总分店，1950，中山图藏。

3683. 广东革命历史文件汇集（1946. 2 ~ 1948. 12）琼崖党组织文件，中央档案馆、广东省档案馆编，广东省供销学校印刷厂，1988。

3684. 琼崖革命根据地供销合作社史料选编（初稿），海南行政区供合作联社史料选编领导小组编辑室编，海南行政区供合作联社史料选编领导小组编辑室出版，1985，中山图藏。

3685. 海口地下斗争史料选编，中共海口市委党史办公室编，海大图藏。

3686. 海南革命文献，海南师范志专科学校翻印，海师图藏。

3687. 红色少年连，吴之著，香港新闻出版社，2001。

3688. 峥嵘岁月，罗文洪著，海南出版社，1994。

3689. 奋战二十三年的海南岛，李毅生著，中南人民出版社，1951。

3690. 广东省海南行政区（汉区）各县、市革命老根据地基本情况表，海南区老区建委编，海南区老区建委，1981，海档藏。

3691. 档案资料：第二次国内战争时期·广东海南，广东省立中山图书馆辑，广东省立中山图书馆，1960，中山图藏。

3692. 光辉的脚印 1，中华人民共和国特区办公室、海南省人民政府编，中国华侨出版社，1996。

3693. 光辉的脚印 2，中华人民共和国特区办公室、海南省人民政府编，中国华侨出版社，1997。

3694. 光辉的脚印 3：中华人民共和国特区办公室、海南省人民政府编，中国华侨出版社，1996。

3695. 琼海革命史料选编：民主革命时期第 12 期，中共琼海县委党史办公室编，琼海县委党史办公室，1987，海大图藏。

3696. 琼山县咸来乡革命斗争回忆录，冯世华编，1990，海大图藏。

3697. 琼崖革命斗争大事记：民主革命时期，中共三亚市委党史资料征集研究领导小组办公室编，中共三亚市委党史资料征集研究领导小组办公室，1987，中山图藏。

3698. 光村战火，林松编写，中共儋县县委党史办公室，1998，中山图藏。

3699. 英雄的莺歌海人民，周东豪著，香港天马图书有限公司，2002。

3700. 琼崖大革命史料选编，中共海南省委党史研究室编，中共海南省委党史研究室，1994，海大图藏。

3701. 永志不忘，中共海口市委党史研究室编，海南出版社，1995，省图藏。

3702. 英勇奋斗的海南妇女，海南区妇联筹委会编，海南区妇联筹委会，1951，海师图藏。

3703. 海南现代革命史资料汇编，海南师专革命史调查组编，1959，海师图藏。

3704. 财产损失，中共海南省委党史研究室编著，中共党史出版社，2011。

3705. 再会吧南洋：海南南洋华侨机工回国抗战回忆，陈达娅、陈勇编著，中国华侨出版社，2007。

3706. 解放海南实录，李传华、张书松、李书兵著，海南出版社，2009。

3707. 海南解放五十周年纪念文集，梁振球主编，南海出版公司，2001。

3708. 天涯红色电波：琼崖纵队无线电通信回忆录，海南军区通信兵史编写组编，海南军区通信兵史编写组，1997，海大图藏。

3709. 琼崖土地革命战争史料选编，中共广东省海南行政区委员会党史办公室、海南行政区档案馆编，中共广东省海南行政区委员会党史办公室，1987，海大图藏。

3710. 琼崖解放战争史料选编（上、下册），中共海南省委党史研究室编，中共海南省委党史研究室，1989，海大图藏。

3711. 昌江革命史料第一集，中共昌江县委党史办公室编，中共昌江县委党史办公室，1986，中山图藏。

3712. 昌江革命史料第二集，中共昌江县委党史办公室编，中共昌江县委党史办公室，1986，中山图藏。

3713. 昌江革命史料第三集，中共昌江县委党史办公室编，中共昌江县委党史办公室，1987，中山图藏。

3714. 昌江革命史料第四集，中共昌江县委党史办公室编，中共昌江县委党史办公室，1987，中山图藏。

3715. 琼崖纵队成立六十周年纪念册（1927～1987），琼崖纵队成立六十周年纪念活动领导办公室编，琼崖纵队成立六十周年纪念活动领导办公室，1987，海大图藏。

3716. 琼崖英烈传第一辑，中共海南省委党史研究室编，海南人民出版社，1989。

3717. 琼崖英烈传第二辑，中共海南省委党史研究室编，海南人民出版社，1990。

3718. 琼崖英烈传第三辑，中共海南省委党史研究室编，海南人民出版社，1991。

3719. 琼崖英烈传第四辑，中共海南省委党史研究室编，海南人民出版社，1992。

3720. 琼岛星火创刊号，《琼岛星火》编辑部编辑，《琼岛星火》编辑部，1980，海大图藏。

3721. 琼岛星火第二期，《琼岛星火》编辑部编辑，《琼岛星火》编辑部，1980，海大图藏。

3722. 琼岛星火第三期，《琼岛星火》编辑部编辑，《琼岛星火》编辑部，1981，海大图藏。

3723. 琼岛星火第四期，《琼岛星火》编辑部编辑，《琼岛星火》编辑部，1981，海大图藏。

3724. 琼岛星火第五期，《琼岛星火》编辑部编辑，《琼岛星火》编辑部，1981，海大图藏。

3725. 琼岛星火第六期，《琼岛星火》编辑部编辑，《琼岛星火》编辑部，1981，海大图藏。

3726. 琼岛星火第七期，《琼岛星火》编辑部编辑，《琼岛星火》编辑部，1982，海大图藏。

3727. 琼岛星火第八期，《琼岛星火》编辑部编辑，《琼岛星火》编辑部，1982，海大图藏。

3728. 琼岛星火第九期，《琼岛星火》编辑部编辑，《琼岛星火》编辑部，1982，海大图藏。

3729. 琼岛星火第十期，《琼岛星火》编辑部编辑，《琼岛星火》编辑部，1983，海大图藏。

3730. 琼岛星火第十一期，《琼岛星火》编辑部编辑，《琼岛星火》编辑部，1982，海大图藏。

3731. 琼岛星火第十二期，《琼岛星火》编辑部编辑，《琼岛星火》编辑部，1983，海大图藏。

3732. 琼岛星火第十三期，《琼岛星火》编辑部编辑，《琼岛星火》编辑部，1984，海大图藏。

3733. 琼岛星火第十四期，《琼岛星火》编辑部编辑，《琼岛星火》编辑部，1985，海大图藏。

3734. 琼岛星火第十五期，《琼岛星火》编辑部编辑，《琼岛星火》编辑部，1985，海大图藏。

3735. 琼岛星火第十六期，《琼岛星火》编辑部编辑，《琼岛星火》编辑部，1986，海大图藏。

3736. 琼岛星火第十七期，《琼岛星火》编辑部编辑，《琼岛星火》编辑部，1987，海大图藏。

3737. 琼岛星火第十八期，《琼岛星火》编辑部编辑，《琼岛星火》编辑部，1989，海大图藏。

3738. 琼岛星火第十九期，《琼岛星火》编辑部编辑，《琼岛星火》编辑部，1992，海大图藏。

3739. 琼岛星火第二十期，《琼岛星火》编辑部编辑，《琼岛星火》编辑部，1984，海大图藏。

3740. 琼岛星火第二十一期，《琼岛星火》编辑部编辑，《琼岛星火》编辑部，1996，海大图藏。

3741. 琼岛星火第二十二期，《琼岛星火》编辑部编辑，《琼岛星火》编辑部，1997，海大图藏。

3742. 琼岛星火增刊，《琼岛星火》编辑部编辑，《琼岛星火》编辑部，1986，海大图藏。

（二）民族史志

3743. 琼台少数民族之缘，徐刚主编，海南省人民政府台湾事务办公室，2007，海大图藏。

3744. 海南岛民族志，史图博著，中国科学院广东民族研究所译，中国科学院广东民族研究所，1964，中山图藏。

3745. 广东少数民族，《广东少数民族》编写组编，广东人民出版社，1982。

3746. 海南岛生态环境与黎族化关系研究，陈为著，中山大学人类学系，1984，海大图藏。

3747. 拂拭历史尘埃，刘明哲主编，云南民族出版社，2006。

3748. 马新海南族群史料汇编，吴华编著，马来西亚海南会馆联合会，

1999，海大图藏。

3749. 五指山脚下的耕耘，刘明哲主编，云南民族出版社，2004。

3750. 越过山顶的铜锣声，刘明哲主编，云南民族出版社，2006。

3751. 热带雨林绿韵风姿：海南少数民族地区绿色生态文化探究，齐见龙、陈立浩著，南海出版公司，2006。

3752. 海南省少数民族，海南省民族宗教事务厅政策研究室编，1998，海大图藏。

3753. 广东海南少数民族社会历史调查资料汇编，广东省民族研究所、《中国少数民族社会历史调查资料丛刊》修订编辑委员会，民族出版社，2009。

3754. 十载创伟业，今朝谱新篇：海南省民族自治县成立十周年庆祝活动文件资料汇编，海南省民族宗教事务厅政法处编，1997，省图藏。

3755. 广东海南少数民族社会历史调查资料汇编，广东省民族研究所编，民族出版社，2009。

3756. 海南民族概论，林日举、黄育琴、李琼兴著，南方出版社，2008。

3757. 海南民族研究论集，海南省民族研究所编，中山大学出版社，1992。

3758. 海南黎族苗族自治州概况，《海南黎族苗族自治州概况》编写组，广东人民出版社，1986。

3759. 广东海南黎苗回族情况调查，广东省人民政府民族事务委员会编，1951，海师图藏。

3760. 广东民族研究论丛第一辑，广东省民族研究所编，广东人民出版社，1986。

3761. 广东民族研究论丛第二辑，广东省民族研究所编，广东人民出版社，1987。

3762. 广东民族研究论丛第四辑，广东省民族研究所编，广东人民出版社，1988。

3763. 广东民族研究论丛第五辑，广东省民族研究所编，广东人民出版社，1991。

3764. 广东民族研究论丛第六辑，广东省民族研究所编，广东人民出版社，1993。

3765. 广东民族研究论丛第九辑，广东省民族研究所编，广东人民出版社，1996。

3766. 广东民族研究论丛第十辑，广东省民族研究所编，广东人民出版社，2000。

3767. 广东民族研究论丛第十一辑，广东省民族研究所编，广东人民出版社，2003。

3768. 海南少数民族地区现代化问题研究，林日举等著，四川民族出版社，2000。

3769. 热带雨林绿韵风姿——海南少数民族地区绿色生态文化探究，齐见龙、陈立浩著，南海出版公司，2006。

3770. 万宁县少数民族基本情况，海南省万宁县民族事务委员会编，1991，琼院图藏。

3771. 中国黎学大观·历史卷，琼州学院编，海南出版社，2012。

3772. 黎族研究资料选译，中国科学院广东民族研究所编，中国科学院广东民族研究所，1963，海师图藏。

3773. 海南岛的黎族，史图博著，中国科学院广东民族研究所，1964，海师图藏。

3774. 海南岛的黎族，小方著，中华书局，1961。

3775. 黎族，郭菡梓著，外语教学与研究出版社，2011。

3776. 黎族，秦翠翠著，吉林出版集团有限责任公司吉林文史出版社，2010。

3777. 黎族，王薇著，新疆美术摄影出版社，新疆电子音像出版社，2010。

3778. 黎族文化初探，王养民著，广西民族出版社，1993。

3779. 黎族社会历史调查，广东省编辑组，民族出版社，2009。

3780. 中国少数民族风情游丛书——黎族，张俊豪著，中国水利水电出版社，2004。

3781. 黎族文身新探，程天富著，中国文联出版社，2010。

3782. 侗、水、毛南、仫佬、黎族文化志，杨权著，上海人民出版社，1998。

3783. 中国少数民族简况·黎族、畲族、高山族、京族，中央民族学院研究室编，中央民族学院研究室，1974。

3784. 各民族共创中华（下册）·中南东南卷：黎族、高山族、畲族的贡献，韩效文等编，甘肃文化出版社，1999。

3785. 中国黎学文库，王学萍编，民族出版社，2008。

3786. 黎学研究备览，王献军著，民族出版社，2011。

3787. 黎族研究资料索引（草稿），中国科学院广东民族研究所编，中国科学院广东民族研究所，1962，中山图藏。

3788. 海南岛黎族社会初步研究，梁钊韬著，中山大学学报抽印本，1955，中大图藏。

3789. 海南黎族情况调查第一分册·合亩制地区，中南民族学院少数民族文物陈列馆编，中南民族学院少数民族文物陈列馆，1955，中山图藏。

3790. 海南黎族情况调查第二分册·"俸"黎地区，中南民族学院少数民族文物陈列馆编，中南民族学院少数民族文物陈列馆，1956，中山图藏。

3791. 海南黎族情况调查第三分册·"杞"黎地区，中南民族学院少数民族文物陈列馆编，中南民族学院少数民族文物陈列馆，1956，中山图藏。

3792. 海南黎族情况调查第四分册·"本地黎"、"关孚黎"、"加茂黎"地区，中南民族学院少数民族文物陈列馆编，中南民族学院少数民族文物陈列馆出版，1957，中山图藏。

3793. 海南黎族苗族自治州保亭县毛道乡黎族合亩制调查：海南黎族社会历史情况调查资料第一册，全国人大民族委员会办公室编，全国人大民族委员会办公室，1957，中山图藏。

3794. 海南黎族苗族自治州番阳乡、毛贵乡黎族合亩制调查：海南黎族社会历史情况调查资料第二册，全国人大民族委员会广东省少数民族社会历史情况调查组编，全国人大民族委员会广东省少数民族社会历史情况调查组，1958，中山图藏。

3795. 海南黎族苗族自治州黎族合亩制调查综合资料，中国科学院民族研究所、广东少数民族社会历史调查组编，1963，中山图藏。

3796. 海南黎族苗族自治州什玲等五个乡黎族社会经济调查，中国科学院民族研究所、广东省少数民族社会历史调查组编，1963，中山图藏。

3797. 黎族资料，全国人大民族事务委员会广东省少数民族社会历史情况调查组辑，全国人大民族事务委员会广东省少数民族社会历史情况调查组，1957，中山图藏。

3798. 黎族参考资料，全国人大民族事务委员会广东省少数民族社会历史情况调查组编，全国人大民族事务委员会广东省少数民族社会历史情况调查组，1957，中山图藏。

3799. 黎族古代历史资料，中国科学院民族研究所广东少数民族社会历史调查组等合编，中国科学院民族研究所广东少数民族社会历史调查组，1964，中山图藏。

3800. 黎族“合亩制”研究，海南黎族苗族自治州文联、海南黎族苗族自治州群众艺术馆编，南海出版公司，1994，中山图藏。

3801. 黎族史料专辑第七辑，符和积主编，南海出版公司，1993。

3802. 黎族，邢关英著，民族出版社，1990。

3803. 中国黎族大辞典，苏英博等主编，中山大学出版社，1994。

3804. 历史的跨越：黎族原“合亩制”地区的变革，陈立浩、邢兴、钟有桩编，南海出版公司，2001。

3805. 中国黎族，王学萍主编，民族出版社，2004。

3806. 首届黎族文化论坛文集，王建成编，民族出版社，2008。

3807. 黎族：海南五指山市福关村调查，张跃、周大鸣主编，云南大学出版社，2004。

3808. 黎族史，吴永章著，广东人民出版社，1997。

3809. 海南岛乐东县番阳区黎族群体变化的研究，张寿祺、黄新美著，海南大学，1986，海大图藏。

3810. 黎族历史纪年辑要（初稿），中国科学院广东民族研究所编，中国科学院广东民族研究所，1963，海大图藏。

3811. 黎族历史纪年辑要，刘耀荃编，广东省民族研究所，1982，海大图藏。

3812. 黎族，张俊豪著，中国水利水电出版社，2004。

3813. 黎族简史简志合编（初稿），李子明、黄朝中、刘耀荃编，中国科学院民族研究所，1963，海师图藏。

3814. 在五指山南麓，李旭著，云南人民出版社，2003。

3815. 热带雨林的开拓者：海南黎寨调查纪实，李露露著，云南人民出版社，2003。

3816. 黎族传统文化，王学萍主编，新华出版社，2001。

3817. 黎族人民斗争史，程昭星、邢诒孔著，中共海南省委党史研究室编，民族出版社，1999。

3818. 黎族田野调查，海南省民族学会编，2006，海大图藏。

3819. 黎族简史，《黎族简史》编写组编，广东人民出版社，1982。

3820. 黎族研究参考资料选辑第1辑，詹慈编，广东省民族学院研究所，1983，海大图藏。

3821. 黎族合亩制论文选集，詹慈编，广东省民族研究所，1983，海大图藏。

3822. 黎族社会历史调查，广东省编辑组编，民族出版社，1986。

3823. 黎族合亩制论文选编，詹慈编，广东省民族研究所，1983，海大图藏。

3824. 黎族·美孚方言，符兴恩著，香港银河出版社，2007。

3825. 黎族，符兴恩著，香港银河出版社，2007。

3826. 海南黎族风情，胡亚玲著，海南出版社，2005。

3827. 海南黎族人类学考察，曾昭璇、张永钊、曾宪珊合著，华南师范大学地理系，2004，海大图藏。

3828. 从远古走向现代，王海、江冰著，华南理工大学出版社，2004。

3829. 首届黎族文化论坛文集，王建成主编，民族出版社，2008。

3830. 黎家故事·昌江篇，吉明江主编，海南出版社，2010。

3831. 黎族三峒调查，冈田谦、尾高邦雄著，金山等译，民族出版社，2009。

3832. 黎族藏书，王献军、赵红主编，海南出版社，2009。

3833. 《黎族藏书》古籍资料汇编，海南省民族学会编，2006，海大图藏。

3834. 黎族苗族调查文集，潘先锷著，中国国际出版社，2009。

3835. 黎族女性文化专题研究，孙绍先、欧阳洁著，南方出版社，2008。

3836. 从原始时代走向现代文明，陈立浩、陈兰、陈小蓓著，南方出版社，2008。

3837. 海南黎族研究，高泽强、文珍著，南方出版社，2008。

3838. 海南首届黎学国际研讨会论文集，琼州学院“海南省民族研究基地”编，琼州学院“海南省民族研究基地”，2012。

3839. 海南黎村苗寨，胡亚玲著，海南出版社，2012。

3840. 黎学新论文集（合二册），韦勇编，中国文史出版社，2012。

3841. 黎族的历史与文化，王献军、蓝达居、史振卿主编，暨南大学出版社，2012。

3842. 百越民族史，陈国强等著，中国社会科学出版社，1988。

3843. 广东省苗族畲族社会历史情况（内部参考），广东少数民族社会历史调查组编，中国科学院民族研究所，1963，海师图藏。

3844. 海南回族的历史与文化，王献军著，南方出版社，2008。

3845. 广东海南回族研究，姜永兴著，广东人民出版社，1989。

3846. 海南苗族，王亚保主编，海南出版社，1997。

3847. 海南苗族情况调查：附海南黎族苗族情况调查综合材料，中南民族学院少数民族文物陈列馆编，中南民族学院少数民族文物陈列馆，1957，中山图藏。

3848. 海南苗族研究，黄友贤、黄仁昌著，南方出版社，2008。

3849. 海南客家，古小彬著，广西师范大学出版社，2008。

3850. 半山壹号：镌刻山壁上的海南故事，王德俊主编，中国华侨出版社，2012。

（三）地方史志

1. 各省、市区史志

3851. 二十五史中的海南（合2册），海南出版社，2006。

3852. 地理志·海南六种（合1册），海南出版社，2006。

太平寰宇志·海南，（宋）乐史纂。

元丰九域志·海南，（宋）王存撰。

方舆胜览·海外四州，（宋）祝穆编。

舆地纪胜·海南，（宋）王象之编著。

古今图书集成·琼州府部汇考，（清）陈梦雷编纂。

古今图书集成·广东黎人岐人部汇考，（清）陈梦雷编纂。

3853. 一统志·琼州府四种（合1册），海南出版社，2006。

大明一统志·琼州府，（明）李贤修。

雍正大清一统志·琼州府，（清）蒋廷锡等纂修。

乾隆大清一统志·琼州府，（清）和珅等纂修。

嘉庆重修大清一统志·琼州府，（清）穆彰阿等纂修。

3854. 嘉靖广东通志初稿·琼州（合1册），（明）戴璟采辑，海南出版社，2006。

3855. 嘉靖广东通志·琼州（合1册），（明）黄佐纂修，海南出版社，2006。

3856. 万历广东通志·琼州（合1册），（明）郭棐纂修，海南出版社，2006。

3857. 康熙广东通志·琼州（合1册），（清）金光祖纂修，海南出版社，2006。

3858. 雍正广东通志·琼州（合1册），（清）郝玉麟等总裁，鲁曾煜总辑，海南出版社，2006。

3859. 道光广东通志·琼州（合2册），（清）阮元总裁，陈昌齐总纂，海南出版社，2006。

3860. 广东通志未成稿·海南二种（合1册），海南出版社，2006。

续修广东通志·海南，朱庆澜等监修，梁鼎芬等总纂。

广东通志稿·海南，邹鲁修、温廷敬等纂。

3861. 正德琼台志（合2册），（明）唐胄纂，海南出版社，2006。

3862. 万历琼州府志（合2册），（明）戴熹、欧阳灿总裁，蔡光前等纂修，海南出版社，2006。

3863. 康熙琼郡志（合1册），（清）牛天宿修，朱子虚纂，海南出版社，2006。

3864. 康熙琼州府志（合2册），（清）焦映汉修，贾棠纂，海南出版社，2006。

3865. 乾隆琼州府志（合2册），（清）萧应植修，陈景埙纂，海南出版社，2006。

3866. 道光琼州府志（合3册），（清）明谊修，张岳崧纂，海南出版社，2006。

3867. 海南岛志，陈铭枢总纂，曾蹇主编，海南出版社，2004。

3868. 海南岛志，萨维纳著，辛世彪译注，漓江出版社，2012。

3869. 海南岛新志（外一种），陈植编著，海南出版社，2004。

琼崖，陈献荣编。

3870. 康熙琼山县志二种（合1册），海南出版社，2006。

康熙二十六年本，（清）潘亭侯、佟世南修，吴南杰纂。

康熙四十七年本，（清）王贽修，关必登纂。

3871. 乾隆琼山县志（合2册），（清）杨宗秉纂修，海南出版社，2006。

3872. 咸丰琼山县志（合3册，外一种），（清）李文煊修，郑文彩纂，海南出版社，2006。

光绪琼山乡土志，（清）张廷标编辑。

3873. 民国琼山县志（合4册），朱为潮等主修，李熙、王国宪总纂，海南出版社，2006。

3874. 康熙澄迈县志二种（合1册），海南出版社，2006。

康熙十一年本，（清）丁斗柄修，曾典学纂。

康熙四十九年本，（清）高魁标纂修。

3875. 嘉庆澄迈县志，（清）谢济韶修，李光先纂，海南出版社，2006。

3876. 光绪澄迈县志，（清）龙朝翊主修，陈所能等纂修，海南出版社，2006。

3877. 康熙临高县志（合1册、外一种），（清）樊庶纂修，海南出版社，2004。

民国临高采访册，许朝瑞采辑。

3878. 光绪临高县志，（清）聂缉庆、张延主修，桂文炽、汪瑔纂修，海南出版社，2004。

3879. 康熙定安县志，（清）张文豹纂修，梁廷佐同修，海南出版社，2006。

3880. 光绪定安县志（合2册），（清）吴应廉创修，王映斗总纂，海南出版社，2006。

3881. 宣统定安县志（合2册、外一种），（清）宋席珍续修，海南出版社，2006。

宣统定安县乡土地理志，（清）莫家桐编。

3882. 康熙文昌县志，（清）马日炳纂修，海南出版社，2003。

3883. 咸丰文昌县志（合2册），（清）张霈等监修，林燕典纂辑，海南出版社，2003。

3884. 民国文昌县志（合2册），李钟岳等监修，林带英等纂修，海南出版社，2003。

3885. 会同县志二种（合1册），海南出版社，2006。

乾隆会同县志，（清）于煌等纂修。

嘉庆会同县志，（清）陈述芹纂修。

3886. 乐会县志三种（合1册），海南出版社，2006。

康熙八年本，（清）林子兰总辑，陈宗琛等纂。

康熙二十六年本，（清）程秉慥等纂修。

宣统志，（清）林大华等纂修。

3887. 万历儋州志（合1册），（明）曾邦泰等纂修，海南出版社，2004。

3888. 康熙儋州志，（清）韩祐重修，海南出版社，2004。

3889. 民国儋州志（合3册、外一种），彭元藻、曾友文修，王国宪总纂，海南出版社，2004。

儋县志初集，（清）王云清初稿。

3890. 昌化县志二种（合1册），海南出版社，2004。

康熙昌化县志，（清）方岱修，璩之璨校正。

光绪昌化县志，（清）李有益纂修。

3891. 万州志二种（合1册），海南出版社，2004。

康熙万州志，（清）李琰纂修。

道光万州志，（清）胡端书总修，杨士锦、吴鸿清纂。

3892. 陵水县志二种（合1册），海南出版社，2004。

康熙陵水县志，（清）潘廷侯纂修。

乾隆陵水县志，（清）瞿云魁纂修。

3893. 崖州志二种（合1册），海南出版社，2006。

康熙崖州志，（清）李如柏、张擢士纂修。

乾隆崖州志，（清）宋锦增辑，黄德厚分修。

3894. 光绪崖州志，（清）钟元棣创修，张玺等纂修（合2册、外一种），海南出版社，2006。

崖州直隶州乡土志。

3895. 民国感恩县志，周文海重修，卢宗棠、唐之莹纂修，海南出版社，2004。

3896. 南海诸岛三种（合1册），海南出版社，2004。

西沙岛成案汇编，陈天锡编。

南海诸岛地理志略，郑资约编著。

海军进驻后之南海诸岛，杨秀靖编。

3897. 琼志钩沉五种（合1册），海南出版社，2006。

琼志撷录抄本，佚名。

琼崖志略，许崇灏编著。

琼州志抄本，佚名。

琼崖志·金石志，（清）王国宪编。

海南岛，张维汉编。

3898. 唐至民国时期文人杂记中的海南，海南出版社，2004。

3899. 正德琼台志（合十二册），（明）唐胄著，上海古籍书店，1964。

3900. 琼崖志略等五种，台湾学生书局影印，1975。

3901. 崖州志，（清）张嶲等著，郭沫若点校，广东人民出版社，1983。

3902. 万历儋州志、雍正揭阳县志，（明）曾邦泰等纂修，陈树芝纂修，书目文献出版社，1991。

3903. 光绪昌化县志，（清）李有益修纂，广东中山图书馆装订社，1982，海大图藏。

3904. 海南省志第一卷：建置志，海南省地方志办公室编，南海出版公司，2004。

3905. 海南省志第二卷：气象志、地震志，海南省地方志办公室编，南海出版公司，2004。

3906. 海南省志第三卷：人口志、方言志、宗教志，海南省地方志办公室编，南海出版公司，1994。

3907. 海南省志第四卷：公安志，海南省地方史志办公室编，南海出版公司，1997。

3908. 海南省志第四卷：民政志、外事志，海南省地方史志办公室编，南海出版公司，1997。

3909. 海南省志第四卷：政府志，海南省地方史志办公室编，南海出版公司，2003。

3910. 海南省志第四卷：检察志，海南省地方史志办公室编，南海出版公司，1997。

3911. 海南省志第五卷：公安志，海南省地方史志办公室编，南海出版公司，1998。

3912. 海南省志第六卷：工商行政管理志、统计管理志，海南省地方史志办公室编，南海出版公司，2004。

3913. 海南省志第七卷：农业志，海南省地方史志办公室编，南海出版公司，1997。

3914. 海南省志第七卷：农垦志，海南省地方史志办公室编，海南摄影美术出版社，1996。

3915. 海南省志第九卷：口岸志、海关志、商检志，海南省地方史志办公室编，南海出版公司，1996。

3916. 海南省志第九卷：出入境检疫志，海南省地方史志办公室编，南海出版公司，2005。

3917. 海南省志第九卷：邮电志，海南省地方史志办公室编，南海出版公司，1994。

3918. 海南省志第十卷：金融志，海南省地方史志办公室编，南海出版公司，1993。

3919. 海南省志第十一卷：卫生志，海南省地方史志办公室编，方志出版社，2001。

3920. 海南省志第十一卷：报业志，海南省地方史志办公室编，南海出版公司，1997。

3921. 海南府县志辑 1：道光琼州府志，明谊修，张岳崧纂，上海书店出版社，2001。

3922. 海南府县志辑 2：民国海南岛志、海南诸岛地理志略，陈铭枢修，曾蹇纂，上海书店出版社，2001。

3923. 海南府县志辑 3：康熙琼山县志、民国琼山县志，王贽修，关必登纂，上海书店出版社，2001。

3924. 海南府县志辑 4：嘉庆会同县志、民国文昌县志、康熙乐会县志、宣统乐会县志，陈述芹纂，上海书店出版社，2001。

3925. 海南府县志辑 5：光绪定安县志、道光万州志，吴应廉修，王映斗纂，上海书店出版社，2001。

3926. 海南府县志辑 6：光绪澄迈县志、民国儋县志、乾隆陵水县志，龙朝翊修，陈所能纂，上海书店出版社，2001。

3927. 海南府县志辑 7：民国崖州志，钟元棣修，张隽、邢定纶纂，上海书店出版社，2001。

3928. 马村志，马家琳主编，海南出版社，2002。

3929. 黄流村志，《黄流村志》编纂委员会编，1999，琼院图藏。

3930. 下荣村简史，吉进智、吉成栋编，2010，海大图藏。

3931. 琉川村志，《琉川村志》编纂委员会编，《琉川村志》编纂委员会，2007，海大图藏。

3932. 博潭村志，王明恩、王永庆主编，海口达雄印刷厂，1998，海大图藏。

3933. 保定村志，朱保和主编，1999，海大图藏。

3934. 坡林村志，庞学亚编，《坡林村志》编纂委员会，2010，海大图藏。

3935. 文大村志，曾维主编，海南出版社，2009。

3936. 革命老区康安村史，吴坤佳主编，中共海口市委党史研究室，2008，海大图藏。

3937. 新村镇志，陵水黎族自治县新村镇委镇政府编，陵水新村镇委镇政府，1993，省图藏。

3938. 屯昌镇志，《屯昌镇志》编纂办公室编，《屯昌镇志》编纂办公室，1986，中山图藏。

3939. 石山镇志，《石山镇志》编纂委员会编，香港天马图书有限公司，2008。

3940. 乌场乡志，《乌场乡志》编纂委员会编，《乌场乡志》编纂委员会，2005，海大图藏。

3941. 那历志，钟华山、林明达编，儋县海头镇《那历志》编写组，1989，国图藏。

3942. 屯昌县黄岭区志，《屯昌县黄岭区志》编写组编，黄岭区编史修志领导小组，1987，中山图藏。

3943. 枫林区志初稿，屯昌县《枫林区志》编写组编，屯昌县《枫林区志》编写组，1987，中山图藏。

3944. 南坤区志初稿，屯昌县南坤区编史修志办公室编，屯昌县南坤区编史修志办公室，1986，中山图藏。

3945. 西昌区志初稿，屯昌县西昌区地方志编纂小组编，屯昌县西昌区地方志编纂小组，1986，中山图藏。

3946. 新兴区志，屯昌县《新兴区志》编写小组编，《新兴区志》编写小组，1987，中山图藏。

3947. 藤寨区志，屯昌县藤寨区修志办公室编，屯昌县藤寨区修志办公室，1986，中山图藏。

3948. 枫木区志，屯昌县枫木区编写组编，屯昌县枫木区志编写组，1987，海大图藏。

3949. 海南地方小志之六，海外文库编辑委员会编，海外文库出版社，1958。

3950. 海口市志（上、下册），海口市地方志编纂委员会编，方志出版社，2004。

3951. 海口古今精英集，云海著，海南省海口市琼山区老年诗书画研究会，2010，海大图藏。

3952. 海口城市发展史，陈纯英著，中共党史出版社，2010。

3953. 中国海口改革开放纪实，海口市人民政府研究室、海口经济杂志社编，海口市人民政府主办，2002，海大图藏。

3954. 三亚市志，黄亚贵主编，中华书局，2001。

3955. 三亚海棠湾乡土人文录，《三亚海棠乡土人文录》编撰委员会编，民族出版社，2011。

3956. 三亚史迹叙考，黄怀兴著，南方出版社，2006。

3957. 三亚市志，黄亚贵主编，中华书局，2001。

3958. 文昌县志，韩培光主编，方志出版社，2000。

3959. 琼山县志，何铭文主编，中华书局，1999。

3960. 昌化县志，羊一山标点注释，昌江黎族自治县地方志志编纂委员会办公室，1996，海大图藏。

3961. 儋县志，钟平主编，新华出版社，1996。

3962. 琼海县志，甘先琼主编，广东科技出版社，1995。

3963. 琼海县志，琼海县志编辑委员会，1984，中山图藏。

3964. 琼中县志，梁定鼎主编，海南摄影美术出版社，1995。

3965. 万宁县志，陈开岩主编，南海出版公司，1994。

3966. 万宁抗战岁月，林承钧、谢汉波著，中共万宁市委党史研究室，2007，海大图藏。

3967. 儋县志（上、下册），儋县文史办公室、儋县档案馆编，儋县文史办公室，1982，海大图藏。

3968. 白沙县志，海南省白沙黎族自治县地方志编纂委员会，南海出版公司，1992。

3969. 陵水黎族自治县工业交通技监志，陵水黎族自治县工交局（技监局）编，南海出版公司，1998。

3970. 保亭县志，陈运明编，南海出版公司，1997。

3971. 保亭黎族苗族自治县概况，《保亭黎族苗族自治县概况》编写组编，民族出版社，2008。

3972. 通什市志，海南省五指山市地方志编纂委员会编，方志出版社，2009。

3973. 澄迈县志，海南省澄迈县史志编纂委员会编，海南出版社，2008。

3974. 陵水县志，陵水黎族自治县地方志编纂委员会编，方志出版社，2007。

3975. 定安县志，崔开勇主编，海南出版社，2007。

3976. 定安：海口经济圈的一颗明珠，海南省定安县招商局编著，2005，海大图藏。

3977. 临高县志（初稿），《临高县志》编纂委员会编，1984，中山图藏。

3978. 广东省临高县志，聂缉庆修，桂文炽纂，台北成文出版社，1974。

3979. 广东省琼山县志，李文桓修，郑文彩纂，台北成文出版社，1974。

3980. 广东省琼东县志，陈述芹纂修，台北成文出版社，1974。

3981. 广东省儋县志，（清）彭元藻修，王国宪纂，台北成文出版社，1974。

3982. 广东省琼州府志，（清）明谊修，台北成文出版社，1967。

3983. 屯昌县志，海南省屯昌县地方志编纂委员会编，方志出版社，2007。

3984. 乐东县志，林山主编，新华出版社，2002。

3985. 昌江县志，周文奇主编，新华出版社，1998。

3986. 保亭县志·大事记（1935～1954 年）征求意见稿，保亭县地方志编纂委员会编，保亭县地方志编纂委员会办公室，1984，中山图藏。

3987. 东方社会方言志，东方地方志办公室编，1990，省图藏。

3988. 海南近志，王家槐著，1993，海大图藏。

3989. 琼东县志，《琼东县志》重印即续编增补资料委员会编，琼东县志重印即续编增补资料委员会，1984，海大图藏。

3990. 《文昌县志》编纂方案，《文昌县志》编纂委员会编，《文昌县志》编纂委员会，1985，中山图藏。

3991. 《文昌县志》编纂大纲，《文昌县志》编纂委员会编，中共文昌县委、县人民政府，1986，中山图藏。

3992. 《万宁县志》编纂大纲，万宁县地方志编纂委员会编，万宁县地方志编纂委员会，1985，中山图藏。

3993. 《临高县志》编目修订方案，《临高县志》编纂委员会编，《临高县志》编纂委员会，1985，中山图藏。

3994. 《白沙县志》编纂大纲，《白沙县志》编纂委员会编，《白沙县志》编纂委员会，1985，中山图藏。

3995. 儋县修志通讯 1989（总第六期），儋县志编纂委员会办公室编，中共儋县委办公室，1989，海师图藏。

3996. 海南《琼山县志》研究，王会均著，1995，“国立中央图书馆”台湾分馆藏。

3997. 方志编纂手册，海南省地方志办公室编，海南省地方志办公室，2007，海大图藏。

3998. 海南方志知见录，王会均著，台湾“国立中央图书馆”台湾分馆，1993，海大图藏。

3999. 海南方志资料综录，王会均著，台北文史哲出版社，1994。

4000. 琼海旧志艺文会要，王裕秋、张兴吉编，延边大学出版社，2000。

4001. 琼粤地方文献国际学术研讨会论文集，周伟民编，海南出版社，2002。

2. 文史资料

4002. 海南文史资料第一辑，曾令明主编，海南省政协文史资料委员会，1989，海大图藏。

4003. 海南文史资料第二辑，曾令明主编，海南省政协文史资料委员会，1989，海大图藏。

4004. 海南文史资料第三辑，曾令明主编，三环出版社，1990。

4005. 海南文史资料第四辑，符和积主编，三环出版社，1991。

4006. 海南文史资料第五辑，符和积主编，南海出版公司，1992。

4007. 海南文史资料第六辑，符和积主编，南海出版公司，1993。

4008. 海南文史资料第七辑，符和积主编，南海出版公司，1993。

4009. 海南文史资料第八辑，符和积主编，南海出版公司，1993。

4010. 海南文史资料第九辑，符和积主编，南海出版公司，1994。

4011. 海南文史资料第十辑，符和积主编，南海出版公司，1994。

4012. 海南文史资料第十一辑，符和积主编，南海出版公司，1995。

4013. 海南文史资料第十二辑，符和积主编，海南出版社，1996。

4014. 海南文史资料第十三辑，符和积主编，海南出版社，1996。

4015. 海南文史资料第十四辑，符和积主编，南海出版公司，1996。

4016. 海南文史资料第十五辑，符和积主编，南海出版公司，1999。

4017. 海南文史资料第十六辑，曾令明主编，海南出版社，2000。

4018. 海南文史资料第十七辑，曾令明主编，南海出版公司，2001。

4019. 海南文史资料第十八辑，范基明、杜汉文主编，南海出版公司，2003。

4020. 海南文史资料第十九辑，杜汉文主编，南海出版公司，2005。

4021. 海南文史资料第二十辑，杜汉文主编，南海出版公司，2005。

4022. 海南文史通讯 1992 年第一辑，海南省政协文史资料委员会办公室编，1992，海大图藏。

4023. 海南文史随笔，韩敏著，香港银河出版社，2009。

4024. 琼崖文史集粹，黄行光主编，香港天马图书有限公司，2003。

4025. 海南历史文化研究集刊，詹长智主编，海南出版社，2009。

4026. 海南史志，李养国主编，海南史志编辑部，1990 ~ 1997。

4027. 海南史志（2003 年第 1 期），程昭星主编，海南省史志工作办公室，2003，海大图藏。

4028. 海南史志（2004 年第 2 期），程昭星主编，海南省史志工作办公室，2004，海大图藏。

4029. 海南文史，李朱全主编，海南出版社，2008。

4030. 海口文史资料第一辑，中国人民政治协商会议广东省海口市委员会文史资料研究委员会编，海南农垦报社，1984，海大图藏。

4031. 海口文史资料第二辑，中国人民政治协商会议广东省海口市委员会文史资料研究委员会编，海南农垦报社，1985，海大图藏。

4032. 海口文史资料第三辑，中国人民政治协商会议广东省海口市委员会文史资料研究委员会编，海南农垦报社，1986，海大图藏。

4033. 海口文史资料第四辑，中国人民政治协商会议广东省海口市委员会文史资料研究委员会编，海南农垦报社，1987，海大图藏。

4034. 海口文史资料第五辑，中国人民政治协商会议广东省海口市委员会文史资料研究委员会编，海南农垦报社，1989，海大图藏。

4035. 海口文史资料第六辑，中国人民政治协商会议广东省海口市委员会文史资料研究委员会编，海南农垦报社，1990，海大图藏。

4036. 海口文史资料第七辑，中国人民政治协商会议广东省海口市委员会文史资料研究委员会编，海南农垦报社，1991，海大图藏。

4037. 海口文史资料第八辑，中国人民政治协商会议广东省海口市委员会文史资料研究委员会编，海南农垦报社，1992，海大图藏。

4038. 海口文史资料第九辑，中国人民政治协商会议广东省海口市委员会文史资料研究委员会编，海南农垦报社，1993，海大图藏。

4039. 海口文史资料第十辑，中国人民政治协商会议广东省海口市委员会文史资料研究委员会编，海南农垦报社，1994，海大图藏。

4040. 海口文史资料第十一辑，中国人民政治协商会议广东省海口市委员会教文史卫体委员会编，海南农垦报社，1995，海大图藏。

4041. 海口文史资料第十二辑，中国人民政治协商会议广东省海口市委员会教文史卫体委员会编，海南农垦报社，1996，海大图藏。

4042. 海口文史资料第十三辑，中国人民政治协商会议广东省海口市委员会教文史卫体委员会编，海南农垦报社，1997，海大图藏。

4043. 海口文史资料第十四辑，中国人民政治协商会议广东省海口市委员会教文史卫体委员会编，海南农垦报社，1999，海大图藏。

4044. 海口文史资料第十五辑，中国人民政治协商会议海南省海口市委员会教文史卫体委员会编，海南农垦报社，2000，海大图藏。

4045. 海口文史资料第十六辑，中国人民政治协商会议海南省海口市委员会教文史卫体委员会编，海南农垦报社，2002，海大图藏。

4046. 海口文史资料第十七辑，中国人民政治协商会议海南省海口市委员会教文卫委员会编，海南农垦报社，2004，海大图藏。

4047. 三亚文史第一辑，中国人民政治协商会议广东省三亚市委员会文史组编，中国人民政治协商会议广东省三亚市委员会文史组，1986，三亚图藏。

4048. 三亚文史第二辑，蔡明康主编，政协三亚市委员会文史资料征集出版编辑室，1990，三亚图藏。

4049. 三亚文史第三辑，蔡明康主编，政协三亚市委员会文史资料征集出版编辑室，1991，三亚图藏。

4050. 三亚文史第四辑，蔡明康主编，政协三亚市委员会文史资料征集出版编辑室，1992，三亚图藏。

4051. 三亚文史第五辑，蔡明康主编，政协三亚市委员会文史资料征集出版编辑室，1995，三亚图藏。

4052. 三亚文史第六辑，蔡明康主编，政协三亚市委员会文史资料征集出版编辑室，三亚图藏。

4053. 三亚文史第七辑，蔡明康主编，政协三亚市委员会文史资料征集出版编辑室，三亚图藏。

4054. 三亚文史第八辑，蔡明康主编，政协三亚市委员会文史资料征集出版编辑室，三亚图藏。

4055. 三亚文史第九辑，蔡明康主编，政协三亚市委员会文史资料征集出版编辑室，三亚图藏。

4056. 三亚文史第十辑，蔡明康主编，政协三亚市委员会文史资料征集出版编辑室，三亚图藏。

4057. 琼山文史资料第一辑，中国人民政治协商会议琼山县委员会文史资料编辑委员会编，琼山文史编辑委员会，1985，中山图藏。

4058. 琼山文史资料第二辑，中国人民政治协商会议琼山县委员会文史资料编辑委员会编，琼山文史编辑委员会，1985，中山图藏。

4059. 琼山文史资料第三辑：丘浚海瑞二公专刊，中国人民政治协商会议琼山县委员会文史资料编辑委员会编，琼山文史编辑委员会，1986，中山图藏。

4060. 琼山文史资料第四辑：纪念抗日战争五十周年专刊，琼山县政协文史资料编辑委员会编，琼山县政协文史资料编辑委员会，1987，中山图藏。

4061. 琼山文史资料第六辑，琼山县政协文史资料编辑委员会编，琼山县政协文史资料编辑委员会，1990，中山图藏。

4062. 琼山文史资料第七辑，海南省琼山县政协文史资料编辑委员会编，海南省琼山县政协文史资料编辑委员会，1995，海大图藏。

4063. 琼山文史资料第八辑，海南省琼山县政协文史资料编辑委员会编，海南省琼山县政协文史资料编辑委员会，1995，海大图藏。

4064. 文昌文史资料选辑第一期，中国人民政治协商会议文昌县委员会文史资料研究工作组编，中国人民政治协商会议文昌县委员会文史资料研究工作组，1984，中山图藏。

4065. 文昌文史第二期，邢宥、湄邱集注释，范回俊、朱运彩编著，中国人民政治协商会议文昌县委员会文史资料研究工作组，1985，中山图藏。

4066. 文昌文史三：纪念宋庆龄同志专辑之一，广东省文昌县委员会文史组编，文昌县政协文史组，1987，海大图藏。

4067. 文昌文史——第七辑：委员风采，林明仁编，文昌政协文昌资料研究委员会，1999，海师图藏。

4068. 文昌文史第八辑，文昌县政协文史资料委员会编，2000，中山图藏。

4069. 文昌文史——张云逸大将传略，罗永平主编，海南省文昌县文史资料研究委员会，1988，海大图藏。

4070. 文昌文史九：民国人物专辑，文昌县政协文史资料研究委员会编，文昌县政协文史资料研究委员会，1992，海大图藏。

4071. 琼海文史第一辑，政协琼海市委员会文史资料研究委员会编，政协琼海市委员会，1986，海大图藏。

4072. 琼海文史第二辑：华侨专辑，政协琼海市委员会文史资料研究委员会编，政协琼海市委员会，1988，海大图藏。

4073. 琼海文史第三辑，政协琼海市委员会、文史资料研究委员会编，政协琼海市委员会，1991，海大图藏。

4074. 琼海文史第四辑，政协琼海市委员会文史资料研究委员会编，政协琼海市委员会，1992，海大图藏。

4075. 琼海文史第五辑，文史资料研究委员会编，政协琼海市委员会、文史资料研究委员会，1994，海大图藏。

4076. 琼海文史第六辑：历史不可忘却，卢家桐、周仁科主编，政协琼海市委员会、文史资料研究委员会，1995，海大图藏。

4077. 琼海文史，政协琼海市委员会编，中国文化出版社，2009。

4078. 儋县文史资料第一辑，中国人民政治协商会议儋县委员会文史资料编辑委员会编，中国人民政治协商会议儋县委员会文史资料编辑委员会，1986，中山图藏。

4079. 儋县文史资料第二辑，中国人民政治协商会议儋县委员会文史资料编辑委员会编，中国人民政治协商会议儋县委员会文史资料编辑委员会，1987，中山图藏。

4080. 儋县文史资料第三辑，中国人民政治协商会议海南省儋县委员会文史资料编辑委员会编，中国人民政治协商会议海南省儋县委员会文史资料编辑委员会，1989，海大图藏。

4081. 儋县文史资料第四辑，中国人民政治协商会议海南省儋县委员会文史资料编辑委员会编，中国人民政治协商会议海南省儋县委员会文史资料编辑委员会，1989，海大图藏。

4082. 儋州文史第五辑，海南省儋县市政协文史资料委员会编，海南省儋县市政协文史资料委员会，1993，中山图藏。

4083. 儋州文史第六辑，海南省儋县市政协文史资料委员会编，海南省儋县市政协文史资料委员会，1994，国图藏。

4084. 儋州文史第七辑，海南省儋县市政协文史资料委员会编，海南省儋县市政协文史资料委员会，1995，中山图藏。

4085. 儋州文史第八辑，海南省儋县市政协文史资料委员会编，海南省儋县市政协文史资料委员会，1996，国图藏。

4086. 儋州文史第九辑：丹青常寄故园情——旅台画家陈理之专辑，海南省儋县市政协文史资料委员会编，1997，中山图藏。

4087. 儋州文史第十辑：水利专辑，海南省儋县市政协文史资料委员会编，海南省儋县市政协文史资料委员会，1997，中山图藏。

4088. 儋州文史第十一辑——剑花：符志行专辑，海南省儋县市政协文史资料委员会编，海南省儋县市政协文史资料委员会，1999，中山图藏。

4089. 儋州文史第十二辑，海南省儋县市政协文史资料委员会编，海南省儋县市政协文史资料委员会，1999，海大图藏。

4090. 临高文史第一辑，中国人民政治协商会议临高县委员会临高文史编辑委员会编，中国人民政治协商会议临高县委员会临高文史编辑委员会，1985，中山图藏。

4091. 临高文史第二辑，中国人民政治协商会议临高县委员会临高文史编辑委员会编，中国人民政治协商会议临高县委员会临高文史编辑委员会，1986，中山图藏。

4092. 临高文史第三辑，中国人民政治协商会议临高县委员会临高文史编辑委员会编，中国人民政治协商会议临高县委员会临高文史编辑委员会，1987，中山图藏。

4093. 临高文史第四辑，中国人民政治协商会议临高县委员会临高文史编辑委员会编，中国人民政治协商会议临高县委员会临高文史编辑委员会，1988，中山图藏。

4094. 临高文史第五辑，中国人民政治协商会议临高县委员会临高文史编辑委员会编，中国人民政治协商会议临高县委员会临高文史编辑委员会，1989，中山图藏。

4095. 临高文史第七辑，中国人民政治协商会议临高县委员会临高文史编辑委员会编，中国人民政治协商会议临高县委员会临高文史编辑委员会，1992，中山图藏。

4096. 临高文史第八辑，中国人民政治协商会议临高县委员会临高文史编辑委员会编，政协临高县委员会文史编辑委员会，1993，国图藏。

4097. 临高文史第九辑，中国人民政治协商会议临高县委员会临高文史编辑委员会编，政协临高县委员会文史编辑委员会，1993，国图藏。

4098. 临高文史第十辑，中国人民政治协商会议临高县委员会临高文史编辑委员会编，政协临高县委员会文史编辑委员会，1993，中山图藏。

4099. 临高文史第十一辑，中国人民政治协商会议临高县委员会临高文史编辑委员会编，政协临高县文罗资料研究委员会《临高文史》编辑部，1997，中山图藏。

4100. 临高文史第十二辑，中国人民政治协商会议临高县委员会临高文史编辑委员会编，政协临高县文罗资料研究委员会《临高文史》编辑部，1999，海大图藏。

4101. 临高文史第十三辑，中国人民政治协商会议临高县委员会临高文史编辑委员会编，政协临高县文罗资料研究委员会《临高文史》编辑部，2000，海大图藏。

4102. 临高文史第十四辑，中国人民政治协商会议临高县委员会临高文史编辑委员会编，政协临高县文史研究委员会，2003，海大图藏。

4103. 临高文史第十五辑，中国人民政治协商会议临高县委员会临高文史编辑委员会编，政协临高县文史研究委员会，2005，海大图藏。

4104. 临高文史目录，中国人民政治协商会议临高县委员会临高文史编辑委员会编，政协临高县文史研究委员会，1995，海大图藏。

4105. 澄迈文史第一辑，中国人民政治协商会议澄迈县委员会文史编辑组编，中国人民政治协商会议澄迈县委员会文史编辑组，1985，中山图藏。

4106. 澄迈文史第二辑，中国人民政治协商会议澄迈县委员会文史编辑组编，中国人民政治协商会议澄迈县委员会文史编辑组，1986，中山图藏。

4107. 澄迈文史第三辑，中国人民政治协商会议澄迈县委员会文史编辑组编，中国人民政治协商会议澄迈县委员会文史编辑组，1987，中山图藏。

4108. 澄迈文史第五辑，中国人民政治协商会议澄迈县委员会文史编辑组编，中国人民政治协商会议澄迈县委员会文史编辑组，1989，中山图藏。

4109. 澄迈文史第六辑：水电专辑，王善昌主编，政协澄迈县文史编辑委员会，1989，中山图藏。

4110. 澄迈文史第七辑：工业专辑，政协澄迈县文史资料编辑委员会编，政协澄迈县文史编辑委员会，1991，中山图藏。

4111. 东方文史第一辑，中国人民政治协商会议广东省东方黎族自治县委员会文史组编，中国人民政治协商会议广东省东方黎族自治县委员会文史组，1986，海大图藏。

4112. 东方文史第二辑，中国人民政治协商会议广东省东方黎族自治县委员会文史组编，中国人民政治协商会议海南省东方黎族自治县委员会文史组，1986，海大图藏。

4113. 东方文史第三辑，中国人民政治协商会议海南省东方黎族自治县委员会文史组编，中国人民政治协商会议海南省东方黎族自治县委员会文史组，1986，海大图藏。

4114. 东方文史第四辑，中国人民政治协商会议海南省东方黎族自治县委员会文史组编，中国人民政治协商会议海南省东方黎族自治县委员会文史组，1988，海大图藏。

4115. 东方文史第五辑，中国人民政治协商会议海南省东方黎族自治县委员会文史组编，中国人民政治协商会议海南省东方黎族自治县委员会文史组，1989，琼院图藏。

4116. 东方文史第七辑，中国人民政治协商会议海南省东方黎族自治县委员会文史组编，中国人民政治协商会议海南省东方黎族自治县委员会文史组，1990，琼院图藏。

4117. 东方文史第八辑，中国人民政治协商会议海南省东方黎族自治县委员会文史资料委员会编，中国人民政治协商会议海南省东方黎族自治县委员会文史资料委员会，琼院图藏。

4118. 东方文史第九辑，中国人民政治协商会议海南省东方黎族自治县委员会文史资料委员会编，中国人民政治协商会议海南省东方黎族自治县委员会文史资料委员会，琼院图藏。

4119. 东方文史第十辑，中国人民政治协商会议海南省东方黎族自治县委员会文史资料委员会编，中国人民政治协商会议海南省东方黎族自治县委员会文史资料委员会，琼院图藏。

4120. 定安文史第一辑，广东省定安县政协文史资料研究委员会编，广东省定安县政协文史资料研究委员会，1985，中山图藏。

4121. 定安文史第二辑，广东省定安县政协文史资料研究委员会编，广东省定安县政协文史资料研究委员会，1986，海大图藏。

4122. 定安文史第三辑，广东省定安县政协文史资料研究委员会编，广东省定安县政协文史资料研究委员会，1985，三亚图藏。

4123. 定安文史第四辑，广东省定安县政协文史资料研究委员会编，广东省定安县政协文史资料研究委员会，1985，三亚图藏。

4124. 定安文史第六辑，广东省定安县政协文史资料研究委员会编，广东省定安县政协文史资料研究委员会，1985，海大图藏。

4125. 定安文史第七辑，广东省定安县政协文史资料研究委员会编，广东省定安县政协文史资料研究委员会，1999，海大图藏。

4126. 屯昌文史第一辑，海南省屯昌县政协文史资料委员会编，海南省屯昌县政协文史资料委员会，1986，中山图藏。

4127. 屯昌文史第二辑，海南省屯昌县政协文史资料委员会编，海南省屯昌县政协文史资料委员会，1990，中山图藏。

4128. 屯昌文史第三辑，海南省屯昌县政协文史资料委员会编，海南省屯昌县政协文史资料委员会，1993，中山图藏。

4129. 昌江文史第一辑，中国人民政协海南昌江黎族自治县委员会编，中国人民政治协商会议昌江县委员会文史资料研究组，1986，中山图藏。

4130. 昌江文史第二辑，中国人民政协海南昌江黎族自治县委员会编，中国人民政治协商会议昌江县委员会文史资料研究组，中山图藏。

4131. 昌江文史第三辑，中国人民政协海南昌江黎族自治县委员会编，中国人民政治协商会议昌江县委员会文史资料研究组，中山图藏。

4132. 昌江文史第四辑，中国人民政协海南昌江黎族自治县委员会编，中国人民政治协商会议昌江县委员会文史资料研究组，中山图藏。

4133. 昌江文史第五辑，中国人民政协海南昌江黎族自治县委员会编，中国人民政治协商会议昌江县委员会文史资料研究组，琼院图藏。

4134. 昌江文史第六辑，中国人民政协海南昌江黎族自治县委员会编，中国人民政治协商会议昌江县委员会文史资料研究组，1997，海大图藏。

4135. 昌江文史第七辑，中国人民政协海南昌江黎族自治县委员会编，中国人民政治协商会议昌江县委员会文史资料研究组，2002，海大图藏。

4136. 昌江文史第八辑，中国人民政协海南昌江黎族自治县委员会编，中国人民政治协商会议昌江县委员会文史资料研究组，2005，海大图藏。

4137. 昌江文史第九辑，中国人民政协海南昌江黎族自治县委员会编，中国人民政治协商会议昌江县委员会文史资料研究组，2006，海大图藏。

4138. 白沙文史第一辑，中国人民政协白沙县委员会编，中国人民政协白沙县委员会，1986，中山图藏。

4139. 白沙文史第二辑，中国人民政协白沙县委员会编，中国人民政协白沙县委员会，1987，中山图藏。

4140. 白沙文史第三辑，中国人民政协白沙县委员会编，中国人民政协白沙县委员会，1988，中山图藏。

4141. 白沙文史第四辑，中国人民政协白沙县委员会编，中国人民政协白沙县委员会，1989，中山图藏。

4142. 白沙文史第五辑，中国人民政协白沙县委员会编，中国人民政协白沙县委员会，1990，琼院图藏。

4143. 白沙文史第六辑，中国人民政协白沙县委员会编，中国人民政协白沙县委员会，1992，琼院图藏。

4144. 白沙文史第八辑，中国人民政协白沙县委员会编，中国人民政协白沙县委员会，1995，琼院图藏。

4145. 白沙文史第九辑，中国人民政协白沙县委员会编，中国人民政协白沙县委员会，1996，琼院图藏。

4146. 琼中文史第一辑，中国人民政治协商会议海南省琼中黎族苗族自治县委员会文史组编，琼中县政协文史组，1986，中山图藏。

4147. 琼中文史第二辑，中国人民政治协商会议海南省琼中黎族苗族自治县委员会文史组编，琼中县政协文史组，1987，中山图藏。

4148. 琼中文史第三辑，中国人民政治协商会议海南省琼中黎族苗族自治县委员会文史组，琼中县政协文史组，1989，海大图藏。

4149. 琼中文史第四辑，中国人民政治协商会议海南省琼中黎族苗族自治县委员会文史组编，琼中县政协文史组，1994，海大图藏。

4150. 琼中文史第五辑，中国人民政治协商会议海南省琼中黎族苗族自治县委员会文史组编，琼中县政协文史组，1995，海大图藏。

4151. 琼中文史第六辑，中国人民政治协商会议海南省琼中黎族苗族自治县委员会文史组编，琼中县政协文史组，2005，琼院图藏。

4152. 陵水文史第一辑，中国人民政治协商会议海南省陵水黎族自治县委员会文史组编，中国人民政治协商会议海南省陵水黎族自治县委员会文史组，1986，中山图藏。

4153. 陵水文史第二辑，中国人民政治协商会议海南省陵水黎族自治县委员会文史组编，中国人民政治协商会议海南省陵水黎族自治县委员会文史组，1987，中山图藏。

4154. 陵水文史第三辑，中国人民政治协商会议海南省陵水黎族自治县委员会文史组编，中国人民政治协商会议海南省陵水黎族自治县委员会文史组，1988，中山图藏。

4155. 陵水文史第四辑，中国人民政治协商会议海南省陵水黎族自治县委员会文史组编，中国人民政治协商会议海南省陵水黎族自治县委员会文史组，1989，中山图藏。

4156. 陵水文史第五辑，中国人民政治协商会议海南省陵水黎族自治县委员会文史组编，中国人民政治协商会议海南省陵水黎族自治县委员会文史组，琼院图藏。

4157. 陵水文史第六辑，中国人民政治协商会议海南省陵水黎族自治县委员会文史组编，中国人民政治协商会议海南省陵水黎族自治县委员会文史组，1994，琼院图藏。

4158. 陵水文史第七辑，中国人民政治协商会议海南省陵水黎族自治县委员会文史组编，中国人民政治协商会议海南省陵水黎族自治县委员会文史组，琼院图藏。

4159. 陵水文史第八辑，中国人民政治协商会议海南省陵水黎族自治县委员会文史组编，中国人民政治协商会议海南省陵水黎族自治县委员会文史组，琼院图藏。

4160. 陵水文史第九辑，中国人民政治协商会议海南省陵水黎族自治县委员会文史组编，中国人民政治协商会议海南省陵水黎族自治县委员会文史组，琼院图藏。

4161. 陵水文史第十辑，中国人民政治协商会议海南省陵水黎族自治县委员会文史组编，中国人民政治协商会议海南省陵水黎族自治县委员会文史组，2005，琼院图藏。

4162. 乐东文史第一辑，中国人民政治协商会议乐东县文史委员会编，中国人民政治协商会议乐东县文史委员会，1987，中山图藏。

4163. 乐东文史第二辑，中国人民政治协商会议乐东县文史委员会编，中国人民政治协商会议乐东县文史委员会，1988，中山图藏。

4164. 乐东文史第三辑，中国人民政治协商会议乐东县文史委员会编，中国人民政治协商会议乐东县文史委员会，中山图藏。

4165. 乐东文史第四辑，中国人民政治协商会议乐东县文史委员会编，中国人民政治协商会议乐东县文史委员会，1991，中山图藏。

4166. 乐东文史第五辑，中国人民政治协商会议乐东县文史委员会编，中国人民政治协商会议乐东县文史委员会，琼院图藏。

4167. 乐东文史第六辑，中国人民政治协商会议乐东县文史委员会编，中国人民政治协商会议乐东县文史委员会，琼院图藏。

4168. 乐东文史第七辑，中国人民政治协商会议乐东县文史委员会编，中国人民政治协商会议乐东县文史委员会，1995，琼院图藏。

4169. 通什文史第一辑，中国人民政治协商会议海南省通什市委员会文史资料委员会编，中国人民政治协商会议海南省通什市委员会文史资料委员会，1990，海大图藏。

4170. 通什文史第二辑，中国人民政治协商会议海南省通什市委员会文史资料委员会编，中国人民政治协商会议海南省通什市委员会文史资料委员会，1991，海大图藏。

4171. 通什文史第三辑，中国人民政治协商会议海南省通什市委员会文史资料委员会编，中国人民政治协商会议海南省通什市委员会文史资料委员会，1993，海大图藏。

4172. 通什文史第四辑，中国人民政治协商会议海南省通什市委员会文史资料委员会编，中国人民政治协商会议海南省通什市委员会文史资料委员会，1990，海大图藏。

4173. 通什文史第五辑，中国人民政治协商会议海南省通什市委员会文史资料委员会编，中国人民政治协商会议海南省通什市委员会文史资料委员会，1999，琼院图藏。

4174. 保亭文史第一辑，中国人民政治协商会议保亭县文史资料编辑委员会编，中国人民政治协商会议保亭县文史资料编辑委员会，1986，中山图藏。

4175. 保亭文史第二辑，中国人民政治协商会议保亭县文史资料编辑委员会编，中国人民政治协商会议保亭县文史资料编辑委员会，中山图藏。

4176. 保亭文史第三辑，中国人民政治协商会议保亭县文史资料编辑委员会编，中国人民政治协商会议保亭县文史资料编辑委员会，1988，中山图藏。

4177. 保亭文史第四辑，中国人民政治协商会议保亭县文史资料编辑委员会编，中国人民治协商会议海南省保亭黎族苗族自治县委文史资料研究委员会出版，1989，中山图藏。

4178. 保亭文史第五辑，中国人民政治协商会议保亭县文史资料编辑委员会编，政协海南省保亭黎族苗族自治县委员会文史资料工作委员出版，琼院图藏。

4179. 保亭文史第六辑，中国人民政治协商会议保亭县文史资料编辑委员会编，政协海南省保亭黎族苗族自治县委员会文史资料工作委员出版，1991，海大图藏。

4180. 保亭文史第七辑，中国人民政治协商会议保亭县文史资料编辑委员会编，政协海南省保亭黎族苗族自县委员会文史资料工作委员会出版，1993，海大图藏。

4181. 保亭文史第八辑，中国人民政治协商会议保亭县文史资料编辑委员会编，政协海南省保亭黎族苗族自治县委员会文史资料工作委员出版，琼院图藏。

4182. 保亭文史第九辑，中国人民政治协商会议保亭县文史资料编辑委员会编，政协海南省保亭黎族苗族自治县委员会文史资料工作委员出版，1995，海大图藏。

4183. 保亭文史第十辑，中国人民政治协商会议保亭县文史资料编辑委员会编，政协海南省保亭黎族自治县委员会文史资料工作委员会出版，琼院图藏。

4184. 万宁文史第一辑，政协万宁县委员会文史资料研究委员会编，政协万宁县委员会文史资料研究委员会，1984，中山图藏。

4185. 万宁文史第二辑，政协万宁县委员会文史资料研究委员会编，政协万宁县委员会文史资料研究委员会，1985，中山图藏。

4186. 万宁文史第三辑，政协万宁县委员会文史资料研究委员会编，政协万宁县委员会文史资料研究委员会，1986，中山图藏。

4187. 万宁文史第四辑，政协万宁县委员会文史资料研究委员会编，政协万宁县委员会文史资料研究委员会，1991，中山图藏。

4188. 万宁文史第五辑，政协万宁县委员会文史资料研究委员会编，政协万宁县委员会文史资料研究委员会，1995，琼院图藏。

4189. 万宁文史资料第六辑，政协万宁县委员会文史资料研究委员会编，政协万宁县委员会文史资料研究委员会，2002，中山图藏。

4190. 万宁文史，许信清、蔡德佳主编，万宁市政协文史委员会编，2009，海大图藏。

4191. 博鳌春秋琼海文史第八辑，琼海市政协文史资料研究委员会编，琼海市政协文史资料研究委员会，2004，海大图藏。

4192. 定安政协文史第九辑：委员风采。定安县政协办公室编，定安县政协办公室，2004，海大图藏。

4193. 自治州文史资料第一辑，中国人民政治协商会议海南黎族苗族自治州委员会文史资料委员会编，政协海南黎族苗族自治州文史资料委员会，1986，海师图藏。

4194. 广东文史资料第三十四辑，中国人民政治协商会议广东省文史资料研究委员会编，广东人民出版社，1982。

4195. 海南岛史，〔日〕小叶田淳著，张迅齐译，学海出版社，1979。

4196. 海南岛史，〔日〕小叶田淳著，中国科学院广东民族研究所译，中国科学院广东民族研究所，1964，中山图藏。

4197. 海南岛古代简史，杨德春主编，海南黎族苗族自治州教师进修学院，1982，海大图藏。

4198. 海南岛古代简史，杨德春著，东北师范大学出版社，1988。

4199. 海南简史：海南历代行政区划考，陈剑流、冼荣昌著，台北德明出版社，1967。

4200. 海南岛历代建置沿革考，李勃著，南方出版社，2008。

4201. 图像人民海南史，钟业昌主编，海南出版社，2010。

4202. 海南史志丛书，海南省地方史志办公室编，南海出版公司，1992。

4203. 历代文人笔记中的海南，周伟民、唐玲玲辑纂点校，海南出版社，2006。

4204. 明清《实录》中的海南，唐启翠辑录点校，海南出版社，2006。

4205. 明实录类纂·广东海南卷，李国祥、杨昶主编，武汉出版社，1993。

4206. 海南史要览，唐玲玲、周伟民著，南方出版社，2008。

4207. 海南社会简史，黎雄峰编著，海南出版社，2003。

4208. 海南岛历史、民族与文化，方鹏著，南方出版社，2003。

4209. 海南史，林日举著，吉林人民出版社，2002。

4210. 汉珠崖郡研究文集，林明主编，香港银河出版社，2007。

4211. 琼岛丰姿，符国华、符丽娜、符平琼著，香港天马图书有限公司，2001。

4212. 海南传奇故事，周乃基著，海南出版社，2008。

4213. 海南省2005年大事记，中共海南省委党史研究室、海南省地方志办公室编，中共海海南省文化广电出版社体育厅，2005，海大图藏。

4214. 中共海南历史大事记（1950.5～2004.12），中共海南省委党史研究室编，海南省文化广电出版社体育厅，2005，海大图藏。

4215. 文史集粹，范基民、符合积主编，南海出版公司，2000。

4216. 琼崖史料珍存：民国时期广东省政府档案史料海南部分选编，海南省地方史志办公室编，海南省地方史办公室，1993，海大图藏。

4217. 琼史寻踪，符永光著，香港亚洲出版社，1994。

4218. 海南文博（1985），海南行政区文化局《海南文博》编辑组编，海南行政区文化局《海南文博》编辑组，1985，海师图藏。

4219. 论文选集，海南省文化历史研究会编，李养国主编，东西文化事业公司，1998。

4220. 琼岛春秋，林鸿盛著，香港银河出版社，2002。

4221. 海南建省办经济特区20年纪事（1988.4～2008.4），中共海南省委党史研究室、海南省地方志办公室编著，中共党史出版社，2008。

4222. 海南省大事记（1988～1993），海南年鉴社编，海南国际新闻出版中心，1994。

4223. 民国时期的海南（1912～1949），张兴吉著，南方出版社，2008。

4224. 当代中国的海南（上、下册），许士杰主编，当代中国出版社，1993。

4225. 新海南纪事（1950～1992），郑章、邢诒孔主编，中共党史出版社，1993。

4226. 海南学论丛，周伟民主编，海南出版社，1993。

4227. 海南文献：革新版第一期，海南文献委员会编，海南文献委员会，1993，海大图藏。

4228. 海南开发，司徒尚纪著，广东省地图出版社，1992。

4229. 清末民初海南开发特点研究，刘睿著，2005，海大图藏。

4230. 海南改革潮，邢诒孔主编，海南出版社，1997。

4231. 海南岛，新华通讯社广东分社、海南行政区对外经济工作委员会合编，新华出版社，1984。

4232. 亲历海南省，李朱全、云帷俊、伍立扬编，海南出版社，2010。

4233. 海南走向二〇〇〇年：概况、规划、政策、法规，姜巍主编，海南省计划厅，1991，省图藏。

4234. 海南在中国的位置，海南省干部培训中心主编，海南出版社，1991。

4235. 海南历史论文集，苏云峰编，海南出版社，2002。

4236. 海南岛，孙寿荫编者，通俗读物出版社，1957。

4237. 海南十年，何定之撰，1974，《海南文献资料简介》。

4238. 海南走向二〇〇〇年：概况、规划、政策、法规，姜巍主编，海南省计划厅，1991，海大图藏。

4239. 新海南 60 年，李挺奋著，中华出版社，2010。

4240. 海南文献第 35 期，韩介光主编，海南文献委员会，2009，海大图藏。

4241. 海南历史文化第 1 卷，闫广林主编，南方出版社，2011。

4242. 海南历史文化第 2 卷，闫广林主编，社会科学文献出版社，2012。

4243. 海南文献探微，王芹著，广东教育出版社，2011。

4244. 海南史志文集，中共海南省委党史研究室、海南省地方志办公室编，中共海南省委党史研究室，2007，海大图藏。

4245. 海南先民研究，海南省迁琼先民研究会编，2001，海大图藏。

4246. 爱我海南三字经，符江、刘国安著，南海出版公司，2001。

4247. 海南“大跃进”和人民公社化运动资料选编（1958～1960），中共海南省委党史研究室编，海南省文化广电出版体育厅，2003，海大图藏。

4248. 海南黎族苗族自治区各县调查资料选集，中共中央中南局统一战线工作部、中南行政委员会民族事务委员会合编，中共中央中南局统一战线工作部、中南行政委员会民族事务委员会，1954，中山图藏。

4249. 中共三亚历史大事记（1950.5～2004.12），三亚市史志工作办公室编，三亚市史志工作办公室，2006，海大图藏。

4250. 三亚古今纪事（公元前 111～公元 1994），周德光、陈清欧主编，南海出版公司，1995。

4251. 三亚史迹叙考，黄怀兴著，南方出版社，2006。

4252. 三亚市十年大事记，中共三亚市委党史研究室编辑，省图藏。

4253. 崖州史话，李建璋主编，海南人民出版社，1989。

4254. 走进古崖州，徐日霖著，中国文联出版社，2006。

4255. 崖城从前，黄家华著，海南出版社，2007。

4256. 中共琼海历史大事记（1950.5～2004.12），中共琼海市委党史研究室、琼海市地方志办公室编，中共琼海市委党史研究室，2006，海大图藏。

4257. 琼海心韵：新加坡琼海同乡会庆祝五十周年纪念，梁正广主编，2003，海大图藏。

4258. 海口沿革史，陈元柱著，1965，省图藏。

4259. 2008年海口大事，中共海口市委党史研究室编，中共海口市委党史研究室，2009，海大图藏。

4260. 海口城市发展史，陈纯英著，中共党史出版社，2010。

4261. 2006年海口大事，中共海口市委党史研究室编，中共海口市委党史研究室，2007，海大图藏。

4262. 话说南建州，邓学贤著，南海出版公司，2008。

4263. 文昌文献第二期，蔡才瑛主编，台北市文昌同乡会，1996，海大图藏。

4264. 文昌文献第四期，黄海主编，台湾文昌文献研究学会，2002，海大图藏。

4265. 中共文昌历史大事记（1926～2006），中共文昌市委党史研究室编，中共文昌市委党史研究室，2007，海大图藏。

4266. 文昌乡声，《文昌乡声》编辑部编，1985～1988，海师图藏。

4267. 文昌乡情人物录，吴运秋主编，海南出版社，1993。

4268. 陵水黎族自治县工业交通技监志，陵水黎族自治县工交局编，南海出版公司，1998。

4269. 中共陵水历史大事记，陵水黎族自治县史志办公室编，陵水黎族自治县史志办公室，2009。

4270. 古郡新葩：儋州名士文萃，钟平、钟守甫主编，海南出版社，1993。

4271. 历史的足音：万宁50年纪事，中共万宁市委史志研究室编，中共万宁市委史志研究室，2000，海大图藏。

4272. 历史的足迹，符立东、符海宁主编，人民日报出版社，2006。

4273. 中共万宁市委史志研究室史志研究论文选，陈坚主编，中共万宁市委史志研究室，2003，海大图藏。

4274. 史志论文集，钟燕波主编，中共万宁市委史志研究室，2007，海大图藏。

4275. 万州乡情揽胜，杨树民主编，东山杂志编辑部，1994，海大图藏。

4276. 昌江二千年大事记，郭承贵主编，南海出版公司，1992。

4277. 澄迈县人物志，孙永锋、陈兹杰编，三环出版社，1993。

4278. 澄迈县大事记，澄迈县地方志办公室编，中共澄迈县委党史研究室，1988。

4279. 白沙县大事记，白沙黎族自治县地方志办公室编，白沙黎族自治县地方志办公室，1988，中山图藏。

4280. 海南名人与故居，李朱全主编，海南出版社，2007。

4281. 海口名人与故居，郑绍儒主编，海口市政协文史资料编辑委员会，2006，海大图藏。

4282. 海南黎族苗族自治区调查报告汇编，中共中央中南局统一战线工作部、中南行政委员会民族事务委员会合编，中共中央中南局统一战线工作部、中南行政委员会民族事务委员会，1954，中山图藏。

4283. 椰岛寻踪：海南文化史话，方鹏著，四川人民出版社，2004。

4284. 棕榈之岛：清末民初美国传教士看海南，王翔译著，南海出版公司，2001。

4285. 有多少优雅可以重现，蔡葩著，山东画报出版社，2005。

4286. 秦代初平南越考，〔法〕鄂卢梭著，冯承钧译，台湾商务印书馆，1971。

4287. 粤琼地区匪情检讨，台湾“国防部”编，台湾“国防部”，1952，《海南文献资料简介》。

4288. 五公祠解读，羊文灿编，南方出版社，2010。

4289. 南方大学校友在海南，王润等编，2002，海大图藏。

4290. 海南十大文化名村，曾令樱编，中共海口市委党史研究室，2011，海大图藏。

4291. 南海史话，寒冬编著，广西师范大学出版社，2011。

4292. 海南地名及其变迁研究，刘剑三著，南方出版社，2008。

4293. 海南岛旅行记，田曙岚著，台湾新文丰出版公司，1982。

4294. 海南“慰安妇”，黄一鸣著，中国摄影出版社，2007。

3. 南海、东南西沙群岛、南海诸岛史料

4295. 南沙群岛历史地理研究专集，中国科学院南沙综合科学考察队编，中山大学出版社，1991。

4296. 南海诸岛史地考证论集，韩振华著，中华书局，1981。

4297. 南海诸岛，陈史坚等著，广东省地图出版社，1987。

4298. 东西南沙群岛资料：照片，广东省立中山图书馆辑，中山图藏。

4299. 东西南沙群岛资料：照片，广东省立中山图书馆辑，1959，中山图藏。

4300. 东西南沙群岛资料，广东省立中山图书馆辑，1979，中山图藏。

4301. 《西南沙群岛志》编辑委员会档案资料，广东省立中山图书馆辑，中山图藏。

4302. 《西南沙志》编辑委员会档案资料，广东省立中山图书馆辑，1990，中山图藏。

4303. 南海南部，陈明锐等著，测绘出版社，1990。

4304. 南海诸岛位置图，陈史坚等著，广东省地图出版社，1987。

4305. 南海中北部，陈明锐等著，测绘出版社，1990。

4306. 东沙岛有关文件照片，广东省立中山图书馆辑，1959，中山图藏。

4307. 日人偷采东沙岛海产照片，广东省立中山图书馆辑，1959，中山图藏。

4308. 海南岛史料·东沙岛，广东省立中山图书馆辑，1976，中山图藏。

4309. 海南岛史料·西沙群岛，广东省立中山图书馆辑，1976，中山图藏。

4310. 西沙群岛资料译文集，广东省立中山图书馆译，1959，中山图藏。

4311. 法国有关西沙群岛问题的部分档案：非正式译文，广东省革命委员会外文办公室译，广东省革命委员会外文办公室，1976，中山图藏。

4312. 南海资料交换合作座谈会实录，台湾“国立中央图书馆”台湾分馆编，台湾“国立中央图书馆”台湾分馆，1996，海大图藏。

4313. 南海资料交换合作座谈会：各单位馆藏研究报告，台湾“国立中央图书馆”台湾分馆推广辅导组编，台湾“国立中央图书馆”台湾分馆，1995，海大图藏。

4314. 西沙群岛立碑纪念表，广东省立中山图书馆辑，1976，中山图藏。

4315. 试从历代中国与南海之交通看中国与西沙群岛之关系，赵琳成著，1976，《海南文献资料简介》。

4316. 西沙群岛史之研究，刘翰星著，1977，《海南文献资料简介》。

4317. 东西南沙群岛资料·西沙群岛，广东省立中山图书馆辑，1979，中山图藏。

4318. 南沙群岛："中华民国"的南疆，台湾"行政院"新闻局编，台湾"行政院"新闻局，1956，中山图藏。

4319. 南沙群岛：我们的最南疆，杨作洲撰，国际现势周刊社，1956，《海南文献资料简介》。

4320. 新南沙群岛的今昔，〔日〕平田末治口述，若林修史笔记，广东省立中山图书馆译，1959，中山图藏。

4321. 南沙群岛资料译文集，〔日〕永丘智太郎述，广东省立中山图书馆译，1959，中山图藏。

4322. 台北第一高等女子学校新南群岛教材资料，〔日〕山本运一编辑，广东省图书馆译，1959，中山图藏。

4323. 南沙群岛的历史沿革，中国科学院地理研究所历史地理组编，中国科学院地理研究所历史地理组，1975，中山图藏。

4324. 祖国的南疆：南沙群岛，卓振雄编著，麦蕴瑜校订，中国科学院南海海洋研究所，1979，中山图藏。

4325. 祖国的南疆——南海诸岛，林金枝著，上海人民出版社，1988。

4326. 中国南海诸群岛文献汇编，台湾学生书局编，台湾学生书局，1975。

4327. 中国南海诸群岛资料，台湾"中央图书馆"台湾分馆辑，"中央图书馆"台湾分馆，1975，"中央图书馆"台湾分馆藏。

4328. 我国南海诸岛资料汇编：地方志部分，广东省立中山图书馆辑，1979，中山图藏。

4329. 我国南海诸岛资料汇编：报刊年鉴部分，广东省立中山图书馆辑，1979，中山图藏。

4330. 南海诸岛剪报资料辑，厦门大学研究部资料科，1975，中山图藏。

4331. 南海诸岛报刊资料剪辑，广东省立中山图书馆辑，1979，中山图藏。

4332. 开发南海诸岛史料，广东省立中山图书馆辑，1978，中山图藏。

4333. 南海诸岛地图史料，广东省立中山图书馆辑，1977，中山图藏。

4334. 我国南海诸岛史料汇编，厦门大学南洋研究所编，厦门大学南阳研究所，1975，中山图藏。

4335. 我国南海诸岛史料汇编，厦门大学南洋研究所编，厦门大学南阳研究所，1976，中山图藏。

4336. 我国南海诸岛史料汇编续编第一册，厦门大学南洋研究所编，厦门大学南阳研究所，1976，中山图藏。

4337. 我国南海诸岛史料汇编续编第二册，厦门大学南洋研究所编，厦门大学南阳研究所，1976，中山图藏。

4338. 我国南海诸岛史料汇编续编第三册，厦门大学南洋研究所编，厦门大学南阳研究所，1977，中山图藏。

4339. 我国南海诸岛史料汇编，韩振华主编，东方出版社，1988。

4340. 海诸岛史地考证论集，韩振华编，中华书局出版，1981。

4341. 我国南海诸岛历史大事年表，广东省地名办公室编，广东省地名办公室，1984，中山图藏。

4342. 南海诸岛史地研究，韩振华著，社会科学文献出版社，1996。

4343. 西沙岛成案汇编，陈天锡编，海南出版社，2004。

4344. 缅怀韩振华先生暨南海学术研讨会论文集，海南省文化历史研究会编，长征出版社，2008。

4345. 南沙群岛、东沙群岛、澎湖列岛，刘宝银编，海洋出版社，1996。

4346. 海南岛及南海诸岛现况调查及光复重建纲领，胡琏著，1961，《海南文献资料简介》。

4347. 复国建国的地区研究——海南与南海诸岛，叶夷冲著，1968，《海南文献资料简介》。

4348. 复国建国的地区研究——越南及西南诸岛，陈玮直著，1968，《海南文献资料简介》。

4349. 海南岛重建方案，台湾“光复大陆设计研究委员会”编，台湾“光复大陆设计研究委员会”，1970，《海南文献资料简介》。

4350. 海南舟山转进后你看大局怎么样，台湾“国防部政治部”编，台湾“国防部政治部”、海南省人民政府办公厅，1950，《海南文献资料简介》。

4351. 南海地缘政治研究，郭渊著，黑龙江大学出版社，2007。

4352. 关于黄沙（帕拉塞尔）群岛和长沙（斯普拉特利）群岛的白皮书，西贡伪政权外交部编、北京大学法律系译，广东省立中山图书馆复印本，1976，中山图藏。

4353. 南海的主权与矿藏——历史与法律，傅昆成著，台北幼狮文化事业公司，1981。

4354. 东南沙群岛防务案，台湾“海军总部”编，1956.9～1957.9，《海南文献资料简介》。

4355. 南沙群岛防务视察案，台湾“海军总部”编，1956.11～1957.6，《海南文献资料简介》。

4356. 南沙群岛国际纠纷案，台湾“国防部”本部编，1956.12～1957.8，《海南文献资料简介》。

4357. 新南沙群岛的占领和国防的先占问题，广东省立中山图书馆译，广东省立中山图书馆，1959，中山图藏。

4358. 西沙、南沙等群岛是我国神圣领土的历史资料，广东省立中山图书馆辑，广东省立中山图书馆照相复印本，1974，中山图藏。

4359. 巡海记、调查西沙群岛报告书、中国今日之边疆问题、南沙行，台湾学生书局影印本，1975，《海南文献资料简介》。

4360. 西沙群岛、南沙群岛自古以来就是中国的领土资料选编，福建省图书馆、福建厦门大学、福建师范大学编，广东省立中山图书馆油印本，1975，中山图藏。

4361. 西沙群岛和南沙群岛自古以来就是中国的领土，人民出版社编，人民出版社，1981。

4362. 南沙自古属中华，雷鸣主编，广州军区司令部办公室，1988，中山图藏。

4363. 南海诸岛自古就是我国领土，史棣祖著，广东省立中山图书馆剪贴，光明日报社，1975。

4364. 南海诸岛历来就是中国的领土，厦门大学南洋研究所编，1975，中山图藏。

4365. 我国领土南海诸岛介绍，人民日报国际资料组编，人民日报国际资料组，1975，中山图藏。

4366. 我国领土南海诸岛介绍，中共西藏自治区委员会宣传部编，中共西藏自治区委员会宣传部，1976，中山图藏。

4367. 南海诸岛名称地位以及我国历届政府有关主权的声明，广东省立中山图书馆辑，广东省立中山图书馆影印本，1978，中山图藏。

4368. 南海诸岛主权与国际冲突，陈鸿瑜著，台北幼狮文化事业公司，1987。

4369. 2002年南海地区形势评估报告，海南南海研究中心编，2003，海大图藏。

4370. 聚焦南海，吴士存、朱华友主编，中国经济出版社，2009。

4371. 南海波涛：东南亚国家与南海问题（上、下册），李金明著，江西高校出版社，2007。

4372. 南海地区形势报告（2011～2012），曹云华、鞠海龙主编，时事出版社，2012。

4373. 南海问题译文集，吴士存编，海南南海研究中心，1999，海大图藏。

4374. 南沙群岛·石油政治·国际法："万安北－21"石油合同区位于中国管辖海域毋庸置疑，潘石英编，经济导报社，1996，海大图藏。

4375. 海峡两岸南海问题学术研讨会论文集，任怀锋、邓颖颖、徐芳编，2006，海大图藏。

4376. 纵论南沙争端，吴士存著，海南出版社，2005。

4377. 历史性权利与历史性水域研究，中国南海研究院编，2004，海大图藏。

4378. 南海问题研讨会论文集（2002），钟天祥、韩佳、任怀锋编，海南南海研究中心，2002，海大图藏。

4379. 南海问题文献汇编，吴士存、李秀领等编，海南出版社，2001。

4380. 中外南海研究论文选编（2001），钟天祥编，海南南海研究中心，2002，海大图藏。

4381. 群岛问题研究，中国南海研究院编，中国南海研究院，2004，海大图藏。

4382. 南沙群岛大事记（1949～1995），张良福编著，1996，海大图藏。

4383. “21 世纪的南海：问题与前瞻”研讨会论文选，钟天祥、苏燕、付玉编，海南南海研究中心，2000，海大图藏。

4384. 南中国海争端，〔美〕马温·斯·塞缪尔斯著，海南省外事办公室、海南省南海研究中心译，海南省外事办公室出版，1996，海大图藏。

4385. 论岛屿制度与南海海域划界，叶予静编，海南大学，2009，海大图藏。

4386. 南海海上安全国际研讨会论文集，朱华友编，中国南海研究院，2006，海大图藏。

4387. 东南沙群岛建设案，台湾“海军总部”编，1956.8～1961.9，《海南文献资料简介》。

4388. 东沙群岛建设案，台湾“海军总部”编，1960.8～1966.4，《海南文献资料简介》。

4389. 大陆沿海滩头兵要——海南岛之部，台湾“国防部”联合作战研究督察委员会编，1959，《海南文献资料简介》。

4390. 南沙群岛兵要地志，海军南海舰队司令部情报处编，海军南海舰队司令部情报处，1975，中山图藏。

4391. 南沙群岛兵要地志，海军南海舰队司令部情报处边编，广东省立中山图书馆，1978，中山图藏。

4392. 南海巡航，中国海事 2010 年南海（南沙）联合巡航编，2010，海大图藏。

4393. 南海资源与两岸合作研讨会论文集（2004），奚劲松等编，海南南海研究中心，2004，海大图藏。

4394. 南海岛屿旅游，游长江、毕华、游金华主编，海南出版社，2010。

4395. 南海诸岛之一：西沙群岛摄影展览作品选，上海人民出版社，1975。

4396. 海南暨南海学术研讨会实录，台北“国立中央图书馆”台湾分馆编，台北“国立中央图书馆”台湾分馆，1996，海大图藏。

4397. 海南暨南海学术研讨会论文集，“中央图书馆”台湾分馆编，“中央图书馆”台湾分馆，1996。

4398. 祖国的南海诸岛，鞠继著，新知识出版社，1955。

4399. 南海诸岛地理志略，阳明山庄，1959，中山图藏。

4400. 我国的南海诸岛，华南师范学院地理系《我国的南海诸岛》编写组编，华南师范学院地理系，1977，中山图藏。

4401. 美丽富饶的南海诸岛，曾昭璇等著，商务印书馆，1981。

4402. 南海诸岛地理资料选译稿，程庆贤译，广东省地名办公室，1984，中山图藏。

4403. 南海诸岛，曾昭璇主编，广东人民出版社，1986。

4404. 南海诸岛：地理·历史·主权，吕一燃主编，黑龙江教育出版社，1992。

4405. 东、南、西、中沙群岛概况说明书，周士杰著，1972，《海南文献资料简介》。

4406. 南海四沙群岛，符骏著，台北世纪书局，1981。

4407. 东沙群岛概况，广东省立中山图书馆编，广东省立中山图书馆，1959，中山图藏。

4408. 南沙群岛概况，广东省立中山图书馆编，广东省立中山图书馆，1959，中山图藏。

4409. 西沙群岛概况，广东省立中山图书馆编，广东省立中山图书馆，1959，中山图藏。

4410. 南沙群岛概况，中国科学院南海海洋研究所资料室编，中国科学院南海海洋研究所资料室，1977，中山图藏。

4411. 南沙群岛照片，广东省立中山图书馆辑，广东省立中山图书馆，1959，中山图藏。

4412. 我国南海诸岛之——南沙群岛，中国科学院南海海洋研究所地质室海岸地貌组编，中国科学院南海海洋研究所地质室海岸地貌组，1975，中山图藏。

4413. 南沙行，张振国著，广东省立中山图书馆，1976，中山图藏。

4414. 南海诸岛之一：西沙群岛照片集，新华通讯社编，人民美术出版社，1975。

4415. 中国南海诸岛，陈克勤主编，海南国际新闻出版中心，1996。

4416. 两岸及海外华人南海学术研讨会论文集，中国国际法学会主办，中国国际法学会，1994，中山图藏。

4417. 中国南海（*South China Sea*），广东省立中山图书馆编制，中山图藏。

4418. 南海诸岛，中国地图出版社编制，中国地图出版社，1999。

4419. 古代南海地名汇释，陈佳荣、谢方、陆峻岭编，中华书局，1986。

4420. 南海诸岛地名讨论稿，广东省地名办公室编，广东省地名办公室，1984，中山图藏。

4421. 南海诸岛地名研究，刘南威著，华南师范大学地理系，1983，中山图藏。

4422. 南海诸岛地名梗概（草稿），海南地名办公室编，海南地名办公室，1982，中山图藏。

4423. 南海诸岛地名表，中国地名委员会编，中国地名委员会，1983，中山图藏。

4424. 南海诸岛地名表，南海海洋研究所编，南海海洋研究所，1984，中山图藏。

4425. 我国南海诸岛地名参考资料（讨论稿），中国人民解放军海军司令部航海保证部编，中国人民解放军海军司令部航海保证部，1975，中山图藏。

4426. 南海诸岛及其命名资料，广东省地名办公室编，广东省地名办公室，1984，中山图藏。

4427. 南海诸岛地名资料汇编，广东省地名委员会编，广东省地图出版社，1987，中山图藏。

4428. 关于南海诸岛地名的核定问题，刘南威编，华南师范大学地理系，1982，中山图藏。

4429. 南海资源，赵从举、韩奇编著，广西师范大学出版社，2011。

4430. 浩瀚的南海，陈史坚等编著，科学出版社，1985。

4431. 南海地理，毕华等编著，广西师范大学出版社，2011。

4432. 中国南海海洋国土，司徒尚纪著，广东经济出版社，2007。

4433. 南海知识读本，吴士存主编，南海出版公司，2010。

4434. 海南海洋文化，陈智勇著，南方出版社，2008。

4435. 海洋问题与南海开发，辛业江著，海南出版社，1993。

4436. 我国南海诸岛：地理概述，广东省革命委员会外事办公室编，广东省革命委员会外事办公室，1976，中山图藏。

4437. 我国南海诸岛：涉外问题，广东省革命委员会外事办公室编，广东省革命委员会外事办公室，1976，中山图藏。

4438. 我国南海诸岛：主权概论，广东省革命委员会外事办公室编，广东省革命委员会外事办公室，1976，中山图藏。

4439. 南海地形图，中国科学院南海海洋研究所主编、中国科学院地理研究所绘制，地图出版社，1984。

4440. 南海地势图，中国科学院南海海洋研究所等编，地图出版社，1984。

4441. 中国南海西沙图表，广东省立中山图书馆编制，广东省立中山图书馆，1959，中山图藏。

4442. 中国南海南沙群岛，广东省立中山图书馆编制，广东省立中山图书馆，1959，中山图藏。

4443. 中国南海诸岛地图集，广东省立中山图书馆辑，广东省立中山图书馆，1978，中山图藏。

4444. 南海诸岛地图，地图出版社编，地图出版社，1983，中山图藏。

4445. 我国的南海诸岛，陈栋康著，中国青年出版社，1962。

4446. 南海及邻近大洋地势图，陈明锐主编，测绘出版社，1990。

4447. 南沙群岛自然地理，赵焕庭主编，科学出版社，1996。

4448. 南海环境，王薛平、毕华编著，广西师范大学出版社，2011

4449. 海南及南沙群岛史地论著资料索引，李国强等编，古籍出版社，1994。

4450. 东、西、南、中沙岛名索引，广东省中心图书馆委员会编，广东省中心图书馆委员会，1959，中山图藏。

4451. 东西南沙群岛资料目录，杜定友编，广东省立中山图书馆，2005，中山图藏。

4452. 东西南沙群岛文献目录及重要资料选辑，福建师范大学历史系、地理系编，福建师范大学历史系、地理系，1974，福建师范大学图书馆藏。

4453. 南海诸岛资料索引，广东省中心图书馆参考研究部编，广东省中心图书馆委员会，1959，中山图藏。

4454. 我国南海诸岛资料联合目录，福建省图书馆、福建师范大学图书馆、厦门大学图书馆编，福建省图书馆、福建师范大学图书馆、厦门大学图书馆，1973，中山图藏。

4455. 中国南海诸岛文献资料展览目录，台湾“中央图书馆”台湾分馆编，台湾“中央图书馆”台湾分馆，1974，中山图藏。

4456. 我国南海诸岛资料汇编目录，广东省立中山图书馆编，广东省立中山图书馆，1978，中山图藏。

4457. 东沙群岛资料摘编，海南师专东沙群岛资料整理小组编，海南师范专科学校，1975，海师图藏。

4458. 南海资料索引，吴士存、沈固朝、李秀领编，海南出版社，1998。

4459. 海南及南海诸岛史地论著资料索引，李国强、寇俊敏编，中州古籍出版社，1994。

4460. 北海峙线简介（草稿），郭振干编，海南地名办公室，1982，中山图藏。

4461. 南海区域历史文化探微，张一平、严春宝、林敏等著，暨南大学出版社，2012。

4462. 让历史告诉未来：中国管辖南海诸岛百年纪实，张良福编著，海洋出版社，2011。

4463. 我国南海诸岛史料汇编，厦门大学南洋研究所编，厦门大学南洋研究所，1976。

二　中国人物传记

（一）人物总传

4464. 红色娘子军写真，朱逸辉著，东西文化事业公司，2000。

4465. 琼籍民国将军录，范运晰编著，南海出版公司，1993。

4466. 英雄的琼崖战士，邱亚寰摄，中国摄影出版社，2007。

4467. 琼崖革命精英录，冯子平著，香港天马图书有限公司，2005。

4468. 我走过的路，王民著，南海出版公司，1998。

4469. 中国人民解放军海南将领传，中共海南省委党史研究室编，广东人民出版社，1991。

4470. 琼崖纵队英雄儿女，海口市中共党史学会编，合一文化出版社，2010。

4471. 敌后十年，李英敏著，延边大学出版社，1999。

4472. 琼岛少锋，符树森编著，2006，海大图藏。

4473. 琼崖巾帼英豪，海南省妇女联合会编，三环出版社，1990。

4474. 琼台英杰各千秋，叶风著，天马出版有限公司，2003。

4475. 琼崖东北区政府名贤，郑心伶著，合一出版社，2010。

4476. 逐鹿琼崖，符镇南、冯国志编，海南农垦报社印刷厂，1993，海大图藏。

4477. 海南英烈谱，梁振球主编，海南出版社，2000。

4478. 琼崖抗日英雄谱，中共海南省委党史研究室编，海南出版社，1995。

4479. 革命烈士传，《革命烈士传》编辑委员会编，人民出版社，1985。

4480. 英烈传，（明）佚名著，知识出版社，1997。

4481. 革命烈士遗书选，《琼岛星火》编辑部编，《琼岛星火》编辑部，1986，中山图藏。

4482. 革命英烈传，中共儋县县委党史办公室编，中共儋县县委党史办公室，1986，中山图藏。

4483. 琼州英杰，符树森编著，海南出版社，2011。

4484. 海南近代人物志，陈俊编著，传记文学出版社，1991。

4485. 琼籍民国人物传，范运晰著，南海出版公司，1999。

4486. 故里情深，王佳著，南方出版社，2000。

4487. 寻根，王佳著，南方出版社，2004。

4488. 海外琼人风云录，冯子平主编，中国华侨出版社，1993。

4489. 群星灿烂，陈克攻、王信才、范基民著，海南省政协《琼州海外人物丛书》编辑部编，南海出版公司，1993。

4490. 琼属海外知名人士，王辛莉著，南方出版社，2008。

4491. 在澳洲的海南人，陈升义、许环宁、陈献芳编著，九州出版社，2006。

4492. 海外琼人专辑之一，范基民、符和积主编，南海出版公司，1999。

4493. 海外琼人精英，海南省外事侨务办公室编，香港天马图书有限公司，2003。

4494. 港澳琼人纪事，冯子平著，东西文化事业公司，1995。

4495. 琼侨先驱十杰，韩纫丰主编，南海出版公司，1996。

4496. 侨星，黄闻新编著，中国华侨出版社，2009。

4497. 走向世界的海南人，冯子平著，中国华侨出版公司，1992。

4498. 海南名人传略上册，朱逸辉主编，中山大学出版社，1992。

4499. 海南名人传略中册，朱逸辉主编，广东旅游出版社，1993。

4500. 海南名人传略下册，朱逸辉主编，广东旅游出版社，1995。

4501. 海南名人传略第四卷，朱逸辉主编，东西文化事业公司，1998。

4502. 海南名人辞典，苏英博主编，中山大学出版社，1990。

4503. 海南进士传略，王俞春编著，花城出版社，1998。

4504. 海南历代进士研究，朱东根著，南方出版社，2008。

4505. 历代过琼公传，王俞春著，中国国际广播出版社，1993。

4506. 隋唐五代海南人物志，周泉根著，三环出版社，2007。

4507. 临高乡贤，王贵章主编，人民日报出版社，2004。

4508. 临高星辰，王克干著，香港东西文化事业公司，1999。

4509. 三亚市革命人物录，三亚市史志工作办公室编，三亚市史志工作办公室，2004，海大图藏。

4510. 三亚市奔小康群英谱，王为璐主编，中共三亚市委办公室、中共三亚市委组织部，1997，海大图藏。

4511. 鹿城赞，林竹雅著，南海出版公司，1997。

4512. 海南澄迈现代人物录，邓金东编，作家出版社，2004。

4513. 澄迈革命斗争人物录，澄迈县委史志办公室编，陕西旅游出版社，2002。

4514. 百花争艳：澄迈县专业技术人员录，澄迈县地方志编纂委员会办公室、澄迈县职称改革领导小组办公室编，三环出版社，1989。

4515. 东方人物志，东方黎族自治县地方志办公室编，1991，琼院图藏。

4516. 保亭县志人物篇（征求意见稿），保亭县地方志编纂委员会办公室编，保亭县地方志编纂委员会办公室传，1986，中山图藏。

4517. 保亭当代人物录（1990 ~ 1999），卓延安主编，香港天马出版社，2001。

4518. 昌江英烈传，中共昌江黎族自治县委党史办公室编，中共昌江黎族自治县委党史办公室，1989，海大图藏。

4519. 文昌将军传，郭仁勇著，香港天马图书有限公司，2002。

4520. 琼山英烈谱，中共琼山县委党史研究室编，王茀清主编，香港新闻出版社，2001。

4521. 万宁市老干部传记：正、副科级，钟燕波主编，中共万宁市委史志研究室，2005，海大图藏。

4522. 万宁市老干部传记：副处级以上，钟燕波主编，中共万宁市委史志研究室，2004，海大图藏。

4523. 万州乡情人物，朱逸辉主编，东西文化事业公司，1996。

4524. 万宁骄子：万宁籍外出人员英才录，钟燕波主编，中共万宁市委党史研究室，2007，海大图藏。

4525. 紫贝星群：文昌籍地师级干部名录专辑，中共文昌县委党史办公室编，《琼岛星火》编辑部，1990，海大图藏。

4526. 琼海人物录，杨冠雄、朱修松、陈赞日编，东西文化事业公司，1999。

4527. 陵水当代人物录，胡学智主编，南海出版公司，1993。

4528. 演丰之光，王衍鏊主编，国际炎黄文化出版社，2010。

4529. 胶林英杰故事第一集：题词寄深情，王松华主编，2000，省图藏。

4530. 胶林英杰故事第二集：献“金”记，王松华主编，2000，省图藏。

4531. 胶林英杰故事第三集：换树位，王松华主编，2000，省图藏。

4532. 胶林英杰故事第四集：办新场，王松华主编，2000，省图藏。

4533. 胶林英杰故事第五集：少年壮举，王松华主编，2000，省图藏。

4534. 胶林英杰故事第六集：半桶胶水，王松华主编，2000，省图藏。

4535. 胶林英杰故事第七集：英雄小姐妹，王松华主编，2000，省图藏。

4536. 胶林英杰故事第八集：一副手镯，王松华主编，2000，省图藏。

4537. 胶林英杰故事第九集：圆梦记，王松华主编，2000，省图藏。

4538. 胶林英杰故事第十集：鱼塘春秋，王松华主编，2000，省图藏。

4539. 有职尽责代表人民：海南省人大代表风采录，海南省人大常委会研究室编，海南省人大常委会研究室，2002，海大图藏。

4540. 海南·人物·访谈录，新华通讯社海南分社编，香港金陵书社出版公司，2000。

4541. 光辉足迹，中共海口市委、中共海口市委编，中共海口市委研究室、中共海口市委老干部局，2002，海师图藏。

4542. 海南人，《海南人》杂志社著，世界华人图书出版有限公司。

4543. 海之南清华人，秦建国主编，海南出版社，2010。

4544. 琼崖女杰，海口市中共党史学会编，海口市中共党史学会，2010，海大图藏。

4545. 闯海人，彭铁林、李晓菊主编，海南出版社，2008。

4546. 岁月无悔：海南劳模故事，海南出版社，2011。

4547. 大特区功臣，卢红卫著，2008，海大图藏。

4548. 大特区金融卫士风采，李正忠主编，1998，省图藏。

4549. 海南企业法人代表名片选编一，海南年鉴社编，海南国际新闻出版中心，1994。

4550. 海南企业法人代表名片选编二，海南年鉴社编，海南国际新闻出版中心，1995。

4551. 海南省企业家纪实：建筑交通运输系统专集，海南省企业家纪实采编部编，海南摄影美术出版社，1990。

4552. 灿烂人生，梁洪文著，2002，三亚图藏。

4553. 海南台商故事（1988～2008），徐刚主编，海南省人民政府台湾事务办公室，2008，省图藏。

4554. 英英多士：海南大学教授和博士风采，海南大学科研处编，2005，海大图藏。

4555. 海大学者，徐国定编，海南大学，1992，海大图藏。

4556. 海南师院学者传略，蓝田玉、苏英博主编，中华文化出版社，1994。

4557. 固守教坛——陈序经的人生之路，郑朝波著，南方出版社，2008。

4558. 走向世界 全盘西化：陈序经博士，王会均著，“国立中央”图书馆台湾分馆，2006。

4559. 教魂，朱儒柏著，海南出版社，1994。

4560. 生命守护神，陈纭主编，南方出版社，2010。

4561. 与健康同行，共青团海南省委、海南省卫生厅、海南省食品药品监督管理局，2004，省图藏。

4562. 海南戏剧家（1956～1996），邢纪元主编，南海出版公司，1998。

4563. 文学传记学习参考资料，广东琼崖革命史研究会编，广东琼崖革命史研究会，1998，海大图藏。

4564. 特区省的管理者们，姜巍著，中国经济出版社，1991。

4565. 生命之旅，方克著，中华工商联合出版社，1999。

4566. 群星映琼台第一集，海南琼台师范学校编，海南琼台师范学校，2002，海大图藏。

4567. 万泉河明珠，崔家壮著，合一出版社，2012。

（二）人物分传

4568. 苏东坡在儋州，韩国强著，华夏出版社，2002。

4569. 苏东坡在海南，儋县文化馆编，儋县文化馆，1981，海大图藏。

4570. 苏东坡在海南岛，谢成驹主编，中华文化出版社，2000。

4571. 苏东坡在海南岛，朱玉书著，广东人民出版社，1993。

4572. 寻访东坡踪迹，韩国强著，南海出版公司，2001。

4573. 天涯守望——苏东坡晚年的海南岁月，阎根齐、陈涛著，南方出版社，2008。

4574. 孤鹤驾天风——南宗五祖白玉蟾，安华涛著，南方出版社，2008。

4575. 黄道婆评传——从织女到先棉的故事，羊中兴、冯衍甫著，南方出版社，2008。

4576. 黄道婆传奇，庄黎黎、陈端鸿著，中山大学出版社，2008。

4577. 冼夫人与冯氏家族：隋唐间广东南部地区社会历史的初步研究，王兴瑞著，中华书局，1984。

4578. 岭南圣母冼夫人：中华巾帼第一人，宋其蕤著，广州出版社，2002。

4579. 冼夫人在海南，陈雄编著，中山大学出版社，1992。

4580. 冼夫人在海南，高昌、蔡于良主编，海南出版社，1999。

4581. 冼夫人与冯氏海南第一村，冯仁鸿著，香港银河出版社，2006。

4582. 冼夫人文化与当代中国：冼夫人文化研讨会论文集，张磊主编，广东人民出版社，2002。

4583. 冼夫人在琼研究文选，海口市冼夫人文化学会、海口市政协教文卫委员会编，香港银河出版社，2009。

4584. 冼夫人文化全书，白雄奋、吴兆奇、李爵勋编，中山大学出版社，2009。

4585. 冼太夫人史料文物辑要，广东炎黄文化研究会编，中华书局，2001。

4586. 冼夫人研究文集，海口市地方史志办公室著，南海出版公司，2009。

4587. 中国丘海学会成立特刊，中国丘海学会编，中国丘海学会，1978，海大图藏。

4588. 丘海学术研究汇编，中国丘海学会编，中国丘海学会，1987～1980，《海南文献资料简介》。

4589. 丘濬海瑞学术研讨会论文选集，李养国主编，东西文化事业公司，1998。

4590. 丘濬海瑞评介集，朱逸辉主编，海南出版社，2004。

4591. 丘濬、海瑞在海南的故事，黎国器、奇甸、天尔编，中山大学出版社，1992。

4592. 丘濬邢宥海瑞研究，符华儿等主编，东西文化事业公司，2006。

4593. 海瑞，张德信编，陕西人民出版社，1981。

4594. 海瑞，王孙著，宁夏人民出版社，1982。

4595. 海瑞，赵颖编著，中国国际广播出版社，1996。

4596. 海瑞：长篇历史传记，熊良智著，中国言实出版社，1997。

4597. 海瑞，王培公著，中国青年出版社，2001。

4598. 海瑞，陈宪猷著，广东人民出版社，2010。

4599. 海瑞，黎炽昌著，上海人民美术出版社，2009。

4600. 海瑞，孙锦常著，黑龙江美术出版社，2011。

4601. 海瑞，章翔著，中华书局，1958。

4602. 海瑞，黄浦京剧团集体著，上海文艺出版社，1959。

4603. 明史海瑞传校注，张德信著，陕西人民出版社，1984。

4604. 海瑞资料选辑，海口市博物馆编，海口市博物馆，1985，中山图藏。

4605. 海瑞与海瑞墓，海口海瑞墓管理处编，海口市海瑞墓管理处，

1986，中山图藏。

4606. 海瑞评传，李锦全著，南京大学出版社，1994。

4607. 海瑞直面人生的九九个方略，史林编著，中国经济出版社，2001。

4608. 海瑞在海南岛的小故事，黎国器编，海口市博物馆，1985，中山图藏。

4609. 海瑞官场笔记，赵瑜编，凤凰出版社，2011。

4610. 海瑞的故事，刘秋云编著，汕头大学出版社，1988。

4611. 海瑞传奇，王召理整理，海峡文艺出版社，1987。

4612. 情系海瑞，朱传忠编著，海南出版社，2009。

4613. 清官海瑞，范稳著，海峡文艺出版社，1999。

4614. 粤东正气——海瑞，阎根齐、陈涛著，南方出版社，2008。

4615. 海瑞评传，李锦全著，南京大学出版社，2011。

4616. 海瑞官场笔记，赵瑜著，凤凰出版社，2011。

4617. 刚正不屈的清官——海瑞，刘正刚著，广东人民出版社，2006。

4618. 刚直不阿的清官海瑞，齐国臣著，吉林人民出版社，2011。

4619. 清官海瑞，郦波著，中国民主法制出版社，2010。

4620. 海瑞上疏，上海京剧院编，上海文艺出版社，1979。

4621. 海瑞驯“虎”，薛德元著，甘肃人民出版社，1981。

4622. 海瑞在淳安，刘正刚著，中国文史出版社，2008。

4623. 清官海瑞，洪小如著，人民文学出版社，2012。

4624. 红袍海瑞，章翔著，中华书局，1958。

4625. 海瑞巧办胡公子，许风仪著，江苏人民出版社，1982。

4626. 海瑞报恩，张习孔著，中国少年儿童出版社，1979。

4627. 海瑞报恩，邵瑞芝著，中国少年儿童出版社，1962。

4628. 海瑞罢官，冯复加著，人民美术出版社，2009。

4629. 海瑞回朝，绕翠岚著，岭南美术出版社，1983。

4630. 海瑞传奇，王召理著，海峡文艺出版社，1987。

4631. 海瑞传，李明友著，晨光出版社，1995。

4632. 海瑞上疏，上海京剧院集体编，上海文艺出版社，1960。

4633. 海瑞的故事（合五册），徐淦著，朝花美术出版社，1985。

4634. 情系海瑞，朱传忠著，海南出版社，2009。

4635. 刚直为民海瑞，周养俊著，陕西师范大学出版社，1993。

4636. 南包公海瑞，蒋星煜著，文字改革出版社，1960。

4637. 中华政治家百杰传第二十卷：杨士奇、况钟、于谦、徐阶、海瑞，姚家余著，延边大学出版社，2006。

4638. 文官故事——商鞅海瑞罢官，许墨林著，连环画出版社，2011。

4639. 海瑞惩霸，宏生著，新世界出版社，2009。

4640. 海瑞传，李韩林著，国际文化事业公司，1991。

4641. 扶棺谏君——海瑞，苏义发著，吉林文史出版社，2011。

4642. 海瑞的一生，董原著，学苑音像出版社，2004。

4643. 海刚峰集，海瑞著，中华书局，1985。

4644. 面冰心，黄燕生著，万卷楼图书有限公司，2001。

4645. 明邱文庄公浚年谱，王万福著，商务印书馆，1985。

4646. 此生如痕——丘浚传，唐启翠著，南方出版社，2008。

4647. 明代经世儒臣——丘浚，吴建华著，广东人民出版社，2007。

4648. 黎族人民领袖王国兴，中元秀著，民族出版社，2009。

4649. 廖纪文集，曹乐文主编，王泽应校注，海南出版社，2011。

4650. 廖公在人间，中国新闻社编，生活·读书·新知三联书店，1984。

4651. 廖纪研究文集，曹乐文主编，王泽应校注，海南出版社，2010。

4652. 海隅名臣——晚明王弘诲研究，王力平著，南方出版社，2008。

4653. 邢宥传，王丽洁著，南方出版社，2008。

4654. 唐代改革家：韦执谊评传，林巨兴著，南海出版公司，1995。

4655. “宋庆龄思想与海南人精神风范”研讨会论文集，符鸿合主编，海南出版社，2011。

4656. 宋家王朝全译本，〔美〕斯特林·西格雷夫著，澳门星光书店，1985，中山图藏。

4657. 根系海南——解惑宋氏家庭，廖怀明著，南方出版社，2008。

4658. 宋氏家族：父女、妇女、家庭，〔美〕埃米莉·哈恩著，李豫生等译，新华出版社，1985。

4659. 宋氏家族档案全揭秘，马驰原著，华文出版社，2011。

4660. 宋氏家族，解力夫著，社会科学文献出版社，1996。

4661. 宋氏家族全传，程广著，中国文史出版社，1999。

4662. 图说宋氏家族，王东方著，团结出版社，2005。

4663. 宋氏家族私密生活相册，马驰原著，华文出版社，2005。

4664. 宋氏家族在浦东，陈伟忠著，天津古籍出版社，2002。

4665. 豪门联姻铸乾坤——宋氏家族，解力夫著，中国戏剧出版社，2001。

4666. 宋氏家族秘史，梁星亮著，中国档案出版社，1995。

4667. 宋氏三姐妹，〔美〕罗比·尤恩森著，赵云侠译，世界知识出版社，1984。

4668. 宋氏三姊妹全传，陈廷一著，青岛出版社，1998。

4669. 宋氏三姊妹，陈廷一著，帝国文化出版社，2003。

4670. 宋氏三姐妹，陈廷一著，东方出版社，2003。

4671. 抗日烽火中的宋氏三姐妹，唐曼珍著，中国社会科学出版社，1995。

4672. 孔宋世家，寇维勇编，台北联丰书报社，1986。

4673. 宋庆龄宗亲初考，朱运、郑心联撰，中华人民共和国名誉主席宋庆龄生平展览文昌展出委员会出版，1987，中山图藏。

4674. 蒋宋大家族，徐苏编著，辽宁人民出版社，1988。

4675. 宋耀如传，黄嘉瑜编，群伦出版社，1988。

4676. 宋耀如及其时代国际学术研讨会论文集，海南省文昌市人民政府、海南省宋耀如宋庆龄研究会、上海宋庆龄研究会编，中国福利会出版社，2009。

4677. 宋氏家庭第一人：宋耀如，于醒民、唐继无、高瑞泉著，北方文艺出版社，1986。

4678. 宋氏三姐妹的父亲，《宋氏三姐妹的父亲》编辑小组编，台南海外出版社，1988。

4679. 宋耀如全传，于醒民著，北方文艺出版社，1997。

4680. 风云际会宋耀如，叶辛著，江苏文艺出版社，1997。

4681. 宋耀如年谱，周伟民著，海南出版社，2011。

4682. 宋氏家族第一人：宋耀如全传，于醒民著，东方出版中心，2008。

4683. 从“放牛娃”到宋氏家族的奠基人，杨国良著，广西师范大学出版社，2012。

4684. 民国岳父，陈廷一著，广州出版社，2000。

4685. 宋家女强人，〔美〕罗庇·尤因森著、郭如火译，香港摄影画报有限公司，1985。

4686. 第一夫人：宋氏三姐妹风云五十年，辛慕轩等著，台北联丰书报社，1986。

4687. 宋庆龄与孙中山，《风云论坛》社编，台北风云出版社，1988。

4688. 孙中山与宋庆龄，耿可贵著，河南人民出版社，1982。

4689. 孙中山和宋庆龄，中国展望出版社，1986。

4690. 孙中山与宋庆龄，张永枚著，花城出版社，1984。

4691. 孙中山与宋庆龄，张磊著，广东人民出版社，1997。

4692. 孙中山与宋庆龄，郑彭年编，新华出版社，2002。

4693. 孙中山与宋庆龄，晨光著，团结出版社，2004。

4694. 孙中山与宋庆龄，马再淮著，华立文化，2004，国图藏。

4695. 孙中山与宋庆龄，徐抗生著，上海人民美术出版社，1982。

4696. 上海孙中山宋庆龄文物图录，秦量著，上海辞书出版社，2005。

4697. 孙中山宋庆龄文献与研究第一辑，黄亚平编，上海书店出版社，2009。

4698. 孙中山宋庆龄文献与研究第二辑，黄亚平编，上海书店出版社，2011。

4699. 孙中山宋庆龄文献与研究第三辑，黄亚平编，上海书店出版社。2011。

4700. “宋庆龄思想与海南发展”研讨会论文集，符鸿合主编，海南出版社，2007。

4701. 宋庆龄和孩子们，宋庆龄基金会编辑，中国和平出版社，1986。

4702. 宋庆龄和孩子们，刘安古著，上海人民美术出版社，1984。

4703. 宋庆龄选集（上、下卷），宋庆龄著，人民出版社，1992。

4704. 宋庆龄选集，宋庆龄著，中华书局，1966。

4705. 宋庆龄书信集，宋庆龄著，人民出版社，1999。

4706. 宋庆龄书信集（续集），宋庆龄著，人民出版社，2004。

4707. 宋庆龄来往书信选集，上海宋庆龄故居纪念馆编，上海人民出版社，1995。

4708. 宋庆龄书信选编，陆柳莺编，上海辞书出版社，2012。

4709. 宋庆龄纪念集，香港文汇报社编，香港文汇报社，1981，海大图藏。

4710. 宋庆龄纪念集，人民出版社，1982。

4711. 纪念宋庆龄文集，上海孙中山故居宋庆龄故居和陵园管理委员会编，上海人民出版社，1993。

4712. 纪念宋庆龄文集，宋庆龄基金会办公室编，中国和平出版社，1992。

4713. 宋庆龄伟大光荣的一生，宋庆龄基金会编，中国和平出版社，1987。

4714. 孙中山夫人，张戎著，中国和平出版社，1992。

4715. 孙逸仙夫人，张戎著，中国和平出版社，1988。

4716. 宋庆龄，广角镜出版社编，香港广角镜出版社，1981。

4717. 宋庆龄，伊斯雷尔·爱泼斯坦著，人民出版社，1992。

4718. 宋庆龄，陈兆丰著，上海教育出版社，2009。

4719. 宋庆龄，宋庆龄基金会编，中国建设杂志社，1984。

4720. 宋庆龄，崔艳秋著，新华出版社，1990。

4721. 宋庆龄，杨百灵著，延边人民出版社，2002。

4722. 宋庆龄，蒋洪斌著，江苏人民出版社，1987。

4723. 宋庆龄，贺继乐著，中国国际广播出版社，1996。

4724. 宋庆龄，邹英毅著，昆仑出版社，1999。

4725. 宋庆龄，黄维钧著，中国和平出版社，1996。

4726. 宋庆龄传，陈漱渝著，北方妇女儿童出版社，1988。

4727. 宋庆龄传，尚明轩著，北京出版社，1990。

4728. 宋庆龄传，学苑音像出版社，2004。

4729. 宋庆龄传，刘家泉著，中国文联出版社，1988。

4730. 宋庆龄传，吕明灼著，上海人民出版社，1988。

4731. 宋庆龄自传，宋庆龄著，香港华光出版社，1938。

4732. 宋庆龄大传，陈冠任著，团结出版社，2003。

4733. 宋庆龄画传，陈廷一著，作家出版社，2006。

4734. 宋庆龄图传（1893 ~ 1981），刘东平著，中国青年出版社，2006。

4735. 宋庆龄全传，陈廷一著，中国社会出版社，2008。

4736. 女中之杰宋庆龄，孙永猛著，山东人民出版社，1985。

4737. 宋庆龄与抗日救亡运动，郑灿辉、季鸿生、吴景平著，福建人民出版社，1986。

4738. 宋庆龄年谱，尚明轩等编，中国社会科学出版社，1986。

4739. 宋庆龄年谱长编，尚明轩著，北京出版社，2002。

4740. 宋庆龄年谱（1893～1981）（上、下编），盛永华编，广东人民出版社，2006。

4741. 宋庆龄的足迹，蒋洪斌著，黑龙江人民出版社，1988。

4742. 纪念宋庆龄同志照片集，中华人民共和国名誉主席宋庆龄同志故居编，文物出版社，1982。

4743. 宋庆龄：永远的美丽，刘东平著，大象出版社，2003。

4744. 宋庆龄与陕西，冯在才著，陕西人民出版社，2002。

4745. 宋庆龄论儿童教育和儿童工作，宋庆龄著，上海教育出版社，1992。

4746. 宋庆龄论，盛永华著，广东人民出版社，1993。

4747. 寻访宋庆龄在上海的足迹，上海宋庆龄基金会编，中国福利会出版社，2008。

4748. 宋庆龄的非常之路，刘家泉著，人民出版社，2001。

4749. 宋庆龄在香港，刘家泉著，中共中央党校出版社，1997。

4750. 宋庆龄流亡海外岁月，刘家泉著，中央文献出版社，1994。

4751. 伟大的爱——宋庆龄与孩子们，张洁珣著，湖南少年儿童出版社，1994。

4752. 宋庆龄的后半生，尚明轩著，人民文学出版社，2009。

4753. 宋庆龄论少年儿童教育，中央教育科学研究所编，教育科学出版社，1984。

4754. 20世纪的伟大女性——宋庆龄，盛永华著，广东人民出版社，2006。

4755. 宋庆龄与她的秘书们，汤雄著，群众出版社，2009。

4756. 宋庆龄与她的卫士长，汤雄著，群众出版社，2006。

4757. 宋庆龄与她的生活侍从，汤雄著，群众出版社，2010。

4758. 宋庆龄与她的三个女佣，汤雄著，东方出版社，2003。

4759. 宋庆龄与国共关系，季鸿生著，武汉出版社，2003。

4760. 宋庆龄题词选，张爱荣著，中国和平出版社，1988。

4761. 国比天大：宋庆龄，陈廷一著，东方出版社，2008。

4762. 宋庆龄在重庆的故事，宋庆龄基金会重庆分会编，重庆出版社，2001。

4763. 宋庆龄画册，宋庆龄基金会编，新华出版社，2001。

4764. 宋庆龄在上海，上海孙中山故居编，上海人民出版社，1992。

4765. 宋庆龄在上海，中共上海市委党史资料征集委员会编，学林出版社，1990。

4766. 纪念宋庆龄同志，中华人民共和国名誉主席宋庆龄同志故居编，文物出版社，1982。

4767. 宋庆龄走过的道路，宋庆龄基金会编，中国和平出版社，1993。

4768. 宋庆龄的故事，张久荣著，中国福利会出版社，2009。

4769. 宋庆龄的思想实践与和谐社会建设，许德馨著，中国福利会出版社，2008。

4770. 宋庆龄及其时代国际学术研讨会论文集，上海宋庆龄研究会编，中国福利会出版社，2011。

4771. 宋庆龄与中国名人，刘国友著，上海人民出版社，1999。

4772. 宋庆龄诞辰一百周年学术论文集，胡北淇编，西南师范大学出版社，1993。

4773. 宋庆龄研究文献目录，宋庆龄基金会编，中国和平出版社，1993。

4774. 宋庆龄往事，何大章编，人民文学出版社，2011。

4775. 宋庆龄辞典，张磊编，广东人民出版社，1996。

4776. 宋庆龄和她的助手金仲华，郑彭年著，新华出版社，2001。

4777. 宋庆龄与抗日救亡运动，郑灿辉著，福建人民出版社，1986。

4778. 宋庆龄致陈志昆夫妇陈燕书信选编，许德馨著，中国福利会出版社，2011。

4779. 宋庆龄母系倪氏暨父系宋（韩）氏家谱，王乐德编，学林出版社，2004。

4780. 宋庆龄上海史迹寻踪，王志鲜著，上海辞书出版社，2011。

4781. 宋庆龄与中国抗日战争，张世福著，上海社会科学院出版社，1996。

4782. 宋庆龄与何香凝，唐瑛绢著，中国和平出版社，1990。

4783. 一个诗人眼中的宋庆龄，柯岩著，中国文史出版社，2001。

4784. 孙中山宋庆龄与梅屋庄吉夫妇，俞辛焞著，中华书局，1991。

4785. 女杰宋庆龄，蒋洪斌著，百家出版社，1991。

4786. 伟大的宋庆龄，于培明著，中国少年儿童出版社，1984。

4787. 宋庆龄的故事，王思梅著，河北少年儿童出版社，1995。

4788. 宋庆龄的故事，王霞著，汕头大学出版社，1998。

4789. 宋庆龄的故事，马光复编，辽宁人民出版社，1983。

4790. 伟人百传第六卷：孙中山、宋庆龄，侯书雄编，远方出版社，2002。

4791. 宋庆龄副主席、周恩来总理访问亚洲特辑，中国人民政治协商会议全国委员会学习委员会编，中国人民政治协商会议全国委员会学习委员会，1964。

4792. 宋庆龄的青少年时代，郑权编，山西人民出版社，1999。

4793. 20 世纪的伟大女性：宋庆龄，盛永华著，广东人民出版社，2006。

4794. 为新中国奋斗，宋庆龄著，人民出版社，1952。

4795. 国之瑰宝，刘国友著，福建人民出版社，1997。

4796. 故居记忆，上海宋庆龄故居纪念馆编，上海辞书出版社，2010。

4797. 永恒的依恋，吴存瑜著，中国和平出版社，2008。

4798. 永远和党在一起，宋庆龄著，上海人民出版社，1983。

4799. 为了永恒的纪念，中华人民共和国名誉主席宋庆龄陵园管理处编，上海辞书出版社，2011。

4800. 鲁迅回忆录一，宋庆龄著，上海文艺出版社，1978。

4801. 新中国向前迈进，宋庆龄著，人民出版社，1951。

4802. 宋美龄，白海军著，团结出版社，2008。

4803. 宋美龄，李台珊著，华文出版社，2012。

4804. 宋美龄，陈启文著，中国文联出版公司，1988。

4805. 宋美龄，秦风著，大地出版社，2003。

4806. 宋美龄，王丰著，利文出版社，1994。

4807. 宋美龄，许汉著，开今文化事业有限公司，1994。

4808. 宋美龄传，杨树标著，浙江大学出版社，2010。

4809. 宋美龄传，尤游编译，农村读物出版社，1988。

4810. 宋美龄全传，陈廷一著，青岛出版社，1996。

4811. 蒋宋美龄全传，辛达谟编译，台北联丰书报社，1986。

4812. 晚年宋美龄，佟静著，安徽人民出版社，1998。

4813. 宋美龄自述，袁伟著，团结出版社，2007。

4814. 宋美龄画传，林博文著，作家出版社，2008。

4815. 宋美龄大传，何虎生著，华文出版社，2010。

4816. 宋美龄大传，佟静著，团结出版社，2002。

4817. 宋美龄评传，刘毅政著，华文出版社，2000。

4818. 宋美龄传，〔美〕汉娜·帕库拉，东方出版社，2012。

4819. 宋美龄传，龙流著，农村读物出版社，1988。

4820. 宋美龄传，李桓著，东西文化事业公司，1985。

4821. 宋美龄传，林家有著，河南人民出版社，1995。

4822. 宋美龄全传，阙燕梅著，中国华侨出版社，2012。

4823. 宋美龄全传，池昕鸿著，延边人民出版社，2008。

4824. 宋美龄全本上卷：百年艳丽，佟静著，风云时代出版股份有限公司，2003。

4825. 宋美龄全本下卷：世纪哀愁，佟静著，风云时代出版股份有限公司，2003。

4826. 宋美龄传，寇维勇著，联丰书报社，1975。

4827. 宋美龄前传（上、下册），陈廷一著，派色文化出版社，1994。

4828. 宋美龄新传，〔美〕汉娜·帕库拉著，远流出版事业股份有限公司，2011。

4829. 宋美龄，陈启文著，中国文联出版公司，1988。

4830. 宋美龄侧写，辛慕轩等著，华文出版社，1988。

4831. 宋美龄图传，秦风著，浙江大学出版社，2012。

4832. 宋美龄画传，师永刚著，作家出版社，2003。

4833. 宋美龄写真，辛慕轩等著，档案出版社，1988。

4834. 蒋夫人写真，陈晓林、彭怀恩、寇维勇编，台北风云出版社，1985。

4835. 百年宋美龄，杨树标著，人民出版社，2010。

4836. 蒋介石宋美龄在台湾的日子，何虎生著，华文出版社，1999。

4837. 宋美龄与蒋介石，王朝柱著，河南文艺出版社，2007。

4838. 宋美龄和蒋介石，王朝柱著，中国青年出版社，1991。

4839. 蒋介石宋美龄在南京的日子，张长江著，华文出版社，2003。

4840. 宋美龄回忆录，宋美龄著，东方出版社，2010。

4841. 蒋介石和宋美龄，简洁著，吉林文史出版社，1989。

4842. 蒋介石与宋美龄，师永刚著，华文出版社，2010。

4843. 宋美龄养颜秘录，窦应泰著，作家出版社，2012。

4844. 桃花映面宋美龄，阳武著，湖北人民出版社，2005。

4845. 宋美龄全纪录，寿韶峰著，华文出版社，2009。

4846. 宋美龄身后重大事件揭秘，窦应泰著，团结出版社，2008。

4847. 宋美龄档案照片，章文灿著，团结出版社，2008。

4848. 宋美龄的外交生涯，阳雨著，团结出版社，2007。

4849. 宋美龄在美国，洪亮著，团结出版社，2008。

4850. 破译宋美龄长寿密码，窦应泰著，作家出版社，2007。

4851. 抗战中的宋美龄，佟静著，华文出版社，2006。

4852. 第一夫人宋美龄，陈廷一著，东方出版社，2008。

4853. 在宋美龄身边的日子，张紫葛著，团结出版社，2007。

4854. 少女宋美龄与婚姻擦肩而过的五次爱情，窦应泰著，团结出版社，2009。

4855. 宋美龄与台湾，李达著，香港广角镜出版社，1988。

4856. 在蒋介石宋美龄身边的日子，宓熙著，团结出版社，2005。

4857. 民国第一夫人宋美龄，胡兆才著，上海人民出版社，2012。

4858. 蒋介石和他的密友与政敌第一卷，王朝柱著，中国青年出版社，2001。

4859. 宋美龄最后的日子，窦应泰著，华文出版社，2003。

4860. 蒋介石宋美龄在重庆的日子，江涛著，华文出版社，2003。

4861. 一代风流宋美龄，刘巨才著，团结出版社，1993。

4862. 外国人眼中的蒋介石和宋美龄，岳渭仁著，三秦出版社，1994。

4863. 跨世纪第一夫人宋美龄，林博文著，时报文化出版企业公司，2000。

4864. 宋美龄世纪传奇，刘巨才著，风云时代出版公司，1996。

4865. 寻找世纪宋美龄，林荫庭著，天下远见出版股份有限公司，2004。

4866. 百年风流宋美龄，潘强恩著，延边人民出版社，2004。

4867. 世纪传奇蒋宋美龄，刘巨才著，风云时代出版股份有限公司，2002。

4868. 蒋介石宋美龄夏都悲歌（上、下册）:美庐似魂，罗时叙著，风云时代出版股份有限公司，2002。

4869. 宋美龄与中国，石之瑜著，商智文化事业公司，1998。

4870. 你所不知道的宋美龄，张紫葛著，时英出版社，2003。

4871. 宋美龄的美丽与哀愁，王丰著，华谷文化有限公司，2003。

4872. 蒋夫人宋美龄女士与近代中国学术讨论集，秦孝仪著，财团法人中正文教基金会，2003。

4873. 宋美龄全纪录（1897～2003）（上、中、下册），寿韶峰著，华文出版社，2009。

4874. 宋美龄处事，董原著，学苑音像出版社，2004。

4875. 蒋介石和他的密友与政敌（第一卷）：宋美龄和蒋介石，王朝柱著，中国青年出版社，2001。

4876. 我将再起，宋美龄著，黎明文化事业公司，1987。

4877. 国共第一夫人，刘佳著，商周文化事业公司，1995。

4878. 美丽与哀愁，王丰著，团结出版社，1998。

4879. 风雨五十年，李艳著，团结出版社，2005。

4880. 此情谁知，窦应泰著，团结出版社，2005。

4881. 政治女强人，刘巨才著，风云时代出版公司，1994。

4882. 画说大历史，李艳著，风云时代出版股份有限公司，2009。

4883. 世纪之爱，江素惠著，香江文化交流中心，2003。

4884. 与鲍罗廷谈话的回忆，宋美龄著，黎明文化事业股份有限公司，1976。

4885. 尘封的记忆，张紫葛著，团结出版社，2003。

4886. 蒋夫人山水兰竹花卉册，宋美龄著，“国立故宫博物院”，1979。

4887. 会说话就很迷人，宋美龄著，三思堂文化事业有限公司，2005。

4888. 中国“第一夫人”，达利著，山西高校联合出版社，1994。

4889. 蒋夫人言论汇编，《蒋夫人言论汇编》编辑委员会，正中书局，1956。

4890. 蒋夫人与华兴，亓乐义著，商讯文化事业股份有限公司，2011。

4891. 中国第一夫人：蒋夫人的政论文采，高惠敏编著，台湾金元书报社，1985。

4892. 宋美龄衔命度天山，何树林著，新疆人民出版社，1986。

4893. 蒋夫人与元老派，《风云论坛》社编，台北《风云论坛》社出版，1987。

4894. 未加冕的女王宋蔼龄，杨者圣著，上海人民出版社，2011。

4895. 孔祥熙和宋蔼龄，王松著，河南人民出版社，1992。

4896. 孔祥熙与宋蔼龄，陈廷一著，团结出版社，2004。

4897. 金权夫人宋蔼龄，杨者圣著，日臻出版社，1995。

4898. 宋子文评传，吴景平著，福建人民出版社，1998。

4899. 张学良、宋子文档案大揭秘，林博文著，上海人民出版社，2010。

4900. 国民党金融之父宋子文，杨者圣著，上海人民出版社，2011。

4901. 宋子文家事，杨菁著，江西人民出版社，2002。

4902. 宋子文思想研究，吴景平著，福建人民出版社，1998。

4903. 蒋介石与宋子文，李立新著，团结出版社，2009。

4904. 宋子文生平与资料文献研究，吴景平著，复旦大学出版社，2010。

4905. 宋子文与美援外交，陈永祥著，世界知识出版社，2004。

4906. 宋子文大传，陈廷一著，团结出版社，2004。

4907. 民国财长宋子文，陈廷一著，东方出版社，2008。

4908. 宋子文与外国人士往来函电稿，吴景平著，复旦大学出版社，2009。

4909. 宋子文驻美时期电报选，吴景平著，复旦大学出版社，2008。

4910. 宋子文与战时中国，吴景平著，复旦大学出版社，2008。

4911. 宋子文与他的时代，吴景平著，复旦大学出版社，2008。

4912. 宋子文政治生涯编年，吴景平著，福建人民出版社，1998。

4913. 宋子文的晚年，王东华著，团结出版社，2011。

4914. 宋子文大传，王松著，团结出版社，2011。

4915. 宋子文与战时外交，陈立文著，国史馆，1991。

4916. 宋子文与蒋介石的恩恩怨怨，徐俊元著，中国文史出版社，2003。

4917. 宋子文与战时中国（1937～1945），吴景平著，复旦大学出版社，2008。

4918. 宋子文传，杨菁著，河北人民出版社，1999。

4919. 子文传，王松著，湖北人民出版社，2006。

4920. 战时岁月，吴景平著，复旦大学出版社，2010。

4921. 乱世豪臣，聂茂著，广州出版社，1997。

4922. 风云际会，吴景平著，复旦大学出版社，2010。

4923. 宋氏三兄弟，陈廷一著，东方出版社，2004。

4924. 琼籍民国将领吴道南风云录，陈鸿远、吴钟英著，海南出版社，2005。

4925. 琼岛魂：中国革命先驱莫同容暨后来人传略，唐镇乐、陈家明、许开道主编，中国文联出版公司，1999。

4926. 琼崖旗帜：纪念冯白驹将军诞辰100周年，朱逸辉主编，海南出版社，2004。

4927. 不倒的红旗：纪念冯白驹将军诞辰100周年，张松林主编，陈达清摄影，南海出版公司，2003。

4928. 冯白驹传，吴之、贺朗著，当代中国出版社，1996。

4929. 冯白驹将军传，邢诒孔、彭长霖、钱跃主编，中共党史出版社，1998。

4930. 冯白驹精神永存：冯白驹研究论文选，中共海南省委党史研究室、海南省中共党史学会编，南海出版公司，1998。

4931. 冯白驹传（未定稿），胡提春等著，中共广州市委党校，1980，中山图藏。

4932. 冯白驹回忆录，冯白驹著，东西文化事业出版社，2000。

4933. 深切的怀念：纪念冯白驹将军诞生90周年，中共海南省委党史研究室编，中共海南省委党史研究室，1993，海大图藏。

4934. 冯白驹将军之歌，黄昌华著，香港银河出版社，2003。

4935. 南天一柱：怀念冯白驹将军，中共海南省委党史研究室编，海南人民出版社，1989。

4936. 灿烂人生 光照琼山，王万江著，香港新闻出版社，2000。

4937. 琼纵老战士王若夫，朱逸辉主编，海南革命史研究会，2001，海大图藏。

4938. 琼侨抗日英杰：符克烈士专辑，海南省政协文史资料委员会主编，海南出版社，1996。

4939. 符镇南，冯国志主编，海南农垦报社印刷厂，1993，海大图藏。

4940. 百年马白山，海南革命史研究会编，海南革命史研究会，2007，海大图藏。

4941. 将军的风采：怀念庄田同志，黄康、马白山、陈青山著，海南出版社，1996。

4942. 永久的怀念：纪念马白山将军，中共海南省党史研究室编，海南出版社，1996。

4943. 浴血天涯：革命回忆录，马白山著，广东人民出版社，1984。

4944. 浴血天涯——马白山，马必前著，南海出版公司，2007。

4945. 庄田将军，殷勤轩、陈坚著，庄田纪念馆，1995，海师图藏。

4946. 逐鹿南疆：革命回忆录，庄田著，广东人民出版社，1993。

4947. 庄田将军传奇，吴基林著，广东人民出版社，2011。

4948. 琼岛烽烟：革命回忆录，庄田著，广东人民出版社，1979。

4949. 常胜将军：怀念吴克之同志，梁振球、程昭星编，中共海南省委党史研究室，海师图藏。

4950. 吴克之回忆录，吴克之著，《琼岛星火》编辑部，1986，海大图藏。

4951. 抗战虎将黄保德，黄昌华、黄基华著，南海出版公司，1997。

4952. 郑介民军统生涯，欧大雄著，南海出版公司，1993。

4953. 郑介民将军生平，乐炳南著，时英出版社，2010。

4954. 我的父亲陈序经，陈其津著，长征出版社，2007。

4955. 学识渊博的优秀教育家——陈序经，赵立彬著，广东人民出版社，2009。

4956. 风范长存：纪念江田同志，中共海南省委党史研究室编，海南省文化广电出版体育厅，2008，省图藏。

4957. 王国宪先生纪念集，陈光华编，王国宪先生纪念筹备会，1992，海大图藏。

4958. 麦宏恩烈士遗书，中共三亚市委党史资料征集研究领导小组办公室编，中共三亚市委党史资料征集研究领导小组办公室，1986，中山图藏。

4959. 功在国家 卓著勋劳：陈得平中将平生事略考，陈圣育等编，琼山县政协办公室，1992，海大图藏。

4960. 韩汉英将军追悼大会特刊，韩汉英将军追悼大会编，韩汉英将军追悼大会，1966，《海南文献资料简介》。

4961. 冯故制宪代表尔和先生纪念册，冯故制宪代表尔和先生纪念册编辑委员会，1967，《海南文献资料简介》。

4962. 双木成荫，林志坚著，中国评论学术出版社，2005。

4963. 黄珍吾先生纪念集，黄珍吾先生治丧委员会编，黄珍吾先生治丧委员会，1970，《海南文献资料简介》。

4964. 冯平传，冯子平著，东西文化事业公司，1999。

4965. 永远的丰碑：冯平，冯子平著，香港银河出版社，2009。

4966. 曾山传奇，裘之倬等著，广东旅游出版社，2000。

4967. 雨过天晴，梁基毅著，中山大学出版社，1996。

4968. 王文明传，冯衍甫、谢才雄著，中共琼海市委党史研究室编，海南出版社，2010。

4969. 王文明，中共琼海县委党史办公室编，《琼岛星火》编辑部，1989，海大图藏。

4970. 独脚将军陈策传，欧大雄著，海南出版社，1993。

4971. 八十回望：一生冷暖我心知，王禄贵著，2003，海大图藏。

4972. 卢胜回忆录，卢胜著，王炳南整理，东方出版社，1992。

4973. 陈其美传奇，林承钧著，南海出版公司，2001。

4974. 骁将风范：怀念李振亚将军，中共海南省委党史研究办编，南海出版公司，2003。

4975. 忠魂贞骨在天涯：李振亚将军牺牲四十周年纪念文集，中共广西藤县委员会党史办公室编，中共广西藤县委员会党史办公室，1988，中山图藏。

4976. 张云逸大将，张云逸纪念馆编，张云逸纪念馆，1992，海大图藏。

4977. 张云逸研究资料，朱明国著，广西人民出版社，1994。

4978. 张云逸，顾卫东著，作家出版社，1997。

4979. 张云逸，谢远学著，作家出版社，1997。

4980. 张云逸军事文选，军事科学院《张云逸军事文选》编辑组编辑，军事科学出版社，2007。

4981. 张云逸大将，罗永平著，海燕出版社，1987。

4982. 大将张云逸，于波著，解放军文艺出版社，1999。

4983. 张云逸大将，洪亮著，四川人民出版社，2009。

4984. 张云逸大将画传，洪亮著，四川人民出版社，2009。

4985. 共和国将军——张云逸，粱逵著，浙江大学出版社，2011。

4986. 张云逸年谱，张晓光著，中共党史出版社，2005。

4987. 张云逸在广西，黄明初著，中国档案出版社，2009。

4988. 中外军事博览之七：中国大将卷·中国大将张云逸，李庆山著，中共党史出版社，2006。

4989. 开国大将张云逸，李庆山著，中共党史出版社，2004。

4990. 中国大将军的故事，石仲泉著，中共党史出版社，1995。

4991. 少数民族英雄陈理文的故事，朱泽甫著，广益书局，1951。

4992. 全国战斗英雄陈理文，海南省民族宗教事务厅、《全国战斗英雄陈理文编委会》编，南海出版公司，2000。

4993. 周士第将军传，陈永阶、何锦洲编，当代世界出版社，1995。

4994. 周士第回忆录，周士第著，人民出版社，1979。

4995. 周士第将军，杨弘著，解放军出版社，2003。

4996. 十大参谋长，冯光宏著，中央编译出版社，2004。

4997. 魏南金，中共广东省委党史研究室、中共龙川县委宣传部编，香港荣誉出版有限公司，2003。

4998. 男人的气质：刘垂吉与国基精神，吴开清、陶蕾嵋著，成都科技大学出版社，1992。

4999. 吴乾华传，徐国定、林巨兴著，台湾报业股份有限公司，1992。

5000. 风雨人生路，陈冰萍著，中共海南省委党史出版社，1999。

5001. 黄大仿传略，邓坚著，海口市化工印刷包装公司，1990。

5002. 缅怀陈说同志，符敦克著，海南出版社，1993。

5003. 琼崖革命先驱：杨善集，中共琼海县委党史办公室编，《琼岛星火》编辑部，1986，海大图藏。

5004. 李硕勋，中央广东省委党史研究委员会《李硕勋》编写组编，广东高等教育出版社，1987。

5005. 浩气长存：纪念李硕勋烈士诞辰100周年，张松林主编，南海出版公司，2002。

5006. 铁血丹心献琼崖：张开泰在他的那个年代里，李学山编，香港天马图书有限公司，2002。

5007. 陈垂斌在琼南，刑力新著，广东旅游出版社，2006。

5008. 琼崖女杰刘秋菊，海南大学文学院、中共琼山县委党史研究室编，海南大学文学院，1991，海大图藏。

5009. 符致炳传，符致炳、符征著，炳发集团公司，2004，海师图藏。

5010. 陈香梅八访海南，黄进先主编，林碧泉摄影，海南省人民政府新闻办公室，2002，海大图藏。

5011. 李向群，王通贤、杨建华著，黄河出版社，2003。

5012. 抗洪英烈李向群，刘见著，人民出版社，1998。

5013. 学习新时期英雄战士李向群，海南日报社编，南方出版社，1999。

5014. 新时期青少年的榜样——李向群，李公羽、刘见执编，人民教育出版社，1999。

5015. 当代青年的楷模：李向群的故事，53013部队政治部、中共桂林市委宣传部编，漓江出版社，1998。

5016. 李向群，窦孝鹏著，金盾出版社，2000。

5017. 李向群：胸怀远大志向 追求高尚人生，王通贤著，蓝天出版社，2007。

5018. 李向群和他的战友抗洪日记选，谢良进编，广西人民出版社，1999。

5019. 新时期英雄战士李向群，总政治部编，解放军出版社，1999。

5020. 新时期的好战士——李向群，肖福著，新世纪出版社，1999。

5021. 新时期英雄战士李向群，刘见著，人民出版社，1999。

5022. 李向群思想火花集，王建伟著，广西人民出版社，1999。

5023. 李向群的故事，黎凯著，漓江出版社，1998。

5024. 新时期青少年的好榜样——李向群，腾文著，长城出版社，1999。

5025. 无悔的生命，李公羽著，海南出版社，2008。

5026. 军旗下的丰碑，李公羽著，山东大学出版社，1999。

5027. 生命的礼赞，李公羽著，漓江出版社，1999。

5028. 当代青年的楷模，孔见著，漓江出版社，1998。

5029. 特区优秀警察，肖丹玲著，海南省公安厅，1999，海师图藏。

5030. 树上的日子：我的一九六八，梁云平著，花城出版社，2007。

5031. 人民功臣林侠君，朱逸辉编，东西文化事业公司，2001。

5032. 告诉你一个真实的陈楚生，海南日报报业集团著，海南出版社，2007。

5033. 梁亚宽创业实录：南国西瓜王，云心影编著，香港银河出版社，2002。

5034. 怀念许士杰，邓鸿勋、刘剑锋、姚文绪著，广东人民出版社，1992。

5035. 一级英模余玉全，中共三亚市委宣传部编，中共三市委宣传部，2004，三亚图藏。

5036. 特区金融卫士：柯华文、田勤，中共海南省委宣传部、中国农业银行海南省分行编，南海出版公司，1991。

5037. 史丹的脚印，冯国志主编，东西文化事业公司，2000。

5038. 红烛春秋：邹福如校长从教45年纪念文集，邹福如编，海南出版社，2001。

5039. 嘉怀年录，王家怀著，王家梧辑印，1975，《海南文献资料简介》。

5040. 王家槐先生逝世纪念册，王故少将家槐追悼会辑，1973，《海南文献资料简介》。

5041. 符母张太夫人竹友荣哀录，《符母张太夫人竹友荣哀录》编辑委员会编，台北治丧委员会，1960，《海南文献资料简介》。

5042. 来琼先生、德配庄夫人六龣双寿纪念册，邢超名等编辑，1966，《海南文献资料简介》。

5043. 人造花大王——欧宗清，钟彪著，广东旅游出版社，1992。

5044. 欧宗清传，钟彪著，南海出版公司，1998。

5045. 海晏河清：欧宗清传，周塞峰主编，人民日报出版社，2004。

5046. 爱国华侨卢家蕃传奇，王锡钧著，长征出版社，2005。

（三）氏族谱系

5047. 孔氏家谱（上、下册），1999年续修，海大图藏。

5048. 南九王氏族谱（合七册），王创富、王有业、王龙德、王典道等主修，1979 年第六次续修，海大图藏复印本。

5049. 王氏族谱（合十四册），王玉廷、王仁宗等主修，1979 年扩修，1981 年完工，海大图藏复印本。

5050. 王氏家谱（合十册），王会东、王天应等主修，1984 年第六次续修，海大图藏复印本。

5051. 王氏族谱（合七册），王惠陶等主修，1985 年第 8 次续修，海大图藏复印本。

5052. 三槐谱录（琼崖王氏祠成立六十周年纪念特刊），王卓如主修，1986，海大图藏。

5053. 孟里王氏族谱，王书麒、王振栋主修，1987，海大图藏复印本。

5054. 源流集・琼州王氏，王明恩主修，1992 年续修，海大图藏复印本。

5055. 临高王氏宗谱（合九册），1994 年续修，海大图藏。

5056. 王氏有益公家谱（合八册），王昌保等主修，1994 年续修，海大图藏复印本。

5057. 王氏族谱（合三册），王运淮等主修，1995 年第七次续修，海大图藏复印本。

5058. 王氏族谱（合四册），王永仁等主修，1996 年第四次续修，海大图藏复印本。

5059. 临高王氏宗谱，1998 年续修，海大图藏。

5060. 王氏族谱（上、下册），王善雍主修，2001 年第八次续修，海大图藏。

5061. 王氏族谱——渡琼始祖天祥公谱系，王善雍主修，2002 年续修，海大图藏复印本。

5062. 海南王氏旅台宗亲家谱汇编，海南王氏旅台宗亲联谊会家谱纂修委员会编，海南王氏旅台宗亲联谊会家谱纂修委员会，1977，《海南文献资料简介》。

5063. 琼州王氏源流集，王明思等纂，《琼州王氏源流集》编委会，1992，国图藏。

5064. 琼山王氏人文汇集第一集，王学祝、王懋才、王春逸编，琼山王氏文物搜集编辑组编，海师图藏。

5065. 韦氏族谱，清乾隆三十年（1765）续修，海大图藏复印本。

5066. 韦氏族谱（合三册），韦经涛等主修，1987 年第六次续修，海大图藏复印本。

5067. 云氏族谱（合十册），云茂琦等主修，光绪二十年（1894）重修，海大图藏复印本。

5068. 云漫天涯——琼粤云氏今与昔，云大晟、云昌镁、云天明编，1998，海大图藏。

5069. 云氏族谱，海大图藏。

5070. 方氏家谱，（清）方定钦主修，光绪二十一年（1895）第六次重修，海大图藏复印本。

5071. 文氏族谱（合八册），文元彬等主修，1986 年续修，海大图藏复印本。

5072. 邓氏族谱，邓世华主修，1997 年续修，海大图藏。

5073. 南阳亲缘，海南邓氏宗亲联谊会编，海南邓氏宗亲联谊会，2007，海大图藏。

5074. 龙氏族谱（合七册），龙兴任主修，1990～1993 年续修，海大图藏复印本。

5075. 海南卢氏族谱，卢传宁等主修，1988～1992 年第十二次续修，海大图藏复印本。

5076. 多逊文化泽千秋，海南省卢多逊历史文化研究会编，海南省卢多逊历史文化研究会，2011，海大图藏。

5077. 史氏族谱（合四册），罗景章、史可儒主修，民国十五年（1926）续修，海大图藏复印本。

5078. 叶家族谱，叶冠春、叶青主编，2005 年续修，海大图藏复印本。

5079. 琼州叶氏族谱（合五册），叶保存、叶凤等主修，2005～2006 年续修，海大图藏。

5080. 丘氏族谱（合五十册），丘世藩、丘炳南等主修，1980 年续修，海大图藏复印本。

5081. 海南丘氏族谱，丘达民主编，海南省丘氏族谱研究会，2005。

5082. 冯氏家谱（合二十一册），光绪三十四年（1908）续修，海大图藏复印本。

5083. 海南冯氏族谱（合三十册），冯光兴等主修，1981 年续修，海大图藏复印本。

5084. 冯氏族谱（合五册），冯昌泰等主修，1987年续修，海大图藏复印本。

5085. 冯氏族谱（合四册），冯昌泰等主修，1988～1989年续修，海大图藏复印本。

5086. 冯氏族谱（合四册），1989年续修，海大图藏复印本。

5087. 海南冯氏族谱（合九册），1992年第八次续修，海大图藏复印本。

5088. 冯氏家谱，冯礼贵、冯兴民等主修，2002年续修，海大图藏。

5089. 孙德秀分族谱，孙有瑄主修，1989年第五次续修，海大图藏复印本。

5090. 孙氏族谱二十一卷，重纂孙氏族谱理事会、海南师范学院图书馆资料室编，海南师范学院图书馆，2002，海师图藏。

5091. 李氏家谱（合十一册），光绪三十四年（1908）续修，海大图藏复印本。

5092. 李氏族谱（合十八册），李科宏、李大琼等主修，1979年续修，海大图藏复印本。

5093. 李氏族谱，李树阅、李达伟等主修，1980年第三次续修，海大图藏复印本。

5094. 李氏族谱（合四十六册），李礼仁、李光大等主修，光绪三十四年（1908）续修，1980～1989年第十一次续修，海大图藏复印本。

5095. 李氏族谱（合七册），李治天、李治才等主修，1987年续修，海大图藏复印本。

5096. 李氏族谱（合四册），李学猷等主修，1997年续修，海大图藏复印本。

5097. 李氏族谱（合三册），海大图藏。

5098. 李氏族谱（合二册），李茂科等主修，海大图藏。

5099. 李氏后裔溯源纪实，李诗淑主编，海大图藏。

5100. 李氏后裔溯源纪实，李师淑主编，纪念李德美公编纂委员会，2002。

5101. 南宗末来琼始祖李太素公族谱，周世提供历史资料，济世改编，2006，海大图藏。

5102. 东方市吉氏支系总族谱，吉鲁汉主修，2001，海大图藏复印本。

5103. 迁崖吉氏族谱，2001 年修，海大图藏复印本。

5104. 邢氏家谱（合两册），刑福森、邢福郊等主修，1985～1988 年续修，海大图藏复印本。

5105. 海南省邢氏家谱，邢益儒主修，2001 年续修，海大图藏。

5106. 伍氏族谱（合五册），伍友、伍益三等主修，洪宪元年（1915）续修，海大图藏复印本。

5107. 海南伍氏总谱（合七册），伍华、伍业振主编，1990，海大图藏复印本。

5108. 海南朱氏宗谱（合四册），朱逸辉等主编，1997 年续修，海大图藏复印本。

5109. 朱氏家谱，海大图藏复印本。

5110. 刘氏族谱，刘遇春等主修，1985 年续修，海大图藏复印本。

5111. 刘氏族谱，1992 年续修，海大图藏复印本。

5112. 刘氏族谱，刘成光等主修，1996 年续修，海大图藏复印本。

5113. 许氏宗谱，1963 年续修，海大图藏复印本。

5114. 许氏族谱（合二册），1989 年续修，海大图藏复印本。

5115. 劳氏族谱，1980 年续修，海大图藏复印本。

5116. 严氏族谱（合十九册），严居安主修，1992 年续修，海大图藏复印本。

5117. 杨氏族谱，杨元通等主修，1980 年续修，海大图藏复印本。

5118. 杨氏族谱（合四册），1988 年第六次续修，海大图藏复印本。

5119. 杨氏家谱（合十二册），1989 年续修，海大图藏复印本。

5120. 杨氏族谱，2001 年续修，海大图藏复印本。

5121. 吴氏族谱（合九册），1985 年续修，海大图藏复印本。

5122. 南洋吴氏宗族，1976 年重修，海大图藏。

5123. 吴氏合族谱，吴宏东、吴日球主修，1981 年补修，海大图藏复印本。

5124. 良智公族谱，吴乃敏、吴国礼主修，1997 年续修，海大图藏。

5125. 何仁德公家谱（合二四册），何文轩等主修，1989 年续修，海大图藏复印本。

5126. 琼山邱氏家谱（合四册），咸丰九年（1859）修，海大图藏复印本。

5127. 琼崖陈氏族谱，陈善甫主修，1960 年续修，海大图藏复印本。

5128. 陈氏族谱（合五册），陈大河主修，1987 年续修，海大图藏复印本。

5129. 陈梦公族谱，陈学尧等主修，1989 年续修，海大图藏复印本。

5130. 陈氏族谱，陈道芬等主修，1995 年续修，海大图藏。

5131. 海南陈氏族谱，1995 年续修，海大图藏复印本。

5132. 海南陈氏谱（合八册），陈开岩等主修，1998～2002 年续修，海大图藏。

5133. 中华陈氏三千年，陈贻超主修，2002 年续修，海大图藏。

5134. 陈氏家谱，海大图藏复印本。

5135. 琼州孟氏族谱，孟允安主编，香港黑马出版有限公司，中山图藏。

5136. 张氏家谱（合五册），光绪三十年（1904）重修，海大图藏复印本。

5137. 张氏族谱（合二一册），张梦周等主修，民国二十五年（1936）第十三次续修，海大图藏复印本。

5138. 张氏族谱（合六册），张纲等主修，1980 年第十四次续修，海大图藏复印本。

5139. 张氏史谱，张光桂等主修，1984 年续修，海大图藏复印本。

5140. 张氏史料汇编，1990，海大图藏复印本。

5141. 张氏史谱，张翰銮、张国琳主修，1990 年续修，海大图藏。

5142. 张氏家谱，1992 年续修，海大图藏复印本。

5143. 张氏龚罗到支谱，张耀西主修，1994 年重修，海大图藏复印本。

5144. 高林张氏家谱，张运海、张昌辉主修，2002 年续修，海大图藏。

5145. 张氏族谱，张运海、张昌辉主修，2003 年重修，海大图藏复印本。

5146. 张氏师拱公支族谱（合二册），张泰山等主修，2004 年第十五次续修，海大图藏。

5147. 张氏族谱（合二册），海大图藏复印本。

5148. 张氏家谱，海大图藏复印本。

5149. 张氏竹墩村愢公支谱，张昌炽主修，海大图藏复印本。

5150. 范氏族谱，范玉林主修，2001 年续修，海大图藏复印本。

5151. 白延林氏族谱——五房通传之一（合四册），1843 年续修，海大图藏复印本。

5152. 林氏家谱（合二册），林植林等主修，民国十八年（1929）续修，海大图藏复印本。

5153. 林氏族谱（合七册），林维国等主修，1980 年续修，海大图藏复印本。

5154. 林氏族谱（合四册），1984 年续修，海大图藏复印本。

5155. 琼州林氏族谱（合五册），1988 年重修，海大图藏复印本。

5156. 林氏克明祖系大宗主谱（合二册），林淮江等主修，1989～1990 年续修，海大图藏复印本。

5157. 林氏族谱，海大图藏复印本。

5158. 林氏家谱，海大图藏复印本。

5159. 林氏族谱（合四册），海大图藏复印本。

5160. 林氏堂号源流，海大图藏复印本。

5161. 琼州林氏千年谱，林诗章主编，“琼州林氏千年谱”编委会，2004，海大图藏。

5162. 欧氏家谱（合二册），洪宪元年（1916）续修，海大图藏复印本。

5163. 欧氏族谱——梁公谱，欧世起主修，1968 年续修，海大图藏复印本。

5164. 欧氏家谱（合十二册），欧裕德主修，1987 年第八次续修，海大图藏复印本。

5165. 欧氏宗义祠堂族谱，海大图藏复印本。

5166. 欧阳氏族谱（合四册），1990 年重修，海大图藏。

5167. 卓氏族谱，卓观洲主编，1991 年续修，海大图藏复印本。

5168. 海南卓氏源流志要，卓冠亚主编，2001 年重修，海大图藏复印本。

5169. 海南卓氏源流志要，卓冠亚主编，2002 年重修，海大图藏复印本。

5170. 周氏族谱，周庆江、周翰典等主修，1951 年续修，海大图藏复印本。

5171. 海南周氏宗谱（合四册），周克秀等主编，200～2002 年续修，海大图藏。

5172. 岐阳家乘——仁德公裔周氏族谱，海大图藏复印本。

5173. 海南竺氏族谱（合五册），竺德文主编，2002 年第二次续修，海大图藏复印本。

5174. 郑氏联修族谱（合五册），海大图藏复印本。

5175. 柯氏续修族谱（合七册），柯树弘等主修，1982 年续修，1984 年重修，海大图藏复印本。

5176. 钟筠溪先生年谱，王国宪主编，1919，海大图藏复印本。

5177. 钟氏族谱（合十册），1979 年续修，海大图藏复印本。

5178. 钟氏族谱——海口市石山镇美岭典读村，钟昌熙、钟时坚主修，海大图藏复印本。

5179. 钟氏族谱，钟时坚主修，1994 年续修，海大图藏复印本。

5180. 始祖钟明显族谱，钟美钦主修，1996 年续修，海大图藏复印本。

5181. 钟氏渡琼始祖史谱（合二册），200 年第五次续修，海大图藏复印本。

5182. 钟氏家谱，钟运柏、钟积单主修，2003 年第八次续修，海大图藏复印本。

5183. 钟氏族谱——钟筠溪先生年谱，海大图藏复印本。

5184. 崖州赵氏鼎公族谱，1992，中山图藏。

5185. 泰国符氏祖祠成立十五周年纪念特刊，泰国符氏祖祠编，泰国符氏祖祠第七届理事会，1972，《海南文献资料简介》。

5186. 姚氏族谱（合十一册），姚世景等主修，1988 ~ 1993 年续修，海大图藏复印本。

5187. 郭氏家谱（合四册），海大图藏复印本。

5188. 洪氏宗谱，陈周棠校补，1981，海大图藏复印本。

5189. 洪氏族谱（合九册），洪祊春主修，1990 ~ 1996 年续修，海大图藏复印本。

5190. 莫氏族谱，莫泽海主修，1993 年续修，海大图藏。

5191. 莫氏族谱（合二七册），莫景星、莫河光、莫克文主修，1992 ~ 1995 年第八次续修，海大图藏。

5192. 莫氏族谱，2001 年续修，海大图藏复印本。

5193. 夏氏族谱（合七册），夏达兴、夏可清、夏治辉主修，1993 年第六次续修，海大图藏复印本。

5194. 翁氏族谱（合二册），翁次清主修，1987年续修，海大图藏复印本。

5195. 京兆翁氏族谱，翁忠言、翁金水主修，海大图藏复印本。

5196. 海南徐氏族谱，徐正功主修，1989年续修，海大图藏复印本。

5197. 海氏族谱，海对苏主修，光绪三十二年（1906）续修，海大图藏复印本。

5198. 海氏答儿公族谱（合二册），1986年续修，海大图藏复印本。

5199. 海氏答儿公族谱（合七册），1986年续修，海大图藏复印本。

5200. 凌氏家谱（合六册），凌家凤、凌日炳等主修，1996年续修，海大图藏复印本。

5201. 唐氏家谱，1982年续修，海大图藏复印本。

5202. 陶氏族谱，海大图藏复印本。

5203. 黄氏族谱（合五册），黄坚三、黄甫汉、黄达之主修，海大图藏复印本。

5204. 新加坡琼涯黄氏公钻禧纪念刊，1984，海大图藏复印本。

5205. 琼南黄氏族谱，黄明行主修，1987年续修，海大图藏复印本。

5206. 海南黄氏族谱（合三册），1989年续修，海大图藏复印本。

5207. 临高县黄氏族谱（合三册），黄元辑主修，1992年续修，海大图藏。

5208. 黄氏族谱，黄春圃主修，2003年续修，海大图藏。

5209. 黄氏重公族谱，黄慧公、黄缵其主修，2003年续修，海大图藏。

5210. 南海移崖黄氏族谱，黄怀兴、黄怀章主修，2003年续修，海大图藏。

5211. 琼海中原山仙江夏黄氏宗谱实录：第六次续编，山仙黄氏宗谱编委会编，山仙黄氏世系源流编委会，2007，海大图藏。

5212. 海南黄氏史话，黄培平主编，本书编辑委员会、海南黄氏网编辑部合编，香港银河出版社，2009。

5213. 萧氏家谱，1990年第四次续修，海大图藏复印本。

5214. 符氏族谱（合十册），符元春等主修，民国27年（1938）续修，1982年重印，海大图藏复印本。

5215. 海南符氏族史万宁县本（合二册），1980年续编，海大图藏复印本。

5216. 符氏族谱（合六册），符玉明等主修，1982 年续修，海大图藏复印本。

5217. 临高符氏族谱（合四册），符光勉主修，海大图藏。

5218. 儋州市符氏志，1997 年续修，海大图藏复印本。

5219. 符氏族谱（合三七册），符元春、符维东主修，1997 ~ 2002 年第十二次续修，海大图藏。

5220. 海南梁氏谱，梁剑平主修，2000 ~ 2001 年续修，海大图藏。

5221. 海南梁氏谱，海南梁氏谱编委会编印，香港天马图书有限公司，2001。

5222. 梁氏家乘，海大图藏复印本。

5223. 海南崔氏族谱（合六册），崔修琼主修，2000 年续修，海大图藏复印本。

5224. 辜氏族谱（合四册），海大图藏复印本。

5225. 韩氏族谱（合八册），韩培光主修，1997 年续修，海大图藏。

5226. 太原堂温氏族谱，2005 年续修，海大图藏复印本。

5227. 温氏家谱，海大图藏复印本。

5228. 海南曾氏重修族谱（合七册），1993 年续修，海大图藏复印本。

5229. 武城曾氏重修族谱（合二册），曾庆方主修，1995 年重修，海大图藏复印本。

5230. 武城曾氏重修族谱（合九册），海大图藏复印本。

5231. 曾氏续修族谱，海大图藏复印本。

5232. 海南曾氏，曾广河主编，天马出版有限公司，2005。

5233. 蒙氏族谱，1980 年续修，海大图藏复印本。

5234. 定安蒙氏族谱（合二册），蒙传松主修，2003 年第七次续修，海大图藏复印本。

5235. 海南詹氏族谱（合二册），詹先登主修，1998 年续修，海大图藏复印本。

5236. 万宁詹氏族谱，詹尊光主修，2006 年续修，海大图藏。

5237. 蔡氏族谱，蔡高廷主修，1988 年续修，海大图藏。

5238. 桃果村蔡氏家谱，蔡大伟主修，2003 年续修，海大图藏复印本。

5239. 裴氏族谱（合七册），海大图藏复印本。

5240. 廖氏族谱（合十一册），海大图藏复印本。

5241. 禤氏族谱，禤学吉主修，1986 年第七次续修，海大图藏复印本。

5242. 颜屿清祖谱，颜启华主修，1993 年续修，海大图藏复印本。

5243. 海南利氏族谱（合三册），2006，省图藏。

5244. 文昌祝氏族谱，2007，省图藏。

5245. 万宁吴氏宗谱第一卷，万宁吴氏宗谱编纂委员会编，2004，海大图藏。

5246. 海南吴氏宗谱，海南吴氏宗谱编纂委员会编，香港嘉创国际有限公司，2009。

5247. 武陵堂海南龚氏族谱，海南龚氏大宗祠理事会编，2001，海大图藏。

5248. 蒙养程氏族谱，程儒参主编，海南省琼海市《蒙养程氏族谱》第七次续修委员会，2007，海大图藏。

5249. 琼州业氏族谱，叶保存总修纂，2006，海大图藏。

5250. 儋州蒲氏族谱，蒲绋禧主编，中国文联出版社，2009。

5251. 海南谱牒研究，周伟民著，2000，中山图藏。

5252. 澄迈祖源志，王明恩、王永庆、邓金东、王玉章著，海南出版社，2000。

5253. 海南家谱提要，陈虹选编，海南出版社，2008。

5254. 海南百家姓，海南省地方志学会、海南省姓氏文化研究编委会编，天马出版有限公司，2007。

5255. 海南客家姓氏渊源暨人物录，古小彬编著，香港新闻出版社，2008。

5256. 海南陈氏人物志，陈多余编，东西文化事业公司，1998。

5257. 海南郭氏人物传，郭仁勇编著，2004，海大图藏。

5258. 韩氏琼籍人物，纫丰主编，香港天马图书有限公司，2002。

5259. 世界海南欧氏宗亲联谊会特刊，欧竞中主编，世界海南欧氏宗亲联谊会特刊，2002，海大图藏。

5260. 海南符氏大厦重建四周年纪念特刊（1988～1992），符大榜、国道编，海南符氏大厦，1992，海师图藏。

5261. 海南林氏古代人物志，林巨兴、林仕镇主编，比干文化研究编辑部编辑、海南省人大常委会办公厅，2009，海大图藏。

5262. 星洲韩氏祠庆祝成立九十周年纪念特刊，广丰编，星洲韩氏祠，

1990，海师图藏。

5263. 黄氏风采：文昌市黄氏理事会成立廿十周年大宗祠重建十周年暨建楼纪念特刊，文昌黄氏理世会编，文昌市黄氏理事会，2009，海大图藏。

5264. 琼海市中原镇山仙江夏黄氏世系源流：寻根，山仙黄氏世系源流编委会编，山仙黄氏世系源流编委会，2007，海大图藏。

三　文物考古

5265. “南海Ⅰ号”与海上丝绸之路，李庆新著，五洲传播出版社，2010。

5266. 2011年“南海Ⅰ号”的考古试掘，刘志远著，科学出版社，2011。

5267. 南海考古，郝思德编著，广西师范大学出版社，2011。

5268. 大海的方向：华光礁1号沉船特展，丘刚主编，凤凰出版社，2011。

5269. 南海文物，郝思德著，南方出版社，2008。

5270. 海南文物记事，沈志成、沈艳著，南方出版社，2008。

5271. 西沙水下考古（1998～1999），中国国家博物馆水下考古研究中心、海南省文物保护管理办公室编著，科学出版社，2006。

5272. 西沙文物：中国南海诸岛之一西沙群岛文物调查，广东省博物馆编，文物出版社，1974。

5273. 万宁古今：纪念万宁县建县1360周年专辑，万宁县纪念建县1360周年活动领导小组办公室编，万宁县纪念建县1360周年活动领导小组办公室，1991，海大图藏。

5274. 琼海县文物志，何君安编，中山大学出版社，1988。

5275. 琼山县文物志，郭克辉编，中山大学出版社，1990。

5276. 文昌县文物志，文昌县政协文史资料研究委员会、文昌县文物普查办公室编，文昌县政协文史资料研究委员会，1988，海大图藏。

5277. 海口文物志，海口市博物馆编，1993，海大图藏。

5278. 定安县文物志，许荣颂编，中山大学出版社，1987。

5279. 澄迈县文物志，李文瑞编，澄迈县文物普查办公室出版，1987，中山图藏。

5280. 海南省博物馆，丘刚主编，海南省博物馆编，文物出版社，2010。

5281. 文昌孔庙，谭显波著，1994，海大图藏。

5282. 海南岛凤鸣村新石器时遗迹调查，广东省人民政府民族事务委员会编，广东省人民政府民族事务委员会，1951，海大图藏。

5283. 孤军奋战 红旗不倒，林其善等编，中国大百科全书出版社，1999。

5284. 海南民族文物，王建成、王翠娥著，南方出版社，2008。

5285. 海南历史货币，韩海京著，中国金融出版社，1992。

5286. 韩槐准文存，海南省文化历史研究会主编，长征出版社，2008。

5287. 海南古陶瓷，涂高潮著，南方出版社，2008。

5288. 海南金石概说，周伟民、唐玲玲著，南方出版社，2008。

5289. 海南天涯海角摩崖石刻，杨其元著，南方出版社，2008。

5290. 历史的纪念：海南省爱国主义教育基地和重点文物保护单位简介，中共海南省委党史研究室、海南省地方志办公室编，中共海南省委党史研究室，2007，海大图藏。

5291. 海南省民族博物馆馆刊，羊海强主编，2005，省图藏。

5292. 海南丘浚故居修缮工程报告，吴锐、王亦平、黄培平编著，文物出版社，2003。

5293. 海南省爱国主义教育基地，钟雄、蒋聚荣、韦章运编，南海出版公司，1997。

5294. 琼州双璧、万古增辉：筹建丘海纪念馆资料，丘海纪念馆筹建委员会编，1993，海大图藏。

5295. 宋氏祖居简介，文昌宋庆龄基金会办公室编，文昌宋庆龄基金会办公室，1989，海大图藏。

5296. 宋氏祖居，龙彩凤主编，《宋氏祖居》画册编辑委员会，2001，海大图藏。

5297. 北京宋庆龄故居，盛永华编，文物出版社，1986。

5298. 三亚落笔洞遗址，郝思德、黄万波编著，南方出版社，2008。

5299. 先秦时期的南海岛民：海湾沙丘遗址研究，肖一亭著，文物出版社，2004。

5300. 海南古遗址，丘刚著，南方出版社，2008。

5301. 汉珠崖郡首府遗址研究，林巨兴著，远方出版社，2010。

5302. 江前宫·火雷圣娘与冼太夫人，陈嘉禄主编，合一文化出版社，2010。

5303. 海南古代墓葬，王育龙、高文杰著，南方出版社，2008。

5304. 南海Ⅰ号沉浮记，李岩等著，文物出版社，2009。

5305. 南海丝绸之路文物图集，广东省文物管理委员会等编，广东科技出版社，1991。

5306. 东沙岛南沙太平岛考古学初步调查，陈仲玉著，1995，国图藏。

5307. 三亚民间书契寻真，蔡明康著，百花文艺出版社，2010。

四　风俗习惯

5308. 海南社会风情，莫河主编，武吉知马琼崖联谊会、海南作家作品研究室，2009，海大图藏。

5309. 海南民族风情，王建成主编，民族出版社，2004。

5310. 海南民俗，邢植朝、詹贤武主编，甘肃人民出版社，2004。

5311. 海南民间禁忌文化，詹贤武著，南方出版社，2008。

5312. 海南民俗概说，焦勇勤、孙海兰主编，南方出版社，2008。

5313. 澄迈民俗风情，澄迈县政协工青妇文史委员会编，2004，海大图藏。

5314. 中国天涯海角国际婚礼节，中国三亚天涯海角国际婚礼节组委编，2000，三亚图藏。

5315. 南海渔家，赵全鹏编著，广西师范大学出版社，2011。

5316. 南海民俗，詹贤武等编著，广西师范大学出版社，2011。

5317. 琼崖岛民俗志，王兴瑞、岑家梧合著，广东省立中山图书馆，1957，中山图藏。

5318. 中国地方志民俗资料汇编·中南卷，丁世良、赵放主编，书目文献出版社，1990。

5318. 黎族风情，王国全编，广东省民族研究所，1985，中山图藏。

5320. 黎族织贝珍品·龙被艺术，洪寿祥主编，海南出版社，2003。

5321. 海南伊斯兰文化，姜樾、董小俊主编，中山大学出版社，1992。

5322. 海南岛苗人社会鸟瞰，王兴瑞著，广东省立中山图书馆，1957，中山图藏。

5323. 蛙文化之乡，保亭黎族苗族自治县文化广电出版体育局编，海南出版社，2011。

5324. 海南黎族苗族风情，胡亚玲著，南方出版社，2010。

5325. 明珠海南的民俗与旅游，王天津等编著，旅游教育出版社，1996。

5326. 共创海南美好明天：庆祝海南建省办经济特区五周年暨第二届海南国际椰子节纪念，刘建华主编，1993，海大图藏。

5327. 海南椰文化·民俗三月三，李明天、陈立浩著，南海出版公司，1992。

5328. 海南的春天：第三届海南国际椰子节活动纪念，孙晓西、林光强主编，海口丹昵广告有限公司，1993，海大图藏。

5329. 海南省2007年黎族苗族“三月三”主会场节庆活动，中共琼中黎族苗族自治县委员会、琼中黎族苗族自治县人民政府编，中共琼中黎族苗族自治县委员会，2007，海大图藏。

5330. 清代黎族风俗图，符桂花主编，海南出版社，2007。

5331. 祭祀与避邪：黎族民间信仰文化初探，高泽强、潘先锷著，云南民族出版社，2007。

5332. 黎族三月三节传统文化，黄翠玲主编，海南出版社，2011。

5333. 欢歌如画：2007年（第八届）中国海南岛欢乐节纪实，海南省旅游局编，海南省旅游局，2008，海大图藏。

5334. 海南黎族和台湾少数民族民俗比较，詹贤武著，南方出版社，2010。

5335. 肌肤上的文化符号，刘军著，民族出版社，2007。

5336. 文面黎女，方鹏著，广西人民出版社，2006。

5337. 绣面与雕身，张杰等著，上海大学出版社，2012。

五 地理

（一）地方概况

5338. 海南，王龙舆著，海外文库出版社，1958。

5339. 海南，海南省人民政府新闻办公室主编，陈志远撰稿，外文出版社，2005。

5340. 海南岛，海南国土局、广州地理研究所编，高等教育出版社，1988。

5341. 海南岛，林祖岳编著，香港利源书报社，1985。

5342. 海南岛，韩渊丰等编著，广东人民出版社，1976。

5343. 南海明珠——海南岛，余国扬编著，广东地图出版社，1985。

5344. 海南地理之研究，丘岳宋、符敬著，1967，《海南文献资料简介》。

5345. 海南行政区概况，海南区党委办公室秘书处编，海南区党委办公室秘书处，1984，海大图藏。

5346. 海南省况大全，海南省档案局编，吉林人民出版社，1991。

5347. 海南省情概要，李志民、王厚宏著，海南出版社，1992。

5348. 海南省情手册，中共海南省委办公厅编，中共海南省委办公厅综合处，省图藏。

5349. 海南省概况·澄迈县卷，海南省人民政府新闻办公室，中共澄迈县委宣传部编，1997，海大图藏。

5350. 海南省概况，海南省人民政府新闻办公室，南海出版公司，2000。

5351. 中国海南省概况，海南省测绘院，1998，海师图藏。

5352. 海南行政区概况，海南行政区党委办公厅秘书处编辑，海南行政区党委办公厅秘书处，1984，海大图藏。

5353. 海南地情要览，中共海南省委党史研究室、海南省地方志办公室编，中共海南省委党史研究室，2007，海大图藏。

5354. 海南县情辑要，李养国主编，南海出版公司，1992。

5355. 海南省情系列讲座，彭京宜主编，海南出版社，2011。

5356. 中国的宝岛——海南，王晓滨著，北京周报社，1986。

5357. 海南省情教程，邢植朝主编，广东高等教育出版社，1995。

5358. 中国地理大百科（10）·广东、香港、海南，郭碧玉等主编，光复书局企业股份有限公司，1997。

5359. 海南百科全书，李克主编，中国大百科全书出版社，1999。

5360. 海南杂著，台湾银行经济研究室编，台湾文献研究委员会，

1994，台湾“中央”大学图书馆藏。

5361. 海南通，毛豆编著，海南出版社，1993。

5362. 海南通，朱逸辉、王日策、古广祥编，香港新闻出版社，1984。

5363. 海南画报创刊号，海南画报社编，海南画报社，1995。

5364. 我爱你 海南，符鸿合主编，海南出版社，1995。

5365. 海南宝岛，魏南金主编，广东人民出版社，1988。

5366. 海南宝岛，杜德杰编著，1980，《海南文献资料简介》。

5367. 海南省：自然、历史、现状与未来，许士杰主编，商务印书馆，1988。

5368. 海南大观，陈栋康著，海南人民出版社，1988。

5369. 我国的海南岛，吴郁文、韩渊丰、黄远略著，商务印书馆，1978。

5370. 海南岛的景观，唐永銮著，新知识出版社，1958。

5371. 中国第一大特区——海南，陈晓星编，陕西旅游出版社，1988。

5372. 海南全览，桂平湖编，海南出版社，1993。

5373. 海南：南中国海的天堂岛，海南省人民政府新闻办公室主编，外文出版社，2005。

5374. 海南近志，王家槐撰述，1993，海大图藏。

5375. 魅力海南，孙苏主编，五洲传播出版社，2008。

5376. 我们的家园·海南，李养国主编，山东画报出版社，1998。

5377. 海南奇观，辛业江主编，人民日报出版社，1990。

5378. 海南岛地理，徐俊鸣著，广东人民出版社，1958。

5379. 海南岛美丽的家园，孙苏主编，五洲传播出版社，2003。

5380. 风情海南，李少君著，青岛出版社，2010。

5381. 海南风光，海南省外事侨务办公室编，海南出版社，2005。

5382. 天涯琼州，李少君著，青岛出版社，2007。

5383. 海之南·自然海南，常辅棠主编，南方出版社，2006。

5384. 海之南·物种海南，常辅棠主编，南方出版社，2006。

5385. 海之南·乡土海南，常辅棠主编，南方出版社，2006。

5386. 海之南·人文海南，常辅棠主编，南方出版社，2006。

5387. 海之南·特色海南，常辅棠主编，南方出版社，2006。

5388. 海南读本，钟一主编，南海出版公司，2005。

5389. 海南国际旅游岛公民手册，中共海南省委宣传部、海南省文明办编，海南出版社，2010。

5390. 往来海南暂住人员必读，胡志华、裘之倬、刘燕光编，中国国际广播出版社，1992。

5391. 海南特区居民必读，胡定核编，四川大学出版社，1993。

5392. 大特区指南，吕宜勇主编，1993，省图藏。

5393. 海南特区实用通讯及业务指南，海南省人民政府新闻办公室、海南省对外文化交流协会、经贸世界杂志社驻海南办事处编，1992，三亚图藏。

5394. 依法治省——海南办事指南·2003，邱江波编，2003，三亚图藏。

5395. 海南特区手册（1991），黄宝璋主编，南海出版公司，1992。

5396. 海南特区手册，姜巍主编，海南省计划厅发展战略研究处，1991，海大图藏。

5397. 海南研究第一辑，中山大学海南研究会主办，中山大学海南研究会，1988，中山图藏。

5398. 海南特产与饮食文化，陈文、李亚琼编，南方出版社，2010。

5399. 前进中的海南，海南省人民政府社会经济发展研究中心综合处、海南开发促进会办公室编，三亚图藏。

5400. 蔚蓝的航程，海南省海洋厅、中国市容报合编，中国文化出版社，1994。

5401. 海南之最，李养国主编，南海出版公司，1996。

5402. 水润琼岛，陈寒松编，海南出版社，2011。

5403. 海南岛自然资源，海南行政区地方志编纂委员会办公室编，海南行政区地方志编纂委员会办公室，1986，海大图藏。

5404. 海南岛生产典型：种养品种、重点工程、旅游点简介，海南区党委办公厅综合处编，海南区党委办公厅综合处，1986，海大图藏。

5405. 往来海南暂住人员必读，胡志华主编，中国国际广播出版社，1992。

5406. 天之涯 海之角，叶永烈著，上海文艺出版总社，2008。

5407. 首届海南国际椰子节介绍，中华人民共和国海南省人民政府编，中华人民共和国海南省人民政府，海师图藏。

5408. 娘子军登黄山，陈妙华著，玲子大众传播中心，1996。

5409. 海口，海南出版社，1992。

5410. 海口 1988～1998（摄影集），海口市人民政府编，南海出版公司，1997。

5411. 海口，陈秀娟译，海南出版社，1998。

5412. 今日海口，海口市人民政府编，2002，海大图藏。

5413. 海口市概况，海口市地方志编纂委员会办公室编，海口市地方志编纂委员会办公室，1987，国图藏。

5414. 海口办事指南，海口市人民政府办公室、《海口办事指南》编委会编，海口市人民政府办公室，1999，海大图藏。

5415. 海口办事指南，李体健、王为璐主编，辽宁人民出版社，1993。

5416. 椰林海滨城海口市，吴郁文，韩智存编著，科学普及出版社广州分社，1987。

5417. 海口辞典，海口市地方史志办公室，南海出版公司，2012。

5418. 海口市国内友好城市简介，海口市经济合作局编，海口市经济合作局，1994，海大图藏。

5419. 关于新海口市行政区划调整的建议，海口市政协城市发展研究会专家组编，海口市政协城市发展研究会专家组，2002，海大图藏。

5420. 椰林海滨城市海口市，吴郁文、韩智存著，科学普及出版社，1987。

5421. 海口老城区历史人文调研图文集一，海南省文化遗产研究会编，海南省文化遗产研究会，2007，省图藏。

5422. 海口老城区历史人文调研图文集二，城市建设、交通、邮电、经济、商贸，海南省文化遗产研究会编，海南省文化遗产研究会，2007，省图藏。

5423. 海口老城区历史人文调研图文集三，文化、教育、医疗卫生、市井风俗、宗教、慈善、海南省文化遗产研究会编，海南省文化遗产研究会，2007，省图藏。

5424. 发现海口上卷·人文圣地火山口，蒙乐生著，南海出版公司，2007。

5425. 发现海口中卷·蓝色海崖白沙门，蒙乐生著，南海出版公司，2007。

5426. 发现海口下卷·文化峰峦大英山，蒙乐生著，南海出版公司，2007。

5427. 发现海口·古城琼山，蒙乐生著，南海出版公司，2008。

5428. 发现海口·锦绣龙华，蒙乐生著，南海出版公司，2008。

5429. 阳光海口：娱乐之都，海口市旅游局编，海口市旅游局，2009，海大图藏。

5430. 最美海南：从海口到三亚，王晓雨、胡海燕著，北京航空航天大学出版社，2012。

5431. 琼山：国家历史文化名城，高日焙主编，东西文化事业公司，1999。

5432. 琼山乡镇便览，琼山县志编纂委员会办公室编，海南人民出版社，1988。

5433. 琼山县农业志，袁大道主编，南海出版公司，1993。

5434. 琼山县概况，琼山县志编纂委员会办公室，1987，海师图藏。

5435. 三亚通览，李荣、陈清欧编辑，三亚市地方志编纂委员会办公室编，香港新闻出版社，1987。

5436. 三亚通，三亚市地方志编纂委员会办公室编辑，摄影美术出版社，1994。

5437. 三亚大观，黄锦生主编，四川科学技术出版社，1997。

5438. 三亚概况，三亚市人民政府办公室编，三亚市人民政府办公室，1998，琼院图藏。

5439. 美丽的三亚，羊淑琼著，清华大学出版社，2004。

5440. 天涯采珠，三亚市旅游局、《天涯采珠》编辑组编著，1987，三亚图藏。

5441. 三亚：美丽的三亚，我们共同的家园，第53届世界小姐总决赛委会秘书处编，2003，三亚图藏。

5442. 东方夏威夷：三亚历史现状未来，陈贤、陈贵海著，香港环球出版社。

5443. 三亚：镶嵌在翡翠上的明珠，邢福泽编，1993，三亚图藏。

5444. 三亚自由行，《携程自由行》杂志社编著，上海书店出版社，2011。

5445. 三亚 PASS，人和旅程，电子工业出版社，2008。

5446. 海神庙，黄森章著，广东人民出版社，2005。

5447. 文昌通览，黄守昌、符青编，1994，琼院图藏。

5448. 宋庆龄的故乡：文昌县，谭显波、郭仁勇编，中国和平出版社，1989。

5449. 文昌县概况，文昌县对外宣传办公室编，三亚市民间文学三套集成办公室，1987，中山图藏。

5450. 澄迈县基本情况——广东省各县（市）资料汇编，中共澄迈县委办公室、南方日报资料室合编，南方日报资料室，1963，中山图藏。

5451. 走进寿乡：澄迈县，王川信主编，海南出版社，2011。

5452. 澄迈信息，澄迈信息编辑部、澄迈县人民政府办公室编，澄迈信息编辑部、澄迈县人民政府办公室，1994，海师图藏。

5453. 澄迈要览，澄迈县政协工青妇文史委员会编，中共澄迈县党史研究室，2008，海大图藏。

5454. 澄迈土地，姜学杰主编，成都科技大学出版社，1994。

5455. 今日澄迈，中共澄迈县委、澄迈县人民政府合编，海南经典文化传播有限公司，1996，海大图藏。

5456. 澄迈概况，中共澄迈县委员会、澄迈县人民政府编，2001，三亚图藏。

5457. 澄迈概况，澄迈县地方志编纂委员会办公室编，澄迈县地方志编纂委员会办公室，1986，海大图藏。

5458. 腾飞的乐东，中国市县系列丛书编辑部编，当代世界出版社，2000。

5459. 乐东黎族自治县概况，《乐东黎族自治县概况》编写组，民族出版社，2009。

5460. 充满希望的乐东，中共海南省乐东黎族自治县委编，中共海南省乐东黎族自治县委，2000，海大图藏。

5461. 我想在琼海有个家，陆志远主编，湖南地图出版社，2003。

5462. 海南岛璀璨的明珠：万宁市，符平荣主编，海南省新闻图片社万宁分社，2001，海大图藏。

5463. 万宁设市纪念册，万宁市人民政府编，万宁市人民政府，1997，海大图藏。

5464. 中国海南：万宁，新华社海南分社编，新华社海南分社，1994，海大图藏。

5465. 陵水黎族自治县概况，《陵水黎族自治县概况》编写组，民族出版社，2009。

5466. 海南陵水，《海南陵水》编委会编，海南华声文化传播有限公司，2002，海大图藏。

5467. 陵水县情，苏英河编，1992，琼院图藏。

5468. 广东省各县（市）资料汇编·陵水县基本情况，中共陵水县委办公室、南方日报社资料室编，1963，中山图藏。

5469. 琼中黎族苗族自治县概况，《琼中黎族苗族自治县概况》编写组，民族出版社，2008。

5470. 广东省各县（市）资料汇编·琼中县基本情况，中共琼中县委办公室、南方日报社资料室编，1963，中山图藏。

5471. 琼中黎族苗族自治县简介，陈世鸿等主编，琼中黎族苗族自治县经济合作局，海大图藏。

5472. 文门览胜，林志坚编，今日香港出版社，2003。

5473. 昌江黎族自治县概况，《昌江黎族自治县概况》编写组，民族出版社，2009。

5474. 昌江县概况，中共昌江县委办公室编，中共昌江县委办公室，1985，中山图藏。

5475. 昌江概况，郭承贤主编，海南人民出版社，1988。

5476. 神奇的昌江，关进平主编，海南出版社，2006。

5477. 东方县概况，东方黎族自治县地方志编纂办公室编，1988，省图藏。

5478. 白沙县概况，白沙县地方志编纂办公室编，白沙县地方志编纂办公室，1987，中山图藏。

5479. 白沙黎族自治县概况，《白沙黎族自治县概况》编写组编，民族出版社，2009。

5480. 儋县概况，钟平，海洋出版社，1989。

5481. 印象定安，王姹主编，海南出版社，2008。

5482. 走进定安，孙颖主编，2006，省图藏。

5483. 定安，海南省定安县招商局编著，2005，海大图藏。

5484. 儋州：中国民间艺术之乡，陈鄂主编，2001，海大图藏。

5485. 儋州市，韩国强主编，香港新闻出版社，1993。

5486. 海南琼中，中国市县系列丛书编委会编，当代世界出版社，1999。

5487. 琼中县情，梁定鼎主编，1993，省图藏。

5488. 屯昌县情，吴维松主编，屯昌县办公室，1989，中山图藏。

5489. 崛起的保亭，中国市县系列丛书编辑部编，当代世界出版社，1999。

5490. 保亭黎族苗族自治县概况，吉光兴著，民族出版社，2008。

5491. 保亭概况，陈远明主编，三环出版社，1991。

5492. 博鳌水城，海南博鳌投资控股有限公司编，博鳌投资控股有限公司，2002，三亚图藏。

5493. 奔向新世纪的吊罗：纪念吊罗山林业局健康创业四十周年，海南省软科学研究会、海南省吊罗山林业局合编，海南世知印刷工业有限公司承印，1998，海大图藏。

5494. 桂林洋的回顾与展望，林诗銮、符敦克、李文高著，三环出版社，1991。

5495. 宝岛惊美，鹿玲、毕军主编，南方出版社，2009。

5496. 海南古村古镇解读，杨卫平、王辉山、王书磊著，南方出版社，2008。

5497. 新世纪的海南侨乡，海南省归国华侨联合会、南华时刊杂志社编，海南省归国华侨联合会，2004，海大图藏。

5498. 海南侨乡，冯子平著，香港天马图书有限公司，2003。

5499. 海南著名侨乡，林红生等，南方出版社，2008。

5500. 海南侨乡行，冯子平著，中国华侨出版社，1993。

5501. 南海探宝（上、下册），欧大雄著，大众文艺出版社，2009。

5502. 南沙：中华的蓝色国土——海南省人民政府赴南沙巡视慰问团活动纪念册，辛业江主编，新华出版社，1994。

5503. 南海の明暗，〔日〕深尾重光著，アルス，1941。

5504. 南海神庙历史文化丛书，苏佩等著，广州出版社，2007。

5505. 南海神庙与波罗诞，黄淼章等著，暨南大学出版社，2011。

5506. 美丽富饶的南海诸岛，曾昭璇等，商务印书馆，1981。

5507. 南海风云，杨作洲著，正中书局，1993。

5508. 南海东西交通史论考，〔日〕桑田六郎著，汲古书院，1993。

5509. 南海の王国琉球の世纪，陈舜臣著，角川书店，1993。

5510. 万泉河传，黎国器著，中山大学出版社，2012。

5511. 最海南，藏羚羊旅行指南编辑部编著，人民邮电出版社，2012.

5512. 口口相传的海南旅游书，陈新主编，电子工业出版社，2012。

5513. 海南省老区概况，海南省革命老根据地建设办公室编，海南省革命老根据地建设办公室，1997，海大图藏。

5514. 琼州百景，钟业昌著，海南出版社，2010。

（二）旅游名胜

5515. 海南旅游，尚世英等编著，中国人事出版社，1996。

5516. 海南旅游指南，周平、陈少强、陈德敬编，海南出版社，2001。

5517. 海南旅游·基础知识，毛江海编著，东南大学出版社，2009。

5518. 海南行知书，陈莉著，广东旅游出版社，2004。

5519. 椰风海韵·海南，孙泉、罗翠竹编著，远方出版社，2004。

5520. 海南，黄学坚编，中国大百科全书出版社，2004。

5521. 海南，黄学坚著，广东旅游出版社，2001。

5522. 黔桂粤琼游，刘寿如、卢定宇编著，河南科学技术出版社，2004。

5523. 海南之旅，王健生、杨卫平、一明编著，广东旅游出版社，2003。

5524. 海南之旅，杨卫平编著，广东旅游出版社，2005。

5525. 中国·海南，宋锦绣主编，南海出版公司，2003。

5526. 海南旅游导趣，杨昭宽、刘衍荣编，海南出版社，1995。

5527. 海南旅游导趣，杨昭宽主编，海南出版社，2002。

5528. 海南之旅完全手册，海南龙行天下旅游有限公司主编，南海出版公司，2002。

5529. 海南，杨卫平、李雄编著，西安地图出版社，2002。

5530. 海南三百景游，沈志成、沈艳编著，中华出版社，2002。

5531. 海南旅游概览，陈耀编著，南海出版公司，2002。

5532. 海南纪行：远方的风景，毛毛著，中国旅游出版社，2001。

5533. 海南纪行，香便文著，漓江出版社，2012。

5534. 椰岛风韵之旅，周艺文、吴文亮、林可主编，湖南地图出版社，2001。

5535. 海南岛最新旅游指南，王健生主编，陕西旅游出版社，2001。

5536. 迷人的海南岛，海南省旅游局编，海南出版社，2001。

5537. 三亚、海口自游人，杨卫平编著，广东旅游出版社，2001。

5538. 海南旅游指南，海南省外事侨务办公室、海南省旅游协会编，海南出版社，2001。

5539. 中国行旅游手册，徐君峰、薛放主编，陕西旅游出版社，2001。

5540. 携程走中国·福建、广东、海南，携程旅行服务公司主编，上海三联书店，2001。

5541. 携程走中国·海南，携程旅行网主编，学林出版社，2005。

5542. 海南的过去、现在与未来，王建国著，海南出版社，2001。

5543. 中国·海南旅游纪念护照，叶丰主编，南方出版社，2000。

5544. 琼台胜迹记：琼山卷，梁统兴著，南海出版公司，2000。

5545. 天涯宝岛：海韵椰风，杨卫平撰文，杨卫平、邓子敬摄影，广东省地图出版社，2000。

5546. 中国有个海南岛：旅游指南，陈如主编，南海出版公司，1999。

5547. 游遍海南岛：海南旅游实用手册，吴才彬、王卫国主编，南海出版公司，1999。

5548. 海南旅游·人文、地理、风情，尚世英、何锋、王建堂编，中国人事出版社，1996。

5549. 海南旅游大观，李继槐主编，南海出版公司，1995。

5550. 椰风海韵醉游人：最新海南旅游指南，陈耀主编，中国旅游出版社，1995。

5551. 海南旅游之友，林猷存主编，1994。

5552. 海南百事通，博淳、黄撼、赵自卫编著，湖南地图出版社，1992。

5553. 天涯海南岛，符祥瑞等编著，上海教育出版社，1991。

5554. 海南岛随笔，曹思彬著，广东人民出版社，1957。

5555. 海南岛揽胜，杨宗昌、符忠昌编，中国旅游出版社，1985。

5556. 海南岛自助旅游，吴坤民、杨弘编，广东旅游出版社，1987。

5557. 宝岛海南，《宝岛海南》编辑委员会编，哥伦比亚集团，1989，海大图藏。

5558. 广东和海南山水风光，李建生编，地质出版社，1989。

5559. 海南岛，魏伯南著，中国旅游出版社，2005。

5560. 海南省自助游，孙重贵著，文光出版社，1988。

5561. 带你游海南，杨子著，华玲出版社，2000。

5562. 海南古迹名胜辞典，王家忠编，知识出版社，2000。

5563. 海南古今佛教寺塔碑像大观，陈峰、张文国、贾瑞青著，中华出版社，2000。

5564. 新编海南岛旅游口袋书，邢益森、黄平初、麦正华著，中华出版社，2000。

5565. 全景海南岛，爱敬著，湖南地图出版社，2002。

5566. 伴游海之南，欧大雄著，南方出版社，2009。

5567. 海南旅游百事通，《海南旅游百事通》编委会编，中国旅游出版社，2007。

5568. 行摄海南，胡杨著，电子工业出版社，2010。

5569. 海南玩全攻略，《海南玩全攻略》编辑部编著，广西师范大学出版社，2011。

5570. 海南，《走遍中国》编辑部，中国旅游出版社，2010。

5571. 行走海南，陈莉著，广东旅游出版社，2010。

5572. 海口红色旅游，中共海口市委党史研究室、海口市旅游发展委员会、海口旅游投资控股集团有限公司编著，中共党史出版社，2010。

5573. 海南旅游 现在就开始，《Now Start》丛书编委会编，旅游教育出版社，2011。

5574. 度假海南 有爱无扰，黄学坚、李丽丽编著，北京大学出版社，2011。

5575. 海南自助游，上海唐码城邦咨询有限公司北京分公司编著，人民邮电出版社，2012。

5576. 忆海南：旅游纪念影集，2000，海大图藏。

5577. 海南旅游完全指南，黄学坚编，中国轻工业出版社，2011。

5578. 海南省情系列讲座，彭京宜主编，海南出版社，2011。

5579. 海南摄影旅游指南，黄一鸣著，中国旅游出版社，2009。

5580. 英语海南导游，纪俊超编著，中国旅游出版社，2009。

5581. 海南精华景点游，藏羚羊自助游工作室编著，中国铁道出版社，2009。

5582. 海南吃玩赏买终极攻略，蓟鑫主编，旅游教育出版社，2012。

5583. 海南玩全指南，蓟鑫主编，旅游教育出版社，2012。

5584. 海南一本就 GO，《一本就 GO》编辑部编著，广西师范大学出版社，2012。

5585. 海南三人潜，胡芬主编，安徽科学技术出版社，2010。

5586. 海南，《走遍中国》编辑部，中国旅游出版社，2012。

5587. 玩转海南岛：海南国际旅游岛全攻略，兰陵主编，中国旅游出版社，2011。

5588. 完全自游海南一本就 GO，《完全自游》编委会编著，龙门书局，2012。

5589. 琼崖红色旅游大观，郑心伶著，合一文化出版社，2011。

5590. 海南旅图，《尚游手册》编委会编，星球地图出版社，2011。

5591. 风情海南，张中朝编著，广东旅游出版社，2008。

5592. 精编海南导游词，庞守明主编，中国旅游出版社，2007。

5593. 海南，《走遍中国》编写组，中国旅游出版社，2006。

5594. 中国导游十万个为什么·海南，纪俊超、李秀英编著，中国旅游出版社，2006。

5595. 海南自驾车自助游手册，海口市旅游局编，南海出版公司，2006。

5596. 平安快乐游海南，秦惠基、符雄编著，人民军医出版社，2006。

5597. 海南，纪俊超、李秀英主编，中国旅游出版社，2006。

5598. 海南岛游记，张克著，少年儿童出版社，1955。

5599. 海南风光，吴延编，上海书局，1957。

5600. 海南岛风光，鲁向著，中华书局香港分局，1974。

5601. 海南岛旅游，朱逸辉著，香港新闻出版社，1985。

5602. 南海明珠海南岛，何化万编，绿州出版公司，1988。

5603. 七彩海南岛（上下部），海南中大地信息产业开发有限公司策划，广东太平洋影音有限公司摄制，太平洋影音有限公司，2000。

5604. 我的海南岛，魏亚平编著，南海出版公司，2001。

5605. 海南岛：椰风海韵，关孙知著，成都地图出版社，2001。

5606. 海南行，桑广书等编，陕西旅游出版社，2001。

5607. 海南旅游丛书，韩立新主编，海南出版社，2001。

5608. 畅游海南，施海燕著，清华大学出版社，2012。

5609. 全海南吃喝玩乐情报书，《玩乐疯》编辑部编，中国铁道出版社，2012。

5610. 最美海南，王晓雨著，北京航空航天大学出版社，2012。

5611. 饮食海南，吴学宣编著，南方出版社，2008。

5612. 望海南，《望海南》节目组编，江苏文艺出版社，2012。

5613. 椰岛风韵之旅——海南，吴戈、金武编著，湖南地图版社，2001。

5614. 海南，中国旅游指南编委会编，中华书局，2001。

5615. 海口、三亚，钱天久主编，中国地图出版社，2006。

5616. 海南美食地图，吴仁义编，海口食元素饮食文化传播有限公司，2009，海大图藏。

5617. 广东、广西、福建、海南自驾游，测绘出版社编制，测绘出版社，2011。

5618. 拟建雷琼世界地质公园——海口、湛江、北海，陶奎元等主编，海口石山火山群国家地质公园、湛江湖光岩国家地质公园、北海涠洲岛火山国家地质公园，2008，海大图藏。

5619. 海口旅游指南，海口市旅游局、海口晚报社编，海南出版社，1992。

5620. 咪娜驴游海口，碧红著，中国传媒大学出版社，2010。

5621. 福地海口，徐唐先著，海南出版社，2009。

5622. 天涯海角，《家庭 100%》编委会编，大象出版社，2005。

5623. 三亚情景，三亚市旅游局，三亚市旅游投资有限公司，海师图藏。

5624. 跟我一起逛三亚，蔡世东、李柏、王裕雄著，三亚市旅游局，海师图藏。

5625. 天涯伴游，符永光著，香港亚洲出版社，1998。

5626. 阳光三亚：天堂不过如此美丽，李晓洁著，广东旅游出版社，2009。

5627. 中国热带花园：三亚旅游实用指南，蔡世东主编，海潮摄影艺术出版社，1999。

5628. 三亚旅友，张天玉、梁进居编，科学普及出版社，1989。

5629. 三亚：天之涯，海之角、刁兆彦主编，徐家国撰文，山东画报出版社，2004。

5630. 中国三亚，陈贤主编，三亚市经济合作局编辑，2000，三亚图藏。

5631. 带你游三亚，三亚市旅游产业发展局编，三亚市旅游产业发展局，三亚图藏。

5632. 滨海热带花园：旅游美食，三亚市旅游产业发展局编，三亚市旅游产业发展局，三亚图藏。

5633. Sariya：跟我一起逛三亚，三亚市旅游局编，三亚市旅游局，2001，三亚图藏。

5634. 三亚旅游实用手册，张奇、蔡世东主编，三亚市旅游产业发展局，2003，海大图藏。

5635. 天之涯，海之南，亚子、川夫编，中国摄影出版社，2004。

5636. 三亚：天涯芳草，海角明珠：献给1996中国度假休闲年，新华社海南分社编，新华社海南分社，2006。

5637. 海南画报三亚专辑，吴吉生编辑，海南画报社，1996。

5638. 万宁旅游，张志平主编，海南省万宁市旅游局编印，2004，海大图藏。

5639. 儋州风情，韩国强、谢汉光编，海南出版社，1993。

5640. 走进定安：拾起散落的记忆，孙颖主编，2006。

5641. 澄迈古今揽胜，海南省澄迈县政协工青妇文史委员会编，2005，海大图藏。

5642. 吊罗山森林公园，海南省吊罗山森林旅游总公司编，1998，海师图藏。

5643. 铜鼓岭旅游区简介，文昌县铜鼓岭旅游区管理委员会编，文昌县铜鼓岭旅游区管理委员会，海大图藏。

5644. 龙潭岭度假区，海南博鳌投资控股有限公司编著，2002，三亚图藏。

5645. 通什风光好，通什市人民政府编，《科学时代》杂志社，1993。

5646. 琼州古塔与科学风水，王哲贵编著，海南出版社，2006。

5647. 拜谒海瑞墓，陈涛、阎根齐著，线装书局，2009。

5648. 五公祠说明，海口五公祠管理处编，海口五公祠管理处，1959，海大图藏。

5649. 见证千年：海南五公祠研究，阎道衡、羊文灿著，南方出版社，2008。

5650. 海南岛五公祠，王翔著，中华书局，1959。

5651. 海口五公祠导引，海口市博物馆、海口五公祠编，海口市博物馆、海口五公祠，1986，海大图藏。

5652. 崖州八景，三亚市文化局编，三亚市文化局，1984，琼院图藏。

5653. 梵天净土、寿比南山，南山文化旅游区编，南山文化旅游区，海大图藏。

5654. 崖城古镇，苏庆兴主编，2007。

5655. 崖州古城，谢和军主编，海南出版社，2009。

5656. 天涯海角，谢和军主编，海南出版社，2009。

5657. 大小洞天，谢和军主编，海南出版社，2009。

5658. 三亚南山文化旅游区，三亚市南山文化旅游区编，三亚市南山文化旅游区，2002，海大图藏。

5659. 南山文化旅游区，中国三亚市崖城镇南山文化旅游区，三亚市南山文化旅游区。

5660. 南山寺，三亚南山寺著，三亚南山寺，海师图藏。

5661. 南海大观园，司徒尚纪著，南海出版公司，1993。

5662. 南海奇观，孙波钱、王驷著，和平图书有限公司，1992。

5663. 岭南海洋国土，司徒尚纪著，广东人民出版社，1996。

5664. 以阅读大地的名义，黄业敏著，海风杂志社，2004。

5665. 中国最美的 28 个迷人小岛，九月流星主编，新世界出版社，2008。

5666. 阳光的首都，安歌著，中国青年出版社，2006。

5667. 千山行尽逢黎母，李之惠主编，2000，三亚图藏。

5668. 海岛漫话，黄彩虹著，海洋出版社，1991。

5669. 走马看花，李艺著，新加坡作家协会编，大地文化事业公司，1994，海大图藏。

5670. 迎接海洋世纪：海南风光，黄彩虹著，北京科学技出版社，1997。

5671. 净土：余心玉海南风光摄影集，余心玉摄，中国摄影出版社，2000。

5672. 椰风海韵·海南岛：部落探险，关孙知著，华文网股份有限公司，2000，中山图藏。

5673. 天涯梦，孟允云编著，人民文学出版社，1994。

5674. 古迹风光，王中柱、王斌编著，西安交通大学出版社，1996。

5675. 海南航权开放，王欣主编，中国民航出版社，2004。

5676. 昆仑及南海古代航行考，苏门答腊古国考，〔法〕费琅著，冯承钧译。

5677. 南海の惊异，〔日〕大岛正满编，大阪屋号书店，1943。

5678. 南海探宝，丁导生著，少年儿童出版社，1988。

5679. 南海明珠，黄彩虹著，科学技术出版社，1997。

5680. 南海诸岛争端与渔业共同合作，王冠雄等著，秀威资讯科技股份有限公司，2003，海大图藏。

5681. 祖国的南海诸岛，鞠继武著，新知识出版社，1954。

5682. 中国南海诸岛地名论稿，刘南威著，科学出版社，1996。

5683. 南海钩沉录，苏继卿著，台湾商务印书馆，1989。

5684. 南海文明グランドクルーズ，〔日〕筱远喜彦等著，平凡社，2003。

（三）地图

5685. 琼崖行政区新地图：海南岛，中国史地图表编纂社编，1950，中大图藏。

5686. 广东省海南行政区地图，广东省海南行政区革命委员会编，1978，海师图藏。

5687. 海南省地图集，海南省测绘局编制，成都地图出版社，1996。

5688. 海南省卫星影像地图，金玉平主编，西安地图出版社，1999。

5689. 海南省行政区划图，国家测绘局第七地形测量队编制，湖南地图出版社，2003。

5690. 海南省地图集，国家测绘局海南测绘资料信息中心编制，广东省地图出版社，2008。

5691. 海南省卫星影像地图，国家测绘局海南测绘资料信息中心编制，2004，省图藏。

5692. 1∶38 万海南省地图，温军武编，星球地图出版社，2003。

5693. 海南省地图册，中国地图出版社，2009。

5694. 海南省地图册，星球地图出版社编，星球地图出版社，2008。

5695. 海南省地图册，周北燕主编，中国地图出版社，2007。

5696. 海南省地图册，海南省测绘局、海南省民政厅、测绘出版社编，测绘出版社，1995。

5697. 海南省地图册，国家测绘局海南测绘资料信息中心编制，广东省地图出版社，2007。

5698. 海南岛地图册，广东省地图出版社、中山大学地理系合编，广东省地图出版社，1986。

5699. 海南省便览，叶树宁著，成都地图出版社，1989。

5700. 海南省地图，芦仲进、杜秀荣主编，中国地图出版社，2010。

5701. 海南生活地图册，广东省地图出版社编，广东省地图出版社，1996。

5702. 海南省交通旅游地图，房秋红、沈勋攀编，湖南地图出版社，2011。

5703. 海南岛参观游览简图，广东省地图出版社编制，广东省地图出版社，1986。

5704. 海南岛旅游图，中华地图学社编制，中华地图学社，1989。

5705. 海南旅游图，成都地图出版社编制，成都地图出版社，2000 年、2002 年重印。

5706. 海南自驾车旅游地图册，广东省地图出版社编制，广东省地图出版社，2005。

5707. 海南旅游图册，广东省地图出版社、海南省基础地理信息中心编，广东省地图出版社，2003。

5708. 中国海南交通旅游，海南省测绘局、海南省旅游局编制，湖南地图出版社，1994。

5709. 广东海南旅游地图册，广东省地图出版社编，广东省地图出版社，1988。

5710. 海南旅游地图册，张国维主编，地图出版社，1997。

5711. 海南旅游地图册，李宗瑞、郑小英编，中国地图出版社，2003。

5712. 海南交通旅游图，国家测绘局海南基础地理信息中心编制，湖南省地图出版社，2003。

5713. 海南导游图，海南省基础地理信息中心编，湖南省地图出版社，1999。

5714. 海南——香港澳门交通旅游图，周北燕、王晓艳、王玮编，地图出版社，2001。

5715. 粤桂琼及周边交通地图册，星球地图出版社编，星球地图出版社，2012。

5716. 南海指南地图，广东省地图出版社著，广东省地图出版社，2007。

5717. 海口市地图，广东省测绘局、海口市革命委员会编，1978，海师图藏。

5718. 海口、琼山市区图，海南省测绘局、海南测绘产品服务中心编，西安地图出版社，1999。

5719. 海口新印象地图册，吴琼主编，湖南地图出版社，2003。

5720. 海口市地图集，吴郁、韩智存主编，广东省地图出版社，1989。

5721. 海口市交通游览图，广东省地图出版社编制，广东省地图出版社，1985。

5722. 海口市交通游览图，广东地图出版社编制，广东地图出版社，1988。

5723. 海口市交通旅游图，海南省测绘局编制，湖南地图出版社，1995。

5724. 海口市交通旅游图，唐新华编辑、吴千真审校，广东地图出版社，1989。

5725. 海口市交通旅游图，吴干真、梁西平编绘，广东地图出版社，1986。

5726. 海口市、琼山市街区图，海南省测绘资料信息中心、成都地图出版社编，成都地图出版社，1997。

5727. 三亚市区图，广东省地图出版社编绘，广东省地图出版社，1986。

5728. 三亚旅游图，广东省地图出版社编，广东省地图出版社，1986。

5729. 海南岛——三亚旅游地图，王东晓、周天、冯春设计，三亚市测绘院编制，海南地图出版社，2002。

5730. 三亚市交通旅游图（2005～2006），国家测绘局海南测绘资料信息中心、三亚市民政局编制，湖南地图出版社，2005。

5731. 三亚港至感恩角，中国人民解放军海军司令部航海保证部绘制，中国航海图书出版社，2005。

5732. 莺歌咀附近，中国人民解放军海军司令部航海保证部绘制，中国航海图书出版社，2005。

5733. 大洲岛至三亚港，中国人民解放军海军司令部航海保证部绘制，中国航海图书出版社，2005。

5734. 新村港附近，中国人民解放军海军司令部航海保证部绘制，中国航海图书出版社，2005。

5735. 海头港、昌化港，中国人民解放军海军司令部航海保证部绘制，中国航海图书出版社，2005。

5736. 白沙县地图，广东省测绘局、白沙县革命委员会编，1977，海师图藏。

5737. 东方县地图，广东省测绘局、东方县革命委员会编，1977，海师图藏。

5738. 琼中县地图，广东省测绘局、琼中县革命委员会编，1977，海师图藏。

5739. 昌江县地图，广东省测绘局、昌江县革命委员会编，1977，海师图藏。

5740. 昌江黎族自治县地图，昌江黎族自治县国土环境资源局、国家测绘局海南测绘资料信息中心联合编制，2008，省图藏。

5741. 琼山县地图（1∶5 万），广东省测绘局、琼山县革命委员会编绘，广东省测绘局，1977，中山图藏。

5742.（广东省县图集）琼山县（1∶25 万），广东省测绘局编制，广东省测绘局，1982，中山图藏。

5743. 崖县地图（1∶5 万），广东省测绘局、崖县革命委员会同编绘，广东省测绘局，1977，中山图藏。

5744.（广东省县图集）崖县（1∶25 万），广东省测绘局编制，广东省测绘局，1982，中山图藏。

5745. 文昌县地图（1∶7.5 万），广东省测绘局、文昌县革命委员会编绘，广东省测绘局，1976。

5746.（广东省县图集）文昌县（1∶25 万），广东省测绘局编制，广东省测绘局，1982，中山图藏。

5747. 琼海县地图（1∶5 万），广东省测绘局、琼海县革命委员会编绘，广东省测绘局，1977，中山图藏。

5748.（广东省县图集）琼海县（1∶25 万），广东省测绘局编制，广东省测绘局，1982，中山图藏。

5749. 万宁县地图（1∶5 万），广东省测绘局、万宁县革命委员会编绘，广东省测绘局，1977，中山图藏。

5750.（广东省县图集）万宁县（1∶25 万），广东省测绘局编制，广东省测绘局，1982，中山图藏。

5751. 东方县地图（1∶5 万），广东省测绘局、东方县革命委员会编绘，广东省测绘局，1977，中山图藏。

5752.（广东省县图集）东方县（1∶25 万），广东省测绘局编制，广东省测绘局，1982，中山图藏。

5753. 儋县地图（1∶5 万），广东省测绘局、儋县革命委员会编绘，广东省测绘局，1977，中山图藏。

5754.（广东省县图集）儋县（1∶35 万），广东省测绘局编制，广东省测绘局，1982，中山图藏。

5755.（广东省县图集）临高县（1∶20 万），广东省测绘局、临高县革命委员会编绘，广东省测绘局，1982，中山图藏。

5756. 临高县地图（1∶5 万），广东省测绘局、临高县革命委员会编绘，广东省测绘局，1977，中山图藏。

5757. 澄迈县地图（1∶5 万），广东省测绘局、澄迈县革命委员会编绘，广东省测绘局，1977，中山图藏。

5758.（广东省县图集）澄迈县（1∶25 万），广东省测绘局、澄迈县革命委员会编绘，广东省测绘局，1982，中山图藏。

5759. 定安县地图（1∶5 万），广东省测绘局、定安县革命委员会编绘，广东省测绘局，1977，中山图藏。

5760.（广东省县图集）定安县（1∶20 万），广东省测绘局、定安县革命委员会编绘，广东省测绘局，1982，中山图藏。

5761. 屯昌县地图（1：5 万），广东省测绘局、屯昌县革命委员会编绘，广东省测绘局，1977，中山图藏。

5762.（广东省县图集）屯昌县（1：20 万），广东省测绘局、屯昌县革命委员会编绘，广东省测绘局，1982，中山图藏。

5763. 昌江县地图（1：5 万），广东省测绘局、昌江县革命委员会编绘，广东省测绘局，1977，中山图藏。

5764.（广东省县图集）昌江县（1：25 万），广东省测绘局、昌江县革命委员会编绘，广东省测绘局，1982，中山图藏。

5765. 白沙县地图（1：5 万），广东省测绘局、白沙县革命委员会编绘，广东省测绘局，1977，中山图藏。

5766.（广东省县图集）白沙县（1：25 万），广东省测绘局、白沙县革命委员会编绘，广东省测绘局，1982，中山图藏。

5767. 琼中县地图（1：5 万），广东省测局、琼中县革命委员会编绘，广东省测绘局，1977，中山图藏。

5768.（广东省县图集）琼中县（1：30 万），广东省测局、琼中县革命委员会编绘，广东省测绘局，1982，中山图藏。

5769. 陵水县地图（1：5 万），广东省测绘局、陵水县革命委员会编绘，广东省测绘局，1977，中山图藏。

5770.（广东省县图集）陵水县（1：20 万），广东省测绘局、陵水县革命委员会编绘，广东省测绘局，1982，中山图藏。

5771. 保亭县地图（1：5 万），广东省测绘局、保亭县革命委员会编绘，广东省测绘局，1977，中山图藏。

5772.（广东省县图集）保亭县（1：20 万），广东省测绘局、保亭县革命委员会编绘，广东省测绘局，1982，中山图藏。

5773.（广东省县图集）海口市（1：11 万），广东省测绘局编制，广东省测绘局，1982，中山图藏。

第十一节　自然科学总论

5774. 岭南科学技术史，颜泽贤、黄世瑞著，广东人民出版社，2002。

5775. 海南省科学技术发展规划（1996～2010），海南省科学技术厅、海南省计划厅编，海南省科学技术厅，1995，海大图藏。

5776. 海南省科学技术成果优秀项目展示（1988～1990），海南省科学技术厅编，海南省科学技术厅，1991，海大图藏。

5777. 屯昌县科委志，广东省屯昌县科学技术委员会修志编写组编，屯昌县科学技术委员会修志编写组，1987，中山图藏。

5778. 海南区第二次科学技术工作会议文件选编，广东省海南区科学技术委员会编，广东省海南区科学技术委员会，1959，中山图藏。

5779. 将琼山的科普红旗插遍全省，广东省科普工作现场会议暨琼山县科普工作会议文件，广东省科普协会编，广东省科普协会，1958，中山图藏。

5780. 海口科学技术界献礼论文选集：庆祝中华人民共和国建国十周年，海口市科学技术委员会、海口市科学技术协会合编，1959，中山图藏。

5781. 科学实验年报（1983），广东省保亭热带作物研究所编，广东省保亭热带作物研究所，1983，海大图藏。

5782. 海南大学科技成果展览（1983～1991），海南大学科技开发中心、海南大学科研处编，海南大学，1991，海大图藏。

5783. 中国科协2004年学术年会海南论文集，中国科协2004年学术年会大会执委会编，2004，海大图藏。

5784. 科技振兴海南 青年开创未来：海南省科协首届青年学术年会论文集，刘忠奕等主编，中国科学技术出版社，1994。

5785. 海南农垦获奖科技成果汇编，海南农垦局科技处编，1987，海大图藏。

5786. 南沙群岛及其邻近海区综合调查研究成果专报（一）：南沙海区渔业开发研究的历史、现状和前景，中国科学院南沙综合科学考察队编著，科学出版社，1991。

5787. 南沙群岛及其邻近海区综合调查研究成果专报（二）：南沙海区油气物化探调查及今后的对策，中国科学院南沙综合科学考察队编著，科学出版社，1991。

5788. 南沙群岛及其邻近海区综合调查研究成果专报（三）：南沙岛礁、水道调查研究，中国科学院南沙综合科学考察队编著，科学出版社，1991。

5789. 南沙群岛及其邻近海区综合调查研究成果专报（四）：南沙航行研究，中国科学院南沙综合科学考察队编著，科学出版社，1991。

第十二节　天文学、地球科学

一　测绘学

5790. 测量工作经验介绍，广东省海南行政公署农垦局设计室编，海南行政公署农垦局设计室，1959，中山图藏。

5791. 海南岛航空像片判读文集，中国科学院遥感应用研究所编，测绘出版社，1981。

5792. 海南岛卫星影像图〔假彩色合成镶嵌〕（1∶5 万），中国科学院遥感应用研究所编，科学出版社，1983。

5793. 海南省政区标准地名图集，海南省民政厅、国家测绘局海南基础地理信息中心编制，广东省地图出版社，2010。

5794. 海南省琼山县地名志，琼山县地名志编纂委员会编，1988，海师图藏。

5795. 广东省乐东县地名志，乐东县人民政府办公室编，乐东县人民政府办公室，1986，国图藏。

5796. 广东省海口市标准地名录，海口市人民政府编，海口市人民政府，1981，中山图藏。

5797. 广东省崖县标准地名录，崖县人民政府编，崖县人民政府，1981，中山图藏。

5798. 广东省琼山县标准地名录，琼山县人民政府编，琼山县人民政府，1981，中山图藏。

5799. 广东省文昌县标准地名录，文昌县人民政府编，文昌县人民政府，1981，中山图藏。

5800. 广东省儋县标准地名录，儋县人民政府编，儋县人民政府，1982，中山图藏。

5801. 广东省临高县标准地名录，临高县人民政府编，临高县人民政府，1981，中山图藏。

5802. 广东省屯昌县标准地名录，屯昌县人民政府编，屯昌县人民政府，1982，中山图藏。

5803. 广东省白沙县标准地名录，白沙县人民政府编，白沙县人民政府，1981，中山图藏。

5804. 广东省琼中县标准地名录，琼中县人民政府编，琼中县人民政府，1981，中山图藏。

5805. 广东省乐东县标准地名录，乐东县人民政府编，乐东县人民政府，1981，中山图藏。

5806. 广东省保亭县标准地名录，保亭县人民政府编，保亭县人民政府，1981，中山图藏。

5807. 广东省海南黎族苗族自治州通什镇标准地名录，通什镇人民政府编，通什镇人民政府，1982，中山图藏。

5808. 广东省万宁县标准地名录，万宁县人民政府编，万宁县人民政府，1981，中山图藏。

5809. 广东省澄迈县标准地名录，澄迈县人民政府编，澄迈县人民政府，1981，海师图藏。

二　地球物理学

（一）大地（岩石界）物理学（固体地球物理学）

5810. 南海地质地球物理图集，地质矿产部第二海洋地质调查大队编，广东省地图出版社，1987。

5811. 南海地质地球物理图集·大地构造图，地质矿产部第二海洋地质调查大队编制，福建省地球物理地球化学勘查大队绘图，广东省地图出版社，1987。

5812. 南海地质地球物理图集·地形图，地质矿产部第二海洋地质调查大队编制，福建省地球物理地球化学勘查大队绘图，广东省地图出版社，1987。

5813. 南海地质地球物理图集·地壳结构图，地质矿产部第二海洋地质调查大队编制，福建省地球物理地球化学勘查大队绘图，广东省地图出版社，1987。

5814. 南海地质地球物理图集·地质图，地质矿产部第二海洋地质调查大队编制，福建省地球物理地球化学勘查大队绘图，广东省地图出版社，1987。

5815. 南海地质地球物理图集·地貌图，地质矿产部第二海洋地质调查大队编制，福建省地球物理地球化学勘查大队绘图，广东省地图出版社，1987。

查大队编制，福建省地球物理地球化学勘查大队绘图，广东省地图出版社，1987。

5816. 南海地质地球物理图集·均衡异常图，地质矿产部第二海洋地质调查大队编制，福建省地球物理地球化学勘查大队绘图，广东省地图出版社，1987。

5817. 南海地质地球物理图集·空间异常图、布格异常图，地质矿产部第二海洋地质调查大队编制，福建省地球物理地球化学勘查大队绘图，广东省地图出版社，1987。

5818. 南海地质地球理图集·底质图，地质矿产部第二海洋地质调查大队编制，福建省地球物理地球化学勘查大队绘图，广东省地图出版社，1987。

5819. 南海地质地球物理图集·程度研究图，地质矿产部第二海洋地质调查大队编制，福建省地球物理地球化学勘查大队绘图，广东省地图出版社，1987。

5820. 南海地质地球物理图集·新生代盆地图，地质矿产部第二海洋地质调查大队编制，福建省地球物理地球化学勘查大队绘图，广东省地图出版社，1987。

5821. 南海地质地球物理图集·磁力平面图、磁力平剖图，地质矿产部第二海洋地质调查大队编制，福建省地球物理地球化学勘查大队绘图，广东省地图出版社，1987。

5822. 三亚市南新农场深部地球物理研究报告，海南省三亚科技开发公司编，中南工业大学地球物理勘察新技术研究所，1993。

5823. 海南省地震监测预报方案（试行），海南南省地震局编，地震出版社，2001。

（二）地震学

5824. 海南省地震监测志，海南省地震局编，地震出版社，2005。

5825. 海南地震活动研究，沈繁銮、符干编著，地震出版社，2004。

5826. 海南岛北部地震研究文集，丁原章等编，地震出版社，1988。

5827. 广东省崖县4∶1级地震调查报告，崖县4∶1级地震联合调查组编，崖县4∶1地震联合调查组，1982，中山图藏。

（三）地磁学

5828. 琼中地磁台地磁观测报告（1982），琼中地磁台编，地震出版社，1985。

5829. 琼中地磁台地磁观测报告（1983），琼中地磁台编，地震出版社，1986。

5830. 琼中地磁台地磁观测报告（1986），琼中地磁台编，地震出版社，1988。

5831. 琼中地磁台地磁观测报告（1988），琼中地磁台编，地震出版社，1992。

5832. 琼中地磁台地磁观测报告（1989），琼中地磁台编，地震出版社，1993。

5833. 琼中地磁台地磁观测报告（1990），琼中地磁台编，地震出版社，1993。

（四）水文科学（水界物理学）

5834. 海南区简易水文计算手册，海南水电局、海南水文分站合编，海南水电局，1977，中山图藏。

5835. 广东省海南岛藤桥河、脚下河新政径流站水文气象资料（1959～1964），水利电力部广东省水文总站编，水利电力部广东省水文总站，1968，中山图藏。

5836. 广东省海南岛藤桥河、脚下河新政径流站水文气象资料（1965～1966），水利电力部广东省水文总站编，水利电力部广东省水文总站，1968，中山图藏。

5837. 广东省水文资料统计手册：海南岛诸河，广东省水利电力局水文总站、广东省水利电力局水文总站海南行政区水文分站编，广东省水利电力局水文总站、广东省水利电力局水文总站海南行政区水文分站，1974，中山图藏。

5838. 台风暴雨洪水暴潮手册第二册第八分册：雨洪部分（海南区），广东省水文总站编，广东省水文总站，1980，中山图藏。

5839. 认识火山：中国海南马岭火山口，三亚图藏。

5840. 潮汐表 1986 年第 3 册：台湾海峡—北部湾，海洋科技情报研究所编，海洋出版社，1985。

三　大气科学（气象学）

5841. 论海南岛陆面自然蒸发：广东省地理学会1979年年会学术报告，吴厚水著，广州地理研究所，1979，中山图藏。

5842. 海南岛的台风（一），海南行政区气象台编，海南行政区气象台，1976，中山图藏。

5843. 海南岛的台风（二），海南行政区气象台编，海南行政区气象台，1977，中山图藏。

5844. 初夏南海海区台风复杂路径的初步研究，华南台风科研协作组编，华南台风科研协作组，1978，中山图藏。

5845. 盛夏南海海区台风复杂路径的初步研究，华南台风科研协作组编，华南台风科研协作组，1978，中山图藏。

5846. 秋季南海海区台风复杂路径的初步研究，华南台风科研协作组编，华南台风科研协作组，1977，中山图藏。

5847. 7807号南海强台风发生发展个例分析，华南台风科研协作组编，华南台风科研协作组，1980，中山图藏。

5848. 南海海区台风移速突增的普查分析，华南台风科研协作组编，华南台风科研协作组，1980，中山图藏。

5849. 用245天韵律作台风（暴雨）影响时段的长期预报，周汉伟编，定安县气象站，1978，中山图藏。

5850. 台站结合预报进入南海的复杂路径台风，海南行政区气象台、琼海县气象站编，海南行政区气象台、琼海县气象站，1978，中山图藏。

5851. 早期（4～6月）南海域的台风及其路径预报，广东省海南行政区气象局研究室编，广东省海南行政区气象局研究室，1979，中山图藏。

5852. 9～11月用天气形势预报进入南海的西太平洋台风路径复杂与否及登陆地段、影响程度，李孔毅编，广东省海南行政区气象台，1979，中山图藏。

5853. 万宁县气候志，万宁县科技局、万宁县气象站编，万宁县科技局，1976，中山图藏。

5854. 我国热带天气研究的进展，梁必骐编，中山大学气象系，1979，中山图藏。

5855. 海南岛西部“气候干旱”问题的研究，海南气象局科研组编，海南行政区气象局，1977，中山图藏。

5856. 海南岛降水气候特征，王鼎祥著，广州地理研究所，1980，中山图藏。

5857. 海南岛的辐射气候特征，吴厚水著，广州地理研究所，1980，中山图藏。

5858. 冬春冷暖趋势、低温阴雨天气预报改革成果专辑，广东省海南行政区气象局编，广东省海南行政区气象局，1976，中山图藏。

5859. 关于在湛江区和海南区进行防雷工作调查报告，广东省邮电科学研究所编，广东省邮电科学研究所，1962，中山图藏。

5860. 海南岛天气系统过程（草稿），广东省海南行政区气象台编，广东省海南行政气象台，1964，中山图藏。

5861. 老农测天，万宁县气象站编，万宁县气象站，1975，中山图藏。

5862. 冬季预报改革成果汇报：长期部分，海南行政区气象局编，海南行政区气象局，1976，中山图藏。

5863. 海口气象资料，广东省气象局资料室编，广东省气象局资料室，1959，中山图藏。

5864. 海口气象资料，广东省气象科学研究所资料室编，广东省气象科学研究所资料室，1960，中山图藏。

5865. 广东省海口地面气候资料（1956～1970），广东省气象台编辑，广东省气象台，中山图藏。

5866. 广东省海口地面气候资料（1961～1970），广东省气象台编，广东省气象台，中山图藏。

5867. 广东省海口五年气候总结：特殊项目统计——天气部分（1952～1955），广东省气象局广州中心气象台编，广东省气象局广州中心气象台，1958，中山图藏。

5868. 广东省海口五年气候总结：特殊项目统计——工业部分（1952～1955），广东省气象局广州中心气象台编，广东省气象局广州中心气象台，1958，中山图藏。

5869. 广东省海口五年气候总结：特殊项目统计——农业部分（1952～1955），广东省气象局广州中心气象台编，广东省气象局广州中心气象台，1958，中山图藏。

5870. 广东省海口五年气候总结：特殊项目统计——航空部分（1952～1955），广东省气象局广州中心气象台编，广东省气象局广州中心气象台，1958，中山图藏。

5871. 榆林气象资料（1951～1957），广东省气象局资料室编，广东省气象局资料室，1959，中山图藏。

5872. 广东省榆林地面气候资料基本总结（1951～1960），广东省气象局编，广东省气象局，1962，中山图藏。

5873. 广东省崖县地面气候资料（1958～1970），广东省气象台编，广东省气象台，中山图藏。

5874. 广东省琼山地面气候资料基本总结（1951～1960），广东省气象局编，广东省气象局，1962。

5875. 广东省文昌地面气候资料（1958～1970），广东省气象台编，广东省气象台，中山图藏。

5876. 广东省琼海地面气候资料基本总结（1952～1960），广东省气象局编，广东省气象台，1962，中山图藏。

5877. 广东省琼海地面气候资料（1961～1970），广东省气象台编，广东省气象台，中山图藏。

5878. 广东省加积五年气候总结：特殊项目统计——工业、天气、航空部分（1952～1955），广东省气象局广州中心气象台编，广东省气象局广州中心气象台，1958，中山图藏。

5879. 广东省加积五年气候总结：特殊项目统计——农业部分（1952～1955），广东省气象局广州中心气象台编，广东省气象局广州中心气象台，1958，中山图藏。

5880. 广东省万宁地面气候资料（1958.11～1970），广东省气象台编，广东省气象台，中山图藏。

5881. 广东省东方地面气候资料（1952.12～1960），广东省气象台编，广东省气象台，1962，中山图藏。

5882. 广东省东方地面气候资料（1961～1970），广东省气象台编，广东省气象台，中山图藏。

5883. 北黎气象资料，广东省气象科学研究所资料室编，广东省气象科学研究所资料室，1960，中山图藏。

5884. 广东省北黎五年气候总结：特殊项目统计——工业、天气、航空部分（1952～1955），广东省气象局广州中心气象台编，广东省气象局广州中心气象台，1958，中山图藏。

5885. 广东省北黎五年气候总结：特殊项目统计——农业部分（1952～1955），广东省气象局广州中心气象台编，广东省气象局广州中心气象台，1958，中山图藏。

5886. 广东省新街地面气候资料基本总结（1952.10～1960），广东省气象局编，广东省气象局，1962，中山图藏。

5887. 那大（儋县）气象资料，广东省气象科学研究所资料室编，广东省气象科学研究所资料室，1960，中山图藏。

5888. 广东省儋县地面气候资料基本总结（1952.9～1960），广东省气象局编，广东省气象局，1962，中山图藏。

5889. 广东省儋县地面气候资料（1961～1970），广东省气象台编，广东省气象台，中山图藏。

5890. 广东省那大五年气候总结：特殊项目统计——工业、天气、空部分（1952～1955），广东省气象局广州中心气象台编，广东省气象局广州中心气象台，1958，中山图藏。

5891. 广东省那大五年气候总结：特殊项目统计——农业部分（1952～1955），广东省气象局广州中心气象台编，广东省气象局广州中心气象台，1958，中山图藏。

5892. 广东省临高地面气候料（1962～1970），广东省气象台编，广东省气象台，1977，中山图藏。

5893. 广东省澄迈地面气候资料（1958.12～1970），广东省气象台编，广东省气象台，中山图藏。

5894. 广东省白沙地面气候资料（1958.12～1970），广东省气象台编，广东省气象台，中山图藏。

5895. 广东省琼中地面气候资料基本总结（1955.1～1960），广东省气象局编，广东省气象局，1962，中山图藏。

5896. 广东省琼中地面气候资料基本总结（1959.6～1970），广东省气象局编，广东省气象局，中山图藏。

5897. 广东省陵水地面气候资料基本总结（1955.12～1960），广东省气象局编，广东省气象局，1962。

5898. 广东省陵水地面气候资料（1961～1970），广东省气象台编，广东省气象台，中山图藏。

5899. 广东省乐东地面气候资料（1961.6～1970），广东省气象台编，广东省气象台，中山图藏。

5900. 广东省通什地面气候资料（1958.10～1970），广东省气象台编，广东省气象台，1978，中山图藏。

5901. 南沙海域海气相互作用与天气气候特征研究，中国科学院南沙综合科学考察队编，科学出版社，1998。

5902. 广东省西沙地面气候资料基本总结（1957.7～1960），广东省气象局编，广东省气象局，1962，中山图藏。

5903. 广东省西沙地面气候资料（1961～1970），广东省气象台编，广东省气象台，中山图藏。

5904. 东沙岛气象台照片，广东省立中山图书馆集藏，广东省立中山图书馆，1959，中山图藏。

5905. 南海的风和风海流，〔美〕达尔著，何大章等译，广东水产研究所情报室，1977，中山图藏。

5906. 中国南海气象图表，广东省立中山图书馆编绘，广东省立中山图书馆，1959，中山图藏。

5907. 中国气象灾害大典，吴岩峻主编，气象出版社，2008。

5908. 海南岛气候，高素华等编著，气象出版社，1988。

5909. 海南岛基本气候图表集，海南行政区气象局编印，海南行政区气象局，1976，中山图藏。

5910. 南沙海域海气相互作用与天气气候特征研究，张庆荣、梁必骐著，科学出版社，1998。

5911. 南海季风暴发和演变及其与海洋的相互作用，丁一汇等，气象出版社，1999。

5912. 南海 ODP1143 站有孔虫稳定同位素揭示的上新世至更新世气候变化，田军著，同济大学出版社，2007。

5913. 南海热带大气环流系统，梁必骐著，气象出版社，1991。

5914. 南海夏季风建立日期的确定与季风指数，何金海等著，气象出版社，2001。

5915. 南海夏季风建立与南亚高压重建及其数值模拟，胡鹏著，何金海指导，国图藏。

5916. 南海夏季风槽的活动及其对北半球天气气候的影响，潘静著，李崇银指导，国图藏。

四 地质学

5917. 成煤环境的比较沉积学研究：海南岛红树林潮坪与红树林泥炭，刘焕杰等著，中国矿业大学出版社，1997。

5918. 南海中北部沉积图集，苏广庆等著，广东科技出版社，1989。

5919. 海南省岩石地层，陈哲培主编，中国地质大学出版社，1997。

5920. 海南岛地区的新构造运动，刘公民著，广东地质局区域地质测量大队，1964，中山图藏。

5921. 海南岛全图：地质，崖县技术协会，中山图藏。

5922. 海南岛结晶基底：抱板群层序与时代，马大铨等著，中国地质大学出版社，1998。

5923. 海南岛三亚地区基础地质研究，曾庆銮等著，中国地质大学出版社，1992。

5924. 海南岛白沙陨击坑，王道经等著，海南出版社，1997。

5925. 南海地质研究一，地质矿产部南海地质调查指挥部情报研究室，科学普及出版社广州分社，1988。

5926. 南海地质研究二，国土资源部广州海洋地质调查局编，科学普及出版社广州分社，1989。

5927. 南海地质研究三，国土资源部广州海洋地质调查局编，广东科技出版社，1991。

5928. 南海地质研究四，国土资源部广州海洋地质调查局编，中国地质大学出版社，1991。

5929. 南海地质研究五，国土资源部广州海洋地质调查局编，中国地质大学出版社，1993。

5930. 南海地质研究六，国土资源部广州海洋地质调查局编，中国地质大学出版社，1994。

5931. 南海地质研究七，国土资源部广州海洋地质调查局编，中国地质大学出版社，1995。

5932. 南海地质研究八，国土资源部广州海洋地质调查局编，中国地质大学出版社，1996。

5933. 南海地质研究九，国土资源部广州海洋地质调查局编，中国地质大学出版社，1997。

5934. 南海地质研究十，国土资源部广州海洋地质调查局编，中国地质大学出版社，1998。

5935. 南海地质研究十一，国土资源部广州海洋地质调查局编，地质出版社，2000。

5936. 南海地质研究十二，国土资源部广州海洋地质调查局编，地质出版社，2000。

5937. 南海地质研究十三，国土资源部广州海洋地质调查局编，地质出版社，2001。

5938. 南海地质研究十四，国土资源部广州海洋地质调查局编，地质出版社，2003。

5939. 南海地质研究 2003，国土资源部广州海洋地质调查局编，地质出版社，2004。

5940. 南海地质研究 2004，国土资源部广州海洋地质调查局编，地质出版社，2005。

5941. 南海地质研究 2005，国土资源部广州海洋地质调查局编，地质出版社，2006。

5942. 南海地质研究 2006，国土资源部广州海洋地质调查局编，地质出版社，2007。

5943. 南海地质研究 2007，国土资源部广州海洋地质调查局编，地质出版社，2008。

5944. 南海地质研究 2008，国土资源部广州海洋地质调查局编，地质出版社，2009。

5945. 南海地质研究 2009，国土资源部广州海洋地质调查局编，地质出版社，2010。

5946.《南海地质》译文集，《南海地质》编辑部编，南海地质调查指挥部情报研究室，1985，中山图藏。

5947.《南海地质》译文集第二集：地质与地球物理，《南海地质》编辑部编，南海地质调查指挥部情报研究室，1985，中山图藏。

5948.《南海地质》译文集第三集：沉积和油气盆地，《南海地质》编辑部编，南海地质调查指挥部情报研究室，1985，中山图藏。

5949.《南海地质》译文集第四集：第四纪，《南海地质》编辑部编，南海地质调查指挥部情报研究室，1988，中山图藏。

5950. 南海北部晚第四纪地质环境，冯文科、薛万俊、杨达源著，广东科技出版社，1988。

5951. 南沙群岛及其邻近海区沉积图集，中国科学院南沙综合科学考察队著，湖北科学技术出版社，1993。

5952. 南沙群岛及其邻近海区第四纪沉积地质学，中国科学院南沙综合科学考察队著，湖北科学技术出版社，1993。

5953. 南海新构造与地壳稳定，刘以宣主编，科学出版社，1994。

5954. 海南岛北部火山岩中宝石及其伴生矿物标型特征，石桂华、张如玉著，科学技术出版社，1988。

5955. 海南岛石碌矿区地区地质及矿床地质，蒋大海著，广东省地质局，1958，中山图藏。

5956. 海南岛石碌富铁矿含铁岩系沉积形成条件的初步分析，梁百和等编著，中山大学，1979，海大图藏。

5957. 海南岛石碌铁矿地质论文选，南京大学学报编辑委员会编，南京大学学报编辑委员会，1979，中山图藏。

5958. 海南岛羊角岭水晶矿床的地质与成因，王志远著，广东省地质局，1958，中山图藏。

5959. 海南岛大地构造与金成矿学，侯威等著，科学出版社，1996。

5960. 海南岛地区矿泉志附：矿泉疗养知识简介（初稿），广东医学科学院矿泉研究室、中山医学院化学教研组编，广东医学科学院矿泉研究室、中山医学院化学教研组，1964，中山图藏。

5961. 海南岛前寒武纪地质，张仁杰等编，中国地质大学出版社，1991。

5962. 南海西部海域地质构造特征和新生代沉积，姚伯初、邱燕、吴能友著，地质出版社，1999。

5963. 海南岛地质（一）·地层古生物，汪啸风等主编，地质出版社，1992。

5964. 海南岛地质（二）·岩浆岩，汪啸风等主编，地质出版社，1991。

5965. 海南岛地质（三）·构造地质，汪啸风等主编，地质出版社，1991。

5966. 中国南海海域岩石圈三维结构及演化，姚伯初等著，地质出版社，2006。

5967. 中国矿床发现史·海南卷，《中国矿床发现史·海南卷》编委会编，地质出版社，1996。

5968. 海南乐东抱伦金矿地质及矿产预测，丁式江等著，地质出版社，2007。

5969. 海南岛大地构造与金成矿学，侯威、陈惠芳著，科学出版社，1996。

5970. 南海北部大陆边缘盆地油气成藏动力学研究，龚再升、李思田等著，科学出版社，2004。

5971. 中国南海地震沉积学研究及其在岩性预测中的应用，谢玉洪、刘力辉、陈志宏著，石油工业出版社，2010。

5972. 海南岛三亚地区基础地质研究，曾庆銮、袁春林、郭真民著，中国地质大学出版社，1992。

5973. 海南岛地质与石碌铁矿地球化学，中国科学院华南富铁科学研究队编，科学出版社，1986。

5974. 中美合作调研南海地质专报，姚伯初著，中国地质大学出版社，1994。

5975. 南海新构造与地壳稳定性，刘以宣著，科学出版社，1994。

5976. 南海北部大陆边缘盆地天然气地质，朱伟林著，石油工业出版社，2007。

5977. 南海北部晚第四纪地质环境，冯文科著，广东科技出版社，1988。

5978. 南沙地块断裂构造系统与岩石圈动力学研究，刘海龄著，科学出版社，2002。

5979. 中国南海地震沉积学研究及其在岩性预测中的应用，谢玉洪等著，石油工业出版社，2010。

5980. 中国南海海域岩石圈三维结构及演化，姚伯初等著，地质出版社，2006。

5981. 南海东北部与台湾间深部构造与中、新生代沉积盆地的关系，王平著，李思田、夏戡原指导，国图藏。

5982. 南沙群岛永暑礁第四纪珊瑚礁地质，中国科学院南沙综合科学考察队著，海洋出版社，1992。

5983. 南海天然气水合物沉积物矿物学和地球化学，陆红锋、孙晓明、张美著，科学出版社，2011。

5984. 南海北部边缘盆地油气地质及资源前景，何家雄等著，石油工业出版社，2008。

5985. 南海北部陆坡甲烷和天然气水合物地质，黄永样等著，地质出版社，2008。

5986. 南海天然气水合物沉积物矿物学和地球化学，陆红锋等著，科学出版社，2011。

5987. 南海及其邻区第三纪沉积盆地油气地质研究，苗祥庆著，科学出版社，1989。

5988. 南海北部边缘盆地二氧化碳地质及资源化利用，何家雄等著，石油工业出版社，2009。

5989. 南海北部陆坡深水海域油气资源战略调查及评价，米立军等著，地质出版社，2011。

5990. 南海地质与油气资源，金庆焕著，地质出版社，1989。

5991. 南海琼东南盆地天然气成藏动力学与地震识别技术，李绪宣等著，地质出版社，2011。

5992. 南海北部大陆边缘盆地分析与油气聚集，龚再升等著，科学出版社，1997。

5993. 南海北部大陆边缘盆地油气成藏动力学研究，龚再升等著，科学出版社，2004。

5994. 南海新生代沉积盆地地质与油气资源评价，许红等著，青岛海洋大学出版社，1998。

5995. 南海天然气水合物非常规物化探方法找矿的初步研究，卢振权著，吴必豪指导，国图藏。

5996. 南海天然气水合物储库变化及其环境影响和记录，王淑红著，颜文、宋海斌指导，国图藏。

5997. 南海北部湾涠西南凹陷沉积与充填规律研究，赵军著，洪庆玉、董伟良指导，国图藏。

5998. 南海西北陆坡天然气水合物成矿条件研究，杨木壮等著，气象出版社，2008。

五　海洋学

5999. 海洋科学集刊第四集，中国科学院海洋研究所编辑，科学出版社，1963。

6000. 海洋科学集刊第八集，中国科学院海洋研究所编辑，科学出版社，1987。

6001. 海洋科学集刊第十二集，中国科学院海洋研究所编辑，科学出版社，1978。

6002. 海洋科学集刊第十五集，中国科学院海洋研究所编辑，科学出版社，1979。

6003. 海洋科学集刊第十七集，中国科学院海洋研究所编辑，科学出版社，1980。

6004. 海洋科学集刊第二十集，中国科学院海洋研究所编辑，科学出版社，1983。

6005. 海洋科学集刊第二十四集，中国科学院海洋研究所编辑，科学出版社，1985。

6006. 南海海洋科学集刊第一集，中国科学院南海海洋研究所编辑，科学出版社，1980。

6007. 南海海洋科学集刊第二集，中国科学院南海海洋研究所编辑，科学出版社，1981。

6008. 南海海洋科学集刊第三集，中国科学院南海海洋研究所编辑，科学出版社，1982。

6009. 南海海洋科学集刊第四集，中国科学院南海海洋研究所编辑，科学出版社，1983。

6010. 南海海洋科学集刊第五集，中国科学院南海海洋研究所编辑，科学出版社，1984。

6011. 南海海洋科学集刊第六集，中国科学院南海海洋研究所编辑，科学出版社，1984。

6012. 南海海洋科学集刊第七集，中国科学院南海海洋研究所编辑，科学出版社，1986。

6013. 南海海洋科学集刊第八集，中国科学院南海海洋研究所编辑，科学出版社，1987。

6014. 南海海洋科学集刊第九集，中国科学院南海海洋研究所编辑，科学出版社，1989。

6015. 南海海洋科学集刊第十集，中国科学院南海海洋研究所编辑，科学出版社，1992。

6016. 南海海洋科学集刊第十一集，中国科学院南海海洋研究所编辑，科学出版社，1995。

6017. 南海海洋科学集刊第十二集，中国科学院南海海洋研究所编辑，科学出版社，1997。

6018. 南海海洋科学集刊第十三集，南沙群岛海域物理海洋学研究，中国科学院南海海洋研究所编辑，科学出版社，2000。

6019. 南海海区综合调查研究报告（一），中国科学院南海海洋研究所编辑，科学出版社，1982。

6020. 南海海区综合调查研究报告（二），中国科学院南海海洋研究所编辑，科学出版社，1985。

6021. 中国科学院南海海洋研究所科研成果、论文摘要汇编（1959.2～1979.2），中国科学院南海海洋研究所编辑室编，中国科学院南海海洋研究所编辑室，1979，中山图藏。

6022. 中国科学院南海海洋研究所科研成果、论文摘要汇编（1979.3～1982.8），中国科学院南海海洋研究所编辑室编，中国科学院南海海洋研究所编辑室，1982，中山图藏。

6023. 西沙群岛海区综合调查初步报告，中国科学院南海海洋研究所编，中国科学院南海海洋研究所，1975，中山图藏。

6024. 南海中沙西沙群岛附近海区调查报告（1977），中国科学院南海海洋研究所编，广东省科学技术出版社，1978，中山图藏。

6025. 南海海底地形图，地质矿产部第二海洋地质调查大队编制，福建省地球物理地球化学勘查大队绘图，广东省地图出版社，1987。

6026. 南海主要海山海槽的地形地貌特征，鲍才旺、薛万俊著，广东省地图出版社，1990。

6027. 南沙群岛永暑礁新生代珊瑚礁地质，朱袁智等著，科学出版社，1997。

6028. 曾母暗沙：中国南疆综合调查研报告，中国科学院南海海洋研究所编著，科学出版社，1987。

6029. 南沙群岛海区同位素地球化学研究，中国科学院南沙综合考察队编，科学出版社，1998。

6030. 南沙群岛海区物理海洋学研究论文集，中国科学院南沙综合考察队编，海洋出版社，1994。

6031. 中国海岸带和海洋资源综合调查图集·广东省海南岛分册，中国海洋局、国家测绘局编，中国海洋局、国家测绘局，1991，中山图藏。

6032. 南海地质构造与陆缘扩张，中国科学院南海海洋研究所海洋地质构造研究室编，科学出版社，1988。

6033. 海南潮汐汉道港湾海岸，王颖等著，中国环境科学出版社，1998。

6034. 南海海岸地貌学论文集第一集，中国科学院海洋研究所编，中国科学院南海海洋研究所，1975，中山图藏。

6035. 南海海岸地貌学论文集第二集，中国科学院海洋研究所编，中国科学院南海海洋研究所，1975，中山图藏。

6036. 南海海岸地貌学论文集第三集，中国科学院海洋研究所编，中国科学院南海海洋研究所，1978，中山图藏。

6037. 南沙群岛永暑礁第四纪珊瑚礁地质，中国科学院南沙综合考察队著，海洋出版社，1992。

6038. 南沙群岛永暑礁第四纪珊瑚礁地貌研究，钟晋梁等编，海洋出版社，1992。

6039. 我国西沙群岛永乐环礁、宣德环礁地貌考察初步报告，曾昭璇等著，华南师范学院地理系地貌研究室，1981，中山图藏。

6040. 迎接海洋世纪、共铸蓝色辉煌：海南省 98 国际海洋年宣传纲，中共海南省委宣传部、海南省资源环保厅编，1998，中山图藏。

6041. 南沙群岛及其邻近海区综合调查研究报告一（上、下卷），中国科学院南沙综合科学考察队编著，科学出版社，1989。

6042. 海南岛万宁县海岸和港湾勘查报告，华东师范大学河口海岸研究所编，华东师范大学出版社，1984。

6043. 南沙群岛遥感融合信息特征分析与计量，刘宝银著，海洋出版社，2001。

6044. 南海地球物理图集，陈洁、温宁著，科学出版社，2010。

6045. 中国海湾志第十一分册：海南省海湾，熊仕林主编，海洋出版社，1999。

6046. 热带海洋研究：热带海洋环境与海洋实验生物学，中国科学院南海海洋研究所海南实验站编，海洋出版社，1984。

6047. 热带海洋研究（二）：南海热带环境与大珠母贝，中国科学院南海海洋研究所海南实验站编，海洋出版社，1986。

6048. 海南岛沿海警戒水位确定报告，海南省“三防”总挥部、海南省海洋局编，1992，海师图藏。

6049. 南沙海域声光场研究论文集，中国科学院南沙综合科学考察队编，海洋出版社，1996。

6050. 南沙群岛海区化学过程研究，张正斌等著，科学出版社，1996。

6051. 南沙群岛海域的同位素海洋化学，中国科学院南沙综合科学考察队编著，海洋出版社，1996。

6052. 南沙群岛及其邻近海域铀钍沉积特征和年代研究，中国科学院南沙综合科学考察队编，海洋出版社，1996。

6053. 南沙群岛及其邻近海区地质地球物理与油气资源，夏戡原等著，科学出版社，1996。

6054. 南沙群岛及其邻近海区地质地球物理及岛礁研究论文集（一），中国科学院南沙综合科学考察队编，海洋出版社，1991。

6055. 南沙群岛及其邻近海区地质地球物理及岛礁研究论文集（二），中国科学院南沙综合科学考察队编，海洋出版社，1991。

6056. 海南岛浅水造礁石珊瑚，邹仁林等编，科学出版社，1975。

6057. 三亚南山海岸地质地貌奇观的生成与演变，王宝灿、陈春华、王道儒编著，海洋出版社，2008。

6058. 西沙群岛珊瑚礁考察记，杨柳著，同济大学出版社，2007。

6059. 中国南海海岸地貌沉积研究，王文介等著，广东经济出版社，2007。

6060. 海南岛港湾海岸的形成与演变，王宝灿等著，海洋出版社，2006。

6061. 南沙群岛及其邻近礁区造礁珊瑚与环境变化的关系，聂宝符等著，科学出版社，1997。

6062. 南沙群岛珊瑚礁区现代沉积元素分布图集，郭丽芬等著，科学出版社，1997。

6063. 南沙群岛珊瑚礁地貌研究，中国科学院南沙综合科学考察队钟晋梁、陈欣树、张乔民、孙宗勋著，科学出版社，1996。

6064. 海南岛浅水造礁石珊瑚，邹仁林、宋善文、马江虎编，科学出版社，1975。

6065. 海南地形图，陈明锐编，中国科学院南海海洋研究所、中国科学院地理研究所绘制晕渲，地图出版社，海师图藏。

6066. 激发湛蓝竞风流，陈家博著，海洋出版社，1998。

6067. 中国海洋经济发展战略研究，徐质斌著，广东经济出版社，2007。

6068. 海南省辖海域矿资源勘查开发战略研究，海南省地质调查院编，海南省海洋地质调查局，2007，海大图藏。

6069. 海南省海洋功能区划，海南省海洋功能区划领导小组、海南省海洋功能区划编制组编，海南省海洋与渔业厅，2006，海大图藏。

6070. 海南省海洋功能区划报告，海南省海洋功能区划综合组编，海南省海洋功能区划综合组，1992，海大图藏。

6071. 海南省海岛资源综合调查研究报告，海南省海洋厅调查领导小组编，海洋出版社，1996。

6072. 海南省“十一五”海洋矿产资源调查及利用计划，海南省海洋地质调查局、海南省地质勘查局编，2005，海大图藏。

6073. 风景秀丽的海洋风光，谢宇主编，原子能出版社，2004。

6074. 海南潮汐汉道港湾海岸，王颖等著，中国环境科学出版社，1998。

6075. 海口市海洋开发规划，海口市海洋开发规划编制组编，海口市海洋管理局，1995，海大图藏。

6076. 海南省海洋开发规划，海南省海洋局、海南省计划厅编，海洋出版社，1993。

6077. 海洋经济：蔚蓝色的思考与实践，唐镇乐著，知识出版社，2000。

6078. 海南省海洋和海岸带资源开发研究报告，海南省海洋局编，海南省海洋局，1988，海大图藏。

6079. 热带海洋科学，海南大学海洋学院团委、海南大学团委创新院编，海南大学海洋学院，2007，海大图藏。

6080. 海洋知识汇编：西南中沙群岛工委干部职工内部学习资料，海南省西南中沙群岛办事处编，中共海南省西南中沙群岛工作委员会，2001，海大图藏。

6081. 南海资源与环境研究文集，梁松著，中山大学出版社，1999。

6082. 三亚海洋文化创意博览园策划研究报告，张本、詹长智著，三亚市发展和改革委员会、三亚市海洋与渔业局、海南人力资源开发研究院，2012，海大图藏。

6083. 三亚南山海岸地质地貌奇观的生成与演变，王宝灿、陈春华、王道儒编著，海洋出版社，2008。

6084. 南沙群岛空间融合信息分析与示警：群礁发育、军事区位、警示系统，高俊国、刘宝银著，海洋出版社，2009。

6085. 南沙群岛遥感融合信息特征分析与计量，刘宝银著，海洋出版社，2001。

6086. 南沙群岛海区同位素地球化学研究，陈毓蔚、桂训唐编著，科学出版社，1998。

6087. 南沙群岛珊瑚礁区现代沉积元素分布图集，郭丽芬著，科学出版社，1997。

6088. 南沙群岛永暑礁新生代珊瑚礁地质，朱袁智、沙庆安、郭丽芬著，科学出版社，1997。

6089. 南沙群岛珊瑚礁潟湖化学与生物学研究，中国科学院南沙综合科学考察队编著，海洋出版社，1997。

6090. 南沙群岛及其邻近海区地质地球物理与油气资源，夏戡原等著，科学出版社，1996。

6091. 南海水产研究，南海水产研究编委会编，南海水产研究编委会，1993，国图藏。

6092. 南海安全战略与强化海洋行政管理，安应民著，中国经济出版社，2012。

6093. 同位素海洋学研究文集第 1 卷 · 南海，黄奕普等，海洋出版社，2006。

6094. 中国南海海洋文化，司徒尚纪著，中山大学出版社，2009。

6095. 潮汐表 2006 · 南海海区（South China sea），中国人民解放军海

军司令部航海保证部编著，中国航海图书出版社，2005。

6096. 南海海洋化学，韩舞鹰等著，科学出版社，1998。

6097. 晚第四纪以来南海古海洋学研究，钱建兴著，科学出版社，1999。

6098. 南海安全战略与强化海洋行政管理，安应民等著，中国经济出版社，2012。

6099. 华南海岸和南海诸岛地貌与环境，赵焕庭等著，科学出版社，1999。

6100. 南海珊瑚礁区沉积学，王国忠著，海洋出版社，2001。

6101. 南海北部陆架邻近水域十年水文断面调查报告，马应良著，海洋出版社，1990。

6102. 南海中部海域环境资源综合调查报告，国家海洋局著，海洋出版社，1988。

6103. 南海中北部沉积图集，苏广庆等著，广东科技出版社，1989。

6104. 南海海洋开发与管理系列丛书，李珠江等著，海洋出版社，2007。

6105. 南海上层物理海洋学气候图集，王东晓等著，气象出版社，2002。

6106. 南海北部海域软泥水化学及其找矿意义，汪蕴璞等著，北京科学技术出版社，1994。

6107. 南海北部地质灾害及海底工程地质条件评价，冯志强等著，河海大学出版社，1996。

6108. 南海主要海山海槽的地形地貌特征，鲍才旺等著，广东省地图出版社，1990。

6109. 南海晚第四纪古海洋学研究，业治铮等著，青岛海洋大学出版社，1992。

6110. 南海北部大陆架地形和沉积物调查报告集，中国科学院南海海洋研究所编，中国科学院南海海洋研究所，1977。

6111. 中国海洋学文集 6 · 南海东北部海区环流研究，南海东北部海区环流课题组著，海洋出版社，1996。

6112. 中国海洋学文集（13）：南海海流数值计算及中尺度特征研究，巢纪平等著，海洋出版社，2001。

6113. 南海北部海域软泥水化学及其找矿意义，汪蕴璞等著，北京科学技术出版社，1994。

6114. 中国南海海岸地貌沉积研究，王文介等著，广东经济出版社，2007。

6115. 南海北部莺歌海——琼东南盆地第三纪微体生物群及海平面变化研究，陈平富等著，郝诒纯指导，国图藏。

6116. 南海海岸地貌学论文集第一集，中国科学院南海海洋研究所著，中国科学院南海海洋研究所，1975，国图藏。

6117. 南海海盆的形成机制、构造演化及资源响应，丁巍伟著，杨树锋、陈汉林指导，国图藏。

6118. 南海中尺度涡的运动规律探讨，王桂华著，苏纪兰、刘秦玉指导，国图藏。

6119. 南海南部海洋环流的结构与季节变化，方文东著，方国洪指导，国图藏。

6120. 南海东北部陆坡沉积地球化学对气候变化的响应研究，张兴茂著，翁焕新指导，国图藏。

6121. 晚第四纪以来南海之古海洋学研究，钱建兴著，秦蕴珊、苍树溪指导，国图藏。

6122. 中国南海海洋微表层和次表层的地球化学研究，牛增元著，张正斌指导，国图藏。

6123. 南海珠江口盆地第三纪微体古生物及古海洋学研究，郝诒纯等著，中国地质大学出版社，1996。

6124. 南海海洋科学研究：南海东北部海域之上层海流，陈民本著，“台湾行政院国家科学委员会”，1996。

6125. 南海北部浮游植物之研究，黄穰等著，“台湾行政院国家科学委员会”，1995～1998。

6126. 渐新世以来南海沉积物分布格局及其演变，黄维著，汪品先指导，国图藏。

6127. 南海东北部海陆地震联测与滨海断裂带深部结构研究，赵明辉著，丘学林指导，国图藏。

6128. 南海中北部陆坡盆地沉积特征及海底扇形成条件分析，黎明碧著，金翔龙指导，国图藏。

6129. 南海中北部陆坡盆地沉积特征及海底扇形成条件分析，黎明碧著，金翔龙指导，国图藏。

6130. 南海表层沉积物地球化学特征及物源指示，高志友著，尹观、朱赖民指导，国图藏。

6131. 南海北部海底浅部沉积物声学特性研究，潘国富著，曹景忠、马在田指导，国图藏。

6132. 南海东北部新生代沉积盆地基底的地球物理特征及其地质解释，陈冰著，王家林指导，国图藏。

六　自然地理学

6133. 海南岛西南部自然地理论文集（初稿），中国科学院广州地理研究所等编，中国科学院广州地理研究所，1963，中大图藏。

6134. 海南岛自然地理论文集：琼西南自然地理调查报告，中山大学地质地理系编，中山大学地质地理系，1964，中山图藏。

6135. 海洋科技参考资料南沙岛专辑，中国科学院南海海洋研究所编，中国科学院南海海洋研究所，1980，中山图藏。

6136. 南沙群岛自然环境简介，国家海洋局海洋科技情报研究所编，国家海洋局海洋科技情报研究所，1976，中山图藏。

6137. 海南岛方言、人口、地质、土地、人口密度图，科学出版社，1983。

6138. 南海地势图，中国科学院南海海洋研究所主编，中国科学院地理研究所编制晕渲，地图出版社，1984。

6139. 海南岛卫星影像图：假彩色合成镶嵌，广州地理研究所、中国科学院遥感应用研究所编，科学出版社，1983。

6140. 中国1：100万土地类型图E－49（海南岛），《中国1：100万土地类型图》编委会海南岛土地类型图编图组编，测绘出版社，1989。

6141. 八所港附近，中国人民解放军海军司令部航海保证部绘制，中国人民解放军海军司令航海保证部，1966，中山图藏。

6142. 三亚港至乌石港：海南岛西部，中国人民解放军海军司令部航海保证部绘制，中国人民解放军海军司令部航海保证部，1966，中山图藏。

6143. 三亚港至西沙群岛，中国人民解放军海军司令部航海保证部绘制，中国人民解放军海军司令部航海保证部，1967，中山图藏。

6144. 清澜港及附近，中国人民解放军海军司令部航海保证部绘制，中国人民解放军海军司令部航海保证部，1966，中山图藏。

6145. 黎安港，中国人民解放军海军司令部航海保证部绘制，中国人民解放军海军司令部航海保证部，1967，中山图藏。

6146. 海口湾，中国人民解放军海军司令部航海保证部绘制，中国人民解放军海军司令部航海保证部，1966，中山图藏。

6147. 后水湾，中国人民解放军海军司令部航海保证部绘制，中国人民解放军海军司令部航海保证部，1967，中山图藏。

6148. 莺歌嘴附近，中国人民解放军海军司令部航海保证部绘制，中国人民解放军海军司令部航海保证部，1967，中山图藏。

6149. 海南岛海岸景观与土地利用，〔美〕彼得·马蒂尼等著，南京大学出版社，2004。

6150. 中国的热带，余显芳等编著，广东人民出版社，1987。

6151. 海南岛自然地理，曾昭璇、曾宪中编，科学出版社，1989。

6152. 海南岛自然资源，海南行政区地方志编纂委员会办公室编，海南行政区地方志编纂委员会办公室，1986，海大图藏。

6153. 海口市彩标及山标调查，海南海军特务部政务局第一调查室编，海南海军特务部政务局第一调查室，1942，海大图藏。

第十三节　生物科学

一　普通生物学

6154. 西沙群岛生物考察初步报告，中国科学院南海海洋研究所编，中国科学院南海海洋研究所，1973，中山图藏。

6155. 南海海洋药用生物，中国科学院南海海洋研究所海洋生物研究室编，科学出版社，1978。

6156. 南海海洋药用生物调查报告，中国科学院南海海洋研究所海洋生物研究室编，中国科学院南海海洋研究所海洋生物研究室，1973，中山图藏。

6157. 我国西沙、中沙群岛海域海洋生物调查研究报告集，中国科学院南海海洋研究所编，北京科学出版社，1978。

6158. 西太平洋热带水域浮游生物论文集，国家海洋局第三海洋研究所编，海洋出版社，1984。

6159. 广东雷琼地区上新世介形类动物群，勾韵娴、郑淑英、黄宝仁著，科学出版社，1983。

6160. 南沙群岛海区生物多样性名典，陈清潮编，科学出版社，2003。

6161. 南沙群岛海区生态过程研究（一），黄良民主编，科学出版社，1997。

6162. 海南岛尖峰岭地区生物物种名录，曾庆波等编，中国林业出版社，1995。

6163. 南沙群岛及其邻近海区海洋生物多样性研究（一），中国科学院南沙综合科学考察队编，海洋出版社，1994。

6164. 南沙群岛及其邻近海区海洋生物多样性研究（二），中国科学院南沙综合科学考察队编，海洋出版社，1996。

6165. 南沙群岛及其邻近海区海洋生物分类区系与生物地理研究（一），中国科学院南沙综合科学考察队编，海洋出版社，1994。

6166. 南沙群岛及其邻近海区海洋生物分类区系与生物地理研究（二），中国科学院南沙综合科学考察队编，海洋出版社，1996。

6167. 南沙群岛及其邻近海区海洋生物分类区系与生物地理研究（三），中国科学院南沙综合科学考察队编，海洋出版社，1998。

6168. 南沙群岛及其邻近海区海洋生物研究论文集（一），中国科学院科学院南沙综合科学考察队，海洋出版社，1991。

6169. 南沙群岛及其邻近海区海洋生物研究论文集（二），中国科学院科学院南沙综合科学考察队，海洋出版社，1991。

6170. 南沙群岛及其邻近海区海洋生物研究论文集（三），中国科学院科学院南沙综合科学考察队，海洋出版社，1991。

6171. 南沙群岛西南部陆架海区底拖网渔业资源调查研究报告，中国科学院南沙综合科学考察队著，海洋出版社，1991。

6172. 南沙群岛及邻近海区晚第四纪的微体生物与环境，陈木宏主编，海洋出版社，1996。

6173. 南海海洋生物研究论文集，中国科学院南海海洋研究所编，海洋出版社，1983。

6174. 南海海洋药用生物，中国科学院南海海洋研究所海洋生物研究室著，科学出版社，1978。

6175. 南沙群岛及其邻近海区第四纪生物类群，中国科学院南沙考察队著，中山大学出版社，1991。

6176. 中国南海生物海岸研究，张乔民等著，广东经济出版社，2008。

6177. 南海生物漫话，王祖衍著，广东教育出版社，1993。

6178. 中国南海生物海岸研究，张乔民等著，广东经济出版社，2008。

6179. 南海生物漫话，王祖衍著，广东教育出版社，1993。

6180. 南海海洋药用生物调查报告，中国科学院南海海洋研究所海洋生物研究室著，中国科学院南海海洋研究所海洋生物研究室，1973。

6181. 中国生态系统定位观测与研究数据集：湖泊湿地海湾生态系统卷［海南三亚站（1998～2006）］，孙鸿烈主编，中国农业出版社，2010。

6182. 三亚珊瑚礁及其生物多样性，练健生等著，海洋出版社，2010。

6183. 南海甲藻，林永水等著，科学出版社，1993。

二　古生物学

6184. 南沙海区百余万年来的放射虫组合及古海洋学事件，王汝建著，同济大学出版社，2007。

6185. 南海晚第四纪沉积硅藻，蓝东兆等著，海洋出版社，1995。

6186. 南海南部第四纪浮游有孔虫群与古气候变化，徐建著，汪品先指导，国图藏。

6187. 南海晚第四纪沉积硅藻，蓝东兆等著，海洋出版社，1995。

6188. 南海中、北部沉积物中的放射虫，陈木宏等著，科学出版社，1996。

三　植物学

6189. 海南植物名录，广东植物研究所编，中山大学生物系药用植物教研室，1973，中山图藏。

6190. 海南岛植被类型图，中国科学院华南植物研究所编，科学出版社，1985。

6191. 海南岛土壤植被系统的地球化学，曾水泉著，广东科技出版社，1990。

6192. 海南热带植物园植物名录，海南植物园科学技术研究室编，海南植物园科学技术研究室，1961，中山图藏。

6193. 海南岛热带林生物多样性维持机制，臧润国等著，科学出版社，2004。

6194. 海南岛胶园杂草杂木调查报告：1963 年，许成文、唐自法著，华南亚热带作物科学研究所，1964，中山图藏。

6195. 海南岛胶园主要杂草杂木名录，许成文等编著，华南亚热带作物科学研究所，1964，中山图藏。

6196. 海南岛野生可食木本植物（初稿），广东省林业科学研究所海南分所编，广东省林业科学研究所海南分所，1966，中山图藏。

6197. 城市植物多样性，杨小波著，中国农业出版社，2009。

6198. 南海植物，王士泉、马艾鸿编著，广西师范大学出版社，2011。

6199. 植物记：从新疆到海南，安歌著，湖南文艺出版社，2007。

6200. 广东植物志第七卷，吴德邻主编，广东科技出版社，2006。

6201. 奇妙的海南热带植物，杨连成编著，南方出版社，1999。

6202. 南沙群岛及其邻近岛屿植物志，邢福武、吴德邻主编，海洋出版社，1996。

6203. 海南热带植物资源开发研究，谢国干著，上海科学技术出版社，1995。

6204. 海南及广东沿海岛屿植物名录，吴德邻主编，科学出版社，1994。

6205. 中国海南岛尖峰岭热带林生态系统，蒋有绪、卢俊培著，科学出版社，1991。

6206. 海南岛的植物和植被与广东大陆植被概况，侯宽昭、徐祥浩著，科学出版社，1955。

6207. 海南植物志第一卷，陈焕镛主编，科学出版社，1964。

6208. 海南植物志第二卷，陈焕镛主编，科学出版社，1965。

6209. 海南植物志第三卷，广东省植物研究所编辑，科学出版社，1974。

6210. 海南植物志第四卷，广东省植物研究所编辑，科学出版社，1977。

6211. 海南岛植物志，〔日〕正宗严敬著，日本井上书店，1975。

6212. 我国西沙群岛的植物和植被，广东省植物研究所西沙群岛植物调查队编著，科学出版社，1977。

6213. 海南岛铜鼓岭自然保护区的植被与植物资源考察报告，钟义著，1988，海大图藏。

6214. 海南大型木生真菌的多样性，戴玉成、崔宝凯主编，科学出版社，2010。

6215. 海南蕨类植物，杨逢春、梁淑云主编，中国林业出版社，2009。

6216. 海南岛野生兰花图鉴，丁慎言、尹俊梅主编，中国农业出版社，2005。

6217. 海南热带植物资源开发研究（1965～1994），谢国干著，上海科学技术出版社，1995。

6218. 海南省常见有毒野果彩色图鉴，潘先海主编，海南出版社，2006。

6219. 海南饲用植物志，刘国道编著，中国农业大学出版社，2000。

6220. 海南岛热带植物野外实习指导，刘强著，中国石化出版社，2012。

四　动物学

6221. 西沙群岛海洋浮游动物调查报告，中国科学院南海海洋研究所编，中国科学院南海海洋研究所，1974，中山图藏。

6222. 海南岛浅水造礁石珊瑚，邹仁林等著，科学出版社，1975。

6223. 海南岛的鸟兽，广东省昆虫研究所动物室、中山大学生物系著，科学出版社，1983。

6224. 热带鱼类生态学，〔英〕洛·麦康内尔著，林特溟、孙儒泳译，科学出版社，1982。

6225. 南海珊瑚，邹仁林等著，广东科技出版社，1981。

6226. 南海礁区现代造礁珊瑚类骨骼细结构的研究，中国科学院南海海洋研究所制，中国科技出版社，1991。

6227. 海南三亚国家珊瑚礁自然保护区，海南三亚国家珊瑚礁自然保护区管理处编，中山图藏。

6228. 南海的双壳类软体动物，张玺、齐钟彦等著，科学出版社，1960。

6229. 海南对虾类，刘瑞玉等著，农业出版社，1988。

6230. 南湾猕猴，王宜祥、王春东编，海南人民出版社，1986。

6231. 南沙群岛海区海洋动物区系和动物地理研究专集，中国科学院南沙综合科学考察队编，海洋出版社，1991。

6232. 海南岛的岛兽，广东省昆虫研究所动物室、中山大学生物系著，科学出版社，1983。

6233. 海南两栖爬行动物志，史海涛、赵尔宓、王力军等编著，科学出版社，2011。

6234. 海南陆栖脊椎动物检索，史海涛主编，海南出版社，2001。

6235. 海南陆栖脊椎动物野外实习指导，史海涛编著，海南出版社，2005。

6236. 海南岛猕猴王国，王春东著，海南人民出版社，1988。

6237. 南海鱼类志，中国科学院动物研究所、中国科学院海洋研究所编，科学出版社，1996。

6238. 南海诸岛海域鱼类志，国家水产总局南海水产研究所编，科学出版社，1979。

6239. 南海的双壳类软体动物，张玺等著，科学出版社，1960。

6240. 南沙群岛至南海东北部海域大洋性深海鱼类，杨家驹等著，科学出版社，1996。

6241. 南海珊瑚，邹仁林著，广东科技出版社，1981。

6242. 南海礁区现代造礁珊瑚类骨骼细结构的研究，聂宝符等著，中国科学技术出版社，1991。

五　昆虫学

6243. 海南岛的蠓类，刘金华等编著，军事医学科学出版社，1996。

6244. 彩色图鉴海南·广东的天牛，华立中、奈良一、余清金著，木生昆虫博物馆，1993，中山图藏。

6245. 海南岛蝴蝶，顾茂彬、陈佩珍著，中国林业出版社，1997。

6246. 海南岛蝗虫的研究，刘举鹏等主编，天则出版社，1995。

六　人类学

6247. 海南岛少数民族人类学考察，吴汝康等著，海洋出版社，1993。

第十四节　医药、卫生

一　概况

6248. 海南医学史研究，林诗泉编著，海南出版社，1993。

6249. 海南岛医学史略，林诗泉、杨才绩主编，海南省卫生厅，1988，海大图藏。

6250. 与时俱进的海医十年，黄东霞主编，海南出版社，2008。

6251. 前进中的海南卫生事业，海南省卫生厅、海南省经济广播电台编著，1994，三亚图藏。

6252. 海口市卫生志，海口市卫生局编，海口市卫生局，1992，海南医学院图书馆藏。

6253. 文昌县卫生志，冯昌业主编，海南省文昌县卫生志编写组，1990，国图藏。

6254. 琼海卫生志，符和海、曾宪淑主编，琼海市卫生志编纂办公室编，南海出版公司，1996。

6255. 万宁县医药资料 1980 年汇编，万宁县卫生局编，万宁县卫生局，1980，中山图藏。

6256. 康而寿，中共三亚市委老干部局编，中共三亚市委老干部局，1999，三亚图藏。

6257. 公教人员公费医疗预防实施暂行办法，海南公费医疗预防实施管理委员编，海南公费医疗预防实施管理委员会，1952，中山图藏。

6258. 海南医学院附属医院规章制度汇编，焦解歌主编，海南医学院附属医院，1999，海南医学院图书馆藏。

6259. 海南行政区人民医院百年史，林诗泉著，海南行政区人民医院，1986，海大图藏。

6260. 海南省人民医院论文汇编（1993～1994），海南省人民医院编，海南省人民医院，1994，海南医学院图书馆藏。

6261. 海南省人民医院论文汇编（1995～1996），海南省人民医院编，海南省人民医院，1997，海南医学院图书馆藏。

6262. 共谋管理创新：海南省人民医院管理论文集，朱继法主编，海南出版社，2002。

6263. 海南省秀英医院纪念册，海南省秀英医院编，海南省秀英医院，1993，海南医学院图书馆藏。

6264. 海南特区区立医院（热带病防治院）概况，林峰著，1950，中山图藏。

6265. 昌江县人民医院发展简史，昌江县人民医院编，昌江县人民医院，1988，海大图藏。

6266. 万宁卫生志，万宁县卫生局、万宁县卫生志编委会编，南海出版公司，1993。

6267. 海南医学院校志（1947～1997），海南医学院校志编辑组编，海南医学院校志编辑组，1997，海大图藏。

6268. 海南医学院校志，海南医学院校志编辑组编，海南医学院校志编辑组，2008，海大图藏。

6269. 海南医学，郑健超主编，海南卫生杂志社，1990，海大图藏。

二　预防医学、卫生学

（一）流行病学与防疫

6270. “非典”危机对海南的影响及对策研究报告，迟福林、彭京宜主编，海南省社会科学界联合会，2003，海大图藏。

6271. 陵水县桃源组抗瘟工作总结，中央卫生部抗瘟干部进修班第一组编，中央卫生部抗瘟干部进修班第一组，1956，中山图藏。

6272. 海南岛登革热资料，海南行政区公署卫生局编，海南行政区公署卫生局，1980，中山图藏。

6273. 海南岛热带疾病和卫生防疫资料汇编，海南岛热带病防治研究所、广东省海南卫生防疫站合编，广东省海南区科学技术委员会，1961，海大图藏。

6274. 西沙群岛预防医学考察报告文集（1980），广东省预防医学联合调查队编，广东省预防医学联合调查队，1981，海大图藏。

6275. 卫生防疫资料汇编 1，海南农垦卫生防疫站编，海南农垦卫生防疫站，1963，海大图藏。

6276. 卫生防疫资料汇编 2，海南农垦卫生防疫站编，海南农垦卫生防疫站，1965，海大图藏。

6277. 卫生防疫资料选编 3，海南农垦卫生防疫站编，海南农垦卫生防疫站，1972，海大图藏。

（二）保健组织与事业（卫生事业管理）

6278. 海南省青少年健康知识读本，孙喆主编，共青团海南省委，2004，省图藏。

6279. 海南省学生体质健康研究，郝文亭、倪思贵、蔡仁杰主编，光明日报出版社，2010。

6280. 海口市中小学生口腔保健知识，杨维信主编，1998，海大图藏。

6281. 2000 海南省国民体质监测研究报告，海南省文化广电出版体育厅编，海南出版社，2001。

6282. 2005 海南省国民体质监测研究报告，海南省文化广电出版体育厅、海南省国民体质监测中心编，海南出版社，2007。

6283. 改善民生，绝不能忘记农民：海南农民健康工程初探，张磊著，海南出版社。

6284. 琼州医林之星，朱继法、郑万川主编，2001，省图藏。

6285. 海南省职工安全生产手册，吴坤荣主编，1995，省图藏。

三　中国医学

6286. 海南中药资源名录，代正福、彭明主编，中国农业出版社，2009。

6287. 海南中药资源图集第二集，代正福主编，云南科技出版社，2012。

6288. 海南中药资源图集，代正福、彭明、戴好富主编，云南科技出版社，2010。

6289. 海南岛天然抗癌本草图鉴，庞玉新、王祝年主编，中医古籍出版社，2009。

6290. 海南岛常用中草药手册，海南行政区卫生事业管理局革命委员会编，1969，中山图藏。

6291. 海南常用中草药名录，邓世明主编，中国科学技术出版社，2006。

6292. 槟榔、益智、绞股蓝的生理生态，何和明著，同济大学出版社，1995。

6293. 海南部队常用中草药及处方选，海南军区后勤部卫生处编，1969，海师图藏。

6294. 海南萝芙木根总碱药理作用的研究，李德华著，中国医学科学院教育处，1961，海大图藏。

6295. 黎族民间草药集锦，刘明哲主编，海南省民族宗教事务厅，2003，海大图藏。

6296. 黎族医药，钟捷东著，海南出版社，2008。

6297. 黎药学概论，刘明生著，人民卫生出版社，2008。

6298. 黎族药志第一册，戴好富著，中国科学技术出版社，2008。

6299. 黎族药志第二册，戴好富著，中国科学技术出版社，2010。

四　药学

6300. 海南催吐萝芙木有效成分的提取分离与结构鉴定，周雪晴著，2007，海大图藏。

6301. 海南省药品标准（一九九三），韦少成主编，海南出版社，1994。

6302. 广东省海南人民医院药物制剂手册，海南人民医院医药局编，海南人民医院，1974，海南医学院图书馆藏。

第十五节　农业科学

一　概况

6303. 海南农垦技术，广东省海南农垦局科技处编，海南农垦局，

1980，海大图藏。

6304. 海南岛热带农业自然资源与区划（论文集），罗开富主编，科学出版社，1985。

6305. 海南木材：鉴别、材性及利用，海南木材研究联合工作组编，广东省林业厅，1966，海师图藏。

6306. 海南农业生产参考资料第二集，广东省海南行政公署农业处编，广东海南行政公署农业处，1956，中山图藏。

6307. 海南农业生产参考资料第十集：良种推广与种子工作经验，广东省海南行政公署农业处编，广东省海南行政公署农业处，1957，海师图藏。

6308. 海口市郊1959年农业增产技术经验汇编第一辑，海口市郊科学技术委员会，1959，海师图藏。

6309. 海南岛椰子之研究，刘永钦著，海南大学，海师图藏。

6310. 海南区几种农作物的主要病虫害：海南区农业发展既会资料，海南区灵山农业试验站，1958，海师图藏。

6311. 海南区早造农业技术经验汇编（1959），广东省海南行政农业处编，海南人民出版社，1959。

6312. 订单科技绿色：海南热带高效农业的探索与实践，肖若海著，2002，省图藏。

6313. 中国海南岛大农业建设与生态平衡论文选集，《中国海南岛大农业建设与生态平衡论文选集》编辑委员会编，科学出版社，1987。

6314. 热带农业的理论与实践，程立生著，南海出版公司，1997。

6315. 崛起的热带高效农业，夏鲁平编，中国环境科学出版社，1998。

6316. 稻花香，《华南农业大学百年校庆丛书》编委会编，广东科技出版社，2009。

6317. 华南农业大学百年图史，《华南农业大学百年校庆丛书》编委会编，广东人民出版社，2009。

6318. 群体概念：农业，海南区科学技术委员会编，海南区科学技术委员会，1961，中山图藏。

6319. 海南地区农业科学实验经验交流大会典型经验选编，海南地区革命委员会生产组编，海南地区革命委员会生产组，1971，中山图藏。

6320. 广东省海南农垦局科学实验工作年报（1978年度），海南农垦局科技处编，海南农垦局科技处，1978，中山图藏。

6321. 广东省海南农垦局科学实验工作年报（1979 年度），海南农垦局科技处编，海南农垦局科技处，1980，中山图藏。

6322. 农业科学研究主要成果简编：海南区（1959～1960），广东省海南区农业科学研究所编，广东省海南区农业科学研究所，1961，中大图藏。

6323. 通什镇 1958 年晚造技术改革方案，中共保亭县通什镇委编制，保亭县农业局，1958，中山图藏。

6324. 广东省通什农垦科技大会资料汇编，广东省通什农垦局科技处编，广东省通什农垦局科技处，1980，中山图藏。

6325. 热带休闲农业职业培训教程，吴发、跃斯图编著，海南出版社，2012。

6326. 新阶段海南农业发展研究，肖若海著，海南省农业厅，省图藏。

6327. 建言献策文集：热带特色现代农业，海南省农业厅编，2007，省图藏。

6328. 海南省农业厅规章制度新编，海南省农业厅办公室编，海南省农业厅办公室，2007。

6329. 建设中的海南省农业科技服务“110”，海南省科技厅编，海南省科技厅，2004。

二　农业基础科学

（一）肥料学

6330. 海南省测土配方施肥技术手册，海南省土壤肥料总站编，2007，省图藏。

6331. 肥料工作经验汇编，海南行政区农业局编，海南行政区农业局，1973，中山图藏。

（二）土壤学

6332. 海南岛西南部风化壳化学地理过程对土壤的影响（摘要），孙贤国著，中山大学地质地理系，1965，中山图藏。

6333. 海南岛那大林下土壤深耕后微生物活动强度的研究（1963），贺鹰搏、臧向莹著，华南亚热带作物科学研究所，1964，中山图藏。

6334. 海南岛几个主要土类在不同利用方式下放线菌的分布与拮抗性

的研究（1962～1963），贺鹰搏著，华南亚热带作物科学研究所，1964，中山图藏。

6335. 海南岛土壤中胡敏酸与富里酸比值及硅铁铝比率和辐射干指数及水文系数的相关性，唐永銮等著，中山大学地质地理系，中山图藏。

6336. 海南区群众性土壤鉴定训练班学习资料，广东省海南行政公署农业处、广东省土地利用局海南工作组合编，广东省海南行政公署农业处、广东省土地利用局海南工作组，1958，中山图藏。

6337. 土壤普查报告书，海南农垦橡胶研究所编，海南农垦橡胶研究所，1984，中山图藏。

6338. 海南岛热带作物土壤图，华南热带作物学院编，科学出版社，1985。

6339. 海南岛土壤：土壤与土地数字化数据库及其制图，周慧珍主编，科学出版社，1994，中山图藏。

6340. 我国西沙群岛的土壤和鸟粪磷矿，中国科学院南京土壤研究所西沙群岛考察组著，北京科学出版社，1977。

6341. 海南岛土壤和植物中的化学元素，王景华著，科学出版社，1987。

6342. 海南岛土系概论，龚子同、张甘霖、漆智平主编，科学出版社，2004。

6343. 广东和海南海涂土壤，何金海、罗旋主编，中国环境科学出版社，1995。

6344. 海南岛土壤和植物中的化学元素，王景华著，科学出版社，1987。

6345. 海南土壤，海南省农业厅土肥站编，海南出版社，1994。

6346. 海南土种志，海南省农业厅土肥站编，海南出版社，1994。

6347. 海南省土壤类型分布图，海南省土肥站绘制，1991，中山图藏。

（三）农业气象学

6348. 海南岛农业气候区划（初稿），何大章、张声粦、吴思敬著，中国科学院广州地研究所，1964，中山图藏。

6349. 海南岛热带气候资源农业评价，广州地理研究所气候研究室著，广州地理研究所，1981，中山图藏。

6350. 海南晚稻翻春的农业气候问题初步分析，何清正、邝禹洲著，广东省农业科学院农业气象组，1964，中山图藏。

6351. 光温条件变化对早造高产稳产影响的初步研究，海南区农科所土肥组编，海南区农科所土肥组，1979，中山图藏。

6352. 崖县农业气象分析（初稿），崖县科技局等合编，崖县科技局等，1979，中山图藏。

6353. 保亭县农业气候，保亭县农业局等合编，保亭县农业局等，1978，中山图藏。

（四）农业生物学

6354. 海南岛と云南：中国热带の气候と农业地生态，〔日〕吉野正敏、市川健夫著，1985，中山图藏。

6355. 海南岛生态环境质量分析与综合评价，董汉飞、曾水泉主编，中山大学出版社，1985。

三　农业工程

6356. 兴农富岛工程与农业产业化研讨会文集，周继太、韩仁元等著，南海出版公司，1998。

6357. 1966 年灌溉试验工作总结，海南岛琼海县塔洋灌溉试验站编，海南岛琼海县塔洋灌溉试验站，1966，中山图藏。

6358. 1967 年灌溉试验研究计划，海南岛琼海县塔洋灌溉试验站编，海南岛琼海县塔洋灌溉试验站，1966，中山图藏。

6359. 海南岛农田水利调查报告，高亚藩等著，1950，中山图藏。

6360. 海南一九五一年上半年农林水利工作总结及下半年工作决定，海南行政公署农林处编，海南行政公署农林处，1951，中山图藏。

6361. 海南岛崖县琼东灌溉工程略图，佚名编绘，1950，中山图藏。

6362. 文昌沙暗排暗灌工程调查，顺德县水利电力局编，顺德县水利电力局，1976，中山图藏。

6363. 广东省海南行政公署农垦局设计室测量工作经验介绍，广东省海南行政公署农垦局设计室编，广东省海南行政公署农垦局设计室，

1959，中山图藏。

6364. 海南区农业技术会议总结发言提纲，中山图藏。

6365. 农田水利实践：松涛灌区技术总结，谢声濂编著，中国水利水电出版社，1999。

6366. 昌江县水利电力志，龙登学主编，南海出版公司，1992。

6367. 海南农垦科技十年，《海南农垦技术》编辑室编，《海南农垦技术》编辑室，海大图藏。

6368. 海南农垦技术，海南农垦局编，海大图藏。

四　农学（农艺学）

6369. 农学的研究方法海南农业科技，海南农业科技编辑部编辑，海南省农业科学研究院，1986，海大图藏。

6370. 海南热带高效农业实用技术丛书，温室栽培，海南省农业厅编，海南出版社，2010。

6371. 海南岛作物种质资源考察收集目录，海南岛作物种质资源考察队编，海南岛作物种质资源考察队，海大图藏。

6372. 新技术育种研究报告，中国科学院遗传研究所海南试验站、广东省海南黎族苗族自治州科技局合编，广东省海南黎族苗族自治州科技局，1978，中山图藏。

6373. 改制经验汇编，广东省儋县农业局编，广东省儋县农业局，1977，中山图藏。

6374. 海南岛冬季繁种指导，卢庆善编著，农业出版社，1993。

6375. 海南的耕作制度，韩俊编著，海南出版社，1992。

五　植物保护

6376. 海南岛旱涝分析，郭恩华、张统钦著，广东省海南行政区气象局研究室，1979，中山图藏。

6377. 热带作物病虫害防治，华南热带作物研究院、华南热带作物学院编，农业出版社，1980。

6378. 热带作物害虫名录，丘燕高、杨光融、陈楚苹编，华南热带作物科学研究院情报研究所，1986，中山图藏。

6379. 海南农作物常见害虫，朱绍光编译，广东省科学技术情报研究所，1964，中山图藏。

6380. 海南区几种农作物的主要病虫害，海南区灵山农业试验站编，海南区灵山农业试验站，1958，中山图藏。

6381. 儋县1979年农作物病虫害测报工作总结，儋县农业局编，儋县农业局，1979，中山图藏。

6382. 广东海南岛咖啡虫害初步调查报告，胡少波等编，广西农学院科学研究部，1959，国图藏。

6383. 海南岛万宁县一国营农场钩虫病的调查，江静波等著，中山大学学报第二期，1957，中大图藏。

6384. 陵水县光坡公社病虫测报点工作经验，陵水县病虫预测预报站编，陵水县病虫预测预报站，1963，中山图藏。

6385. 椰子穗螟的调查观察及其防治，华南亚热带作物科学研究所植物保护系编，华南亚热带作物科学研究所植物保护系，1966，中山图藏。

6386. 椰子犀角金龟（虫甲）为害习性的调查和观察，华南亚热带作物科学研究所植物保护系编，华南亚热带作物科学研究所植物保护系，1966，中山图藏。

6387. 植物检疫文件汇编，海南黎族苗族自治州农业局编，海南黎族苗族自治州农业局，1983，海大图藏。

6388. 热带植物细菌病害，谭志琼、张荣意主编，海南出版社，2009。

6389. 西瓜病虫害发生与防治技术，李鹏、柳晓磊、吴泽平编著，海南出版社，2010。

六　农作物

（一）概况

6390. 一九六一年度海南区五料作物技术规程（草案），海南行政公署外贸基地局编，海南行政公署外贸基地局，1961，中山图藏。

6391. 一九六三年度海南区五料作物生产技术规程，海南行政公署外局编，海南行政公署外贸基地局，1963，中山图藏。

6392. 海南区人民公社五料作生产经验汇编，海南五料作物管理局编，海南五料作物管理局，1965，中山图藏。

6393. 高产粮田开发示范资料汇编，海南省高产粮田开发示范办公室、海南省农业技术推广服务中心编，1991，三亚图藏。

6394. 冬种粮、油、肥资料汇编，海南行政区农业局编，海南行政区农业局，1972，中山图藏。

6395. 崖县农作物资料，崖县农业科编，中山图藏。

6396. 对海南区稻田耕作制度改革提出一些意见（讨论稿），广东省农业科学院、海南农业局调查组编，广东省农业科学院，1975，中山图藏。

6397. 1959 年崖县早造农业技术经验汇编：粮食、果蔬、农药、畜牧、水利，崖县科委会、崖县农业局编，1959，中山图藏。

6398. 文昌县农作物品种志，文昌县科学技术委员会、文昌县农业局、文昌县农业科学研究所编著，1962，中山图藏。

6399. 临高县 1965 农业生产经验选编，临高县农业局编，临高县农业局，1965，中山图藏。

6400. 海南区改制技术资料选编，海南行政区农业局、海南黎族苗族自治州农业局编，海南行政区农业局、海南黎族苗族自治州农业局，1976，国图藏。

（二）禾谷类作物

6401. 对提高昌江县水稻产量主要技术措施的探讨，谢益标编，广东省昌江县科技局，1980，中山图藏。

6402. 海南岛水稻生产的基本气候条件（第一稿），海南行政区气象局、海南行政区科技局编，海南行政区气象局、海南行政区科技局，1976，中大图藏。

6403. 历年来水稻灌溉水温总结，海南岛琼海县塔洋灌溉试验站编，海南岛琼海县塔洋灌溉试验站，1966，中山图藏。

6404. 水稻灌溉制度试验大田小区对比总结（1963～1967 年早晚造），海南岛琼海县塔洋灌溉试验站编，海南岛琼海县塔洋灌溉试验站，1967，中山图藏。

6405. 早造几个水稻良种介绍，海南农业局编，海南农业局，1977，中山图藏。

6406. 海南区早造农业技术经验汇编（1959），广东省海南行政公署农业处编，海南人民出版社，1959。

6407. 琼海县1965年早造水稻丰产用水调查总结报告，海南岛琼海县塔洋灌溉试验站编，海南岛琼海县塔洋灌溉试验站，1965，中山图藏。

6408. 海南黎族苗族自治州早造生产经验汇编，海南黎族苗族自治州农业局编，海南黎族苗族自治州农业局，1965，中山图藏。

6409. 1966年早造水稻降低地下水试验总结，海南岛琼海县塔洋灌溉试验站编，海南岛琼海县塔洋灌溉试验站，1966，中山图藏。

6410. 1966年论塔洋地区不同土质早造水稻高产田潮汕排灌经验总结，海南岛琼海县塔洋灌溉试验站编，海南岛琼海县塔洋灌溉试验站，1966，中山图藏。

6411. 1966年早造水稻灌溉制度需水量大田对比试验总结报告，海南岛琼海县塔洋灌溉试验站编，海南岛琼海县塔洋灌溉试验站，1966，中山图藏。

6412. 水稻灌溉需水量实验总结（1966年晚造），海南岛琼海县塔洋灌溉实验站编，海南岛琼海县塔洋灌溉实验站，1967，中山图藏。

6413. 水稻灌溉需水量试验总结（1967年早造），琼海县塔洋灌溉试验站编，琼海县塔洋灌溉试验站，1967，中山图藏。

6414. 一九七二年早造"科六"经验选编，海南行政区农业局编，海南行政区农业局，1972，中山图藏。

6415. 海南区三熟中稻的三年实践与认识，海南行政区农科所编，海南行政区农科所，1978，中山图藏。

6416. 1959年海南区晚造水稻丰产经验汇编，广东省海南行政公署农业处编，海南行政公署农业处，1960，中山图藏。

6417. 1965年农用渠系排灌晚造水稻降低地下水试验总结，海南岛琼海县塔洋灌溉试验站编，海南岛琼海县塔洋灌溉试验站，1966，中山图藏。

6418. 1966年晚造水稻长流水降低水温试验总结，海南岛琼海县塔洋灌溉试验站编，海南岛琼海县塔洋灌溉试验站，1966，中山图藏。

6419. 1966年晚造水稻大田潮汕合理排灌试验总结，海南岛琼海县塔洋灌溉试验站编，海南岛琼海县塔灌溉试验站，1966，中山图藏。

6420. 1966年晚造塔洋地区不同土质水稻高产田潮汕排灌试验总结，海南岛琼海县塔洋灌溉试验站编，海南岛琼海县塔洋灌溉试验站，1966，中山图藏。

6421. 海南怎样种好冬小麦，海南黎族苗族自治州科技局编，海南黎族苗族自治州科技局，1975。

6422. 旱粮作物栽培经验选编，海南区热带农业科学研究所情报资料室编，海南区热带科学研究所情报资料室，1966，中山图藏。

6423. 新引进的旱粮品种性状及其在我区育种特性简介，海南区热带农业科学研究所情报资料室编，海南区热带农业科学研究所情报资料室，1966，中山图藏。

6424. 水稻栽培技术，陈传明、陈文、张世能编，海南出版社，2002。

6425. 在海南怎样种好冬小麦，广东省海南黎族苗族自治州科技局编，广东省海南黎族苗族自治州科技局，1975，海大图藏。

（三）薯类作物

6426. 木薯栽培技术，海南省科学技术厅、中国热带农业科学院编，1995，海大图藏。

（四）饲料作物、牧草

6427. 热带牧草栽培技术，刘国道编著，海南出版社，2003。

6428. 海南禾草志，刘国道主编，科学出版社，2010。

（五）经济作物

6429. 热带绿地和覆盖作物，朱印松、陈云集编著，广东科技出版社，1987。

6430. 海南黎族苗族自治州植棉经验汇编，海南黎族苗族自治州农业局编，海南黎族苗族自治州农业局，1965，中山图藏。

6431. 琼崖海棠果制油的调查研究报告（一），广东省粮食厅科学研究所编，广东省粮食厅科学研究所，中山图藏。

6432. 国营南滨农场油棕栽培经验，崖县科委、崖县农业局编，崖县科委、崖县农业局，1959，中山图藏。

6433. 油棕种子快速发芽的初步研究，华南亚热带作物科学研究所热带作物系木本油料组编，华南亚热带作物科学研究所热带作物系木本油料组，1966，中山图藏。

6434. 海南岛油棕加工概况，亚热带植物油脂情报中心站海南亚热带油脂研究情报所编，1976，中山图藏。

6435. 热带亚热带主要油料及油脂简介，广东省海南亚热带油脂研究所编，广东省海南亚热带油脂研究所，1973，中山图藏。

6436. 海南岛海口市龙塘公社仁三大队大面积甘蔗丰产经验调查总结分析（摘要），苏广达编，华南农学院，中山图藏。

6437. 甘蔗杂交育种研究工作汇报（1964 年度），海南甘蔗育种场合编，第一轻工业部甘蔗糖业科学研究所，1965，中山图藏。

6438. 甘蔗的栽培，广东省甘蔗糖业食品科学研究所海南甘蔗育种场编，广东省甘蔗糖业食品科学研究所海南甘蔗育种场，1975，中山图藏。

6439. 甘蔗亩产二十吨以上栽培技术专辑，海南黎族苗族自治州科技局、广东省甘蔗糖业食品科学研究所海南甘蔗育种场汇编，广东省海南黎族苗族自治州科学技术局，1977，中山图藏。

6440. 海南岛茶树栽培技术措施，海南五料作物管理局编，海南五料作物管理局，1965，中山图藏。

6441. 海南、粤西、广西咖啡生产经验调查报告，华南亚热带作物科学研究所热带作物系饮料作物组编，1960，中山图藏。

6442. 咖啡栽培，华南热带作物科学研究院兴隆试验站编，广东科技出版社，1979。

6443. 海南岛可可枝梢生长及开花结果特征研究初报（1960～1963），陈伟豪等著，华南亚热带作物科学研究所兴隆试验站，1964，中山图藏。

6444. 胡椒栽培，陈封宝、林洪顿、张籍香编，广东科技出版社，1977。

6445. 胡椒瘟病防治试验小结（1965～1967、1971～1976），华南热带作物研究院兴隆试验站编，华南热带作物研究院兴隆试验站，1977，中山图藏。

6446. 华南热带作物科学研究所图书馆外文期刊索引，华南热带作物科学研究所编，华南热带作物科学研究所，1957，中山图藏。

6447. 馆藏外文热带作物图书目录，华南热带作物学院图书馆编，华南热带作物学院，1964，中山图藏。

6448. 华南热带作物科学研究院科技情报所历年出版书刊资料题录（1953～1984），华南热带作物科学研究院科技情报研究所文献资料室编，华南热带作物科学研究院科技情报研究所文献资料室，1985，海大图藏。

6449. 华南热带经济作物，陆文杰编，热带作物杂志社，1957。

6450. 热带经济植物简录，华南亚热带作物科学研究所热作系引种组编，华南亚热带作物科学研究所，1964，中山图藏。

6451. 热带作物经验汇编，崖县热带作物部编，崖县热带作物部，1959，中大图藏。

6452. 热带作物栽培学，华南亚热带作物科学研究所、华南热带作物学院热带作物系主编，华南亚热带作物科学研究所、华南热带作物学院热带作物系，1962，中山图藏。

6453. 热带作物栽培学，华南亚热带作物科学研究所、华南热带作物学院热带作物系主编，农业出版社，1980。

6454. 中国热带作物栽培学，中国热带农业科学院、华南热带农业学院主编，中国农业出版社，1998。

6455. 热带作物的试验设计与统计分析，华南热带作物学院编，广东省农垦总局，1977，海大图藏。

6456. 热带作物栽培学各论，杨和鼎主编，中国农业出版社，1996。

6457. 热带作物栽培学总论，王秉忠主编，中国农业出版社，1997。

6458. 通什垦区热作区划学术讨论会论文集，广东省通什农垦农工商联合企业公司设计室、广东省保亭热带作物研究所合编，1985，海大图藏。

6459. 热带农业致富经验选编，丘燕高、莫善文等编，华南热带作物研究院情报所等，1988，中山图藏。

6460. 华南热带作物科学研究院、华南热带作物学院科研成果汇编（1953～1987），华南热带作物科学研究院科技情报所等编，华南热带作物科学研究院科技情报所，1988，中山图藏。

6461. 热带作物产品加工，华南热带作物学院编，农业出版社，1990。

6462. 海南药用植物现代研究，戴好富、梅文莉主编，中国科学技术出版社，2007。

6463. 槟榔栽培技术，海南省科学技术厅编，中国热带农业科学院，1995，海大图藏。

6464. 咖啡栽培技术，海南省科学技术厅、中国热带农业科学院编，1995，海大图藏。

6465. 五指山茶叶科技，广东省通什农垦局生产处、海南省三亚市外贸局茶叶进出口公司编，1982，海大图藏。

（六）热带、亚热带作物

6466. 海南热带作物介绍，广东省海南行政公署开发处编，广东省海南行政公署开发处，1958，海大图藏。

6467. 热带作物手册，海南行政公署热带作物处编，海南行政公署热带作物处，1958，海大图藏。

6468. 热带经济作物栽培学，海南省农业厅编，1989，省图藏。

6469. 热带农业实用技术问答（种植业部分），海南省农业厅科教处主编，1993，海大图藏。

七　园艺

（一）蔬菜园艺

6470. 海南伞菌初志，毕志树等著，广东高等教育出版社，1997。

6471. 海南省供港澳蔬菜质量安全生产技术指南，李劲松、任红编著，海南出版社，2010。

6472. 海南主要北运蔬菜贮运保鲜技术，窦志浩、谢辉、张容鹄编著，海南出版社，2010。

6473. 辣椒、茄子和西红柿栽培技术，肖日新著，海南出版社，1998。

6474. 冬瓜、苦瓜、黄瓜和节瓜栽培技术，梁振深编著，海南出版社，1998。

6475. 海南瓜菜大棚设施类型与建造，李劲松、杨小锋编著，海南出版社，2010。

6476. 海南主要瓜菜标准化生产管理及安全控制技术，陈理、钟政忠、蒙忠武编著，海南出版社，2010。

6477. 海南主要瓜菜高效施肥技术，张文编著，海南出版社，2009。

6478. 海南省豇豆设施栽培技术，许如意、孔祥义、曹兵编著，海南出版社，2011。

（二）瓜果园艺

6479. 甜瓜设施栽培技术，李劲松编著，海南出版社，2009。

6480. 西瓜栽培技术，黎中明著，海南出版社，1998。

6481. 西瓜设施栽培技术，李劲松编著，海南出版社，2010。

（三）果树园艺

6482. 海南岛果树初步名录（1962～1963），张忠诚著，华南亚热带作物科学研究所，1964，中山图藏。

6483. 海南的柿子栽培，广东省国营大丰农场科研所编，广东省国营大丰农场科研所，1979，海大图藏。

6484. 荔枝栽培技术，张世杰编著，海南出版社，1998。

6485. 椰子，广东省农垦厅编，广东人民出版社，1959。

6486. 文昌椰子生物学习性观察初报，曾友梅、邓励、苏茂荣著，华南亚热带作物科学研究所，1964，海大图藏。

6487. 椰子栽培，李元道著，广东科技出版社，1988。

6488. 椰子栽培技术，海南省科学技术厅、中国热带农业科学院编，海南省科学技术厅，1995，海大图藏。

6489. 椰子丰产栽培技术，毛祖舜、邱维美编著，海南出版社，2003。

6490. 椰子生产技术问答，王文壮主编，中国林业出版社，1998。

6491. 芒果栽培技术，许树培编著，海南出版社，1998。

6492. 芒果、荔枝、龙眼、杨桃病虫害防治，罗永明、余卓桐编著，海南出版社，2003。

6493. 菠萝高产栽培技术，郑有诚编著，海南出版社，2003。

6494. 波罗蜜在荒野栽培的初步调查报告：波罗蜜天牛的生活习性和防治方法，广东省林业科学研究所海南分所编，广东省林业科学研究所海南分所，1967，中山图藏。

6495. 香蕉、西瓜、菠萝病虫害，余卓桐、罗永明编著，海南出版社，2003。

6496. 香蕉栽培技术，肖鸿修、符书贤著，海南出版社，1998。

6497. 龙眼栽培技术，郑有诚编著，海南出版社，2000。

6498. 海南芒果主要品种简介，广东省农垦总局生产处编著，广东省农垦总局生产处，1977，海大图藏。

6499. 杨桃优质高产栽培技术，华敏、苗平生编著，海南出版社，2003。

6500. 海南主要北运蔬菜贮运保鲜技术，窦志浩编著，海南出版社，2010。

6501. 海南热带高效农业实用技术丛书：贮运保鲜，海南省农业厅编，海南出版社，2010。

6502. 海南特色野生果树、药材和观赏植物种质资源及利用，代正福、彭明、周鹏主编，中国农业出版社，2005。

6503. 热带亚热带果树栽培学，林尤奋著，农业出版社，2004。

（四）观赏园艺（花卉和观赏树木）

6504. 启园艺韵，王启正著，今日香港出版社，1999，三亚图藏。

6505. 三亚盆景，三亚市盆景协会编著，三亚市盆景协会，1994，三亚图藏。

6506. 陆树仁盆景艺术，陆树仁著，2002，三亚图藏。

6507. 海南园林观赏植物，江长桥、谢盛强主编，南海出版公司，2005。

6508. 热带兰栽培生产技术，黄芳薇、王云惠、凌绪柏编著，海南出版社，2010。

6509. 海南树木盆景制作与养护，胡庆魁编著，海南出版社，2010。

6510. 主要热带花卉栽培技术，洪世军编著，海南出版社，2002。

6511. 海南主要花卉品种栽培技术手册，朱选成主编，省图藏。

6512. 海南常见园林植物，张玄兵、李绍鹏主编，武汉出版社，2007。

八　林业

（一）林业理论与方法论

6513. 海南林业技术资料汇编第一辑：造林部分，广东省林业科学研究所海南分所编，广东省林业科学研究所海南分所，1959，中山图藏。

6514. 海南林业研究报告，广东省林业科学研究所海南分所编，广东省林业科学研究所海南分所，1959，中山图藏。

6515. 林业，海南区科学技术委员会编，海南区科学技术委员会，1961，中山图藏。

6516. 海南岛林业资源汇编，林业部调查规划局等编，林业部调查规划局，1981，中大图藏。

6517. 中国林业科学研究院热带林业研究所建所三十周年纪念文集（1962～1992），中国林业科学研究院热带林业研究所编，中国林业科学研究院热带林业研究所，1992，海大图藏。

6518. 尖峰岭昆虫第一辑，广东省林业厅科技处编，广东省林业厅科技处，1983，中山图藏。

6519. 尖峰岭昆虫第二辑，广东省林业厅科技处编，广东省林业厅科技处，1984，中山图藏。

6520. 尖峰岭昆虫第三辑，广东省林业厅科技处编，广东省林业厅科技处，1985，中山图藏。

（二）林业基础科学

6521. 海南岛橡胶林小气候，高素华、黄增明著，气象出版社，1989。

6522. 海南树木奇观，韩剑准主编，中国林业出版社，2001。

6523. 海南主要经济树木，广东省林业科学研究所编，农业出版社，1964。

6524. 海南岛主要经济木本植物，符国瑷、王其兴著，香港国际企业出版社，1999。

6525. 中国热带森林环境资源，侯元兆、于玲、王洪峰著，中国科学技术出版社，2002。

6526. 海南岛热带天然林主要功能群保护与恢复的生态学基础，臧润国等著，科学出版社，2010。

6527. 海南岛陆域国家级森林生态系统自然保护区森林植被研究，杨小波著，科学出版社，2011。

6528. 海南岛热带林生物多样性及其物种进化，王伯荪等著，科学出版社，2005。

6529. 海南岛热带林生物多样性维持机制，臧润国等著，科学出版社，2004。

6530. 海南森林昆虫，黄复生主编，科学出版社，2002。

6531. 海南岛热带林生物多样性及其形成机制，蒋有绪等著，科学出版社，2002。

6532. 海南岛热带雨林，胡玉佳、李玉杏著，广东高等教育出版社，1992。

6533. 琼北与琼中森林群落物种组成的比较研究及其优势种群动态和分布格局，欧芷阳著，2007。

（三）造林学、林木育种及造林技术

6534. 海南主要树种采育苗造林法，海南行政公署林业处编，海南行政公署林业处，1956，中山图藏。

6535. 海南地区切干造林若干问题，远攸著，海南林业科学研究所，1962，中山图藏。

6536. 木麻黄造林技术问题的探讨，郑国辉著，海南林业科学研究所，1962，中山图藏。

6537. 海南区林木物候学观察方法说明，海南林业科学研究所编，萧加执笔，海南林业科学研究所，1962，中山图藏。

6538. 海南石梓一年生苗干插育苗试验小结，徐振邦、韩棋元编，广东省林业科学研究所海南分所，1964，中山图藏。

6539. 轻木在我国华南地区引试种初步观察，丁慎言著，华南亚热带作物科学研究所，1964，中山图藏。

6540. 茅草荒山绿化先锋树种——乌墨的造林技术，徐逊邦著，海南林业试验场，1962，中山图藏。

6541. 海南省退耕还林工程建设文件资料汇编（2003），海南省退耕还林工作领导小组办公室编，2003，省图藏。

6542. 海南橡胶防护林防风效果数值模拟研究，唐朝胜著，中国农业科学技术出版社，2009。

6543. 海南浆纸林林下植物彩色图鉴，秦新生、严岳鸿、刘立武主编，化学工业出版社，2010。

（四）森林经营学、森林计测学、森林经理学

6544. 海南林业参观考察总结，广东林学会海南参观考察小组编，广东林学会海南参观考察小组，1963，国图藏。

6545. 广东海南岛森林采伐与更新问题发言，沈鹏飞著，广东林学会，1964，国图藏。

6546. 海南岛热带天然林可持续经营，陈永富等编著，中国科学技术出版社，2001。

6547. 海南森林植物初步调查报告，广东省林业厅勘测设计大队编，广东省林业厅勘测设计大队，1965，中山图藏。

6548. 海南岛霸王岭林区森林综合调查报告，徐燕千等著，华南林业科学研究室，1958，中山图藏。

6549. 海南岛红树林调查报告，广东省林业厅勘测设计大队编，广东省林业厅勘测设计大队，1965。

6550. 生命守望森林，旭飞编著，南方出版社，2005。

6551. 红树林研究论文集（1980～1989），林鹏编，厦门大学出版社，1990。

6552. 海南岛清澜港红树林发展动态研究，郑德璋等著，广东科技出版社，1995。

6553. 海南省南湾自然保护区其周边生物多样性，江海声、黄文忠主编，广东科技出版社，1998。

6554. 对发展母生造林的几点意见，徐振邦著，海南省科学技术委员会，1962，中山图藏。

6555. 母生造林枯梢问题初步调查报告，李万年著，海南省科学技术委员会，1962，中山图藏。

6556. 海南岛热带天然林主要功能群保护与恢复的生态学基础，臧润国等著，科学出版社，2010。

6557. 中国自然保护区：海南岛尖峰岭，曾庆波主编，中国林业出版社，1996。

6558. 铜鼓岭自然保护区综合考察专题报告集，铜鼓岭自然保护区综合考察队著，1987，海大图藏。

6559. 铜鼓岭自然保护区森林群落物种多样性与群落结构研究，车秀芬著，2007，海大图藏。

6560. 宝岛神韵：海南岛自然保护区散记，郭泽福、陈人栋著，三环出版社，1990。

（五）森林保护学

6561. 海南岛美洲斑潜蝇的研究，海南省美洲斑潜蝇攻关协作研究组编，海南省农业厅，1997，省图藏。

（六）森林采运与利用

6562. 海南岛木材防腐实验工场的设置，〔日〕永山规矩雄著，中山图藏。

（七）森林树种

6563. 航空喷粉防治橡胶白粉病试验总结（1977～1978），华南热带作物研究院植物保护研究所编，华南热带作物研究植物保护研究所，1978，中山图藏。

6564. 1979 年橡胶白粉病防治工作总结，海南农垦局生产处编，海南农垦局生产处，1979，中山图藏。

6565. 黄褐树螽发生规律的初步调查及其防治，华南亚热带作物科学研究所植物保护系编，华南亚热带作物科学研究所植物保护系，中山图藏。

6566. 橡胶植保手册（初稿），中国人民解放军广州军区生产建设兵团生产部编，中国人民解放军广州军区生产建设兵团生产部，1972，中山图藏。

6567. 胶树病虫害防治问答，余卓桐、林延谋编，华南热带作物科学研究院科技情报研究所，1985，中山图藏。

6568. 胶园吸血山蚂蟥研究，张钧、谭恩光著，华南热带作物研究院植物保护系，1978，中山图藏。

6569. 23～16 抗菌素防治橡胶割面条溃疡病试验总结，海南农垦局生产处编，海南农垦局生产处，1979，中山图藏。

6570. 海南主要经济树木木材利用参考资料，广东省林业科学研究所编，广东省林业科学研究所，1959，中山图藏。

6571. 海南岛木材利用的若干问题，林仰三著，海南科学技术委员会，1962，中山图藏。

6572. 海南树种木材利用资料（初稿）：1965 年研究报告，林仰山执笔整理，广东省林业科学研究所海南分所，1966，中山图藏。

6573. 海南树种原木识别资料（初稿）：1963 年研究报告，广东省林业科学研究所海南分所编，广东省林业科学研究所海南分所，1964，中山图藏。

6574. 海南引种杉树的栽培技术问题，徐振邦著，海南林业科学研究所，1962，中山图藏。

6575. 橡胶灌溉问题的探讨，华南亚热带作物科学研究所、广东省水利科学研所、热带作物灌溉实验站编，华南亚热带作物研究所等，中山图藏。

6576. 橡胶育种进修班学习资料专刊，广东省农垦厅编，广东省农垦厅，1958，中大图藏。

6577. 海南区人民公社橡胶栽培技术暂行规程（草案），广东省海南五料作物管理局编，广东省海南五料作物管理局，1964，中山图藏。

6578. 橡胶树抗风丛式栽培试验总结报告（1965～1980），海南农垦橡胶研究所编，海南农垦橡胶研究所，1981，中山图藏。

6579. 橡胶树良种选育与推广，广东省农垦总局、海南省农垦总局编著，广东科技出版社，1994，上海图书馆藏。

6580. 1978 年橡胶选育种工作年报，广东省国营文昌育种站编，广东省国营文昌育种站，1978，中山图藏。

6581. 科技资料汇编（1978），广东省国营文昌育种站编，广东省国营文昌育种站，1979，中山图藏。

6582. 科研工作年报（1979），广东省海南农垦橡胶研究所编，广东省海南农垦橡胶研究所，1980，中山图藏。

6583. 科研工作年报（1980），广东省海南农垦橡胶研究所编，广东省海南农垦橡胶研究所，1981，中山图藏。

6584. 科研工作年报（1983），广东省海南农垦橡胶研究所编，广东省海南农垦橡研究所，1984，中山图藏。

6585. 橡胶科技资料汇编，广东省海南农垦橡胶研究所编，广东省海南农垦橡胶研究所，1982，中山图藏。

6586. 橡胶科技资料汇编，广东省海南农垦橡胶研究所编，广东省海南农垦橡胶研究所，1983，中山图藏。

6587. 橡胶科技资料汇编，广东省海南农垦橡胶研究所编，广东省海南农垦橡胶研究所，1985，中山图藏。

6588. 橡胶科技资料汇编，广东省海南农垦橡胶研究所编，广东省海南农垦橡胶研究所，1986，中山图藏。

6589. 橡胶科技资料汇编，广东省海南农垦橡胶研究所编，广东省海南农垦橡胶研究所，1987，中山图藏。

6590. 橡胶科技资料汇编，海南省农垦橡胶研究所编，海南省农垦橡胶研究所，1988，中山图藏。

6591. 橡胶科技资料汇编，海南省农垦橡胶研究所编，海南省农垦橡胶研究所，1989，中山图藏。

6592. 橡胶科技资料汇编，海南省农垦橡胶研究所编，海南省农垦橡胶研究所，1990，中山图藏。

6593. 橡胶科技资料汇编，海南省农垦橡胶研究所编，海南省农垦橡胶研究所，1991，中山图藏。

6594. 橡胶科技资料汇编，海南省农垦橡胶研究所编，海南省农垦橡胶研究所，1992，中山图藏。

6595. 橡胶科技资料汇编，海南省农垦橡胶研究所编，海南省农垦橡胶研究所，1993，中山图藏。

6596. 珍稀濒危植物海南粗榧种群保护生物生态学，杜道林、符文英著，湖南科学技术出版社，2003。

6597. 海南黄花梨，肖奕亮编著，化学工业出版社，2011。

6598. 海南桉树速生丰产栽培技术，杨众养、方发之编著，海南出版社，2010。

6599. 海南桉树专辑：纪念中国引种桉树一百周年，海南省林业局、海南省林学会编，海师图藏。

6600. 实事求是说桉树，中共海南省委宣传部编，2005，省图藏。

6601. 国宝花黎，张志扬著，海南出版社，2007。

6602. 橡胶树栽培与加工技术问答，琼胶集团公司科技开发部编，海南农垦科技创新中心，2005。

6603. 橡胶树栽培，华南热带作物学院编，农业出版社，1974。

6604. 橡胶树割胶原理与技术，杨华庚著，海南出版社，2010。

6605. 中国热带生物资源研究与利用：中国热带作物学会遗传育种专业委员会2005年学术研讨会论文集，彭明、彭于发、郑学勤主编，海南出版社，2005。

6606. 海南东寨港红树林湿地生态系统研究，廖宝文主编，中国海洋大学出版社，2009。

6607. 海南岛欠知名树种，陈永富等主编，中国林业出版社，1998。

6608. 中国红树林生态系，林鹏著，科学出版社，1997。

6609. 中国红树林生态系，MANGROVE ECOSYSTEM IN CHINA，林鹏，科学出版社，1999。

6610. 海南主要造林树种栽培技术，杨众养、方发之编著，海南出版社，2009。

6611. 海南乡土珍贵树种栽培技术，李大周、曾祥全编著，海南出版社，2010。

6612. 海南优良乡土绿化树种及栽培技术，洪世军、赵明苑编著，三环出版社，2007。

6613. 热带林业，海南省林学会、海南省林业科学研究所编，《热带林业》编辑部，1996，海大图藏。

6614. 海南林业科技，海南省林学会、海南省林业科学研究所编，《海南林业科技》编辑部，1964～1995，海大图藏。

6615. 海南林业科技简讯，海南林业科技简讯编辑部编辑，海南行政区林业科学研究所，1969，海大图藏。

九　畜牧、动物医学、狩猎、蚕、蜂

6616. 屯昌县实现每户养1.25头牛、2.1头猪，王位任发言，广东省人民代表大会，1964，中山图藏。

6617. 牛羊饲养实用技术，张一心编，海南出版社，1998。

6618. 海南岛牛品种（黄、水牛）调查总结报告，郑梧基著，广东农科所畜医系编，中山图藏。

6619. 东山羊调查报告，华南农学院编，华南农学院，1964，中山图藏。

6620. 养猪实用技术，王希龙、黄礼光编著，海南出版社，1998。

6621. 养鸡实用技术，林哲敏编著，海南出版社，1998。

6622. 养鸭实用技术，叶保国、黄礼光编著，海南出版社，2003。

6623. 热带草原与牧业，陈学钦编，政协东方黎族自治县老区民族组文史资料组，1988，海师图藏。

6624. 海南高峰黄牛资源调查报告，符应瑞编，海南区畜牧兽医研究所，1986，海大图藏。

6625. 热带肉牛养殖关键技术，侯冠彧编著，海南出版社，2010。

6626. 中国五指山猪，冯书堂等著，中国农业科技出版社，1999。

6627. 文昌鸡养殖标准汇编，文昌市文昌鸡标准化示范区工作领导小组编，2005，中山图藏。

十　水产、渔业

（一）概况

6628. 南沙群岛渔业译文集，广东省立中山图书馆译，广东省立中山图书馆，1959，中山图藏。

6629. 电子计算机在南海鱼类资源和海洋水文预报研究中的应用，广东省水产研究所编，广东省水产研究所，1977，中山图藏。

6630. 海南岛沿岸海区虾类资源评估，王鹏等编，中山图藏。

6631. 南海鱼类志，中国科学院动物研究所等主编，科学出版社，1962。

6632. 南海经济鱼类，陈再超、刘继兴同编，广东科技出版社，1982。

6633. 南海渔业资源开发利用对策的探讨，曾柄光著，中国水产科学研究院南海水产研究所，中山图藏。

6634. 南海常见鱼类名称和广东俗名对照手册，林邦妹主编，南海水产研究所，1979，中山图藏。

6635. 南海中上层渔业资源及其发展前景，〔泰〕曼纳斯凡泰等著，农林部水产局译，农林部水产局，1974，中山图藏。

6636. 南海金枪鱼资源，〔日〕久米进著，农林部水产局译，农林部水产局，1974，中山图藏。

6637. 南海常见虾类检索，广东省水产研究所编，广东省水产研究所，1981，中山图藏。

6638. 南海对虾类，刘瑞玉、钟振如等著，农业出版社，1988。

6639. 南海诸岛海域鱼类志，国家水产总局南海水产研究所编，科学出版社，1979。

6640. 西、南、中沙群岛渔业生产和水产资源调查报告，海南行政区水产局等编，海南行政区水产局等，1973，中山图藏。

6641. 西、中沙，南沙北部海域大洋性鱼类资源调查报告，国家水产总局南海水产研究所西、南、中沙渔业资源调查组编，国家水产总局南海水产研究所西、南、中沙渔业资源调查组，1978，中山图藏。

6642. 西、南、中沙海域主要大洋性经济鱼类简介第一册，1973，中山图藏。

6643. 西、南、中沙海域主要大洋性经济鱼类简介第二册，广东省水产研究所西、南、中沙调查组编，1976，中山图藏。

6644. 西、南、中沙海域鱼类资源探捕调查初步报告（附图表），广东省水产研究所西南中沙调查组编，广东省水产研究所，1976，中山图藏。

6645. 西沙海域鱼类资源探捕调查报告第一号简报，广东省水产研究所编，广东省水产研究所，1975，中山图藏。

6646. 西、中沙海域大洋性鱼类资源探捕调查第二号简报，广东省水产研究所编，广东省水产研究所，1975，中山图藏。

6647. 西、中沙海域大洋性鱼类资源探捕调查第二航次简讯（1975.5～1975.6），广东省水产研究所西沙调查组编，广东省水产研究所西沙调查组，1975，中山图藏。

6648. 南沙海底鱼踪，张昆雄等著，百科文化事业公司，1982。

6649. 群岛水产资源分布图（二），广东省水产厅西南沙水产资源调查队编，广东省水产厅西南沙水产资源调查队，1958，中山图藏。

6650. 南海水产研究文集第一辑，中国水产科学研究院南海水产研究所编，广东科技出版社，1989。

6651. 南海渔谚拾零，张宪昌等编，海洋出版社，1988。

6652. 谢玉坎贝类科学文选，广西浪潮海洋技术开发研究所、三亚珍珠研究所编，海洋出版社，2002。

6653. 海南水产科研的理论与实践——海南省水产研究所论文选编（1958～2003），李向民主编，海洋出版社，2006。

6654. 南海水产研究所科研成果汇编（1953～1986），王祖衔编，中国水产科学研究院南海水产研究所学术委员会，1987，中山图藏。

6655. 海南大学海洋学院水产养殖学专业 2004 届、2005 届优秀毕业论文汇编，海南大学海洋学院编，2005，海大图藏。

6656. 南海光诱围网鱼群映象初步分析，湛江水产专科学校著，1973，海大图藏。

6657. 南海渔业资源与渔业管理，邱永松著，海洋出版社，2008。

（二）水产地区分布、水产志

6658. 南海珊瑚礁鱼类资源，李永振等著，海洋出版社，2007。

6659. 南海动物，王力军等编著，广西师范大学出版社，2011。

6660. 南海争端与南海渔业资源区域合作管理研究，郭文路、黄硕琳著，海洋出版社，2007。

6661. 南海北部近海渔业资源及其生态系统水平管理策略，贾晓平等著，海洋出版社，2012。

6662. 南沙群岛至华南沿岸的鱼类（一），陈清潮主编，科学出版社，1997。

6663. 南沙群岛至华南沿岸的鱼类（二），陈清潮主编，科学出版社，2002。

6664. 珊瑚礁鱼类：南沙群岛及热带观赏鱼，陈清潮、蔡永贞编著，科学出版社，1994。

6665. 海南岛淡水及河口鱼类志，中国水产科学研究院编，广东科技出版社，1986。

6666. 南沙群岛至南海东北部海域大洋性深海鱼类，杨家驹编，科学出版社，1996。

6667. 南海区海洋渔具渔法，杨吝著，广东科技出版社，2002。

6668. 南海渔谚拾零，张宪昌等著，海洋出版社，1988。

6669. 南海北部大陆架外海底拖网鱼类资源调查报告集（下册）：海洋环境部分，国家海洋局南海分局等著，国家海洋局南海分局，1979。

6670. 南沙群岛至南海东北部海域大洋性深海鱼类，杨家驹著，科学出版社，1996。

6671. 南海北部近海渔业资源及其生态系统水平管理策略，贾晓平等著，海洋出版社，2012。

（三）水产资源

6672. 南沙群岛西南部陆架海区底拖网渔业资源调查研究专集，中国科学院南沙综合科学考察队、中国水产科学研究院南海水产研究所编，海洋出版社，1996。

6673. 南海北部底拖网鱼类资源调查报告（海南岛以东），水产部南海水产研究所编，水产部南海水产研究所，1966，海大图藏。

6674. 海南岛贝类原色图鉴，许志坚等编，科学普及出版社，1993。

6675. 南海渔业生态环境与生物资源的污染效应研究，贾晓平等著，海洋出版社，2004。

（四）水产保护学

6676. 海南岛海鱼寄生复殖吸虫，申纪伟著，科学出版社，1990。

6677. 虾病防治，符泽雄编，海南出版社，2003。

6678. 海南地区奥尼罗非鱼出血症的病原调查及组织病理学研究，杨宁著，2007，海大图藏。

（五）水产工程

6679. 南海经济鱼类饵料端足类分类的初步研究，蒙致民、刘继兴著，南海水产研究所，1981，中山图藏。

6680. 南海主要经济鱼类食性的研究：食性与有关消化器官的初步观察，杨国峰、蒙致民编，水产部南海水产研究所，1964，中山图藏。

（六）水产养殖技术

6681. 淡水养鱼实用技术，陈国华著，海南出版社，1998。

6682. 海水养虾新技术，赖秋明编著，海南出版社，2003。

6683. 大珠母贝及其养殖珍珠，谢玉坎编，海洋出版社，1985。

（七）水产捕捞

6684. 有关南海渔捞业参考资料，广东省水产研究所编，广东省水产研究所，1975，中山图藏。

6685. 南海区国营海洋渔业渔具渔法调查报告，中国水产科学研究院南海水产研究所编，中国水产科学研究院南海水产研究所，1984，中山图藏。

6686. 南海区国营海洋渔业具渔法调查报告附件，中国水产科学研究院南海水产研究所编，中国水产科学研究院南海水产研究所，1984，中山图藏。

6687. 南海区拖网囊网最小网目的研究（一）：适宜网目尺寸渔获性和经济效益的实验报告，傅尚郁著，国家水产总局南海水产署，1981，中山图藏。

6688. 南海区拖网囊网最小网目的研究（二）：适宜网目尺寸渔获性和经济效益的实验报告，傅尚郁著，国家水产总局南海水产署，1982，中山图藏。

6689. 南海区拖网囊网最小网目的研究（三）：适宜网目尺寸渔获性和经济效益的实验报告，傅尚郁著，国家水产总局南海水产署，1982，中山图藏。

6690. 南海区国营海洋渔业渔具渔法调查报告附件，中国水产科学研究院南海水产研究所编，中国水产科学研究院南海水产研究所，1984，中山图藏。

6691. 南海单拖型渔船技术经济调查与分析，周谨群编著，广东省水产厅渔轮修造厂，1964，中山图藏。

6692. 海南岛母子式红鱼钓渔业介绍，广东省水产厅技术指导室编，广东省水产厅技术指导室，1956，中山图藏。

6693. 南海光诱围网鱼群映像初步分析，湛江水产专科学校编，湛江水产专科学校，1973，中山图藏。

6694. 五十年来南海区金枪鱼延绳钓的生产调查情况及今后发展意见，黄史遥编，南海水产研究所，1983，中山图藏。

6695. 南海渔场作业图集，黄杰刚等编，广东省地图出版社，1994。

第十六节　工业技术

一　矿业工程

6696. 海南富铁矿科研成果，中南矿冶学院学报编辑委员会编辑，中南矿冶学院，1977，中山图藏。

6697. 海南铁矿山地质工作，海南铁矿革命委员会地质科编，海南铁矿革命委员会地质科，1974，中山图藏。

二　石油天然气

6698. 1984 年海南石油开发环境学术报告会论文摘要汇编，广东海洋湖沼学会、广东海洋学会、南海石油开发研究会编，广东海洋湖沼学会、广东海洋学会、南海石油开发研究会，1984，中山图藏。

6699. 中国油气田开发志（卷二十八）·南海西部油气区卷，《中国油气田开发志》总编纂委员会编，石油工业出版社，2011。

6700. 中国油气田开发志（卷二十七）·南海东部油气区卷，《中国油气田开发志》总编纂委员会编，石油工业出版社，2011。

三　能源与动力工程

6701. 南海与中国的能源安全研讨会论文集（2004），朱华友等编，中国南海研究院，2004，海大图藏。

6702. 南海寻找可燃冰，陈惠玲著，明天出版社，2012。

四　电工技术

6703. 海南电网图集，海南电网公司编，海南电网公司，2005，海大图藏。

6704. 电工产品海南岛天然暴露试验资料汇编，广州电器科学研究所编，广州电器科学研究所，1978，中山图藏。

五　无线电电子学、电信技术

6705. 海南黄页·海口网电话号簿（2000），海南省邮电管理局号簿中心编，海南省邮电管理局号簿中心，2000，海大图藏。

6706. 海南黄页·三亚网电话号簿（2000），海南省邮电管理局号簿中心编，海南省邮电管理局号簿中心，2000，海大图藏。

6707. 海南黄页·三亚（2005），中国电信集团黄页信息公司海南分公司、海南省电信公司编，中国电信集团黄页信息公司海南分公司、海南省电信公司，2005，海大图藏。

6708. 海南省通信学会学术年会论文集（1998），海南省通信学会出版，1998，海大图藏。

6709. 海口琼山电话号簿（1994～1995），海南省电话号簿公司编，海南省电话号簿公司，1994，省图藏。

6710. 海南省通信学会学术年会论文集（2005），海南省通信学会编，海南省通信学会，2005，省图藏。

六　自动化技术、计算机技术

6711. 海南省计算机应用能力培训教程（初级），海南省信息中心编，1996，海大图藏。

七　化学工业

6712. 山野崛伟业，中国热带农业科学院、华南热带农业大学编，海南出版社，2009。

6713. 海南植物油脂科技简报，海南亚热带油脂研究所编，海南亚热带油脂研究所，海大图藏。

6714. 海南橡胶生产技术经验汇编，广东省海南农垦局生产处，1978，海大图藏。

6715. 热带北缘橡胶树栽培，何康、黄宗道主编，广东科技出版社，1987。

6716. 割胶，于文祺编，广东省农垦厅热带作物杂志社，1959，海大图藏。

6717. 1979 年度橡胶无性系鉴定工作资料汇编，保亭热带作物究所编，保亭热带作物研究所，1979，中山图藏。

八　轻工业、手工业

6718. 福山咖啡，陈德新编著，海南出版社，2010。

6719. 吃在海南，林俊春主编，中国商业出版社，1996。

6720. 海南蔗糖生产研究，何相荣、邓新生、仇志宇著，中国物价出版社，1996。

6721. 海南家常实用菜谱，陈中琳、唐人志主编，海南出版社，2008。

6722. 烟片制造研究总结，邓平阳、刘铁山著，华南亚热带作物科学研究所加工系，中山图藏。

九　建筑科学

6723. 海南古代建筑研究，阎根齐等著，南方出版社，2008。

6724. 海南博鳌水城金海岸温泉大酒店暨亚洲论坛会议中心设计，金磊主编，山东科学技术出版社，2005。

6725. 海南度假酒店景观与室内，龚向群编，江西科学技术出版社，2003。

6726. 海南省迈向二十一世纪村镇住宅建筑施工图集，海南省建设厅、海南省勘察设计协会编，海南省建设厅，1999。

6727. 新楼盘（30）图解地产与设计：海南名盘，龙志伟主编，中国林业出版社，2011。

6728. 海南楼盘坐标：1450张全业态旅游地产建筑细节实录，中国房产信息集团、克而瑞（中国）信息技术有限公司编著，大连理工大学出版社，2011。

6729. 海南博鳌水城金海岸温泉大酒店暨亚洲论坛会议中心设计，《建筑创作》杂志社主编，山东科学技术出版社，2005。

6730. 海南大学教室平面图册，海南大学教务处、基建处编，2005，海大图藏。

6731. 海南大学教学实验室平面图册，海南大学教务处编，2005，海大图藏。

6732. 博鳌亚洲：纪念亚洲论坛永久性会址落成，栩见总编，上海人民美术出版社，2003。

6733. 海南省城市独立式低层住宅建筑设计方案图集，海南省建筑厅、海南省勘察设计协会编，南海出版公司，2000。

6734. 海口优秀建筑设计选集，方立主编，海南摄影美术出版社，1994。

6735. 海南岛黎族的住宅建筑，刘耀荃著，广东省民族研究所，1982，海师图藏。

6736. 海南民族传统建筑实录，海南省建设厅、海南省勘察设计协会编，南海出版公司，1999。

6737. 海南省村镇住宅通用设计：城镇商品化住宅设计图集，海南省建设厅、海南省土木建筑学会编，1989，海大图藏。

6738. 海南省城市独立式低层住宅：建筑设计方案图集，海南省建设厅、海南省勘察设计协会编，南海出版公司，2000。

6739. 海南省市政园林绿化工程综合定额：园林建筑绿化工程部分（2005）（上、下册），海南省建设厅编，海南出版社，2005。

6740. 海口地区建设工程材料预算价格（合三册），林鸿铭、余庆祺主编，海南省建设厅，1990，海大图藏。

6741. 海南省建筑工程综合定额（上、下册），海南省建设厅编，海南出版社，2005。

6742. 建设工程政策法规文件汇编，海南省建设标准定额站制，2000，三亚图藏。

6743. 2000 年市政工程预算定额海南省基价本（上、中、下册），海南省建设厅编，2000，三亚图藏。

6744. 全国统一安装工程预算定额海南省补充定额，林鸿铭、余庆祺主编，海南省建设厅，1992，海大图藏。

6745. 全国统一安装工程预算定额海南省基价本：采用材料机械台班预算价格，林鸿铭、余庆祺主编，海南省建设厅，1992，海大图藏。

6746. 全国统一安装工程预算定额海南省基价本第一册：机械设备安装工程，林鸿铭、余庆祺主编，海南省建设厅，1992，海大图藏。

6747. 全国统一安装工程预算定额海南省基价本第二册：电气设备安装工程，林鸿铭、余庆祺主编，海南省建设厅，1992，海大图藏。

6748. 全国统一安装工程预算定额海南省基价本第三册：送电线路工程，林鸿铭、余庆祺主编，海南省建设厅，1992，海大图藏。

6749. 全国统一安装工程预算定额海南省基价本第四册：通信设备安装工程，林鸿铭、余庆祺主编，海南省建设厅，1992，海大图藏。

6750. 全国统一安装工程预算定额海南省基价本第五册：工艺管道工程，林鸿铭、余庆祺主编，海南省建设厅，1992，海大图藏。

6751. 全国统一安装工程预算定额海南省基价本第六册：工艺管道工程，林鸿铭、余庆祺主编，海南省建设厅，1992，海大图藏。

6752. 全国统一安装工程预算定额海南省基价本第七册：工艺管道工

程，林鸿铭、余庆祺主编，海南省建设厅，1992，海大图藏。

6753. 全国统一安装工程预算定额海南省基价本第八册：工艺管道工程，林鸿铭、余庆祺主编，海南省建设厅，1992，海大图藏。

6754. 全国统一安装工程预算定额海南省基价本第九册：工艺管道工程，林鸿铭、余庆祺主编，海南省建设厅，1992，海大图藏。

6755. 全国统一安装工程预算定额海南省基价本第十册：工艺管道工程，林鸿铭、余庆祺主编，海南省建设厅，1992，海大图藏。

6756. 全国统一安装工程预算定额海南省基价本第十一册：工艺管道工程，林鸿铭、余庆祺主编，海南省建设厅，1992，海大图藏。

6757. 全国统一安装工程预算定额海南省基价本第十二册：工艺管道工程，林鸿铭、余庆祺主编，海南省建设厅，1992，海大图藏。

6758. 全国统一安装工程预算定额海南省基价本第十三册：工艺管道工程，林鸿铭、余庆祺主编，海南省建设厅，1992，海大图藏。

6759. 全国统一安装工程预算定额海南省基价本第十四册：工艺管道工程，林鸿铭、余庆祺主编，海南省建设厅，1992，海大图藏。

6760. 全国统一安装工程预算定额海南省基价本第十五册：工艺管道工程，林鸿铭、余庆祺主编，海南省建设厅，1992，海大图藏。

6761. 全国统一安装工程预算定额海南省基价本第十六册：工艺管道工程，林鸿铭、余庆祺主编，海南省建设厅，1992，海大图藏。

6762. 海口市城市规划管理手册，海口市城市规划局编，1995，海大图藏。

6763. 海南城镇开发区规划图集，邓光磊主编，海南省建设厅，1994，海大图藏。

6764. 大榆林都市计划区域图，广东省民族研究所编，1982，三亚图藏。

6765. 榆林都市计划图（90cm×66cm），广东省民族研究所编，1982，中山图藏。

6766. 榆林都市计划图（100cm×70cm），广东省民族研究所编，1982，中山图藏。

6767. 榆林都市计划图（60cm×67cm），广东省民族研究所编，1982，中山图藏。

6768. 榆林市第一、二、三期都市计划区域位置图，广东省民族研究所编，1982，中山图藏。

6769. 榆林市附近平面图第二图，广东省民族研究所编，1982，中山图藏。

6770. 三亚风景旅游区域规划（讨论稿），中国城市规划设计研究院海南分院编，中国城市规划设计研究院海南分院，1988，三亚图藏。

6771. 三亚规划，曾祥泉主编，三亚市规划局，2002，三亚图藏。

6772. 三亚城市总体规划说明，中国城市规划设计研究院海南分院编，中国城市规划设计研究院海南分院，1988，三亚图藏。

6773. 三亚园林，江长桥主编，海南经典文化传播有限公司，1998，海大图藏。

6774. 创新之路：海口市创新系统建设战略研究，张作荣主编，南方出版社，2004。

6775. 椰城新貌：海口市建设前进中的十年，郑道雄主编，1990，海大图藏。

6776. 海口城市建设：开发改革中的新貌，符朝胜编，《现代人报》，1987，中山图藏。

6777. 海南生态省建设规划纲要，海南省发展计划厅、海南省国土海洋环境资源厅编，2005，省图藏。

6778. 海南城乡总体规划（2005～2020），海南省人民政府编，2006，省图藏。

6779. 中国市政建设·海南卷，建设部信息中心、海南省建设厅编，社会科学出版社，2005。

6780. 海南国际旅游岛建设城乡规划研究：行动学习在海南，彭京宜主编，海南出版社，2011。

6781. 椰风海韵，韦湘民、罗小未主编，中国建筑工业出版社，1994。

6782. 破局：见证海口大事，丁宁著，海南出版社，2010。

6783. 海口市创建国家园林城市呈报材料，海口市人民政府编，海口市人民政府，1998，海大图藏。

6784. 三亚市创建国家园林城市呈报材料，三亚市人民政府编，三亚市人民政府，三亚图藏。

6785. 园林绿化工程预算定额海南省基价本（2000），海南省建设厅编，2000，三亚图藏。

6786. 三亚风景园林论文集，三亚市园林管理局、三亚风景名胜管理办公室编，三亚图藏。

6787. 三亚园林，江长桥、郑月明、麦生乐、牟训峰编，海南经典文化传播有限公司，1998，海大图藏。

6788. 海南园林植物景观设计，陈展川、侯则红主编，海南出版社，2010。

6789. 海南省城市市政公用设施普查资料汇编，白在林主编，1995，海大图藏。

6790. 海南省水资源调查评价，符传君主编，中国水利水电出版社，2011。

6791. 海南水务一体化改革思路，王扬俊、王白娇编，海南省委党校，2004，海大图藏。

6792. 海南特区水资源开发，彭年等著，南开大学出版社，1993。

6793. 海南省水利资料汇编第一册：全省大中小（一）型水库基本情况，海南省水利局编，海南省水利局，1998，海大图藏。

6794. 万宁县水利志，吴乃贵主编，南海出版公司，1993。

6795. 琼海县水利志，《琼海县水利志》编辑组编，《琼海县水利志》编辑组，1986，海大图藏。

6796. 琼山县水利志，张家业主编，三环出版社，1990。

6797. 松涛水利工程志，梁前卫主编，广东科技出版社，1996。

6798. 海南行政区水利水电技术经验汇编，广东省海南行政区水利电力局编，广东省海南行政区水利电力局，1997，中山图藏。

6799. 海南省三亚市城市供水规划报告，水利水电科学研究院水资源研究所、海南省水利局编著，1990，三亚图藏。

6800. 榆林港自来水修复工程查勘报告，何家瑚、杨承颐、尹其钜编写，城市建设部广州市政工程设计院，1957，中山图藏。

6801. 海南岛水利会议经过和水利工作调查报告书，1950。

6802. 海南岛十年水利建设图册，广东省海南行政公署水利电力局编，广东省海南行政公署水利电力局，1960。

6803. 海南岛水利水电规划报告，水利水电部长沙勘测设计院编，水利水电部长沙勘测设计院，1965，中山图藏。

6804. 海南区水利建设基本情况统计资料，海南行政公署水利电力局编，海南行政公署水利电力局，1966，海档藏。

6805. 大广坝水电站工程，大广坝水电站建设指挥部编，大广坝水电站建设指挥部，1993，海师图藏。

6806. 南丰电站灌溉管水工实报告，王越吾编，广东省松涛水利工程局，1965。

6807. 南沙群岛气象台灯塔防坡堤建筑案，台湾“国防”部编，1956.5～1959.4，《海南文献资料简介》。

6808. TU 建筑科学。

6809. 海南省防汛防风防旱工作文件资料汇编，海南省防汛防风防旱总指挥部办公室编，2004，省图藏。

6810. 三亚酒店 2，刘光亚、朱莉、张一平主编，中国建筑工业出版社，2010。

第十七节　交通运输

一　公路运输

6811. 海口陆上交通志，梁鸿志等编著，海口地方志编写办公室，1988，三亚图藏。

6812. 海南公路工程 2002/2（总第 8 期），海南省公路学会主编，海南省公路学会，2002，海大图藏。

6813. 海南公路工程 2003/1（总第 9 期），海南省公路学会主编，海南省公路学会，2003，海大图藏。

6814. 海南岛公路汽车运输史，海南汽车运输公司交通史编写组编，海南汽车运输公司交通史编写组，1984，海大图藏。

6815. 琼州大桥论文集，周明主编，人民交通出版社，2003。

6816. 2002 年度海南马自达新闻精选，海南马自达市场部编辑，海南汽车集团有限公司，2002，省图藏。

6817. 红绿灯，海南省公安厅交通警察总队编，云南科技出版社，1990。

6818. 海口市道路交通安全手册，苏秀全、蔡军主编，2004，海大图藏。

二　水路运输

6819. 南海北部航标表，中国人民解放军海军司令部航海保证部编，中国人民解放军海军司令航海保证部，1963，中山图藏。

6820. 三亚港钢板桩码头外加电流阴极保护试验报告，交通部第四航务工程局设计研究院编，交通部第四航务工程局设计研究院，1977，中山图藏。

6821. 南沙群岛水道锚地与港口选址研究，宋朝景等著，科学出版社，1996。

6822. 琼州海峡火车渡船检验暂行规定（1999），中国船级社编，人民交通出版社，1999。

6823. 海南省港口岸线规划，海南省海洋开发规划设计研究院编，2001，海大图藏。

6824. 海南省港口布局规划，海南省交通厅、中交水运规划设计院编，2007，海大图藏。

6825. 南沙群岛水道锚地与港口选址研究，宋朝景、赵焕庭、陈欣树等著，科学出版社，1996。

6826. 海南港湾，云华编，海南人民出版社，1988。

6827. 南极海域的航线设置与航行方法，韩长文著，海洋出版社，1996。

6828. 航标表—南海海区，South China sea，中国人民解放军海军司令部航海保证部编制，中国航海图书出版社，2009。

6829. 航标表—南海海区，South China sea，中国人民解放军海军司令部航海保证部编制，中国航海图书出版社，2005。

第十八节　环境科学、安全科学

一　社会与环境

6830. 海南，我可爱的家园：海南省小学高年级生态教育读本，周文彰主编，海南出版社，2001。

6831. 同心建设生态省，肖可、董晓梅主编，2000，省图藏。

6832. 琼海市博鳌镇环境保护规划，海南省环境科学研究院编，海南省环境科学研究院，2004，海大图藏。

6833. 生态城市发展之路：三亚建设生态城市的战略思考，王富玉著，中国物资出版社，2002。

6834. 中国自然地理：海南岛的光合潜力及其利用，中国科学院南海海洋研究所编，中国科学院南海海洋研究所，1977，中山图藏。

6835. 海南经济特区可持续发展与环境保护研究，林顺坤、詹兴文著，南方出版社，2002。

6836. 论海南环境资源管理，谢宗辉著，海南出版社，1993。

6837. 三亚生态市建设规划研究，王家骥、李建军主编，中国环境科学出版社，2010。

二　环境保护管理

6838. 一九九六年度海南省环境质量通报，海南省环境资源厅编，海南省环境资源厅，1997，海师图藏。

6839. 中国海南岛热带森林及其生物多样性保护研究，李意德、陈步峰、周光益等著，中国林业出版社，2002。

6840. 海南岛东北部生态环境地质，式江等著，地质出版社，2007。

6841. 论海南环境保护与发展战略，谢宗辉主编，海南出版社，1995。

6842. 海南中部地区生态系统与经济发展关系研究，杨小波著，海南大学，2001，海大图藏。

6843. 走进绿色天堂，齐见龙等，南方出版社，2008。

6844. 绿色海南：大特区生态省建设足迹，海南出版社，2010。

6845. 文明·生态·和谐：海南文昌“文明生态村建设”，李伟南、陈玉梅著，光明日报出版社，2009，海大图藏。

6846. 海南生态省，张庆良主编，海南出版社，2009。

6847. 海南岛生态环境变迁研究，颜家安著，科学出版社，2008。

6848. 文明生态村建设成果实录，张庆良主编，海南省精神文明建设指导委员会办公室，2008，海大图藏。

6849. 三亚湾生态环境与生物资源，黄良民著，科学出版社，2007。

6850. 文明生态村创建教程，柳树滋主编，海南出版社，2007。

6851. 海南生态省建设的理论与实践，王如松、林顺坤、欧阳志云编著，化学工业出版社，2004。

6852. 海南省生态环境现状调查报告（简本），海南省国土环境资源厅编，海南省国土环境资源厅，2002，海大图藏。

6853. 海南岛海岸带（典型区）生态环境现状调查报告，海南省国土环境资源厅编，海南省国土环境资源厅，2002，海大图藏。

6854. 海南岛中部山区（典型区）生态环境现状调查报告，海南省国土环境资源厅编，海南省国土环境资源厅，2002，海大图藏。

6855. 海南省环境保护“十五”计划和2015年远景规划，海南省国土环境资源厅主编，海南省国土环境资源厅，2001，海大图藏。

6856. 海南环保世纪行资料选编（1998～2002），海南省人大常委会环境资源工作委员会编，2002，省图藏。

6857. 海南生态省建设学术研讨论文集，海南省科学技术协会、海南省社会科学界联合会编，海南省科学技术协会，1999，海大图藏。

6858. 海南生态省建设学术研讨论文集，海南省科学技术协会、海南省社会科学界联合会编，海南出版社，1999。

6859. 论海南环境资源管理，谢宗辉著，海南出版社，1993。

6860. 海南环境与自然资源总体规划，英国环境资源公司编，1992，海大图藏。

6861. 海南经济发展与环境保护，谢宗辉主编，海南出版社，1991。

6862. 海南国际旅游岛生态文明研究，周洪晋主编，南海出版公司，2010。

6863. 全省第三次文明生态建设现场经验交流会文件材料汇编，海南省精神文明建设指导委员会办公室编，海南省精神文明建设指导委员会办公室，2004，省图藏。

6864. 海南岛水环境功能区划，海南省国土环境资源厅编，海南省国土环境资源厅，2005，海大图藏。

6865. 海南省生态功能区划，海南省国土环境资源厅编，海南省国土环境资源厅，2005，海大图藏。

6866. 海南中部山区国家级生态功能保护区规划，海南省国土环境资源厅编，海南省国土环境资源厅，2005，海大图藏。

6867. 海南生态省建设资料汇编，海南生态省建设联席会议办公室编，海南生态省建设联席会议办公室，2005，省图藏。

6868. 海南生态省建设资料汇编：生态省建设资料汇编之一，海南生态省建设联席会议办公室编，海南生态省建设联席会议办公室，2001，海大图藏。

6869. 海口市环境保护行动计划总报告，海口市环境资源局中英《海口市环境保护行动计划》编制组编，1996，海大图藏。

6870. 论海南环境资源管理，谢宗辉著，海南出版社，1993。

6871. 海南生态省建设年鉴（2000～2004），胡光辉主编，海南年鉴出版社，2004。

6872. 海南岛热带自然资源图，广州地理研究所，科学出版社，1985。

6873. 中国自然资源丛书·海南卷，翟培基编著，中国环境科学出版社，1995。

6874. 海南省资源环境基础研究，张耀辉著，中国环境科学出版社，2010。

6875. 三亚湾生态环境与生物资源，黄良民著，科学出版社，2007。

三　灾害及其防治

6876. 海南省千年自然灾害史料集，陈寒松、赵正伦编，海南省“三防”总指挥部办公室，海南出版社，1995。

四　环境污染及其防治

6877. 三亚市城市污水排海工程排放口稀释扩散能力和工程方案研究，国家环保局环境科学技术研究所等编，1992，三亚图藏。

6878. 三亚市城市污水排海工程环境影响评价，韦鹤平著，1992，三亚图藏。

6879. 1998～2002 海南环保世纪行资料选编，海南省人大常委会环境资源工作委员会编，2002，海大图藏。

6880. 三亚红沙港赤潮及生物防控研究，彭明、李春强主编，中国农业出版社，2009。

6881. 海南岛重点海域污染物总量控制研究报告，海南省环境监测中心站、青岛海洋大学编，海南省环境监测中心站，1999，海大图藏。

6882. 南沙群岛及其邻近海域环境质量研究，李仲钦主编，海洋出版社，1996。

6883. 南沙群岛及其邻近海区海洋环境研究论文集（一），中国科学院南沙综合科学考察队编，湖北科学技术出版社，1991。

6884. 海南经济发展与环境保护：海南经济建设与环境保护研究论文集，谢宗辉主编，海南出版社，1991。

6885. 海南高位池海水养殖污染控制技术研究，唐文浩、岳平、饶义平等编著，海南出版社，2007。

6886. 三亚红沙港赤潮及生物防控研究，彭明、李春强主编，中国农业出版社，2009。

6887. 中国南海珠江口污染防治与生态保护，黄小平等，广东经济出版社，2007。

第十九节　综合性图书

一　年鉴

6888. 海南年鉴（1990），海南省人民政府社会经济发展研究中心、海南高科技产业国际合作中心编，新华出版社，1990。

6889. 海南年鉴（1991），《海南年鉴》编辑委员会编，新华出版社，1991。

6890. 海南年鉴（1992），《海南年鉴》编辑委员会编，新华出版社，1992。

6891. 海南年鉴（1993），卷一·海南概况，《海南年鉴》编辑委员会编，海南年鉴社，1993。

6892. 海南年鉴（1993），卷四·海南房地产年鉴，《海南年鉴》编辑委员会编，海南年鉴社，1993。

6893. 海南年鉴（1993），卷五·海南金融年鉴，《海南年鉴》编辑委员会编，海南年鉴社，1993。

6894. 海南年鉴（1993），卷六·海南旅游年鉴，《海南年鉴》编辑委员会编，海南年鉴社，1993。

6895. 海南年鉴（1993），卷八·海南市县年鉴，《海南年鉴》编辑委员会编，海南年鉴社，1993。

6896. 海南年鉴（1993），海南办事指南，《海南年鉴》编辑委员会编，海南年鉴社，1993。

6897. 海南年鉴（1994），卷一·海南概况，《海南年鉴》编辑委员会编，海南年鉴社，1994。

6898. 海南年鉴（1994），卷二·海南政治与法制年鉴，《海南年鉴》编辑委员会编，海南年鉴社，1994。

6899. 海南年鉴（1994），卷三·海南经济年鉴，《海南年鉴》编辑委员会编，海南年鉴社，1994。

6900. 海南年鉴（1994），卷四·海南房地产年鉴，《海南年鉴》编辑委员会编，海南年鉴社，1994。

6901. 海南年鉴（1994），卷五·海南金融年鉴，《海南年鉴》编辑委员会编，海南年鉴社，1994。

6902. 海南年鉴（1994），卷六·海南旅游年鉴，《海南年鉴》编辑委员会编，海南年鉴社，1994。

6903. 海南年鉴（1994），卷七·海南社会事业年鉴，《海南年鉴》编辑委员会编，海南年鉴社，1994。

6904. 海南年鉴（1994），卷八·海南市县年鉴，《海南年鉴》编辑委员会编，海南年鉴社，1994。

6905. 海南年鉴（1994），卷九·《海南年鉴》编辑委员会编，海南年鉴社，1994。

6906. 海南年鉴（1995），卷一·海南概况，《海南年鉴》编辑委员会编，海南年鉴社，1995。

6907. 海南年鉴（1995），卷二·海南政治与法制年鉴，《海南年鉴》编辑委员会编，海南年鉴社，1995。

6908. 海南年鉴（1995），卷三·海南经济年鉴，《海南年鉴》编辑委员会编，海南年鉴社，1995。

6909. 海南年鉴（1995），卷四·海南房地产年鉴，《海南年鉴》编辑委员会编，海南年鉴社，1995。

6910. 海南年鉴（1995），卷五·海南金融年鉴，《海南年鉴》编辑委员会编，海南年鉴社，1995。

6911. 海南年鉴（1995），卷六·海南旅游年鉴，《海南年鉴》编辑委员会编，海南年鉴社，1995。

6912. 海南年鉴（1995），卷七·海南社会事业年鉴，《海南年鉴》编辑委员会编，海南年鉴社，1995。

6913. 海南年鉴（1995），卷八·海南市县年鉴，《海南年鉴》编辑委员会编，海南年鉴社，1995。

6914. 海南年鉴（1995），卷八·海南企业年鉴，《海南年鉴》编辑委员会编，海南年鉴社，1995。

6915. 海南年鉴（1996），卷一·海南概况，《海南年鉴》编辑委员会编，海南年鉴社，1996。

6916. 海南年鉴（1996），卷二·海南政治与法制年鉴，《海南年鉴》编辑委员会编，海南年鉴社，1996。

6917. 海南年鉴（1996），卷三·海南经济年鉴，《海南年鉴》编辑委员会编，海南年鉴社，1996。

6918. 海南年鉴（1996），卷四·海南建设（房地产）年鉴，《海南年鉴》编辑委员会编，海南年鉴社，1996。

6919. 海南年鉴（1996），卷五·海南金融年鉴，《海南年鉴》编辑委员会编，海南年鉴社，1996。

6920. 海南年鉴（1996），卷六·海南旅游年鉴，《海南年鉴》编辑委员会编，海南年鉴社，1996。

6921. 海南年鉴（1997），卷一·海南概况，《海南年鉴》编辑委员会编，海南年鉴社，1997。

6922. 海南年鉴（1997），卷二·海南政治与法制年鉴，《海南年鉴》编辑委员会编，海南年鉴社，1997。

6923. 海南年鉴（1997），卷三·海南经济年鉴，《海南年鉴》编辑委员会编，海南年鉴社，1997。

6924. 海南年鉴（1997），卷四·海南建设（房地产）年鉴，《海南年鉴》编辑委员会编，海南年鉴社，1997。

6925. 海南年鉴（1997），卷五·海南金融年鉴，《海南年鉴》编辑委员会编，海南年鉴社，1997。

6926. 海南年鉴（1997），卷六·海南旅游年鉴，《海南年鉴》编辑委员会编，海南年鉴社，1997。

6927. 海南年鉴（1998），卷一·海南概况，《海南年鉴》编辑委员会编，海南年鉴社，1998。

6928. 海南年鉴（1998），卷二·海南政治与法制年鉴，《海南年鉴》编辑委员会编，海南年鉴社，1998。

6929. 海南年鉴（1998），卷三·海南经济年鉴，《海南年鉴》编辑委员会编，海南年鉴社，1998。

6930. 海南年鉴（1998），卷四·海南建设（房地产）年鉴，《海南年鉴》编辑委员会编，海南年鉴社，1998。

6931. 海南年鉴（1998），卷五·海南金融年鉴，《海南年鉴》编辑委员会编，海南年鉴社，1998。

6932. 海南年鉴（1998），卷六·海南旅游年鉴，《海南年鉴》编辑委员会编，海南年鉴社，1998。

6933. 海南年鉴（1999），卷一·海南概况，《海南年鉴》编辑委员会编，海南年鉴社，1999。

6934. 海南年鉴（1999），卷二·海南政治与法制年鉴，《海南年鉴》编辑委员会编，海南年鉴社，1999。

6935. 海南年鉴（1999），卷四·海南建设（房地产）年鉴，《海南年鉴》编辑委员会编，海南年鉴社，1999。

6936. 海南年鉴（2000），《海南年鉴》编辑委员会编，海南年鉴社，2000。

6937. 海南年鉴（2001），《海南年鉴》编辑委员会编，海南年鉴社，2001。

6938. 海南年鉴（2002），《海南年鉴》编辑委员会编，海南年鉴社，2002。

6939. 海南年鉴（2003），《海南年鉴》编辑委员会编，海南年鉴社，2003。

6940. 海南年鉴（2004），《海南年鉴》编辑委员会编，海南年鉴社，2004。

6941. 海南年鉴（2005），《海南年鉴》编辑委员会编，海南年鉴社，2005。

6942. 海南年鉴（2006），《海南年鉴》编辑委员会编，海南年鉴社，2006。

6943. 海南年鉴（2007），《海南年鉴》编辑委员会编，海南年鉴社，2007。

6944. 海南年鉴（2008），《海南年鉴》编辑委员会编，海南年鉴社，2008。

6945. 海南年鉴（2009），《海南年鉴》编辑委员会编，海南年鉴社，2009。

6946. 海南年鉴（2010），《海南年鉴》编辑委员会编，海南年鉴社，2010。

6947. 海南年鉴（2011），《海南年鉴》编辑委员会编，海南年鉴社，2011。

6948. 海南年鉴（2012），《海南年鉴》编辑委员会编，海南年鉴社，2012。

6949. 海口年鉴（1995），《海口年鉴》编纂委员会编，海南出版社，1995。

6950. 海口年鉴（1996），《海口年鉴》编纂委员会编，海南出版社，1996。

6951. 海口年鉴（1997），《海口年鉴》编纂委员会编，海南出版社，1997。

6952. 海口年鉴（1998），《海口年鉴》编纂委员会编，吉林人民出版社，1998。

6953. 海口年鉴（1999），《海口年鉴》编纂委员会编，广东经济出版社，1999。

6954. 海口年鉴（2000），《海口年鉴》编纂委员会编，西泠印社出版社，2000。

6955. 海口年鉴（2001），《海口年鉴》编纂委员会编，中华书局，2001。

6956. 海口年鉴（2002），《海口年鉴》编纂委员会编，中国国际广播音像出版社，2002。

6957. 海口年鉴（2003），《海口年鉴》编纂委员会编，海天出版社，2003。

6958. 海口年鉴（2004），《海口年鉴》编纂委员会编，海天出版社，2004。

6959. 海口年鉴（2005），《海口年鉴》编纂委员会编，海天出版社，2005。

6960. 海口年鉴（2006），《海口年鉴》编纂委员会编，海天出版社，2006。

6961. 海口年鉴（2007），《海口年鉴》编纂委员会编，海天出版社，2007。

6962. 海口年鉴（2008），《海口年鉴》编纂委员会编，海天出版社，2008。

6963. 海口年鉴（2009），《海口年鉴》编纂委员会编，海天出版社，2009。

6964. 海口年鉴（2010），《海口年鉴》编纂委员会编，海天出版社，2010。

6965. 海口年鉴（2011），《海口年鉴》编纂委员会编，海天出版社，2011。

6966. 海口年鉴（2012），《海口年鉴》编纂委员会编，海天出版社，2012。

6967. 乐东黎族自治县年鉴（2009），白丽华主编，海南出版社，2011。

6968. 乐东黎族自治县年鉴（2010），白丽华主编，海南出版社，2012。

6969. 陵水黎族自治县年鉴（2010），陈文萍编，南方出版社，2010。

6970. 五指山市年鉴（2009），陈佳彦主编，海南出版社，2011。

6971. 五指山市年鉴（2010），陈佳彦主编，海南出版社，2011。

6972. 昌江黎族自治县年鉴（2010），符明雄著，海南出版社，2011。

6973. 昌江年鉴（1991～2002），周文奇等编，昌江县地方志编纂委员会，2004。

6974. 定安县年鉴（2009），崔开勇等编，海南出版社，2011。

6975. 琼海市年鉴（2009），琼海市地方志办公室纂编，海南出版社，2010。

6976. 琼海市年鉴（2010），琼海市地方志办公室纂编，海南出版社，2011。

6977. 保亭黎族苗族自治县年鉴（2011），《保亭黎族苗族自治县年鉴》编写组编，南方出版社，2011。

6978. 万宁市年鉴（2009），万宁市地方志编纂办公室编，海南出版社，2010。

6979. 海南旅游业年度报告（2004），海南省旅游局编，2005，海大图藏。

6980. 三亚市统计年鉴（1989），海南省三亚市统计局编，三亚市统计局，1989，三亚图藏。

6981. 三亚市统计年鉴（1990），海南省三亚市统计局编，三亚市统计局，1990，三亚图藏。

6982. 三亚市统计年鉴（1991），海南省三亚市统计局编，三亚市统计局，1991，三亚图藏。

6983. 三亚市统计年鉴（1993），海南省三亚市统计局编，三亚市统计局，1993，三亚图藏。

6984. 三亚市统计年鉴（1994），海南省三亚市统计局编，三亚市统计局，1994，三亚图藏。

6985. 三亚市统计年鉴（1995），海南省三亚市统计局编，三亚市统计局，1995，三亚图藏。

6986. 三亚市统计年鉴（1996），海南省三亚市统计局编，三亚市统计局，1996，三亚图藏。

6987. 三亚市统计年鉴（1997），海南省三亚市统计局编，三亚市统计局，1997，三亚图藏。

6988. 三亚市统计年鉴（1998），海南省三亚市统计局编，三亚市统计局，1998，三亚图藏。

6989. 三亚市统计年鉴（1999），海南省三亚市统计局编，三亚市统计局，1999，三亚图藏。

6990. 三亚市统计年鉴（2000），海南省三亚市统计局编，三亚市统计局，2000，三亚图藏。

6991. 三亚市统计年鉴（2001），海南省三亚市统计局编，三亚市统计局，2001，三亚图藏。

6992. 三亚市统计年鉴（2002），海南省三亚市统计局编，三亚市统计局，2002，三亚图藏。

6993. 三亚市统计年鉴（2003），海南省三亚市统计局编，三亚市统计局，2003，三亚图藏。

6994. 三亚市统计年鉴（2004），海南省三亚市统计局编，三亚市统计局，2004，三亚图藏。

6995. 三亚市统计年鉴（2005），海南省三亚市统计局编，三亚市统计局，2005，三亚图藏。

6996. 三亚市统计年鉴（2006），海南省三亚市统计局编，三亚市统计局，2006，三亚图藏。

6997. 三亚市统计年鉴（2007），海南省三亚市统计局编，三亚市统计局，2007，三亚图藏。

6998. 三亚市统计年鉴（2008），海南省三亚市统计局编，三亚市统计局，2008，三亚图藏。

6999. 三亚市统计年鉴（2009），海南省三亚市统计局编，三亚市统计局，2009，三亚图藏。

7000. 三亚市统计年鉴（2010），海南省三亚市统计局编，三亚市统计局，2010，三亚图藏。

7001. 三亚市统计年鉴（2011），海南省三亚市统计局编，三亚市统计局，2011，三亚图藏。

7002. 三亚年鉴（2005），三亚市史志工作办公室编，海南出版社，2005。

7003. 三亚年鉴（2007），三亚市史志工作办公室编，海南出版社，2007。

7004. 三亚年鉴（2008），三亚市史志工作办公室编，海南出版社，2008。

7005. 三亚年鉴（2009），三亚市史志工作办公室编，海南出版社，2009。

7006. 三亚年鉴（2011），三亚市史志工作办公室编，海南出版社，2011。

7007. 海南生态省建设年鉴（2000～2004），《海南生态省建设年鉴》编辑部编，海南年鉴社，2004。

二 图书目录、文摘、索引

7008. 海南文献资料索引，王会均编著，台北文史哲出版社，1987。

7009. 海南文献资料简介，王会均编著，台北文史哲出版社，1983。

7010. 海南地方文献书目提要，何卜吉主编，海南出版社，2008。

7011. 海南师范学院图书馆藏古籍目录，海南师范学院图书馆编。

7012. 海南文献数据索引，王会均编，台北文史哲出版社，1987。

7013. 海南少数民族资料索引，李海英、林江云主编，2000，省图藏。

7014. 海口市图书馆馆藏古籍书目，海口市图书馆编，海口市图书馆，1982，中山图藏。

7015. 海南文献目录，丘岳宋、陈汉光编，台湾学生书局，1975。

7016. 海南文献目录，广东省立中山图书馆编，1987，中山图藏。

7017. 开发海南资料目录，广东省水利电力厅档案资科编，广东省水利电力厅档案资料科，1983，中山图藏。

7018. 我国南海诸岛资料联合目录，福建省图书馆编，福建省图书馆，1973，国图藏。

7019. 南海资料索引，吴士存著，海南出版社，1998。

7020. 中国少数民族古籍总目提要：黎族，张公瑾著，中国大百科全书出版社，2010。

参考文献

引得编纂处《艺文志二十种综合引得》，中华书局，1960。

中国古籍总目编纂委员会：《中国古籍总目·史部》，中华书局、上海古籍出版社，2009。

中国古籍总目编纂委员会：《中国古籍总目·子部》，中华书局、上海古籍出版社，2010。

中国古籍善本书目编辑委员会：《中国古籍善本书目·经部》，上海古籍出版社，1989。

中国古籍善本书目编辑委员会：《中国古籍善本书目·史部》，上海古籍出版社，1993。

中国古籍善本书目编辑委员会：《中国古籍善本书目·子部》，上海古籍出版社，1996。

中国古籍善本书目编辑委员会：《中国古籍善本书目·集部》，上海古籍出版社，1998。

中国古籍善本书目编辑委员会：《中国古籍善本书目·丛书》，上海古籍出版社，1990。

上海图书馆：《中国丛书综录》，上海古籍出版社，1982。

中国科学院北京天文台：《中国地方志联合目录》，中华书局，1985。

纪昀：《钦定四库全书总目》，中华书局，1997。

东方文化事业委员会：《续修四库全书总目提要》，台北商务印书馆，1971。

张撝之、沈起炜、刘德重：《中国历代人名大辞典》，上海古籍出版社，1999。

廖盖隆、罗竹风、范源：《中国人名大词典》，上海辞书出版社，1989～1992。

江苏古籍出版社、上海书店、巴蜀书社：《中国地方志集成》，江苏古籍出版社、上海书店、巴蜀书社，1991。

上海图书馆：《中国丛书综录》，中华书局，1959～1962。

北京图书馆：《民国时期总书目》，书目文献出版社，1991。

中国版本图书馆：《全国总书目》，中华书局，1949～2009。

上海古籍出版社：《二十五史纪传人名索引》，上海古籍出版社、上海书店，1990。

王明根：《辛亥革命以来人物传记资料索引》，上海辞书出版社，1990。

王会均：《海南文献资料索引》，台北文史哲出版社，1987。

王会均：《海南文献资料简介》，台北文史哲出版社，1983。

何卜吉：《海南地方文献书目提要》，海南出版社，2008。

王会均：《海南文献数据索引》，台北文史哲出版社，1987。

海口市图书馆：《海口市图书馆馆藏古籍书目》，海口市图书馆，1982。

丘岳宋、陈汉光：《海南文献目录》，台湾学生书局，1975。

广东省立中山图书馆：《海南文献目录》，广东省立中山图书馆，1987。

广东省水利电力厅：《开发海南资料目录》，广东省水利电力厅，1983。

洪寿祥：《海南地方志丛刊》（78种），海南出版社，2004～2006。

周伟民：《海南先贤诗文丛刊》（26种），海南出版社，2004。

周文彰：《海南历史文化大系》（100种），海南出版社，2008。

附录：《海南文献总目》藏书单位简称表

A

安徽博	安徽省博物馆
安庆图	安庆市图书馆

B

北大图	北京大学图书馆
保定图	保定市图书馆
北师大图	北京师范大学图书馆

C

长春图	长春市图书馆
常熟图	常熟市图书馆

D

大连图	大连市图书馆
东北师大图	东北师范大学图书馆

F

复旦图	复旦大学图书馆
福建图	福建省图书馆
傅斯年图	台北“中研院”傅斯年图书馆

G

国图	国家图书馆
广州图	广州市图书馆
广东博	广东省博物馆
广东社科院	广东社会科学院图书馆
故宫图	故宫博物院图书馆

桂林图	桂林市图书馆
贵州图	贵州省图书馆

H

湖北图	湖北省图书馆
湖南图	湖南省图书馆
河南图	河南省图书馆
涨南图	海南省图书馆
海档	海南省档案馆
海大图	海南大学图书馆
海师图	海南师范大学图书馆
哈尔滨图	哈尔滨市图书馆
黑龙江图	黑龙江省图书馆
华东师大图	华东师范大学图书馆
华南师大图	华南师范大学图书馆
华中师大图	华中师范大学图书馆

J

吉林图	吉林省图书馆
吉大图	吉林大学图书馆
江西图	江西省图书馆
暨南大学图	暨南大学图书馆
军科院图	军事科学院图书馆

L

辽宁图	辽宁省图书馆

M

民族大学图	中央民族大学图书馆

N

南京图	南京图书馆

南大图	南京大学图书馆
南京地理所图	中科院南京地理所图书馆
南昌大学图	南昌大学图书馆
南阳图	南阳市图书馆
南开图	南开大学图书馆

P

普林斯顿大学图	美国普林斯顿大学图书馆

Q

清华图	清华大学图书馆
青岛博	青岛市博物博
琼院图	琼州学院图书馆

R

日本国会	日本国会图书馆
日本尊经阁	日本尊经阁文库
日本内阁	日本内阁文库（国立公文书馆）
日本京都大学	日本京都大学人文科学研究所
日本静嘉堂	日本静嘉堂文库
日本蓬左	日本蓬左文库
日本东洋	日本东洋文库
日本东京大学	日本东京大学东洋文化研究所

S

上海图	上海图书馆
首都图	首都图书馆
山东图	山东省图书馆
陕西图	陕西省图书馆
三亚图	三亚市图书馆
山东师大图	山东师范大学图书馆
社科院文学所	中国社会科学院文学研究所

社科院历史所	中国社会科学院历史研究所
山西文物局	山西省文物局

T

台图	台湾图书馆
台北故博	台北“故宫博物院”
台湾大学图	台湾大学图书馆
天津图	天津市图书馆
天一阁	天一阁文物保管所

W

温州图	温州市图书馆
无锡图	无锡市图书馆

X

新疆博	新疆维吾尔自治区博物馆
西安文管	西安文管会
香港中大图	香港中文大学图书馆

Y

一档馆	中国第一历史档案馆

Z

浙江图	浙江省图书馆
浙大图	浙江大学图书馆
中山图	广东省中山图书馆
中大图	中山大学图书馆
重庆图	重庆市图书馆
中科院图	中国科学院图书馆
中央党校图	中共中央学校图书馆

图书在版编目（CIP）数据

海南文献总目 / 刘显著. —北京：社会科学文献出版社，2014.8
ISBN 978 - 7 - 5097 - 5225 - 8

Ⅰ.①海… Ⅱ.①刘… Ⅲ.①艺文志 - 海南省
Ⅳ.①Z812.266

中国版本图书馆 CIP 数据核字（2013）第 252310 号

海南文献总目

著　　者 / 刘　显

出 版 人 / 谢寿光
出 版 者 / 社会科学文献出版社
地　　址 / 北京市西城区北三环中路甲 29 号院 3 号楼华龙大厦
邮政编码 / 100029

电子信箱 / caijingbu@ ssap. cn
责任编辑 / 高　雁　梁　雁
项目统筹 / 高　雁
责任校对 / 宝　蕾　岳爱华
责任印制 / 岳　阳
经　　销 / 社会科学文献出版社市场营销中心（010）59367081　59367089
读者服务 / 读者服务中心（010）59367028

印　　装 / 三河市东方印刷有限公司
开　　本 / 787mm × 1092mm　1/16
印　　张 / 31.75
版　　次 / 2014 年 8 月第 1 版
字　　数 / 532 千字
印　　次 / 2014 年 8 月第 1 次印刷
书　　号 / ISBN 978 - 7 - 5097 - 5225 - 8
定　　价 / 168.00 元